NE 능률

우월등한 개념 수학

계통으로 수학이 쉬워지는
새로운 개념기본서

개념 학습책

초등수학 6-1

- 전후 개념의 연결고리를 만들어 주는 **계통 학습**
- 응용 문제를 단계별로 해결하여 **실력 완성**
- 개념 학습책과 스스로 학습책의 **1:1 매칭**

지은이 | NE능률 수학교육연구소 한아름 김현주

전국의 많은 수학 선생님들께서
월등한 개념 수학을 더욱 월등하게 만들어 주셨습니다!

"월개수는 수학적 원리도 모른 채 기계적으로 수학 문제를 풀고 있는 **학생들을 위한 선물**입니다.
월개수의 계통 수학으로 꾸준히 공부한다면 월개수는 여러분을 배신하지 않을 것입니다."

- 오수환 선생님 -

"책 전체가 짜임새 있고 빈틈없이 구성되어 있어 **예습과 복습을 한 권으로 해결할 수 있는 교재**입니다."

- 이동지 선생님 -

"개념 학습책의 '익힘책 문제 익히기'와 '실전 문제 익히기'는 **실전을 대비할 수 있어서** 좋았고요.
개념 학습책과 1:1로 대응되는 스스로 학습책으로 **다시 한번 되짚고 점검할 수 있어서** 좋았습니다." - 장미선 선생님 -

검토단 선생님

곽병무 선생님 (미래탐구학원)
구평완 선생님 (구평완수학전문학원)
권혁동 선생님 (청탑학원)
김경남 선생님 (유앤아이학원)
김국철 선생님 (필즈영수전문학원)
김남진 선생님 (파스칼수학학원)
김대곤 선생님 (갈릴리수학학원)
김방래 선생님 (비전매쓰학원)
김선희 선생님 (유레카학원)
김수연 선생님 (개념폴리아학원)
김영태 선생님 (박찬민수학학원)
김용 선생님 (용수학학원)
김유승 선생님 (홍제고려학원)
김현주 선생님 (HJ수학학원)
나현정 선생님 (신통영수전문학원)
동선용 선생님 (김샘학원)
류현주 선생님 (e-스터디학원)
박미숙 선생님 (유클리드왕수학학원)
박영근 선생님 (성재학원)
박유미 선생님 (한스터디학원)
서용준 선생님 (성심학원)
서원준 선생님 (비투비수학학원)
설성환 선생님 (더옳은수학학원)
신미아 선생님 (일곡열린학원)
양구근 선생님 (매쓰피아학원)
오수환 선생님 (삼삼공학원)
원근식 선생님 (원수학학원)
유병빈 선생님 (서일학원)
윤인영 선생님 (브레인수학학원)
이구태 선생님 (휘경수학학원)
이동지 선생님 (동지학원)
이동훈 선생님 (일등급학원)
이두환 선생님 (수입시학원)
이사야 선생님 (피드백학원)
이송이 선생님 (인재와고수학원)
이수경 선생님 (북킨쉽학원)
이영엽 선생님 (엘림수학전문학원)
이재영 선생님 (EM학원)
이치원 선생님 (세종학원)
이화진 선생님 (봉담쌤통학원)
이흥식 선생님 (흥샘학원)
장경미 선생님 (휘경수학학원)
장미선 선생님 (형설학원)
정미진 선생님 (맞춤수학학원)
정양수 선생님 (와이즈만수학학원)
정재도 선생님 (네오올림수학학원)
조성미 선생님 (투탑학원)
조항석 선생님 (계광중학교)
천경목 선생님 (미래탐구학원)
최현진 선생님 (세종학원)
한효관 선생님 (힘수학학원)

자문단 선생님

[서울]
고희권 선생님 (교우학원)
권치영 선생님 (지오학원)
김기방 선생님 (일등수학학원)
김대주 선생님 (황선생영수학원)
김미애 선생님 (스카이맥에듀학원)
김영섭 선생님 (하이클래스)
김희성 선생님 (다솜학원)
박소영 선생님 (임페라토학원)
박혜경 선생님 (개념올플러스학원)
배미은 선생님 (문일중학교)
승영민 선생님 (청담클루빌학원)
이관형 선생님 (휴브레인학원)
이성애 선생님 (필즈학원)
이정녕 선생님 (펜타곤에듀케이션학원)
이효심 선생님 (뉴플러스학원)
임여옥 선생님 (명문연세학원)
임원정 선생님 (대현학원)
조세환 선생님 (이레학원)
김은희 선생님 (제니스수학)
김인성 선생님 (우성학원)
김지영 선생님 (종로엠학원)
김태훈 선생님 (피타고라스학원)
문소영 선생님 (분석수학학원)
박성준 선생님 (아크로학원)
박수진 선생님 (소사왕수학학원)
박정근 선생님 (카이수학학원)
방은선 선생님 (이룸학원)
배철환 선생님 (매쓰블릭학원)
신금종 선생님 (다우학원)
신수림 선생님 (광명 SD명문학원)
이강민 선생님 (스토리수학학원)
이광수 선생님 (청학올림수학학원)
이광철 선생님 (블루수학학원)
이진숙 선생님 (휴먼이앤엠학원)
이채연 선생님 (다니엘학원)
이후정 선생님 (한보학원)
전용석 선생님 (연세학원)
정재도 선생님 (올림수학학원)
정재현 선생님 (마이다스학원)
정청용 선생님 (고대수학원)
조근장 선생님 (비전학원)
채수현 선생님 (밀턴수학학원)
최민희 선생님 (부천종로엠학원)
최우석 선생님 (블루밍영수학원)
하영석 선생님 (의치한학원)
한태섭 선생님 (선부 지캠프학원)
한효섭 선생님 (영웅아카데미학원)

[경기 · 인천]
강병덕 선생님 (청산학원)
강희표 선생님 (비원오길수학)
김동욱 선생님 (지성수학전문학원)
김명환 선생님 (김명환수학학원)
김상미 선생님 (김상미수학학원)
김선아 선생님 (하나학원)
김승호 선생님 (시흥 명품M학원)
김영희 선생님 (정석학원)

[부산 · 대구 · 경상도]
강민정 선생님 (A+학원)
김득환 선생님 (세종학원)
김용백 선생님 (서울대가는수학학원)
김윤미 선생님 (진해 푸르넷학원)
김일용 선생님 (서전학원)
김태진 선생님 (한빛학원)
김한규 선생님 (수&수학원)
김홍식 선생님 (칸입시학원)
김황열 선생님 (유담학원)
박병무 선생님 (멘토학원)
박주흠 선생님 (술술학원)
서영덕 선생님 (탑앤탑영수학원)
서정아 선생님 (리더스주니어랩학원)
신호재 선생님 (시메쓰수학)
유명덕 선생님 (유일학원)
유희 선생님 (연세아카데미학원)
이상준 선생님 (조은학원)
이윤정 선생님 (성문학원)
이헌상 선생님 (한성교육학원)
이현정 선생님 (공감수학학원)
이현주 선생님 (동은위더스학원)
이희경 선생님 (강수학학원)
전경민 선생님 (아이비츠학원)
전재후 선생님 (진스터디학원)
정재헌 선생님 (에디슨아카데미학원)
정진원 선생님 (명문서울학원)
정찬조 선생님 (교원학원)
조명성 선생님 (한샘학원)
차주현 선생님 (경대심화학원)
최학준 선생님 (특별한학원)
편주연 선생님 (피타고라스학원)
한희광 선생님 (성산학원)
허균정 선생님 (이화수학학원)
황하륜 선생님 (THE 쉬운수학학원)

[대전 · 충청도]
김근래 선생님 (정통학원)
김대두 선생님 (페르마학원)
문중식 선생님 (동그라미학원)
석진영 선생님 (탑시크리트학원)
송명준 선생님 (JNS학원)
신영선 선생님 (해머수학학원)
오현진 선생님 (청석학원)
우명식 선생님 (상상학원)
윤충섭 선생님 (최윤수학학원)
이정주 선생님 (베리타스수학학원)
이진형 선생님 (우림학원)
장전원 선생님 (김앤장영어수학학원)
차진경 선생님 (대현학원)
최현숙 선생님 (아임매쓰수학학원)

[광주 · 전라도]
김미진 선생님 (김미진수학학원)
김태성 선생님 (필즈학원)
김현지 선생님 (김현지수학학원)
김환철 선생님 (김환철수학학원)
나윤호 선생님 (진월 진선규학원)
노형규 선생님 (노형석 수학학원)
문형임 선생님 (서부 고려E수학학원)
박지연 선생님 (온탑학원)
박지영 선생님 (일곡 카이수학/과학학원)
방미령 선생님 (동천 수수학학원)
방주영 선생님 (스파르타 수학학원)
송신영 선생님 (반세영재학원)
신주영 선생님 (용봉 이룸수학학원)
오성진 선생님 (오성진 수학스케치학원)
유미행 선생님 (왕일학원)
윤현식 선생님 (강남에듀학원)
이고은 선생님 (리엔수학학원)
이명래 선생님 (오른수학&이명래학원)
이은숙 선생님 (윤재석수학학원)
장인경 선생님 (장선생수학학원)
정은경 선생님 (일곡 정은수학학원)
정은성 선생님 (챔피언스쿨학원)
정인하 선생님 (메가메스수학학원)
정희철 선생님 (운암 천지학원)
지승룡 선생님 (임동 필즈학원)
최민경 선생님 (명재보습학원)
최현진 선생님 (백운세종학원)

수학 계통도

초등

영역	초1	초2	초3	초4	초5	초6	중1
수와 연산	1-1 □ 9까지의 수 □ 덧셈과 뺄셈 □ 50까지의 수 1-2 □ 100까지의 수 □ 덧셈과 뺄셈(1) □ 덧셈과 뺄셈(2) □ 덧셈과 뺄셈(3)	2-1 □ 세 자리 수 □ 덧셈과 뺄셈 □ 곱셈 2-2 □ 네 자리 수 □ 곱셈구구	3-1 □ 덧셈과 뺄셈 □ 나눗셈 □ 곱셈 □ 분수와 소수 3-2 □ 곱셈 □ 나눗셈 □ 분수	4-1 □ 큰 수 □ 곱셈과 나눗셈 4-2 □ 분수의 덧셈과 뺄셈 □ 소수의 덧셈과 뺄셈	5-1 □ 자연수의 혼합 계산 □ 약수와 배수 □ 약분과 통분 □ 분수의 덧셈과 뺄셈 5-2 □ 분수의 곱셈 □ 소수의 곱셈	6-1 □ 분수의 나눗셈 □ 소수의 나눗셈 6-2 □ 분수의 나눗셈 □ 소수의 나눗셈	중1 □ 수와 연산 □ 문자와 식
도형	1-1 □ 여러 가지 모양 1-2 □ 여러 가지 모양	2-1 □ 여러 가지 도형	3-1 □ 평면도형 3-2 □ 원	4-1 □ 평면도형의 이동 4-2 □ 삼각형 □ 사각형 □ 다각형	5-2 □ 합동과 대칭 □ 직육면체	6-1 □ 각기둥과 각뿔 6-2 □ 공간과 입체 □ 원기둥, 원뿔, 구	중1 □ 기본 도형 □ 평면도형 □ 입체도형
측정	1-1 □ 비교하기 1-2 □ 시계 보기	2-1 □ 길이 재기 2-2 □ 길이 재기 □ 시각과 시간	3-1 □ 길이와 시간 3-2 □ 들이와 무게	4-1 □ 각도	5-1 □ 다각형의 둘레와 넓이 5-2 □ 수의 범위와 어림하기	6-1 □ 직육면체의 부피와 겉넓이 6-2 □ 원의 넓이	
규칙성	1-2 □ 규칙 찾기	2-2 □ 규칙 찾기		4-1 □ 규칙 찾기	5-1 □ 규칙과 대응	6-1 □ 비와 비율 6-2 □ 비례식과 비례배분	중1 □ 좌표평면과 그래프
자료와 가능성		2-1 □ 분류하기 2-2 □ 표와 그래프	3-2 □ 자료의 정리	4-1 □ 막대그래프 4-2 □ 꺾은선그래프	5-2 □ 평균과 가능성	6-1 □ 여러 가지 그래프	중1 □ 통계

* 2015 개정 교육과정 초1~중1 교과 내용 체계

계통으로 개념의 징검다리를 이어라.
수학의 완주가 쉬워진다.

월등한 개념수학 수학 계통도 활용법

- 2015 개정 교육과정에 따라 5개 영역으로 구분하였습니다.
  ▶ 수와 연산, 도형, 측정, 규칙성, 자료와 가능성
- 이전에 배운 개념, 이번에 배울 개념, 이후에 배울 개념을 영역별로 정리하여 단원의 연계성을 한눈에 파악할 수 있습니다.
- 한 단원씩 마무리할 때마다 계통도의 □에 √ 표시를 하면서 자신의 성취도를 파악해 보세요. 이후 학습에 대한 호기심과 자신감이 생길 것입니다.

6-1 각기둥의 전개도

2. 각기둥과 각뿔 단원에서 활용하세요.

➜ 실선을 따라 오리고, 점선을 접은 다음 풀칠하여 각기둥을 만들어 보세요.

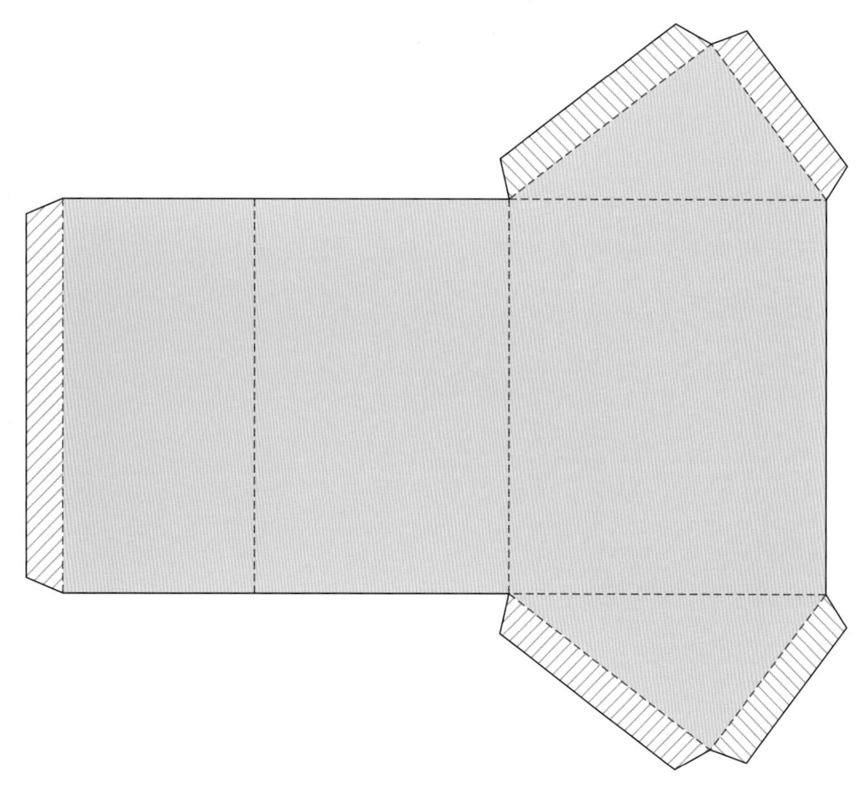

▲ 삼각기둥의 전개도

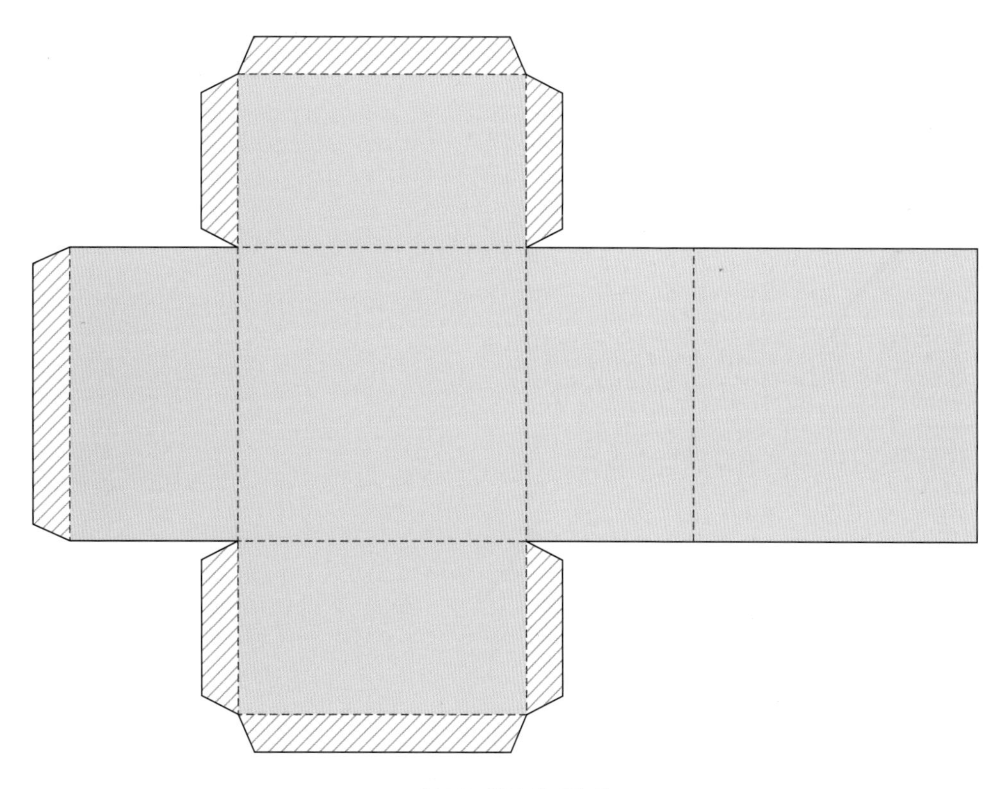

▲ 사각기둥의 전개도

6-1 각기둥의 전개도

2. 각기둥과 각뿔 단원에서 활용하세요.

➜ 실선을 따라 오리고, 점선을 접은 다음 풀칠하여 각기둥을 만들어 보세요.

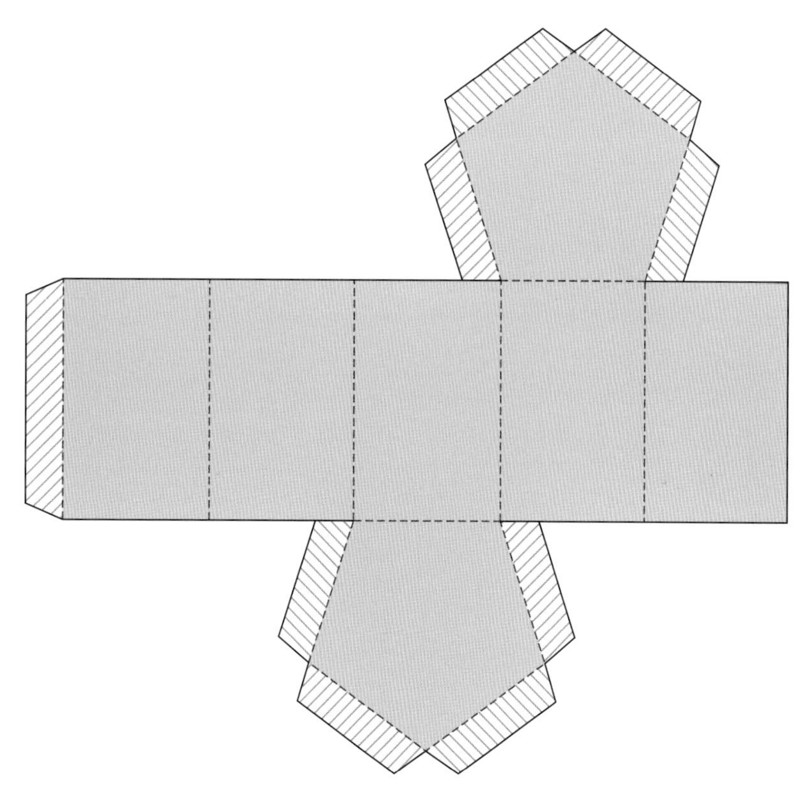

▲ 오각기둥의 전개도

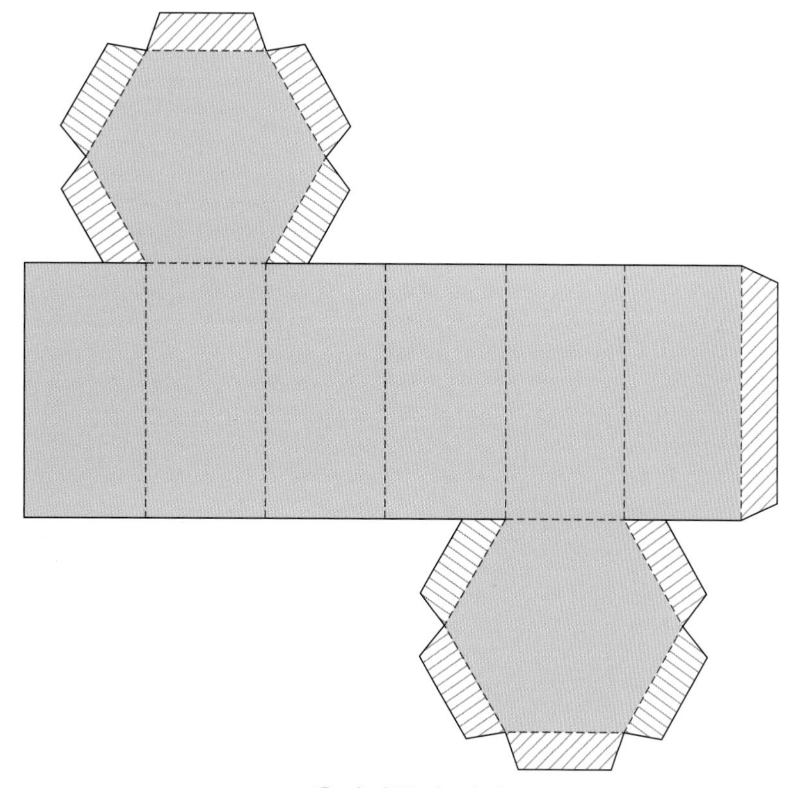

▲ 육각기둥의 전개도

우월한 개념 수학

우등한
개념
수학

(초등수학 6-1)

계통으로 수학이 쉬워지는
새로운 개념기본서

개념 학습책

구성과 특징

개념 학습책

1 단원 계통 잇기

단원의 계통을 한눈에 알 수 있습니다.

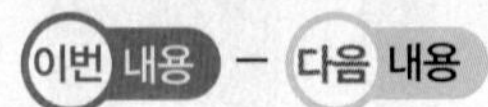

2 개념 익히기

교과서 개념과 원리를 학습합니다.

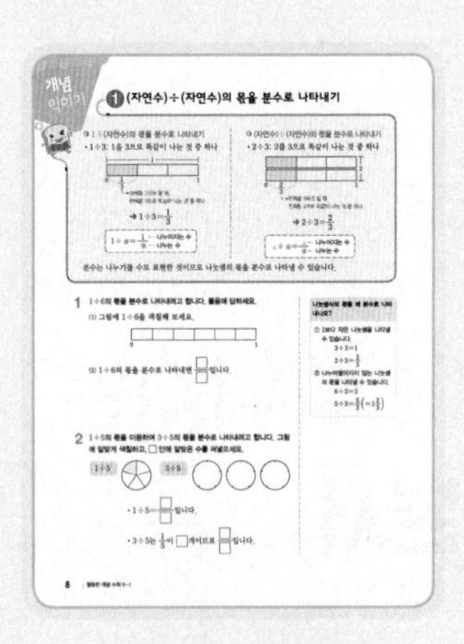

3 개념 확인하기

문제를 통해 개념을 잘 이해했는지 확인해 봅니다.

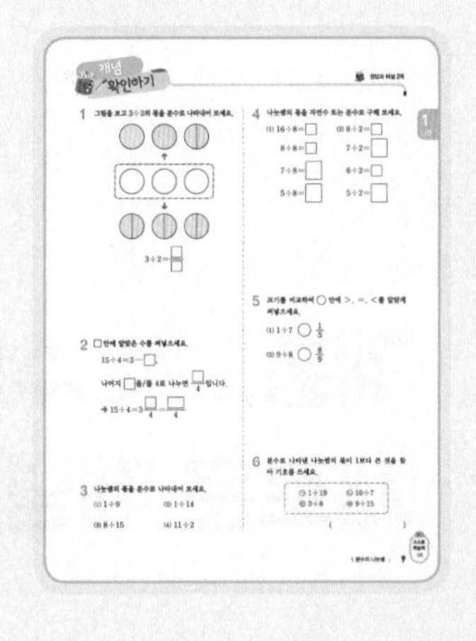

스스로 학습책

기초력 다지기

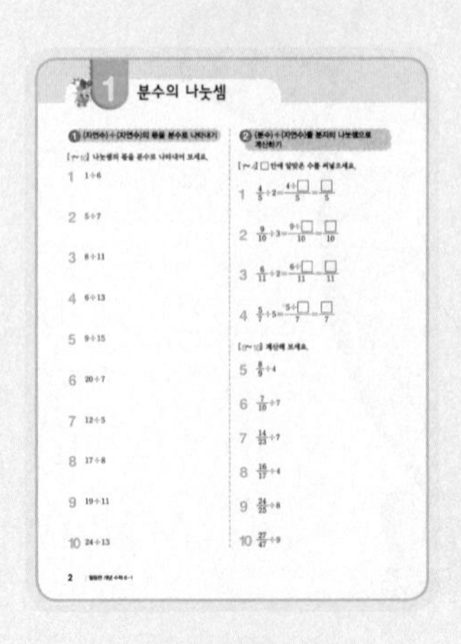

스스로 개념 확인하기

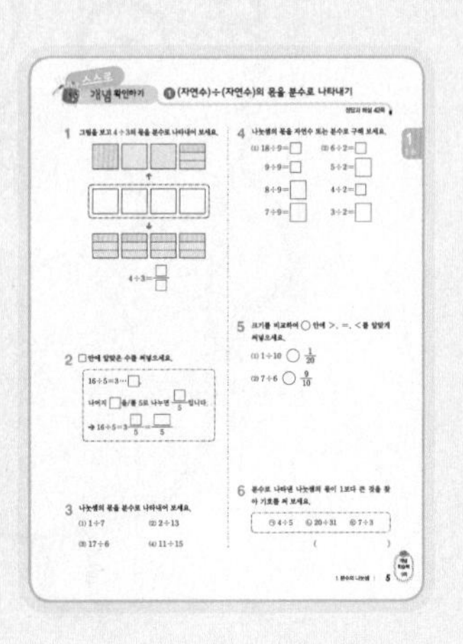

개념에 강하다! 월등한 개념 수학!

1 이전 학습, 본 학습, 이후 학습의 연결로 수학의 개념을 탄탄하게!

2 개념 이해부터 문제해결력까지 실력을 완벽하게!

3 1:1 매칭 학습으로 복습을 제대로!

4 실전문제 익히기

다양한 유형의 문제로 개념을 적용하는 능력을 키웁니다.

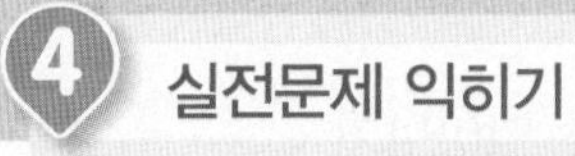

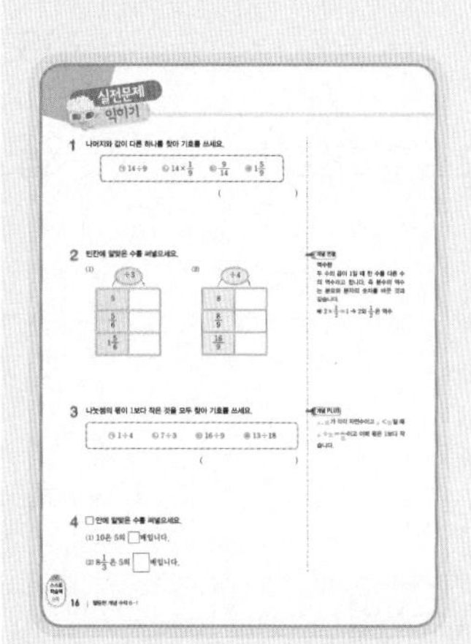

5 응용문제 익히기

응용문제를 기본 수준부터 단계별로 풀어 보면서 문제 해결력을 기릅니다.

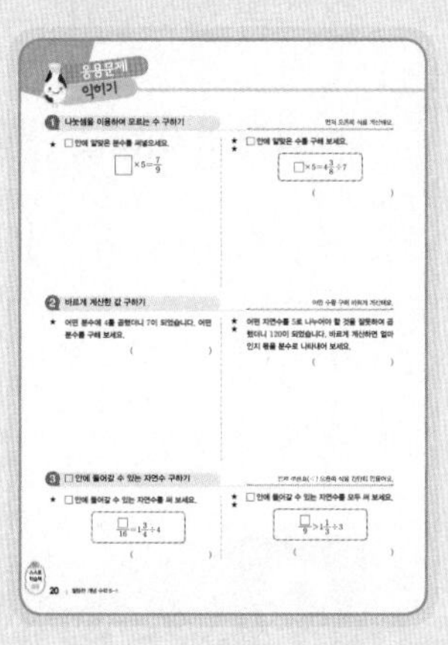

6 단원평가

수준별로 구성된 2회의 단원평가로 실력을 점검하고 학교시험에 대비합니다.

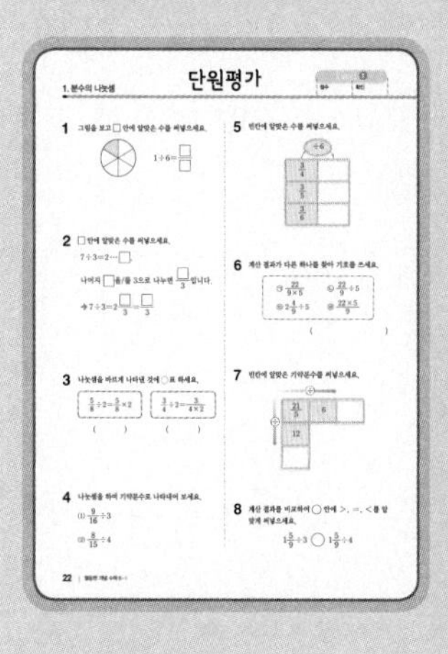

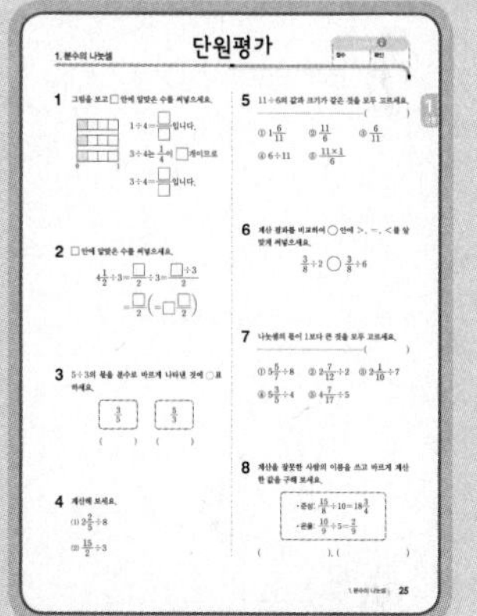

스스로 실전문제 익히기

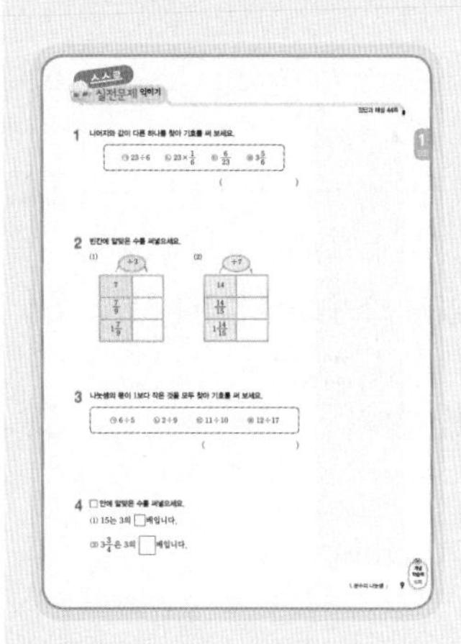

스스로 응용문제 익히기

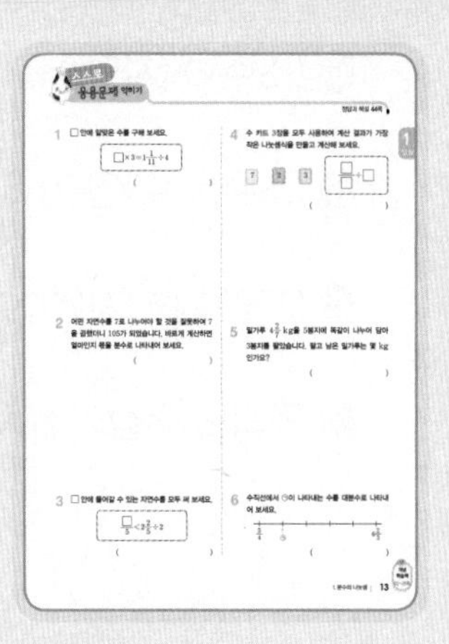

학교시험대비 단원평가

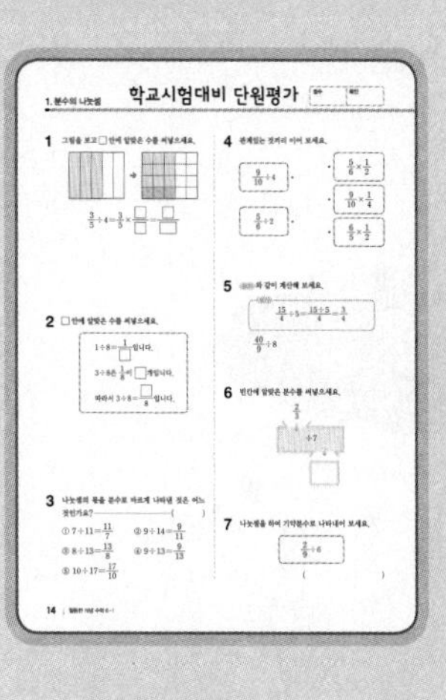

차례

1 분수의 나눗셈

❶ (자연수) ÷ (자연수)의 몫을 분수로 나타내기 8

❷ (분수) ÷ (자연수)를 분자의 나눗셈으로 계산하기 10

❸ (분수) ÷ (자연수)를 분수의 곱셈으로 계산하기 12

❹ (대분수) ÷ (자연수) 14

2 각기둥과 각뿔

❶ 각기둥 알아보기 30

❷ 각기둥의 이름과 구성 요소 알아보기 32

❸ 각기둥 전개도 알아보기 34

❹ 각뿔 알아보기 38

❺ 각뿔의 이름과 구성 요소 알아보기 40

3 소수의 나눗셈

❶ (소수) ÷ (자연수) (1) 54

❷ (소수) ÷ (자연수) (2) 56

❸ (소수) ÷ (자연수) (3) 58

❹ (소수) ÷ (자연수) (4) 60

❺ (소수) ÷ (자연수) (5) 64

❻ (자연수) ÷ (자연수)의 몫을 소수로 나타내기 66

❼ 몫의 소수점의 위치 확인하기 68

4 비와 비율

❶ 두 수 비교하기 ········ 82

❷ 비 알아보기 ········ 84

❸ 비율 알아보기 ········ 86

❹ 비율이 사용되는 경우 알아보기 ········ 88

❺ 백분율 알아보기 ········ 92

❻ 백분율이 사용되는 경우 알아보기 ········ 94

5 여러 가지 그래프

❶ 그림그래프로 나타내기 ········ 108

❷ 띠그래프 알아보기 ········ 110

❸ 띠그래프로 나타내기 ········ 112

❹ 원그래프 알아보기 ········ 116

❺ 원그래프로 나타내기 ········ 118

❻ 그래프 해석하기 / 여러 가지 그래프 비교하기 ··· 120

6 직육면체의 부피와 겉넓이

❶ 직육면체의 부피 비교 ········ 134

❷ 직육면체의 부피 구하는 방법 ········ 136

❸ m^3 알아보기 ········ 138

❹ 직육면체의 겉넓이 구하는 방법 ········ 140

힘내!

1 분수의 나눗셈

이번에 배울 내용

- (자연수)÷(자연수)의 몫을 분수로 나타내기
- (분수)÷(자연수)를 분자의 나눗셈으로 계산하기
- (분수)÷(자연수)를 분수의 곱셈으로 계산하기
- (대분수)÷(자연수)

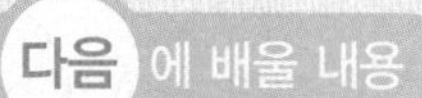

다음에 배울 내용

[6-1] 3. 소수의 나눗셈
[6-2] 1. 분수의 나눗셈
[6-2] 2. 소수의 나눗셈

1 (자연수)÷(자연수)의 몫을 분수로 나타내기

1÷(자연수)의 몫을 분수로 나타내기

• 1÷3: 1을 3으로 똑같이 나눈 것 중 하나

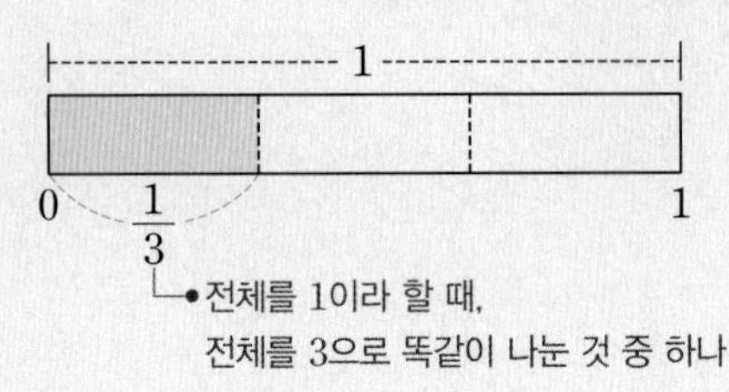

└•전체를 1이라 할 때, 전체를 3으로 똑같이 나눈 것 중 하나

➜ $1\div3=\frac{1}{3}$

$1\div$ ● $=\frac{1}{●}$ ← 나누어지는 수 / ← 나누는 수

(자연수)÷(자연수)의 몫을 분수로 나타내기

• 2÷3: 2를 3으로 똑같이 나눈 것 중 하나

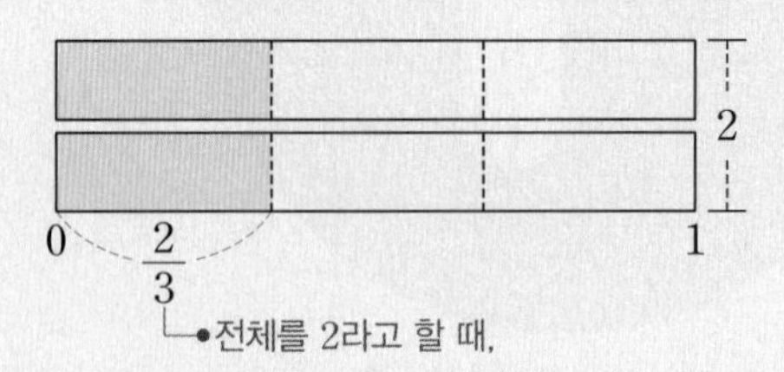

└•전체를 2라고 할 때, 전체를 3으로 똑같이 나눈 것 중 하나

➜ $2\div3=\frac{2}{3}$

▲ ÷ ● $=\frac{▲}{●}$ ← 나누어지는 수 / ← 나누는 수

분수는 나누기를 수로 표현한 것이므로 나눗셈의 몫을 분수로 나타낼 수 있습니다.

1 1÷6의 몫을 분수로 나타내려고 합니다. 물음에 답하세요.

(1) 그림에 1÷6을 색칠해 보세요.

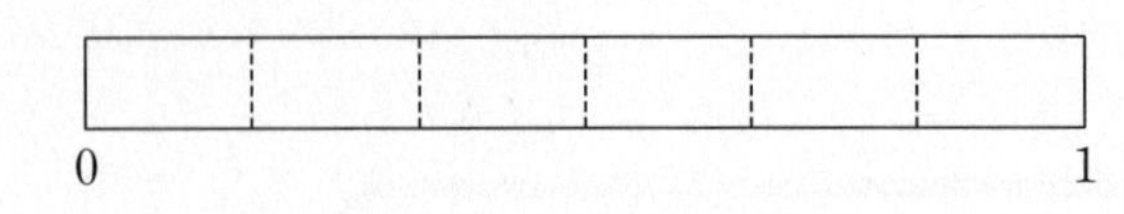

(2) 1÷6의 몫을 분수로 나타내면 $\frac{\square}{\square}$입니다.

2 1÷5의 몫을 이용하여 3÷5의 몫을 분수로 나타내려고 합니다. 그림에 알맞게 색칠하고, □ 안에 알맞은 수를 써넣으세요.

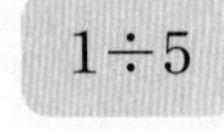

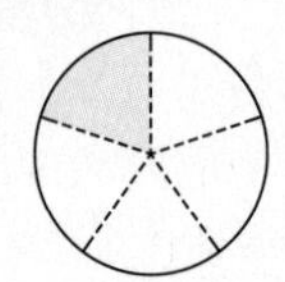
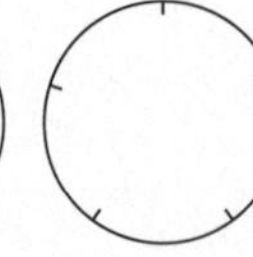

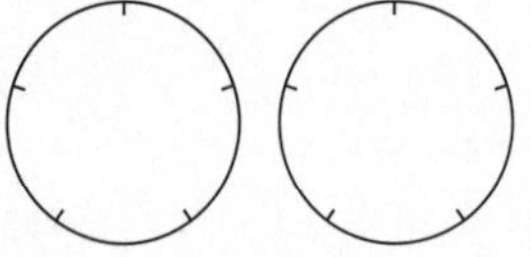

• $1\div5=\frac{\square}{\square}$입니다.

• 3÷5는 $\frac{1}{5}$이 □개이므로 $\frac{\square}{\square}$입니다.

나눗셈식의 몫을 왜 분수로 나타내나요?

① 1보다 작은 나눗셈을 나타낼 수 있습니다.

$3\div3=1$

$2\div3=\frac{2}{3}$

② 나누어떨어지지 않는 나눗셈의 몫을 나타낼 수 있습니다.

$6\div3=2$

$5\div3=\frac{5}{3}\left(=1\frac{2}{3}\right)$

1 그림을 보고 $3 \div 2$의 몫을 분수로 나타내어 보세요.

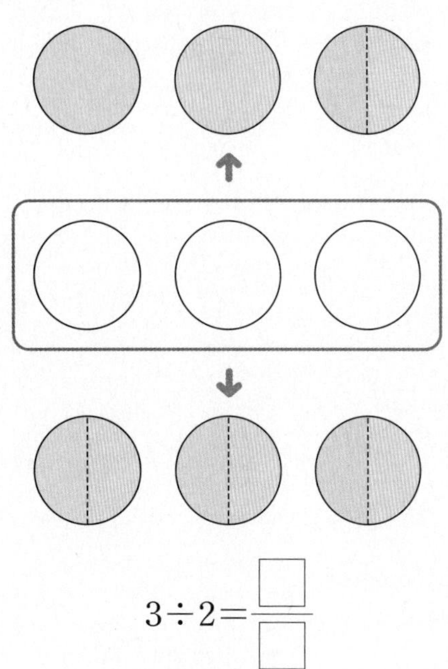

$3 \div 2 = \frac{\square}{\square}$

2 □ 안에 알맞은 수를 써넣으세요.

$15 \div 4 = 3 \cdots \square$,

나머지 □을/를 4로 나누면 $\frac{\square}{4}$입니다.

➜ $15 \div 4 = 3\frac{\square}{4} = \frac{\square}{4}$

3 나눗셈의 몫을 분수로 나타내어 보세요.

(1) $1 \div 9$　　(2) $1 \div 14$

(3) $8 \div 15$　　(4) $11 \div 2$

4 나눗셈의 몫을 자연수 또는 분수로 구해 보세요.

(1) $16 \div 8 = \square$　　(2) $8 \div 2 = \square$

$8 \div 8 = \square$　　$7 \div 2 = \square$

$7 \div 8 = \square$　　$6 \div 2 = \square$

$5 \div 8 = \square$　　$5 \div 2 = \square$

5 크기를 비교하여 ◯ 안에 >, =, <를 알맞게 써넣으세요.

(1) $1 \div 7$ ◯ $\frac{1}{5}$

(2) $9 \div 8$ ◯ $\frac{8}{9}$

6 분수로 나타낸 나눗셈의 몫이 1보다 큰 것을 찾아 기호를 쓰세요.

㉠ $1 \div 19$	㉡ $10 \div 7$
㉢ $3 \div 8$	㉣ $9 \div 15$

(　　　　　　)

스스로 학습책 5쪽

개념 익히기

2 (분수)÷(자연수)를 분자의 나눗셈으로 계산하기

분자가 나누는 수의 배수일 때 —분자를 자연수로 나눕니다.

예 $\frac{6}{7}\div2$의 계산

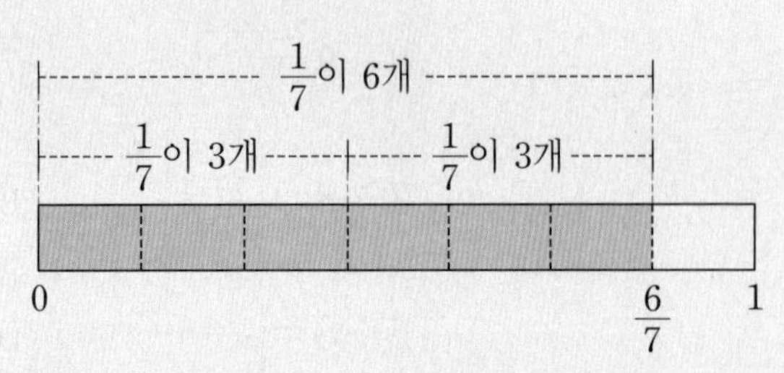

$\frac{6}{7}$은 $\frac{1}{7}$이 6개이므로 $\frac{6}{7}\div2$는 $\frac{1}{7}$이 $(6\div2)$개입니다.

→ $\frac{6}{7}\div2=\frac{6\div2}{7}=\frac{3}{7}$

• ▲가 ■의 배수일 때

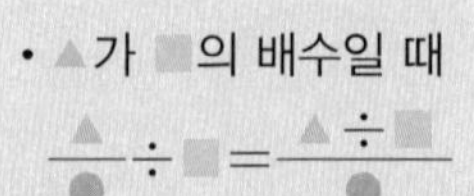

분자가 나누는 수의 배수가 아닐 때 —크기가 같은 분수 중에서 분자가 자연수의 배수인 수로 바꾸어 계산합니다.

예 $\frac{3}{5}\div2$의 계산

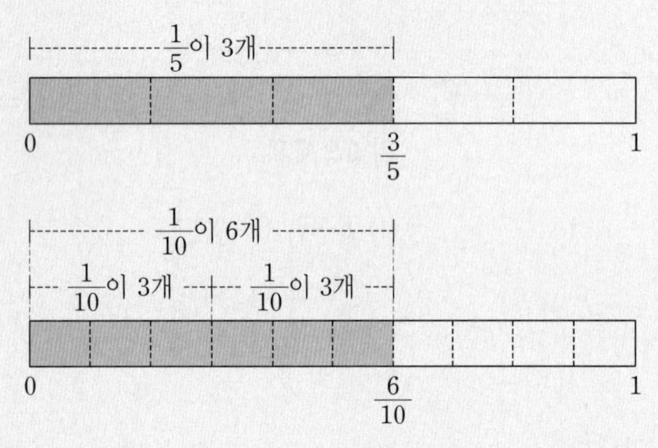

$\frac{3}{5}=\frac{6}{10}$이고 $\frac{6}{10}$은 $\frac{1}{10}$이 6개이므로 $\frac{6}{10}\div2$는 $\frac{1}{10}$이 $(6\div2)$개입니다.

→ $\frac{3}{5}\div2=\frac{3\times2}{5\times2}\div2=\frac{6}{10}\div2=\frac{6\div2}{10}=\frac{3}{10}$

분자가 나누는 수의 배수가 되도록 만듭니다.

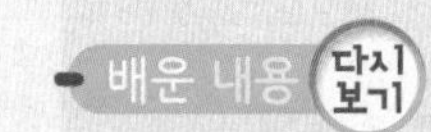

• 크기가 같은 분수 만들기

$\frac{1}{2}=\frac{1\times2}{2\times2}=\frac{2}{4}$

$=\frac{1\times3}{2\times3}=\frac{3}{6}$

$=\frac{1\times4}{2\times4}=\frac{4}{8}$

분모와 분자에 0이 아닌 같은 수를 곱해서 만들 수 있습니다.

$\frac{■}{●}\div2=\frac{■\times2\div2}{●\times2}$ ($2\div2=1$)

$=\frac{■}{●\times2}$

먼저 생각해 봐요

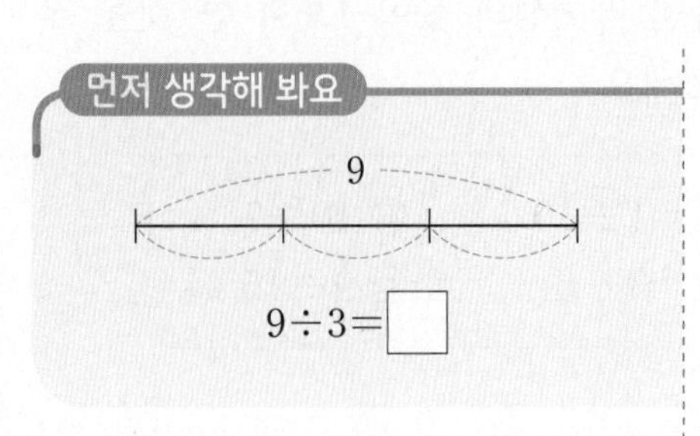

1 $\frac{9}{10}\div3$을 수직선에 나타내고 □ 안에 알맞은 수를 써넣으세요.

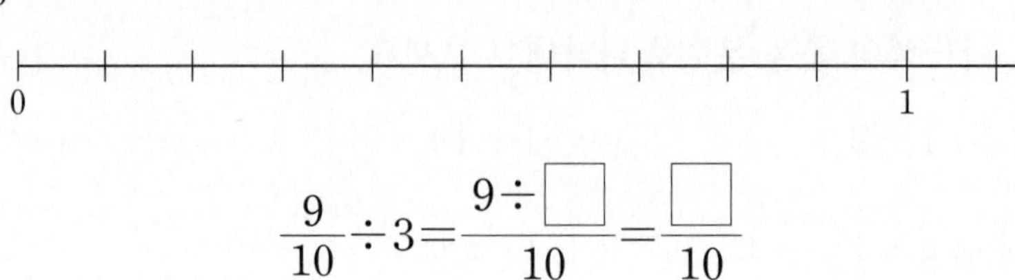

$\frac{9}{10}\div3=\frac{9\div\square}{10}=\frac{\square}{10}$

정답과 해설 2쪽

1 나눗셈의 몫만큼 그림에 빗금을 긋고, □ 안에 알맞은 수를 써넣으세요.

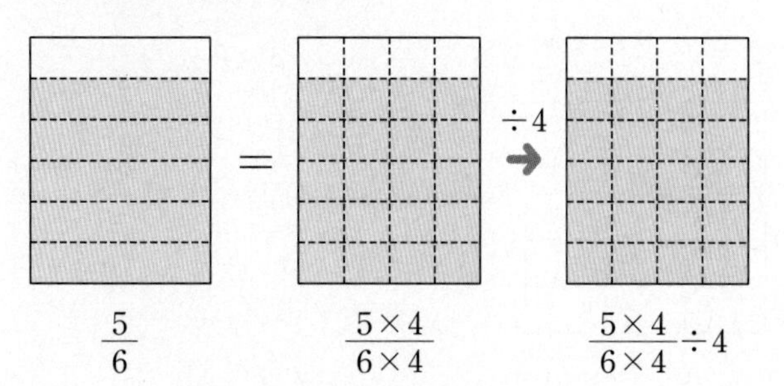

$\frac{5}{6}$ $\frac{5\times4}{6\times4}$ $\frac{5\times4}{6\times4}\div4$

$$\frac{5}{6}\div4=\frac{5\times4}{6\times4}\div4=\frac{\square}{\square}$$

2 □ 안에 알맞은 수를 써넣으세요.

(1) $\frac{4}{9}\div2=\frac{\square\div2}{9}=\frac{\square}{9}$

(2) $\frac{7}{8}\div5=\frac{\square}{40}\div5=\frac{\square\div5}{40}=\frac{\square}{40}$

3 계산해 보세요.

(1) $6\div2=\square$

$\frac{6}{7}\div2=\square$

$\frac{6}{11}\div2=\square$

(2) $4\div3=\square$

$\frac{4}{5}\div3=\square$

$\frac{4}{7}\div3=\square$

4 계산이 잘못된 곳을 찾아 바르게 계산해 보세요.

$$\frac{4}{9}\div3=\frac{4}{9\div3}=\frac{4}{3}=1\frac{1}{3}$$

➜ ________________

5 나눗셈의 몫이 다른 하나를 찾아 기호를 쓰세요.

㉠ $\frac{5}{7}\div2$ ㉡ $\frac{5}{8}\div2$ ㉢ $\frac{10}{14}\div2$

( )

6 나눗셈의 몫을 구하여 빈칸에 써넣으세요.

$\frac{2}{5}\div3$	$\frac{2}{5}\div5$	$\frac{2}{5}\div7$

7 계산을 보고 □ 안에 알맞은 수를 써넣으세요.

$$\frac{4}{5}\div3=\frac{4\times3\div3}{5\times3}=\frac{4}{5\times3}$$

$$\frac{5}{7}\div2=\frac{5}{7\times\square}$$

스스로 학습책 6쪽

개념 익히기

3 (분수)÷(자연수)를 분수의 곱셈으로 계산하기

● 사각형의 넓이를 이용하여 곱셈으로 나타내기

예 $\frac{4}{5}\div3$의 계산

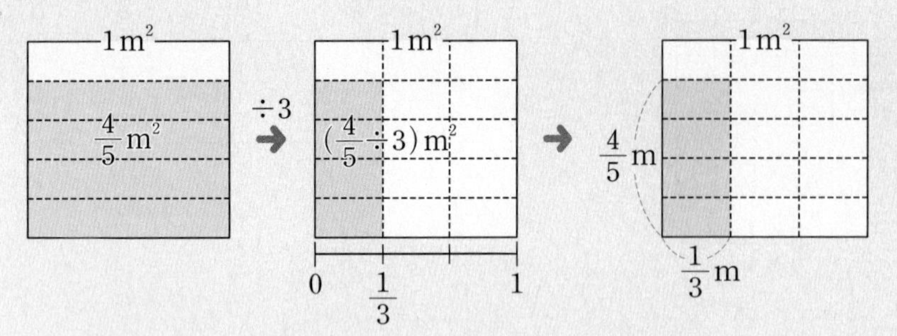

($\frac{4}{5}$ m²를 3으로 나눈 부분의 넓이) → 가로 $\frac{1}{3}$ m, 세로 $\frac{4}{5}$ m인 직사각형의 넓이

$=\frac{4}{5}\div3=\frac{4}{5}\times\frac{1}{3}=\frac{4}{15}$

● 분수의 곱셈을 이용하여 ÷(자연수)와 $\times\frac{1}{(자연수)}$의 관계 알아보기

(자연수)÷(자연수) 에서 6÷2=3이고

(자연수)$\times\frac{1}{(자연수)}$에서 $6\times\frac{1}{2}=3$입니다. → $\div2=\times\frac{1}{2}$

→ 자연수에 진분수를 곱하면 처음 자연수보다 값이 작아집니다.

→ $\frac{4}{5}\div3=\frac{4}{5}\times\frac{1}{3}=\frac{4}{15}$

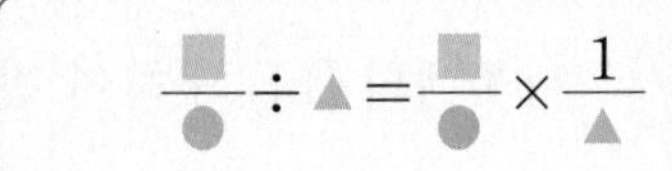

• 나누어지는 수와 나누는 수에 같은 수를 곱해도 몫은 같습니다.

$6\div3=2$ (×2, ×2)

$12\div6=2$

$\frac{4}{5}\div3=\frac{4}{5}\times\frac{1}{3}$ ($\times\frac{1}{3}$, $\times\frac{1}{3}$)

$\frac{4}{5}\times\frac{1}{3}\div1=\frac{4}{5}\times\frac{1}{3}$

먼저 생각해 봐요

$8\div2=\square$

$8\times\frac{1}{2}=\square$

$12\div\square=4$

$12\times\frac{1}{\square}=4$

1 직사각형을 나누어 색칠한 것입니다. □ 안에 알맞은 수를 써넣으세요.

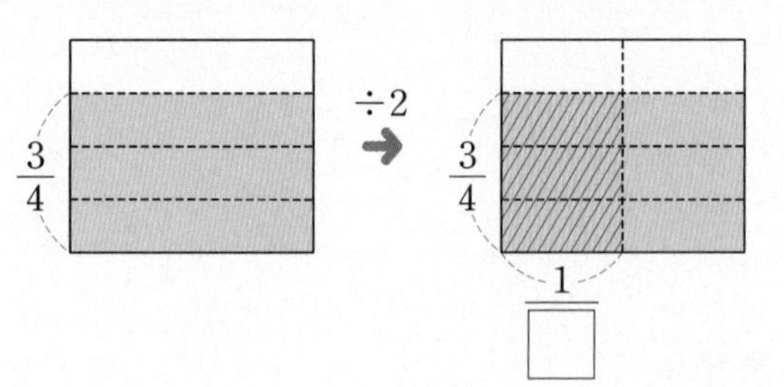

$\frac{3}{4}\div2$ → $\frac{3}{4}$을 똑같이 □로 나눈 것 중 하나 → $\frac{3}{4}$의 $\frac{\square}{\square}$

→ (빗금 친 부분의 넓이)$=\frac{3}{4}\div2=\frac{3}{4}\times\frac{1}{\square}=\frac{\square}{\square}$

1 나눗셈을 곱셈으로 바꾸어 계산해 보세요.

(1) $\frac{2}{5}\div7=\frac{2}{5}\times\frac{1}{\square}=\square$

(2) $\frac{5}{3}\div7=\frac{5}{3}\times\frac{1}{\square}=\square$

2 보기 와 같은 방법으로 계산하여 나눗셈의 몫을 기약분수로 나타내어 보세요.

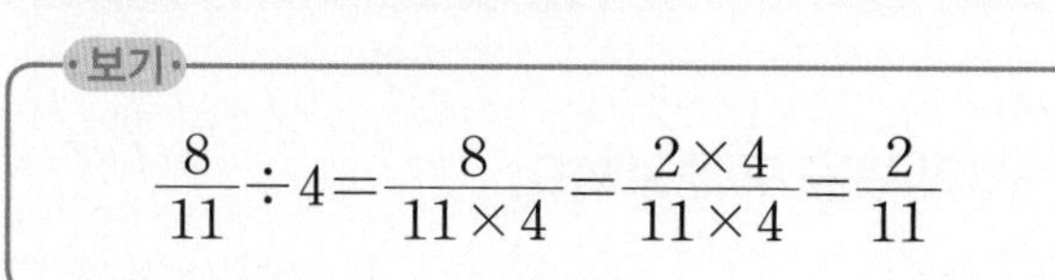

보기

$\frac{8}{11}\div4=\frac{8}{11\times4}=\frac{2\times4}{11\times4}=\frac{2}{11}$

(1) $\frac{10}{7}\div5=$ ______

(2) $\frac{12}{13}\div4=$ ______

3 계산해 보세요.

(1) $\frac{5}{6}\div3=\square$

$\frac{5}{6}\div6=\square$

$\frac{5}{6}\div12=\square$

(2) $\frac{4}{5}\div4=\square$

$\frac{12}{5}\div4=\square$

$\frac{36}{5}\div4=\square$

4 계산이 잘못된 곳을 찾아 바르게 계산해 보세요.

$\frac{4}{15}\div3=\frac{4}{15\div3}=\frac{4}{5}$

➜ ______

5 계산 결과가 다른 것을 찾아 기호를 쓰세요.

㉠ $\frac{2}{3}\div4$　　㉡ $\frac{2}{3\times4}$

㉢ $\frac{2}{3}\times\frac{1}{4}$　　㉣ $\frac{2\times4}{3}$

(　　　　　　)

6 나눗셈을 하여 빈 곳에 알맞은 수를 써넣으세요.

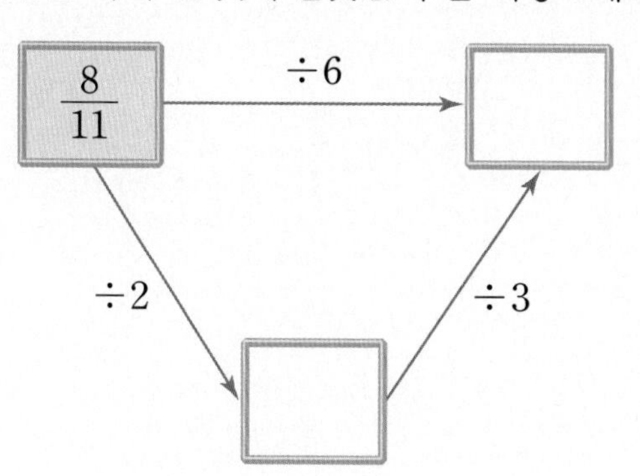

스스로 학습책 7쪽

개념 익히기

4 (대분수)÷(자연수)

• (대분수)=(자연수)+(분수)이므로 (자연수)를 분수로 만든 (가분수)로 바꾸어 계산해야 합니다.

$$2\frac{2}{5}\times2=\left(2+\frac{2}{5}\right)\times2=\frac{12}{5}\times2$$

$$2\frac{2}{5}\div2=\left(2+\frac{2}{5}\right)\div2=\frac{12}{5}\div2$$

가분수로 바꾸었을 때 분자가 나누는 수의 배수인 경우

분모는 그대로 두고 분자를 나눕니다.

$$2\frac{2}{5}\div2=\frac{12}{5}\div2=\frac{12\div2}{5}=\frac{6}{5}\left(=1\frac{1}{5}\right)$$

← 계산 결과는 가분수 또는 대분수로 나타낼 수 있습니다.

가분수로 바꾸었을 때 분자가 나누는 수의 배수가 아닌 경우

분수의 곱셈으로 바꾸어 계산합니다.

$$2\frac{1}{5}\div2=\frac{11}{5}\div2=\frac{11}{5}\times\frac{1}{2}=\frac{11}{10}$$

• 두 수의 합으로 이루어진 수를 나눌 때 두 수를 각각 나눈 후 합할 수도 있습니다.

$4\div2=2$
$6\div2=3$ ⊕
$10\div2=5$

$2\div2=1$
$\frac{2}{5}\div2=\frac{1}{5}$ ⊕
$2\frac{2}{5}\div2=1\frac{1}{5}$

먼저 생각해 봐요 [3-2 4. 분수]

대분수를 가분수로 나타내어 보세요.

(1) $1\frac{5}{7}$

(2) $3\frac{1}{3}$

1 그림을 보고 $2\frac{1}{4}\div3$의 몫을 구해 보세요.

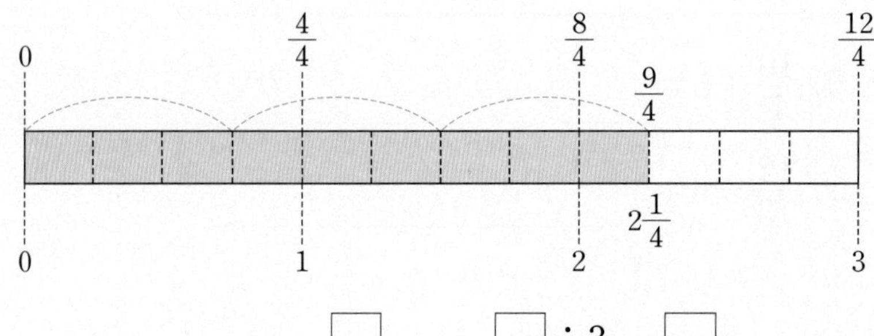

$$2\frac{1}{4}\div3=\frac{\square}{4}\div3=\frac{\square\div3}{4}=\frac{\square}{4}$$

2 □ 안에 알맞은 수를 써넣으세요.

(1) $1\frac{1}{6}\div3=\frac{7}{6}\div3=\frac{21}{\square}\div3=\frac{7}{\square}$

(2) $1\frac{1}{6}\div3=\frac{7}{6}\div3=\frac{7}{6}\times\frac{1}{\square}=\frac{7}{\square}$

1 $3\frac{3}{7}\div6$을 두 가지 방법으로 계산해 보세요.

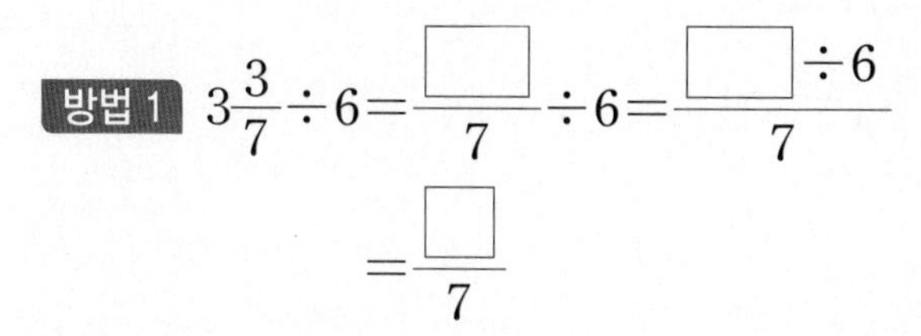

방법 1 $3\frac{3}{7}\div6=\frac{\square}{7}\div6=\frac{\square\div6}{7}=\frac{\square}{7}$

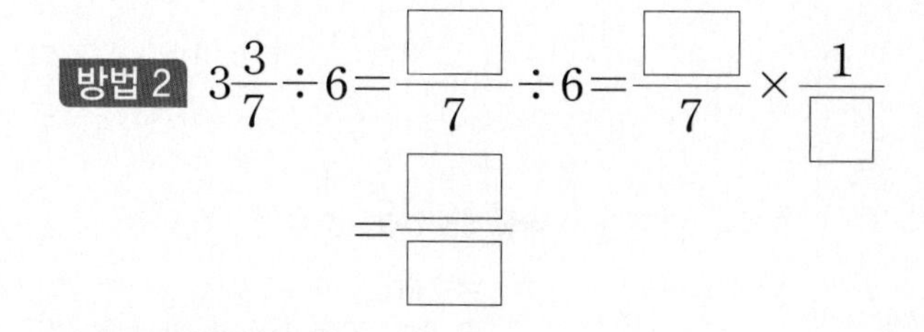

방법 2 $3\frac{3}{7}\div6=\frac{\square}{7}\div6=\frac{\square}{7}\times\frac{1}{\square}=\frac{\square}{\square}$

2 계산해 보세요.

(1) $1\frac{1}{5}\div3=\square$

$2\frac{2}{5}\div3=\square$

$4\frac{4}{5}\div3=\square$

(2) $1\frac{1}{8}\div3=\square$

$1\frac{1}{8}\div9=\square$

$1\frac{1}{8}\div27=\square$

3 나눗셈의 몫을 구하고 그 몫을 수직선에 표시해 보세요.

$4\frac{2}{7}\div3=\square$ $2\frac{4}{7}\div3=\square$

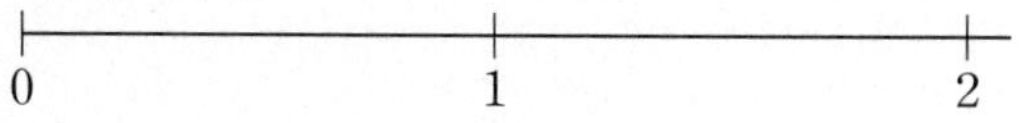

(수직선: 0, 1, 2)

4 계산한 값이 다른 하나는 어느 것인가요? .... (   )

① $4\frac{1}{6}\div5$ ② $4\frac{1}{6}\times\frac{1}{5}$

③ $\frac{25\div5}{6}$ ④ $4\frac{1}{6}\times5$

⑤ $\frac{25}{6}\times\frac{1}{5}$

5 잘못 계산한 곳을 찾아 바르게 계산해 보세요.

$3\frac{3}{4}\div3=3\frac{3\div3}{4}=3\frac{1}{4}$

$3\frac{3}{4}\div3$ ____________________

6 페인트 2통으로 벽면 $1\frac{4}{5}$ m^2를 칠했습니다. 페인트 한 통으로 칠한 벽면의 넓이는 몇 m^2인지 구해 보세요.

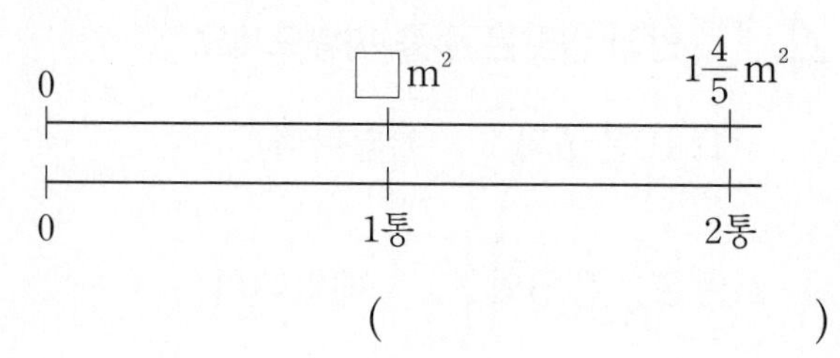

(   )

스스로 학습책 8쪽

1 나머지와 값이 다른 하나를 찾아 기호를 쓰세요.

㉠ $14 \div 9$	㉡ $14 \times \frac{1}{9}$	㉢ $\frac{9}{14}$	㉣ $1\frac{5}{9}$

(   )

2 빈칸에 알맞은 수를 써넣으세요.

(1)

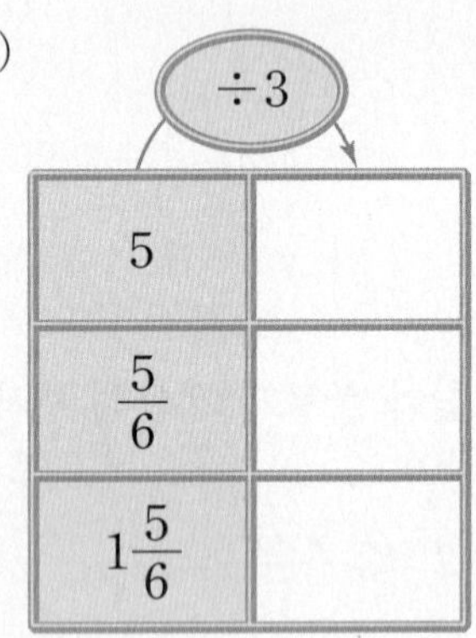

(2)

$\div 4$	
8	
$\frac{8}{9}$	
$\frac{16}{9}$	

개념 연결

역수란

두 수의 곱이 1일 때 한 수를 다른 수의 역수라고 합니다. 즉 분수의 역수는 분모와 분자의 숫자를 바꾼 것과 같습니다.

예 $2 \times \frac{1}{2} = 1$ ➔ 2와 $\frac{1}{2}$은 역수

3 나눗셈의 몫이 1보다 작은 것을 모두 찾아 기호를 쓰세요.

㉠ $1 \div 4$	㉡ $7 \div 3$	㉢ $16 \div 9$	㉣ $13 \div 18$

(   )

개념 PLUS

▲, ■가 각각 자연수이고 ▲<■일 때 ▲÷■=$\frac{▲}{■}$이고 이때 몫은 1보다 작습니다.

4 □ 안에 알맞은 수를 써넣으세요.

(1) 10은 5의 □배입니다.

(2) $8\frac{1}{3}$은 5의 □배입니다.

5 빈칸에 알맞은 수를 써넣으세요.

(1)

$\frac{7}{8}$ → $\div 8$ → □ → $\times 8$ → □

(2)

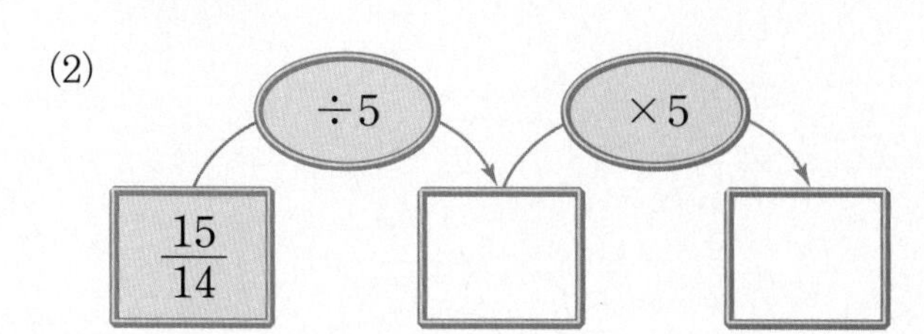

> **주의**
> 분수의 곱셈을 하는 과정에서 분모와 자연수를 약분하여 계산할 수도 있습니다.

6 □ 안에는 2부터 9까지의 수가 들어갈 수 있습니다. 물음에 답하세요.

㉠ $\frac{6}{7}\times\square$ ㉡ $\frac{6}{7}\div\square$

(1) ㉠과 ㉡을 계산하는 식을 찾아 기호를 쓰세요.

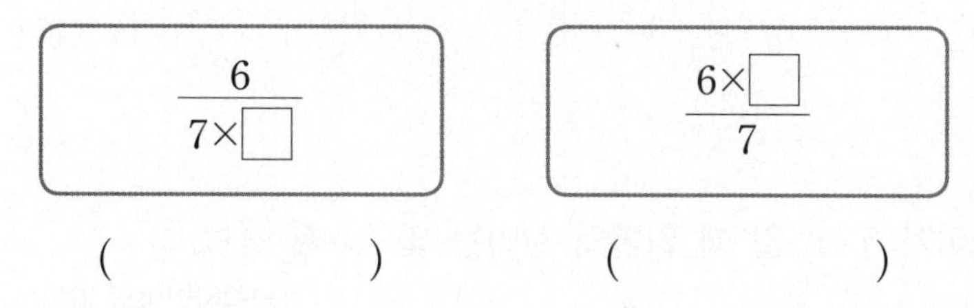

(   ) (   )

(2) ㉡ 식의 계산 결과가 분자가 1인 분수일 때 □ 안에 들어갈 수 있는 수를 구해 보세요.

(   )

7 빈칸에 알맞은 수를 써넣으세요.

(1) (2)

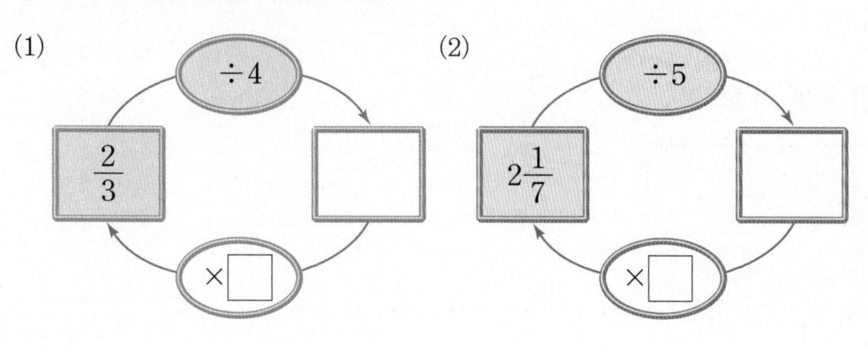

> **개념 PLUS**
> 곱셈과 나눗셈의 관계

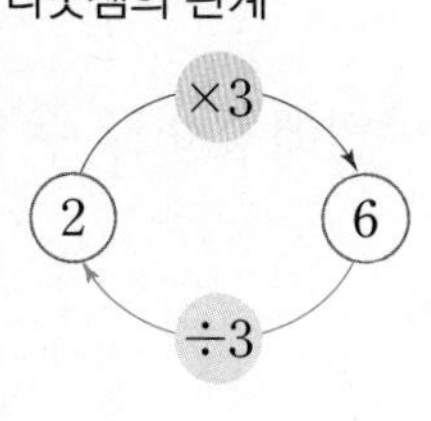

스스로 학습책 10쪽

8 오른쪽 정삼각형의 둘레는 17 m입니다. 이 정삼각형의 한 변의 길이는 몇 m인가요?

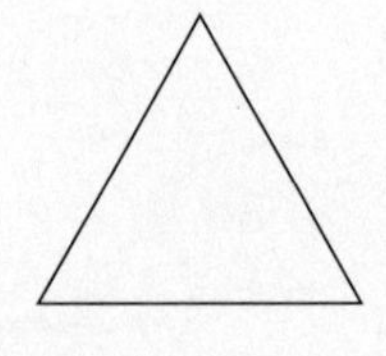

(　　　　　　　　　　)

개념 PLUS
정다각형은 변의 길이가 모두 같습니다.
• 둘레가 ◆ cm인 정●각형
➜ (한 변의 길이)=◆÷●

9 주스 $\frac{5}{9}$ L를 5명이 똑같이 나누어 마시려고 합니다. 한 사람이 몇 L씩 마실 수 있나요?

(　　　　　　　　　　)

10 넓이가 $8\frac{2}{5}$ cm^2인 평행사변형의 높이가 6 cm일 때 밑변의 길이는 몇 cm인가요?

(　　　　　　　　　　)

개념 PLUS
(평행사변형의 넓이)
=(밑변의 길이)×(높이)
➜ (밑변의 길이)
=(평행사변형의 넓이)÷(높이)

11 □ 안에 들어갈 수 있는 자연수를 모두 써 보세요.

$$1<4\frac{8}{9}\div\square$$

(　　　　　　　　　　)

스스로 학습책 11쪽

12 쌀 3 kg으로 밥을 지으려면 $\frac{9}{2}$ L의 물이 필요합니다. 물음에 답하세요.

(1) 쌀 6 kg으로 밥을 지으려면 몇 L의 물이 필요한가요?

(   )

(2) 쌀 1 kg으로 밥을 지으려면 몇 L의 물이 필요한가요?

(   )

주의

6 kg은 3 kg의 2배입니다.
1 kg은 3 kg의 $\frac{1}{3}$배입니다.

13 정오각형을 5등분 해서 2칸에 색칠했습니다. 정오각형의 넓이가 $1\frac{3}{7}$ cm^{2}일 때 색칠한 부분의 넓이는 몇 cm^{2}인지 구해 보세요.

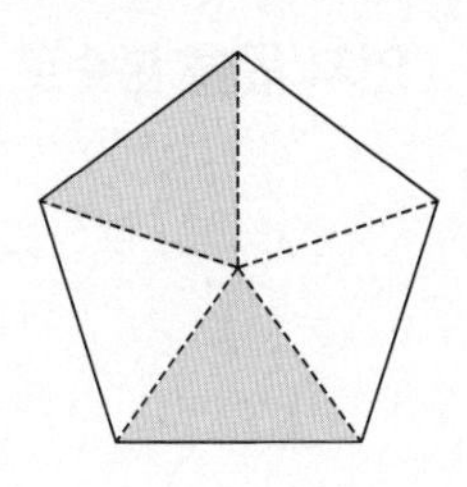

(   )

개념 PLUS

세 수의 계산은
① 앞에서부터 차례로 두 수씩 계산합니다.
② 모두 분수의 곱셈으로 고쳐 세 수를 한꺼번에 계산합니다.

14 주스 1 L를 준수네 모둠 4명이 똑같이 나누어 마시고, 주스 3 L를 소미네 모둠 8명이 똑같이 나누어 마셨습니다. 학생 한 명이 마신 주스의 양은 준수네와 소미네 모둠 중 어느 모둠이 더 많은가요?

(   )

스스로 학습책 12쪽

1 나눗셈을 이용하여 모르는 수 구하기

먼저 오른쪽 식을 계산해요.

★ □ 안에 알맞은 분수를 써넣으세요.

$$\square \times 5 = \frac{7}{9}$$

★★ □ 안에 알맞은 수를 구해 보세요.

$$\square \times 5 = 4\frac{3}{8} \div 7$$

(　　　　　　　　　　)

2 바르게 계산한 값 구하기

어떤 수를 구해 바르게 계산해요.

★ 어떤 분수에 4를 곱했더니 7이 되었습니다. 어떤 분수를 구해 보세요.

(　　　　　　　　　　)

★★ 어떤 자연수를 5로 나누어야 할 것을 잘못하여 곱했더니 120이 되었습니다. 바르게 계산하면 얼마인지 몫을 분수로 나타내어 보세요.

(　　　　　　　　　　)

3 □ 안에 들어갈 수 있는 자연수 구하기

먼저 부등호(>) 오른쪽 식을 간단히 만들어요.

★ □ 안에 들어갈 수 있는 자연수를 써 보세요.

$$\frac{\square}{16} = 1\frac{3}{4} \div 4$$

(　　　　　　　　　　)

★★ □ 안에 들어갈 수 있는 자연수를 모두 써 보세요.

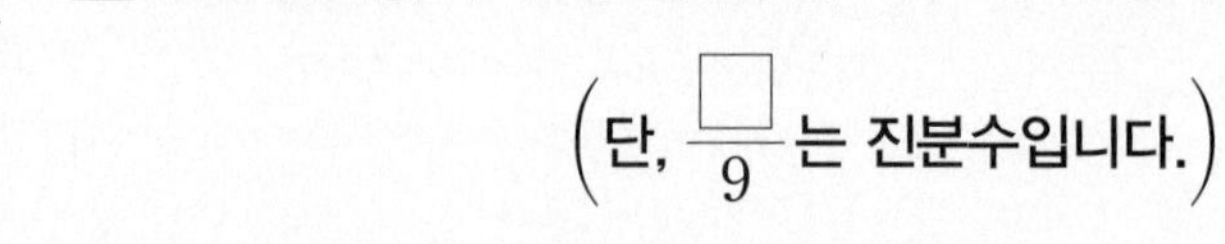
(단, $\frac{\square}{9}$ 는 진분수입니다.)

$$\frac{\square}{9} > 1\frac{1}{3} \div 3$$

(　　　　　　　　　　)

스스로 학습책 13쪽

4 수 카드를 사용하여 나눗셈식 만들기

가장 큰 수를 나누는 수로, 나머지 수로 진분수를 만들어요.

★ 수 카드 3장을 모두 사용하여 나눗셈식을 만든 것입니다. 계산 결과가 더 작은 것에 ○표 하세요.

6 8 5

$\frac{5}{8} \div 6$ $\frac{6}{8} \div 5$

( ) ( )

★★ 수 카드 3장을 모두 사용하여 계산 결과가 가장 작은 나눗셈식을 만들고 계산해 보세요.

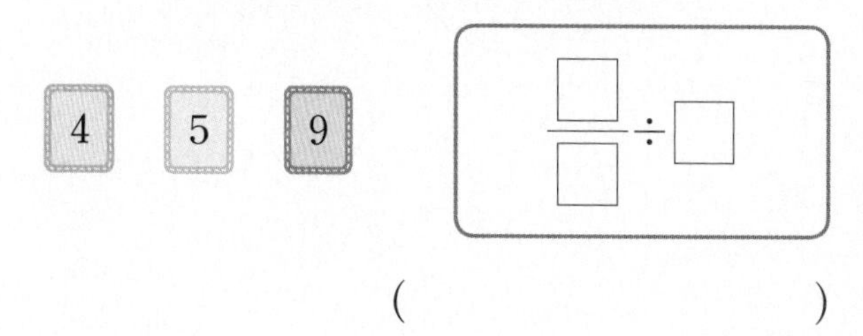

( )

5 혼합 계산으로 구하기

두 개의 식으로 나누어 구할 수 있어요.

★ 똑같은 케찹 9통의 무게는 $\frac{9}{2}$ kg입니다. 이 케찹 3통은 몇 kg인가요?

( )

★★ 보리 $7\frac{7}{8}$ kg을 6봉지에 똑같이 나누어 담아 2봉지를 팔았습니다. 팔고 남은 보리는 몇 kg인가요?

( )

6 수직선에서 지점이 나타내는 수 구하기

먼저 수직선의 길이를 구한 다음 눈금 한 칸의 크기를 구해요.

★ 수직선에서 ㉠이 나타내는 수를 구해 보세요.

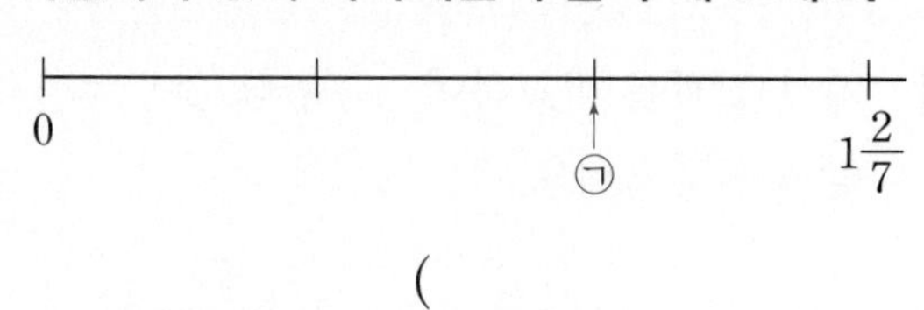

( )

★★ 수직선에서 ㉠이 나타내는 수를 대분수로 구해 보세요.

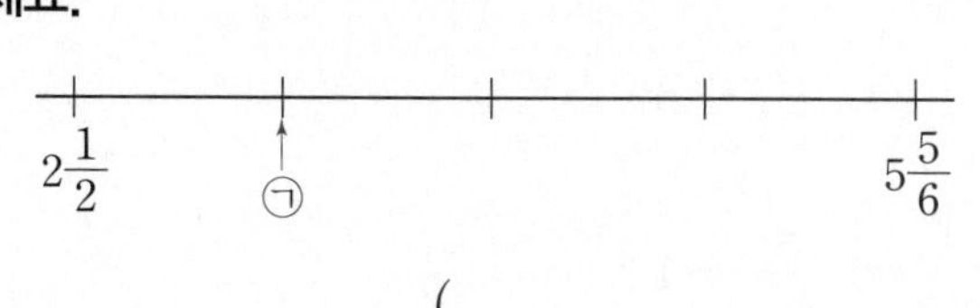

( )

스스로 학습책 13쪽

단원평가

Level 1

점수	확인

1 그림을 보고 □ 안에 알맞은 수를 써넣으세요.

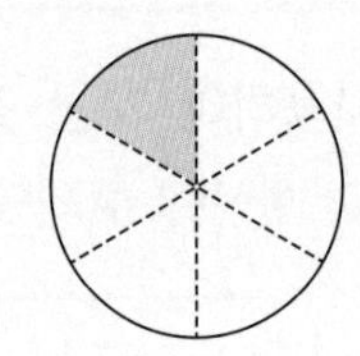

$1 \div 6 = \frac{\square}{\square}$

2 □ 안에 알맞은 수를 써넣으세요.

$7 \div 3 = 2 \cdots \square$,

나머지 □을/를 3으로 나누면 $\frac{\square}{3}$입니다.

➜ $7 \div 3 = 2\frac{\square}{3} = \frac{\square}{3}$

3 나눗셈을 바르게 나타낸 것에 ○표 하세요.

$\frac{5}{8} \div 2 = \frac{5}{8} \times 2$	$\frac{3}{4} \div 2 = \frac{3}{4 \times 2}$
(　　　)	(　　　)

4 나눗셈을 하여 기약분수로 나타내어 보세요.

(1) $\frac{9}{16} \div 3$

(2) $\frac{8}{15} \div 4$

5 빈칸에 알맞은 수를 써넣으세요.

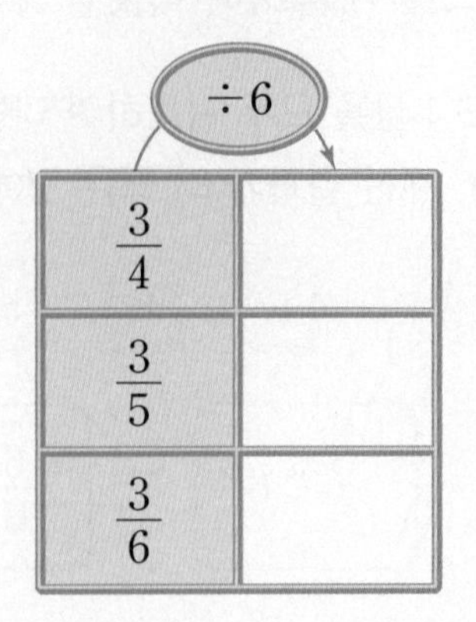

6 계산 결과가 다른 하나를 찾아 기호를 쓰세요.

㉠ $\frac{22}{9 \times 5}$　㉡ $\frac{22}{9} \div 5$

㉢ $2\frac{4}{9} \div 5$　㉣ $\frac{22 \times 5}{9}$

(　　　　　　　　　)

7 빈칸에 알맞은 기약분수를 써넣으세요.

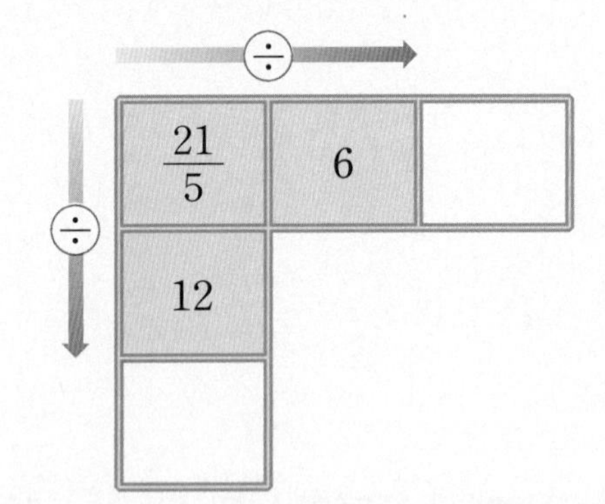

8 계산 결과를 비교하여 ○ 안에 $>$, $=$, $<$를 알맞게 써넣으세요.

$1\frac{5}{9} \div 3$ ○ $1\frac{5}{9} \div 4$

1 단원

9 빈칸에 알맞은 분수를 써넣으세요.

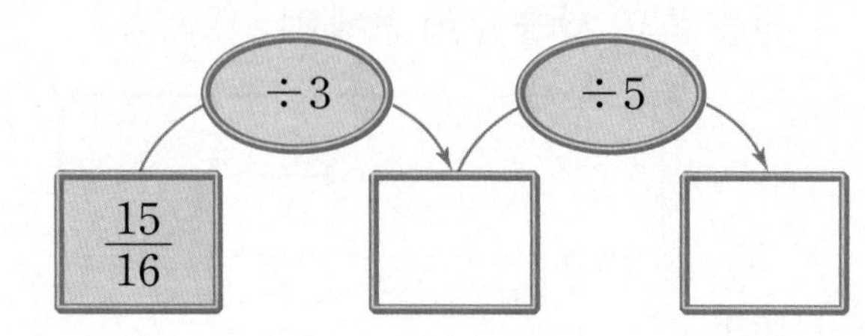

10 □ 안에 알맞은 수를 써넣으세요.

(1) $\square \div 8 = \frac{7}{8}$

(2) $15 \div \square = \frac{15}{13}$

11 철사 6 m를 7명에게 똑같이 나누어 주면 한 명이 가지게 되는 철사는 몇 m인지 분수로 나타내어 보세요.

식 ______________________

답 ______________

12 주스 $1\frac{1}{3}$ L를 두 사람이 똑같이 나누어 마셨습니다. 한 사람이 마신 주스의 양은 몇 L인지 분수로 나타내어 보세요.

식 ______________________

답 ______________

13 □ 안에 알맞은 분수를 써넣으세요.

$$\square \times 6 = \frac{9}{5}$$

14 여학생과 남학생이 각자 가지고 있는 생수를 각각 똑같이 나누어 마셨습니다. 한 사람이 마실 수 있는 생수의 양은 여학생과 남학생 중 누가 더 많은가요?

	여학생	남학생
생수의 양(L)	1	3
학생 수(명)	3	7

(　　　　　　　　)

15 다음 정사각형과 정팔각형은 둘레가 같습니다. 정팔각형의 한 변의 길이는 몇 m인가요?

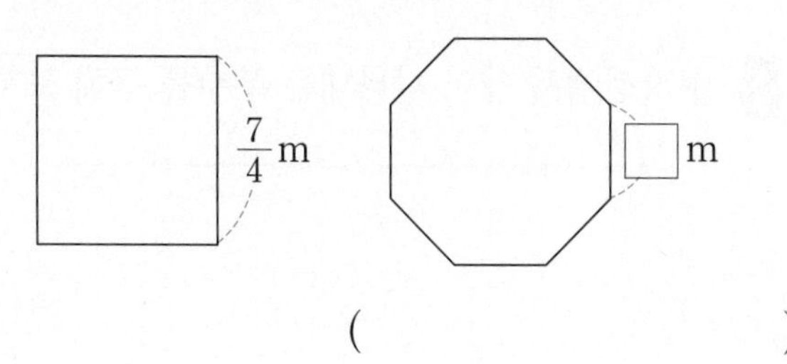

(　　　　　　　　)

16 □ 안에 들어갈 수 있는 자연수 중 가장 큰 수를 구해 보세요.

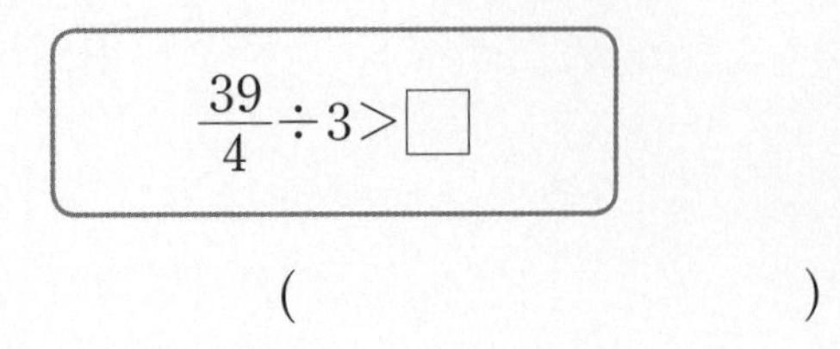
$\frac{39}{4} \div 3 > \square$

( )

17 삼각형의 넓이가 $5\frac{3}{5}$ m^2입니다. 이 삼각형의 밑변의 길이가 4 m일 때 높이는 몇 m인가요?

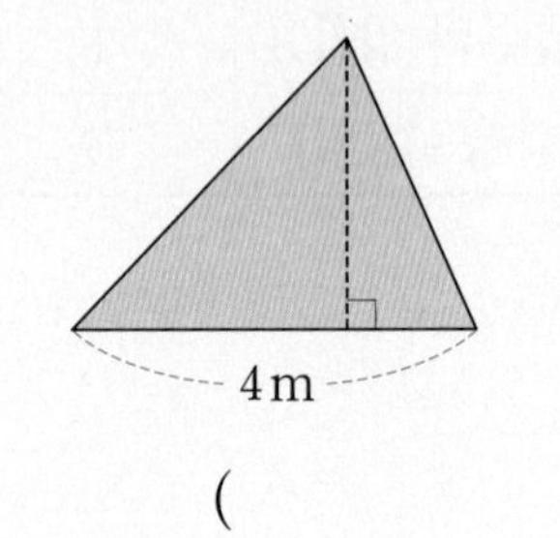

( )

18 수직선에서 ㉠이 나타내는 분수를 구해 보세요.

$2\frac{1}{8}$ ㉠ 3

( )

서술형

19 □ 안에 알맞은 수를 구하려고 합니다. 풀이 과정을 쓰고, 답을 구해 보세요.

$\square \times 3 = 4\frac{1}{5} \div 7$

풀이

답

20 넓이가 $8\frac{1}{4}$ cm^2인 평행사변형이 있습니다. 이 평행사변형의 밑변의 길이가 3 cm일 때 높이는 몇 cm인지 풀이 과정을 쓰고, 답을 구해 보세요.

풀이

답

단원평가

Level 2

점수 | 확인

1 그림을 보고 □ 안에 알맞은 수를 써넣으세요.

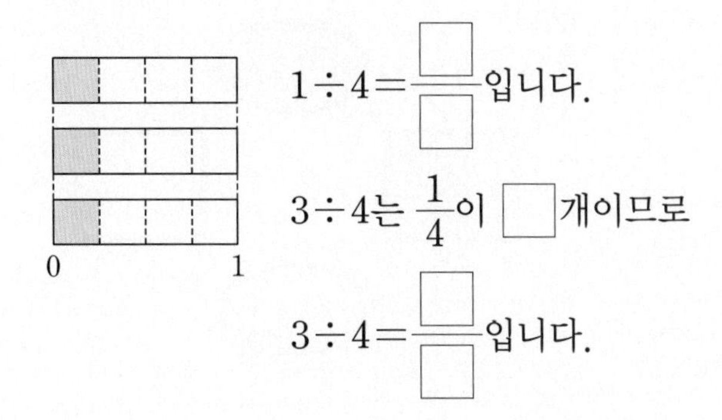

$1\div4=\frac{□}{□}$입니다.

$3\div4$는 $\frac{1}{4}$이 □개이므로

$3\div4=\frac{□}{□}$입니다.

2 □ 안에 알맞은 수를 써넣으세요.

$$4\frac{1}{2}\div3=\frac{□}{2}\div3=\frac{□\div3}{2}$$
$$=\frac{□}{2}\left(=□\frac{□}{2}\right)$$

3 $5\div3$의 몫을 분수로 바르게 나타낸 것에 ○표 하세요.

$\frac{3}{5}$	$\frac{5}{3}$
(　　)	(　　)

4 계산해 보세요.

(1) $2\frac{2}{5}\div8$

(2) $\frac{15}{2}\div3$

5 $11\div6$의 값과 크기가 같은 것을 모두 고르세요. ………………………… (　　)

① $1\frac{6}{11}$　② $\frac{11}{6}$　③ $\frac{6}{11}$

④ $6\div11$　⑤ $\frac{11\times1}{6}$

6 계산 결과를 비교하여 ○ 안에 >, =, <를 알맞게 써넣으세요.

$$\frac{3}{8}\div2 \bigcirc \frac{3}{8}\div6$$

7 나눗셈의 몫이 1보다 큰 것을 모두 고르세요. ………………………… (　　)

① $5\frac{5}{7}\div8$　② $2\frac{7}{12}\div2$　③ $2\frac{1}{10}\div7$

④ $5\frac{3}{5}\div4$　⑤ $4\frac{7}{17}\div5$

8 계산을 잘못한 사람의 이름을 쓰고 바르게 계산한 값을 구해 보세요.

- 준성: $\frac{15}{8}\div10=18\frac{3}{4}$
- 은율: $\frac{10}{9}\div5=\frac{2}{9}$

(　　　　), (　　　　)

9 빈칸에 알맞은 수를 써넣으세요.

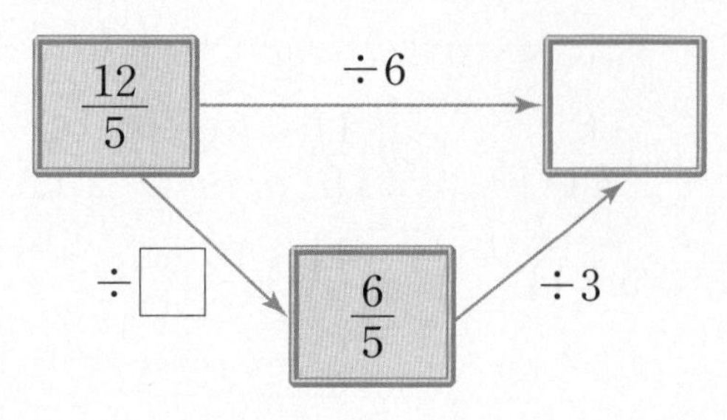

10 케이크 3개를 7명이 똑같이 나누어 먹었습니다. 한 사람이 먹은 케이크는 케이크 하나의 몇 분의 몇인가요?

( )

11 둘레가 15 m인 정사각형입니다. □ 안에 알맞은 분수를 써넣으세요.

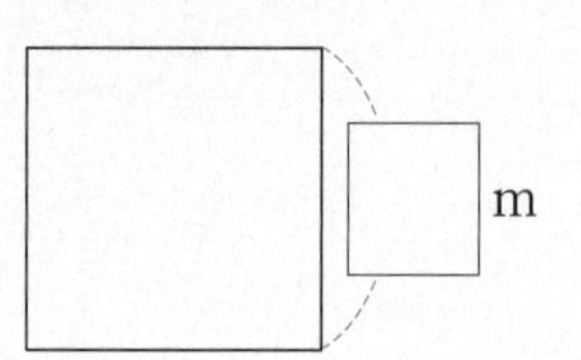

12 길이가 $\frac{32}{11}$ m인 나무 막대를 똑같이 12도막으로 나누었습니다. 한 도막의 길이는 몇 m인가요?

( )

13 빈칸에 알맞은 수를 써넣으세요.

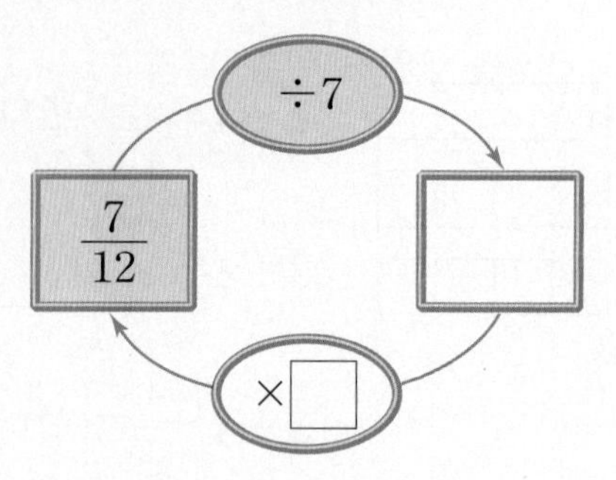

14 $4\frac{4}{9}$는 8의 몇 배인가요?

( )

15 똑같은 사과 7개가 들어 있는 바구니의 무게를 재어 보니 $2\frac{1}{4}$ kg입니다. 빈 바구니가 $\frac{1}{2}$ kg이라면 사과 한 개의 무게는 몇 kg인가요?

( )

서술형

16 한 병에 $\frac{9}{7}$ L씩 들어 있는 간장이 3병 있습니다. 이 간장을 5일 동안 똑같이 나누어 사용하려면 하루에 사용해야 할 간장은 몇 L인가요?

(　　　　　　　　)

17 수 카드 4, 8 을 □ 안에 놓아 분수의 나눗셈을 계산하려고 합니다. 몫이 더 작게 되도록 식을 완성하세요.

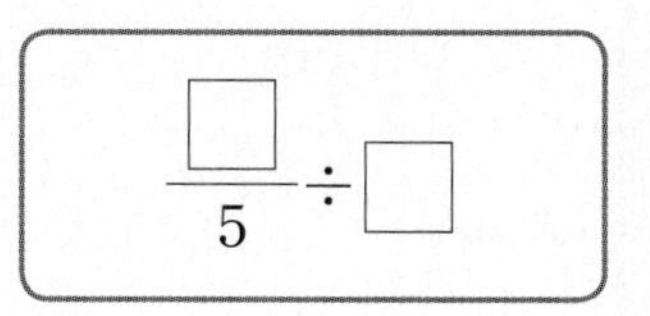

$\frac{\square}{5} \div \square$

18 □ 안에 들어갈 수 있는 가장 작은 자연수를 구해 보세요.

$\frac{5}{6} \div \square < \frac{5}{18}$

(　　　　　　　　)

19 어떤 자연수를 9로 나누어야 할 것을 잘못하여 곱했더니 63이 되었습니다. 바르게 계산하면 얼마인지 그 몫을 분수로 나타내는 풀이 과정을 쓰고, 답을 구해 보세요.

풀이 ______________________

____

____

답 ______________

20 길이가 $\frac{9}{10}$ m인 철사를 겹치지 않게 모두 사용하여 크기가 똑같은 정사각형 모양을 3개 만들었습니다. 이 정사각형의 한 변의 길이는 몇 m인지 풀이 과정을 쓰고, 답을 구해 보세요.

풀이 ______________________

____

____

____

답 ______________

도형의 넓이를 구해 보세요.

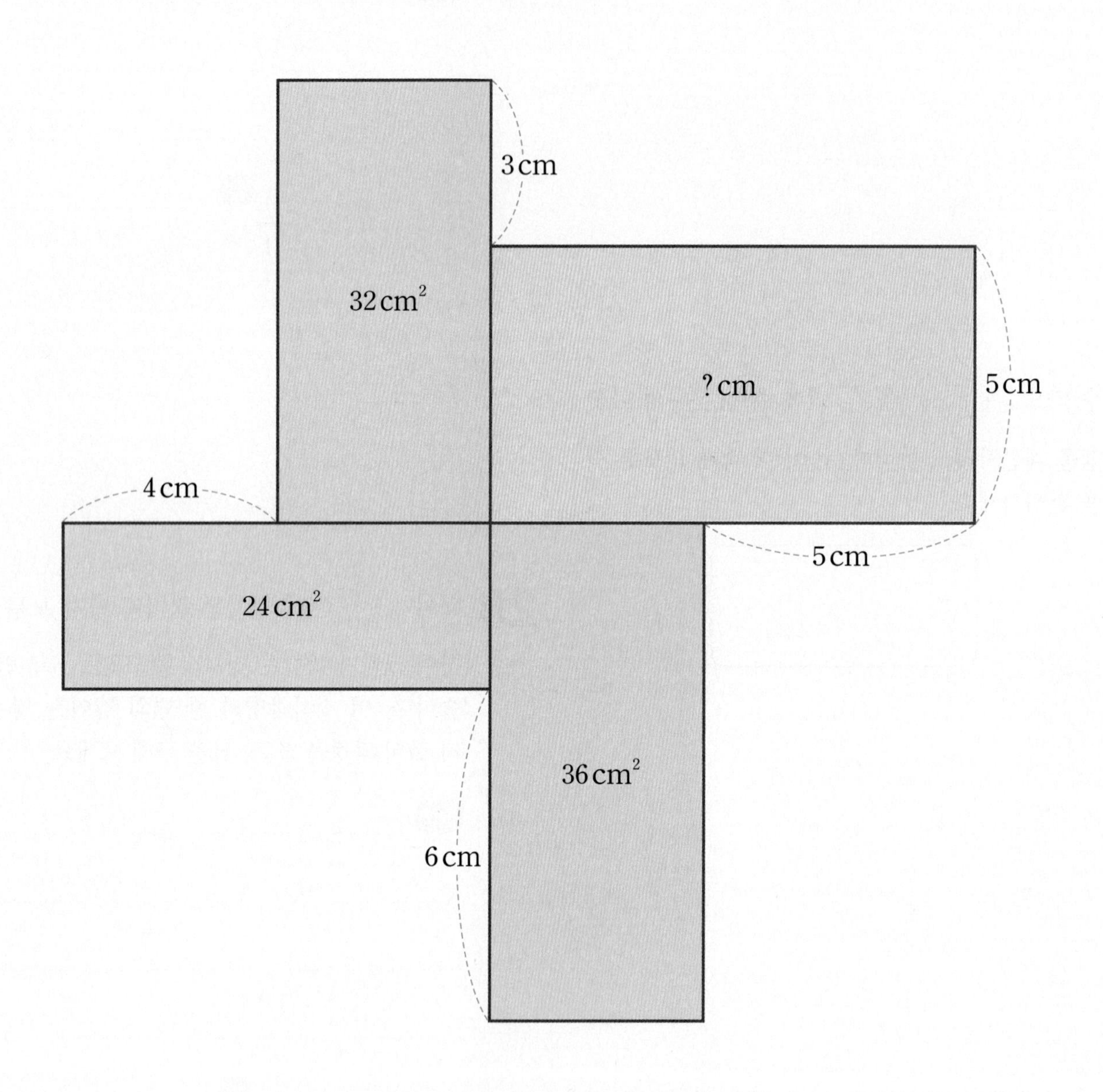

□ cm^2

2 각기둥과 각뿔

이번에 배울 내용

- 각기둥과 각뿔 알아보기
- 각기둥과 각뿔의 구성 요소와 성질 알아보기
- 각기둥의 전개도를 알아보고 그리기
- 각기둥과 각뿔에서 꼭짓점의 수, 면의 수, 모서리의 수 사이의 규칙 찾기

다음에 배울 내용

[6-2] 6. 원기둥, 원뿔, 구

개념 익히기

1 각기둥 알아보기

각기둥

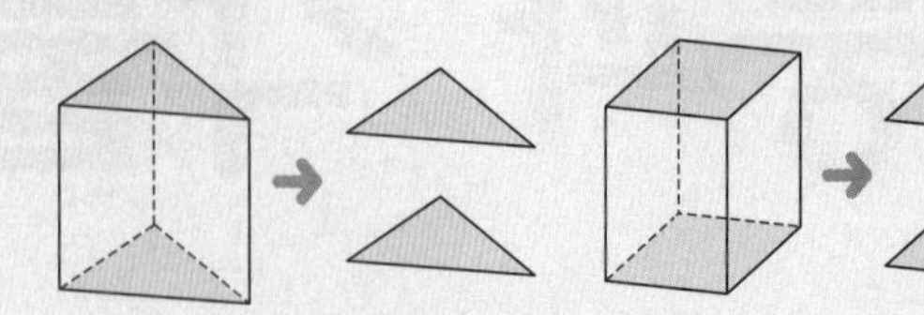

색칠한 부분은 각각
① 서로 평행합니다.
② 서로 합동입니다.
③ 다각형입니다.

각기둥의 겨냥도 그리기

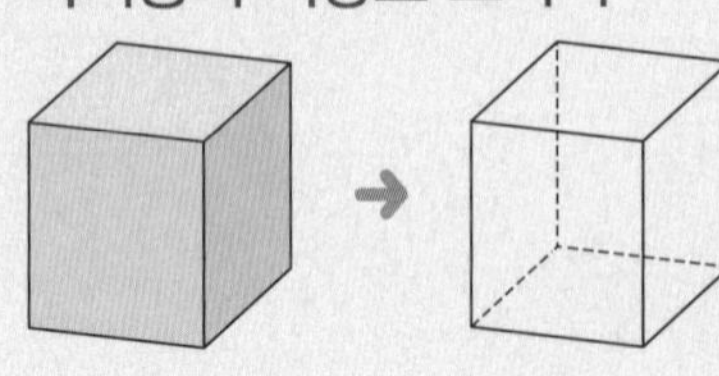

• 보이는 모서리는 실선으로 그리고, 보이지 않는 모서리는 점선으로 그리면 입체 모양을 잘 알 수 있습니다.

각기둥의 밑면과 옆면

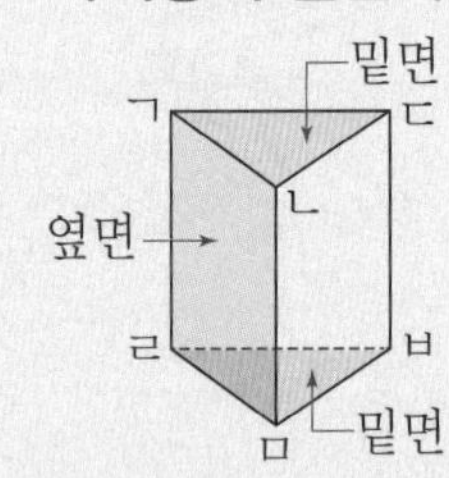

• 밑면: 서로 평행하고 합동인 두 면
→ (밑면의 수)$=2$

• 옆면: 두 밑면과 만나는 면
→ (옆면의 수)$=$(한 밑면의 변의 수)

참고 각기둥의 모든 옆면은 직사각형입니다.
밑면과 옆면은 서로 수직입니다.

배운 내용 다시보기

5-2 5. **직육면체**
직육면체에서 아무리 늘여도 서로 만나지 않는 두 면을 서로 평행하다고 합니다.

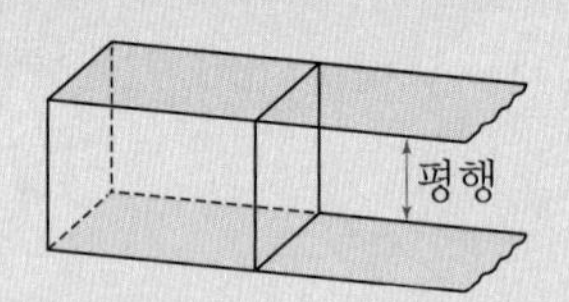

• 각기둥이 아닌 도형

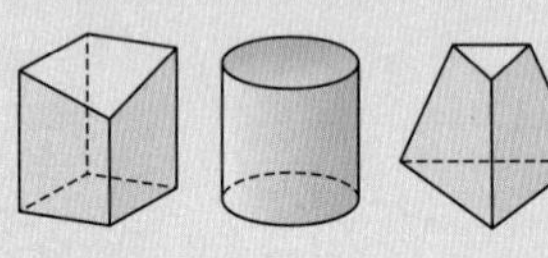

• 각기둥을 놓는 위치에 따라 밑면은 달라질 수 있습니다.

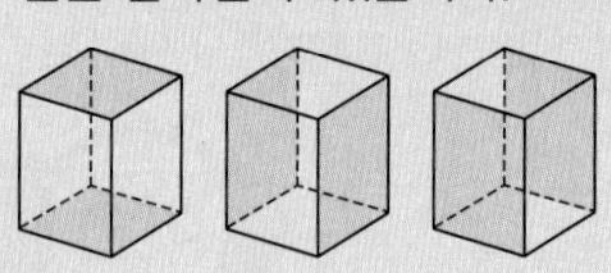

1 각기둥을 찾아 기호를 쓰세요.

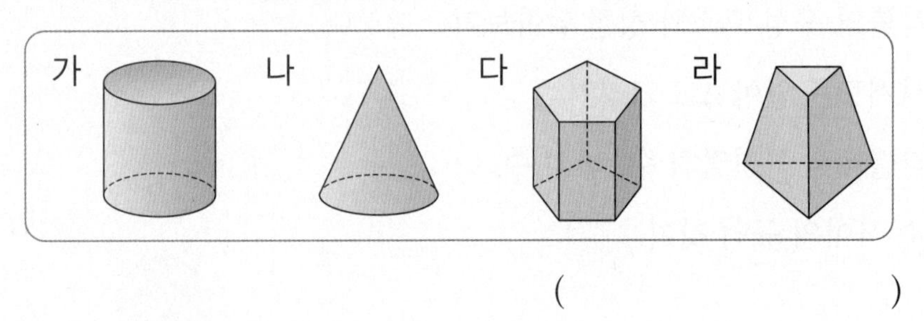

(   )

2 오른쪽 각기둥을 보고 물음에 답하세요.

(1) 밑면을 모두 찾아 색칠해 보세요.

(2) 옆면을 모두 찾아 ○표 하세요.

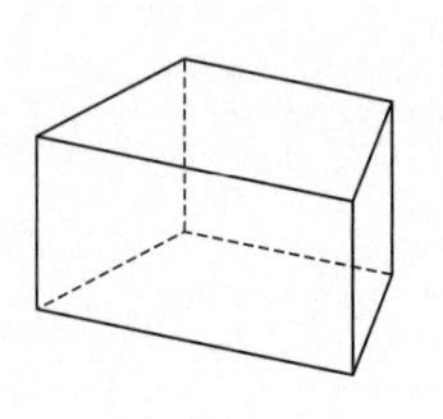

위쪽에 있는 면인데 왜 밑면이라고 부르나요?

수학 용어로 쓸 때, '밑면'은 영어로 'Base(기본) Plane(평면)'으로 씁니다.
즉 '밑에 있는 면'을 뜻하는 것이 아니라 입체도형의 '기본이 되는 면'이라는 뜻입니다.

예

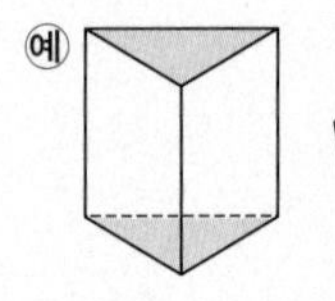

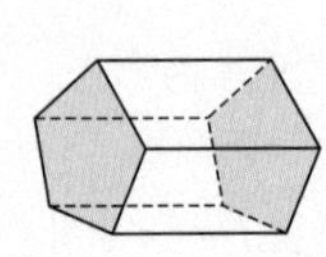

정답과 해설 9쪽

2 단원

[1~3] 각기둥을 보고 물음에 답하세요.

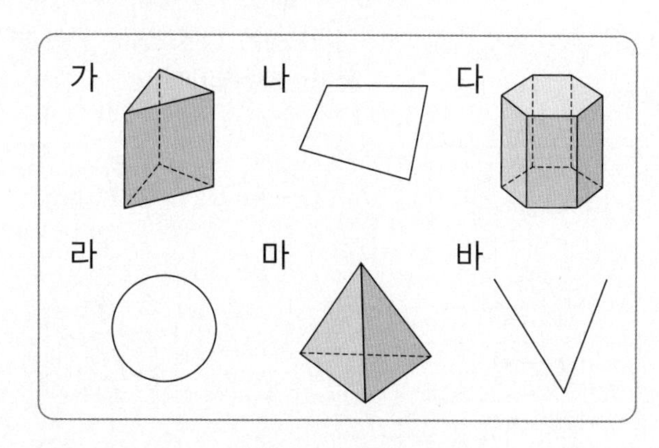

1 평면도형을 모두 찾아 기호를 쓰세요.

(　　　　　　　　　　　　)

2 입체도형을 모두 찾아 기호를 쓰세요.

(　　　　　　　　　　　　)

3 각기둥을 모두 찾아 기호를 쓰세요.

(　　　　　　　　　　　　)

4 각기둥에서 밑면에 수직인 면은 모두 몇 개인가요?

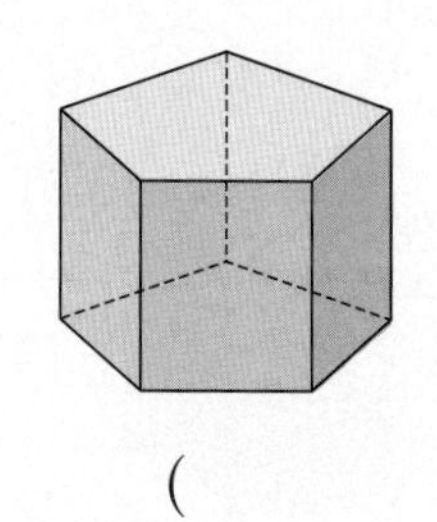

(　　　　　　　　　　　　)

5 각기둥의 겨냥도를 완성해 보세요.

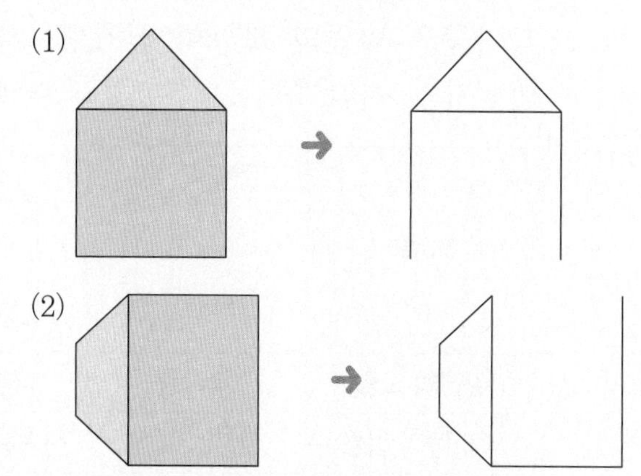

6 각기둥에 대하여 잘못 설명한 것을 찾아 기호를 쓰세요.

㉠ 각기둥의 옆면은 모두 삼각형입니다.
㉡ 두 밑면은 서로 평행하고 합동입니다.
㉢ 밑면과 옆면은 모두 수직입니다.

(　　　　　　　　　　　　)

7 각기둥에서 밑면을 모두 찾아 쓰세요.

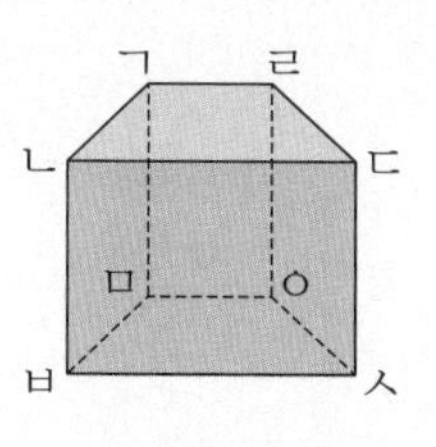

(　　　　　　　　　　　　)

스스로 학습책 17쪽

2 각기둥의 이름과 구성 요소 알아보기

각기둥의 이름

• 각기둥은 밑면의 모양이 삼각형, 사각형, 오각형……일 때 삼각기둥, 사각기둥, 오각기둥……이라고 합니다.

각기둥			
밑면의 모양	삼각형	사각형	오각형
각기둥의 이름	삼각기둥	사각기둥	오각기둥

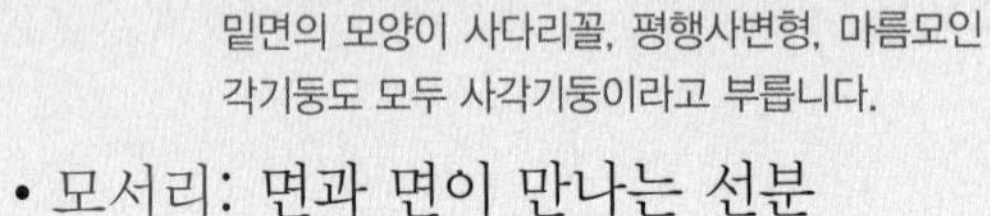
밑면의 모양이 사다리꼴, 평행사변형, 마름모인 각기둥도 모두 사각기둥이라고 부릅니다.

입체도형은 평면도형이 쌓여 만들어진 모양입니다.

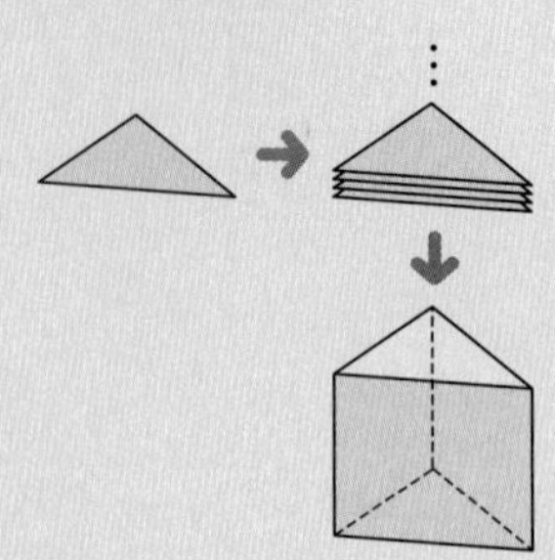

각기둥의 구성 요소

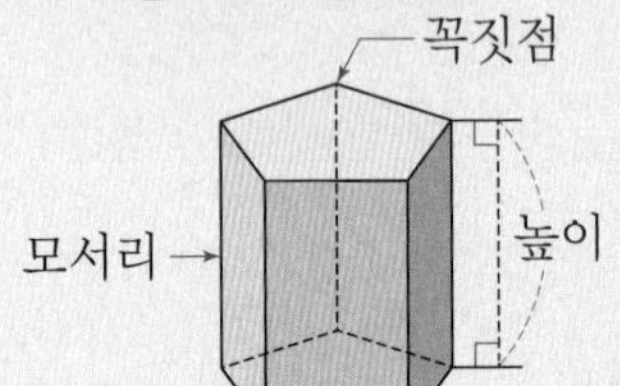

• 모서리: 면과 면이 만나는 선분
• 꼭짓점: 모서리와 모서리가 만나는 점
• 높이: 두 밑면 사이의 거리
모서리의 길이로 높이를 알 수 있습니다.

각기둥의 높이는 자와 삼각자의 직각을 이용하여 잽니다.

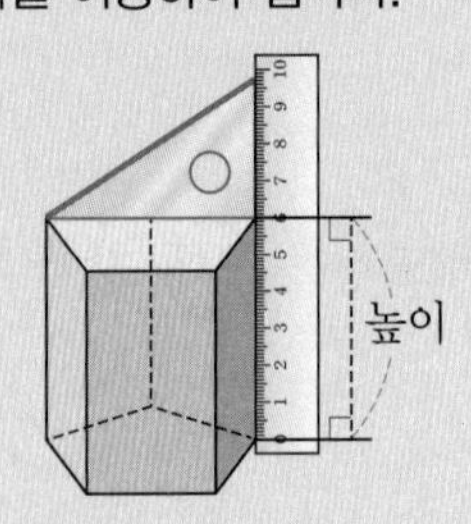

• 한 밑면의 변의 수가 ●개인 ●각기둥에서

면의 수(개)	모서리의 수(개)	꼭짓점의 수(개)
●+2	●×3	●×2

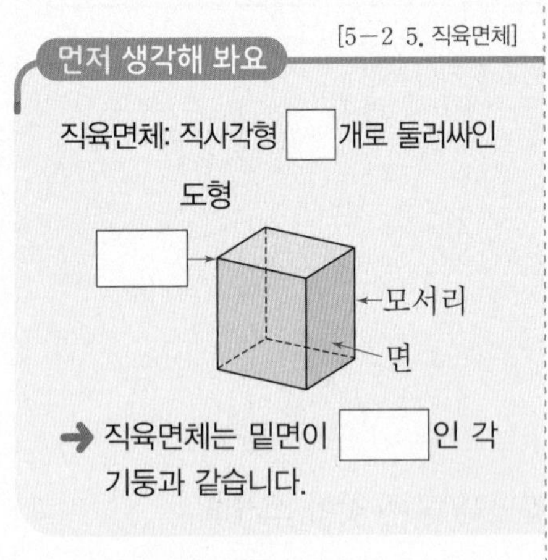
먼저 생각해 봐요 [5-2 5. 직육면체]

직육면체: 직사각형 □개로 둘러싸인 도형

□ → 모서리, 면

→ 직육면체는 밑면이 □인 각기둥과 같습니다.

1 □ 안에 알맞은 말을 써넣으세요.

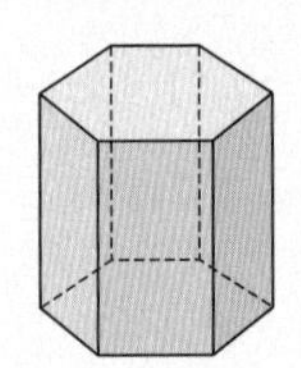

밑면의 모양이 □이므로
각기둥의 이름은 □입니다.

2 □ 안에 알맞은 말을 써넣으세요.

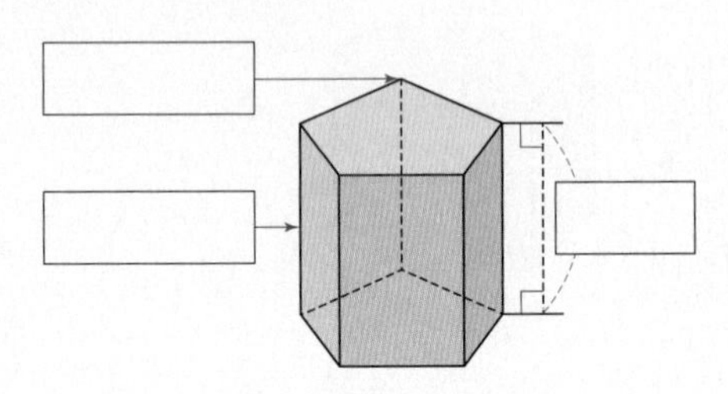

1 각기둥의 이름을 써 보세요.

(1) 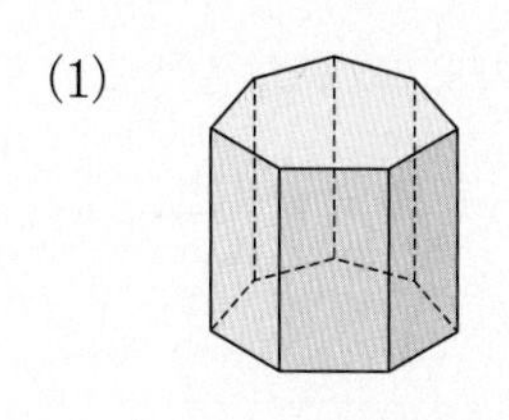 (2) 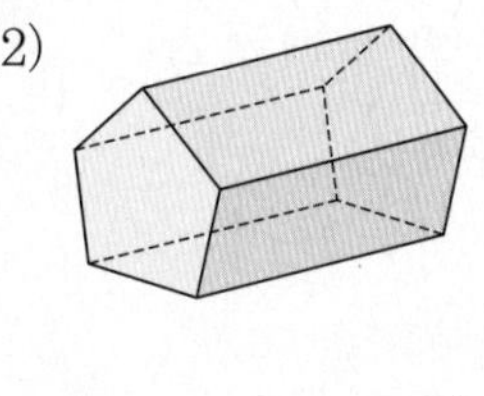

( ) ( )

2 밑면의 모양이 오른쪽과 같은 각기둥의 이름을 써 보세요.

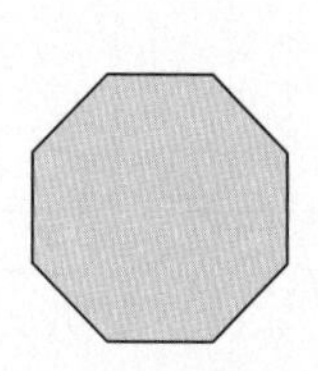

( )

3 오른쪽 각기둥을 보고 물음에 답하세요.

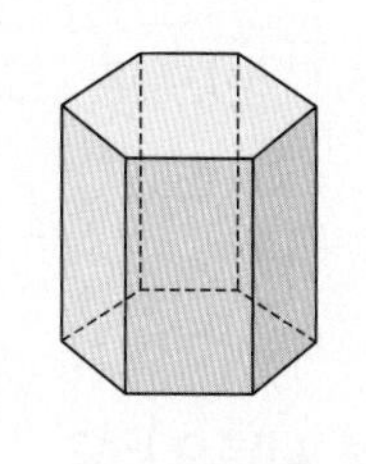

(1) 한 밑면의 변은 몇 개인가요?

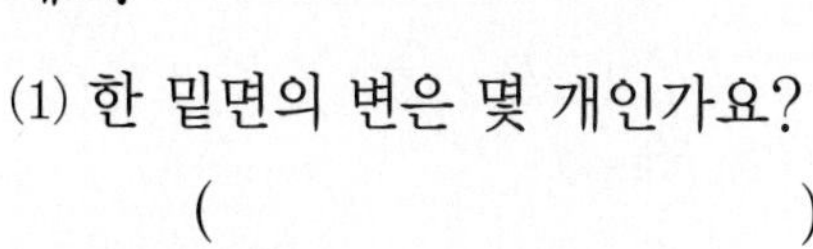

( )

(2) 꼭짓점은 몇 개인가요?

( )

(3) 면은 몇 개인가요?

( )

(4) 모서리는 몇 개인가요?

( )

4 각기둥의 높이는 몇 cm인가요?

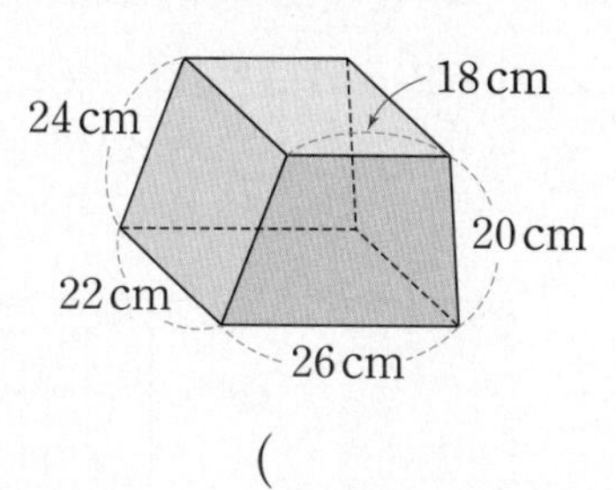

( )

[5~6] 각기둥을 보고 물음에 답하세요.

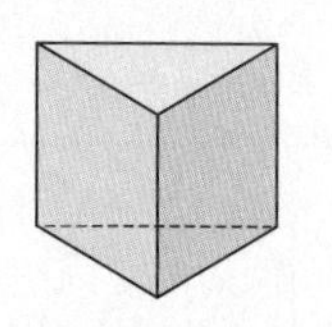 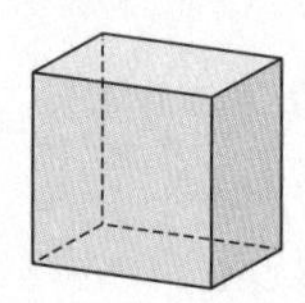 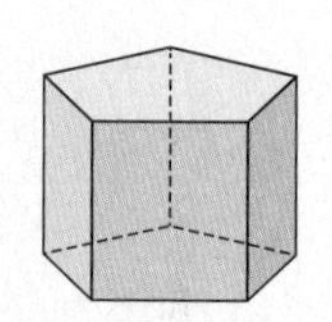

5 표를 완성해 보세요.

도형	한 밑면의 변의 수(개)	꼭짓점의 수(개)	면의 수(개)	모서리의 수(개)
삼각기둥	3	6		
사각기둥	4			
오각기둥				

6 위 표에서 규칙을 찾아 식으로 나타내었습니다. □ 안에 알맞게 써넣으세요.

(1) (꼭짓점의 수)=(한 밑면의 변의 수)×□

(2) (면의 수)=(한 밑면의 변의 수)+□

(3) (□의 수)=(한 밑면의 변의 수)×3

7 면의 수가 7개인 각기둥의 이름을 써 보세요.

( )

스스로 학습책 18쪽

개념 익히기

3 각기둥의 전개도 알아보기

각기둥의 전개도 알아보기

• 각기둥의 전개도: 각기둥의 모서리를 잘라서 평면 위에 펼쳐 놓은 그림

• 전개도는 어느 모서리를 자르느냐에 따라 여러 가지 모양이 나올 수 있습니다.

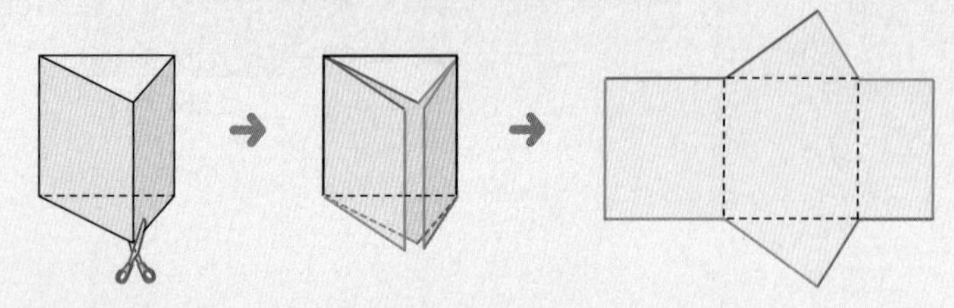

각기둥의 전개도 그려 보기

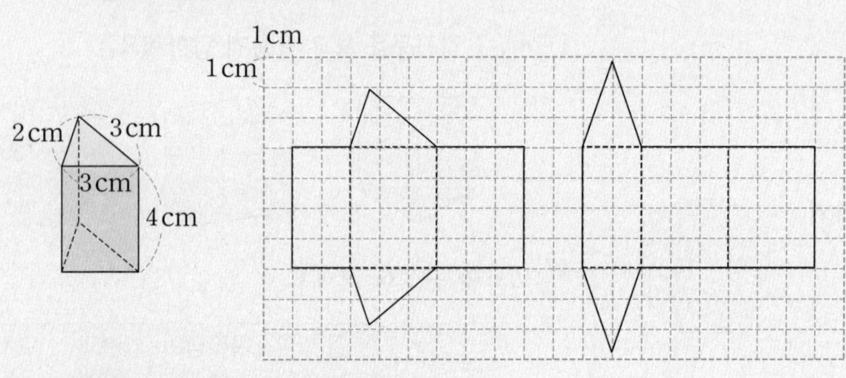

• 전개도를 그릴 때 주의할 점

① 전개도를 접었을 때 서로 맞닿는 선분의 길이가 같게, 서로 겹치는 면이 없게 그립니다.

② 한 밑면의 변의 수와 옆면의 수를 같게 그립니다.

• 여러 가지 각기둥의 전개도

사각기둥

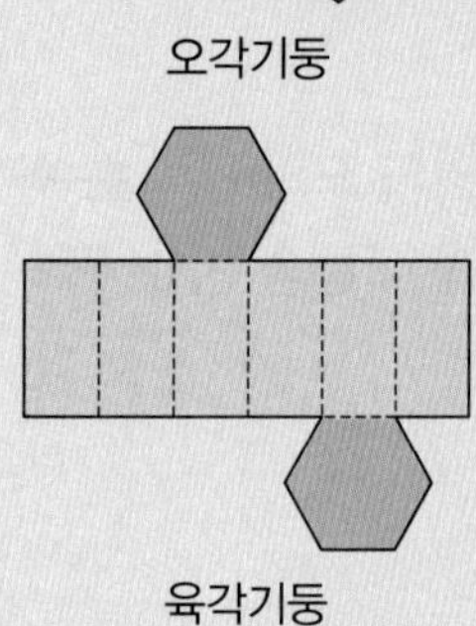

오각기둥

육각기둥

전개도에서 밑면의 모양으로 각기둥의 이름을 알 수 있습니다.

1 오른쪽 각기둥의 전개도를 보고 □ 안에 알맞은 말을 써넣으세요.

밑면의 모양은 □, 옆면의 모양은 □이므로

□의 전개도입니다.

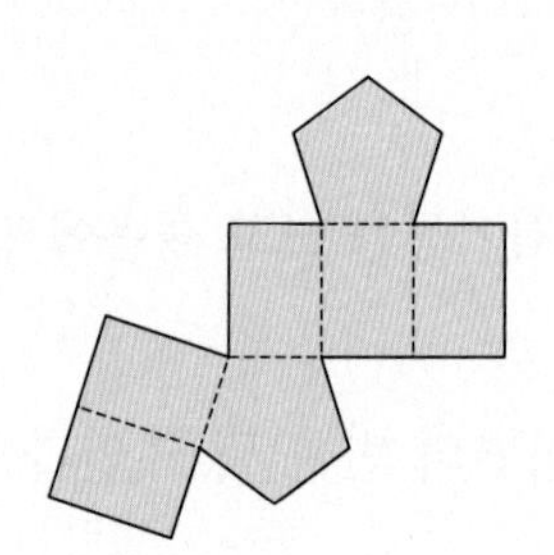

2 사각기둥의 전개도를 완성하고 □ 안에 알맞은 수를 써넣으세요.

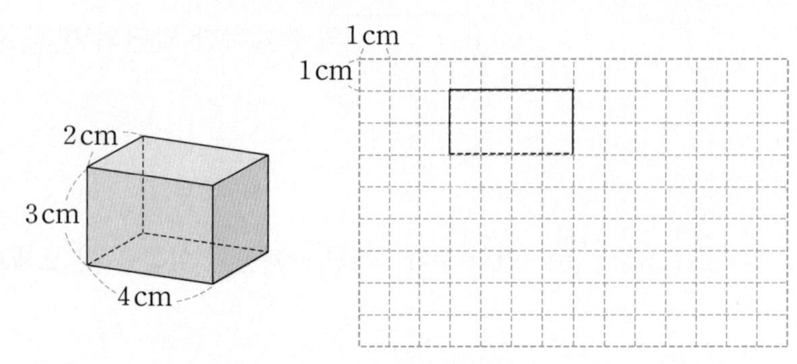

→ 밑면: □개
　 옆면: □개

정답과 해설 10쪽

1 어떤 도형의 전개도인지 써 보세요.

(1)

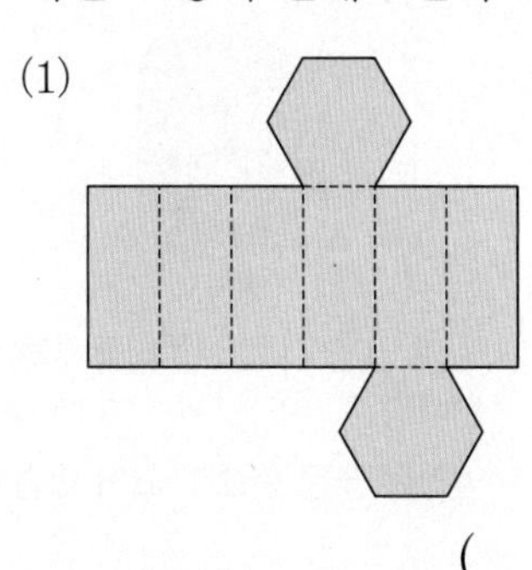

(   )

(2)

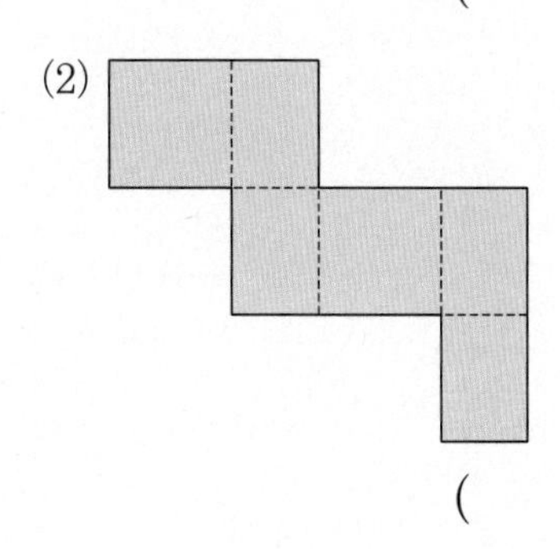

(   )

2 전개도를 보고 물음에 답하세요.

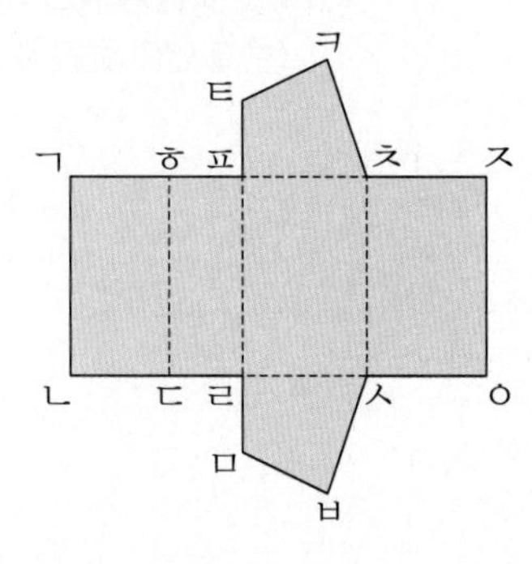

(1) 전개도를 접었을 때 선분 ㄱㅎ과 맞닿는 선분에 ◯표 하세요.

선분 ㅋㅌ	선분 ㅌㅍ	선분 ㅋㅊ

(2) 전개도를 접었을 때 면 ㄹㅁㅂㅅ과 평행한 면을 찾아 쓰세요.

(   )

3 삼각기둥의 전개도를 완성하고, 완성한 전개도와 다른 전개도를 1개 더 그려 보세요.

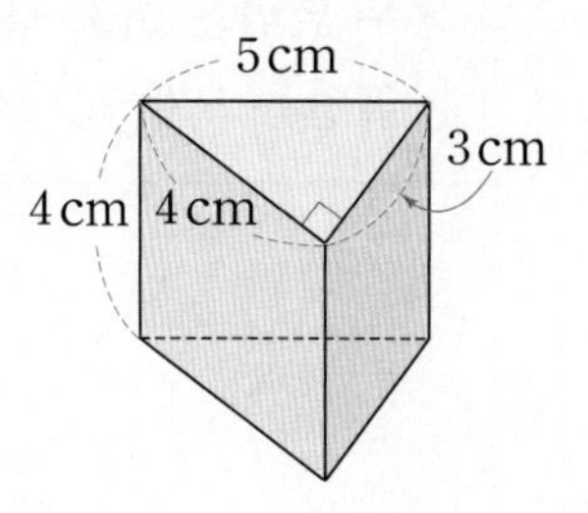

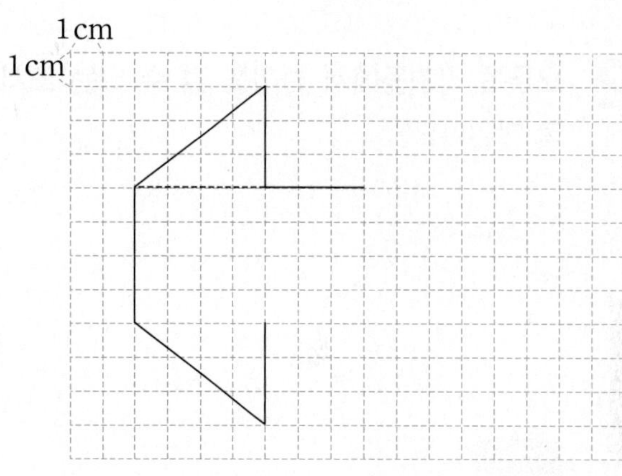

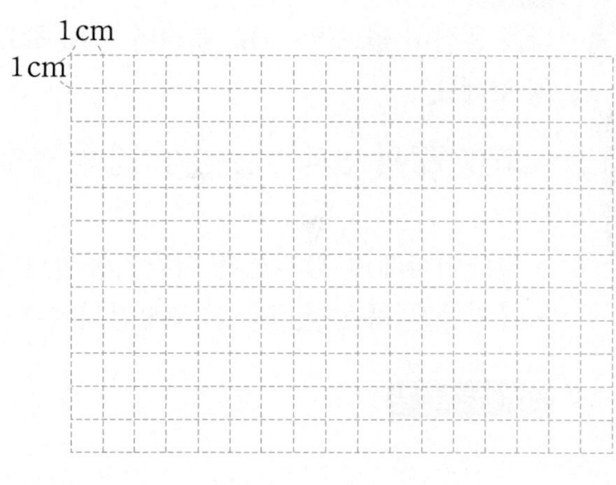

4 전개도를 접어서 각기둥을 만들었습니다. □ 안에 알맞은 수를 써넣으세요.

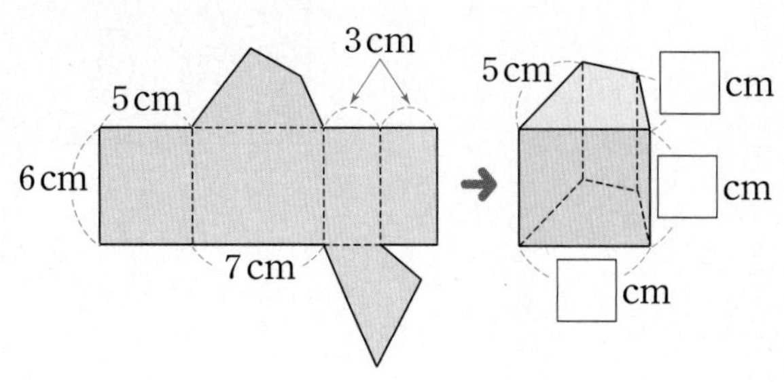

2 단원

스스로 학습책 19쪽

실전문제 익히기

1 어떤 입체도형에 대한 설명인가요?

> • 두 밑면은 서로 평행하고 합동인 육각형입니다.
> • 옆면은 모두 직사각형이고 밑면에 수직입니다.

( )

개념 연결

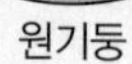

원기둥

• 두 밑면은 서로 평행하고 합동인 원입니다.
• 옆면은 굽은 면으로 되어 있습니다.

2 오른쪽 각기둥에서 높이를 잴 수 있는 모서리는 모두 몇 개인가요?

( )

서술형

3 다음 문장이 옳으면 ○표, 틀리면 ×표 하고, 문장이 틀렸으면 바르게 고쳐 보세요.

• 오각기둥의 면의 수는 삼각기둥의 면의 수의 3배입니다. ( )
• 옆면이 4개인 각기둥은 사각기둥입니다. ( )
• 각기둥은 꼭짓점, 면 중 꼭짓점의 수가 더 많습니다. ( )

바르게 고치기 ______________________

주의

각기둥에서 면의 수는
(한 밑면의 변의 수)+2입니다.

4 전개도를 접었을 때 선분 ㄷㄹ과 맞닿는 선분을 찾아 쓰세요.

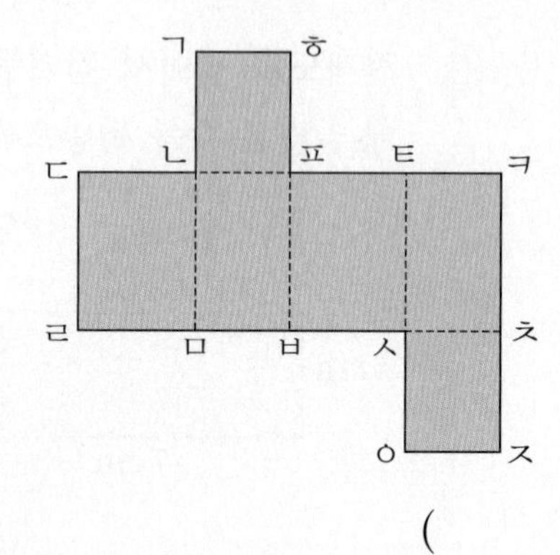

( )

2 단원

5 오른쪽 각기둥에서 모든 모서리의 길이의 합은 몇 cm인가요? (단, 밑면의 모양은 정오각형입니다.)

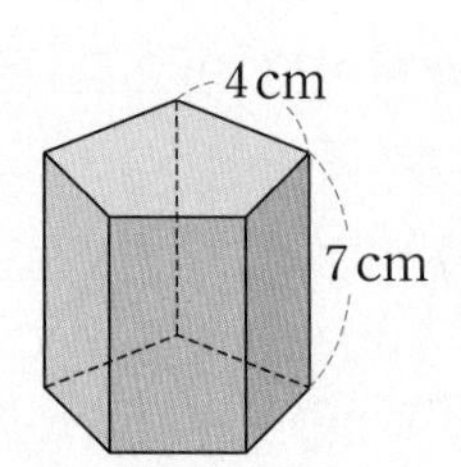

(　　　　　　　　　)

서술형

6 오른쪽 그림은 삼각기둥의 전개도가 아닙니다. 그 이유를 써 보세요.

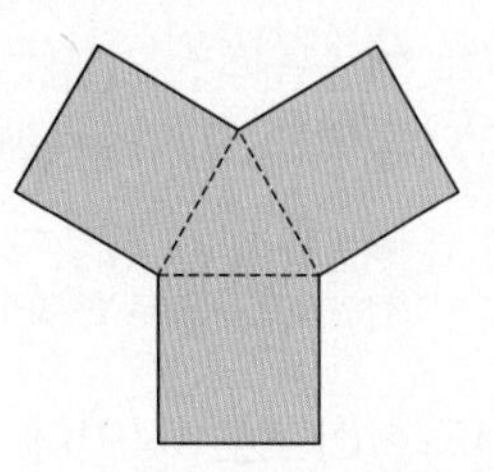

이유 ______________________________

____

7 밑면의 모양이 오른쪽과 같은 각기둥의 면의 수를 구해 보세요.

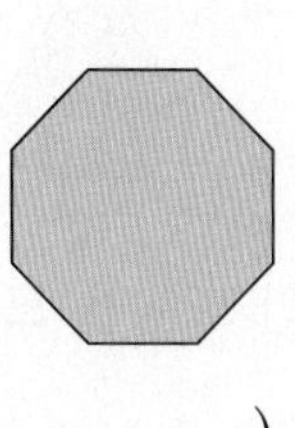

(　　　　　　　　　)

8 전개도를 접어서 만든 각기둥의 모서리는 몇 개인가요?

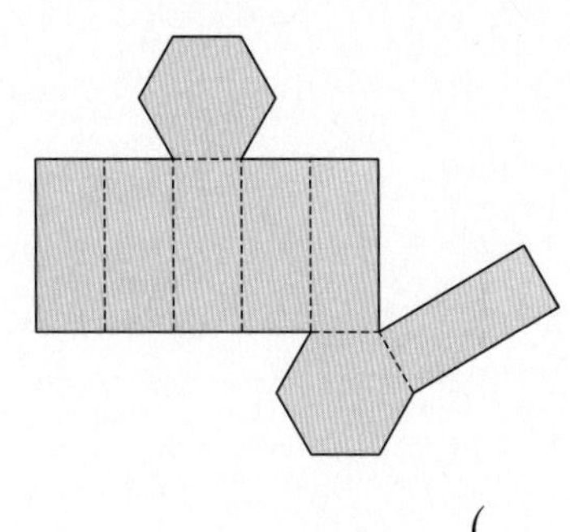

(　　　　　　　　　)

주의

전개도에서 모서리의 수를 세지 않도록 합니다.

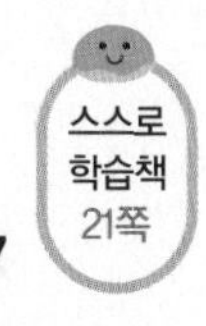

4 각뿔 알아보기

- 각뿔: 밑에 놓인 면이 다각형이고 옆으로 둘러싼 면이 모두 삼각형인 입체도형

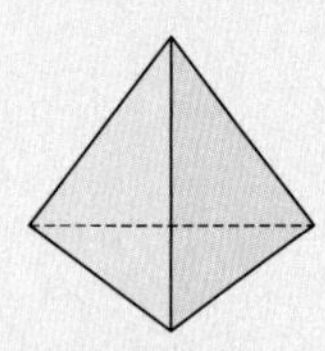
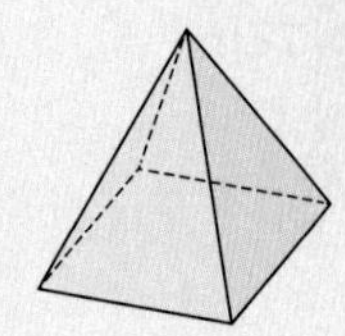
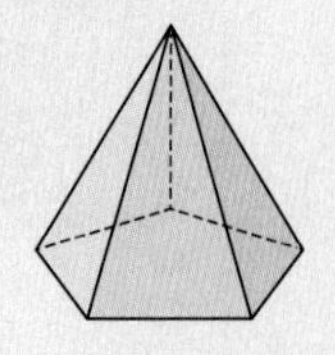
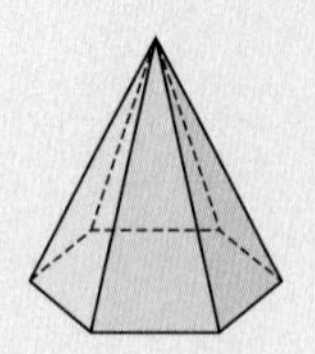

- 각뿔의 밑면과 옆면

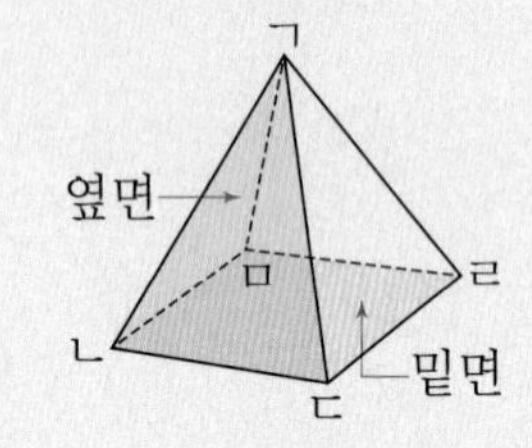

- 밑면: 면 ㄴㄷㄹㅁ과 같은 면
  → (밑면의 수)=1개
- 옆면: 밑면과 만나는 면
  → (옆면의 수)=(밑면의 변의 수)
  - 각뿔의 옆면은 모두 한 꼭짓점에서 만납니다.

참고 삼각뿔은 모든 면이 삼각형이므로 밑면에 따라 옆면이 정해집니다.

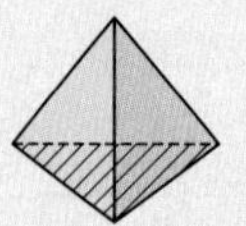
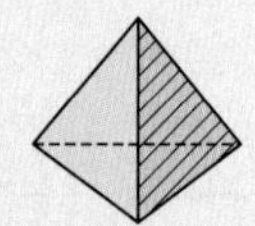

- 각뿔 찾기
  ① 뿔 모양인지
  ② 밑에 놓인 면이 다각형인지
  ③ 옆으로 둘러싼 면이 삼각형인지 확인합니다.

- 각뿔이 아닌 도형

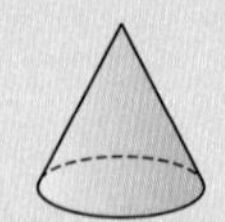
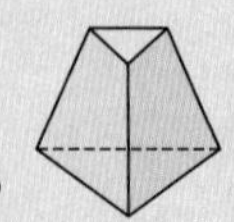
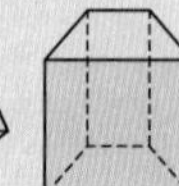

1 입체도형을 보고 물음에 답하세요.

가 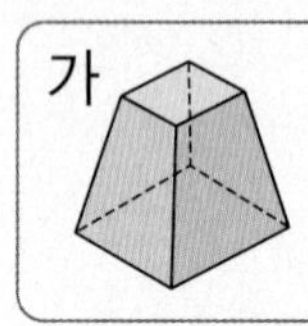 나 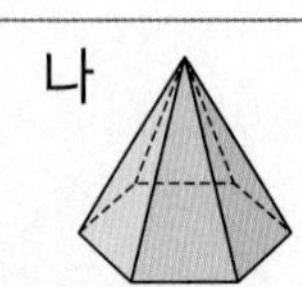 다 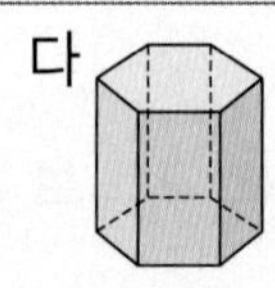 라 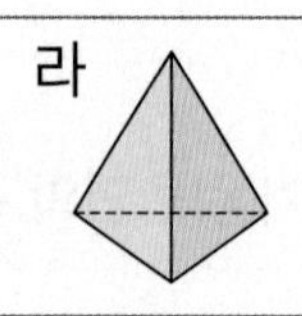 마 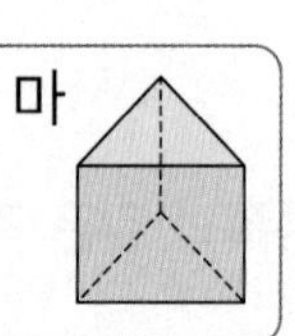

(1) 밑에 놓인 면이 다각형인 도형을 모두 찾아 기호를 쓰세요.

( )

(2) 밑에 놓인 면이 다각형이고 옆으로 둘러싼 면이 모두 삼각형인 도형을 모두 찾아 기호를 쓰세요.

( )

(3) 각뿔을 모두 찾아 기호를 쓰세요.

( )

2 오른쪽 각뿔을 보고 물음에 답하세요.

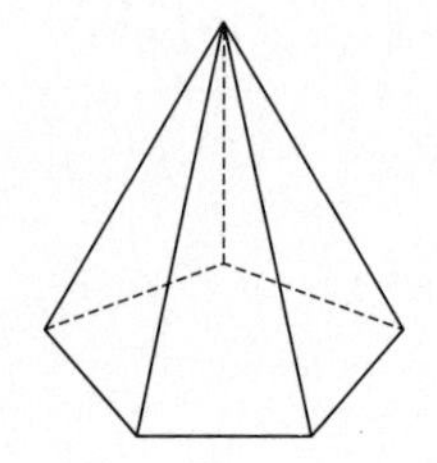

(1) 밑면을 찾아 색칠해 보세요.

(2) 옆면을 모두 찾아 ○표 하세요.

1 각뿔을 모두 찾아 기호를 쓰세요.

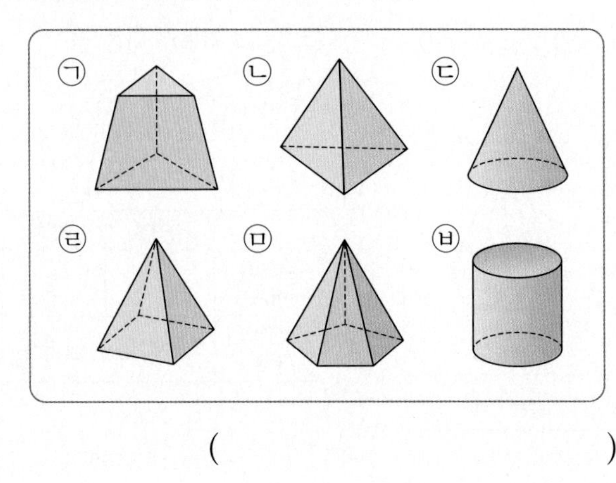

( )

2 오른쪽 각뿔을 보고 물음에 답하세요.

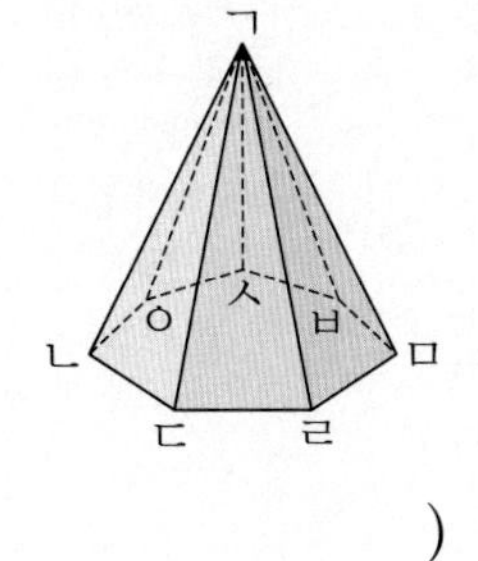

(1) 밑면을 찾아 쓰세요.

( )

(2) 옆면은 모두 몇 개인가요?

( )

3 각뿔을 옆으로 눕혀 놓았습니다. □ 안에 알맞은 말을 써넣으세요.

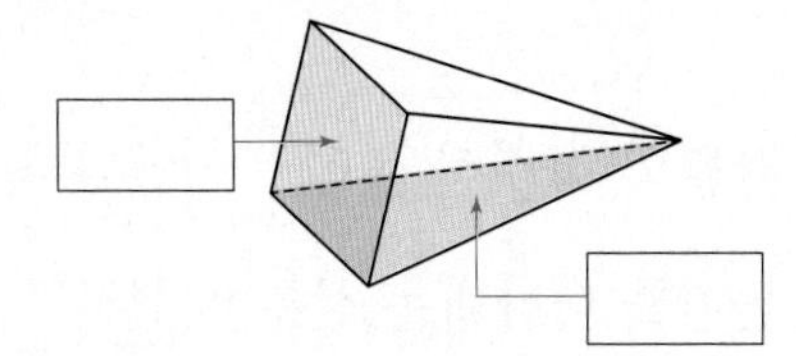

4 각뿔에서 옆면을 한 개 그리고 어떤 모양인지 써 보세요.

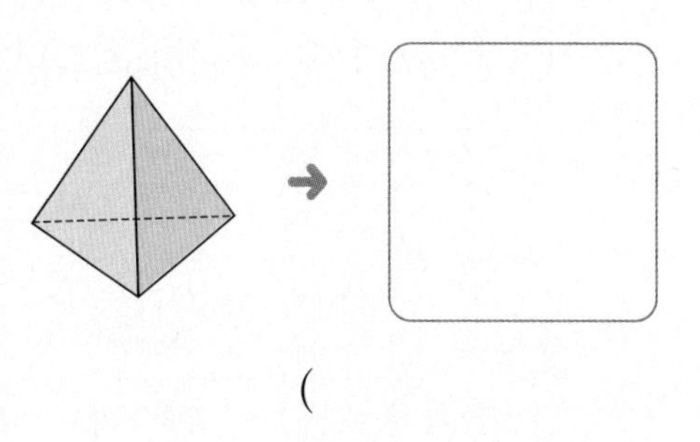

( )

5 오른쪽 입체도형은 각뿔이 아닙니다. 각뿔이 아닌 이유를 찾아 기호를 쓰세요.

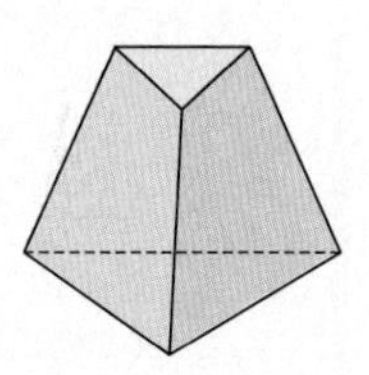

㉠ 밑면이 다각형이 아닙니다.
㉡ 옆면이 삼각형이 아닙니다.
㉢ 두 밑면이 합동이 아닙니다.

( )

6 입체도형을 보고 표를 완성해 보세요.

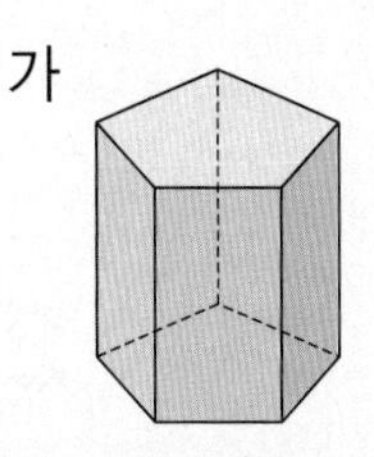

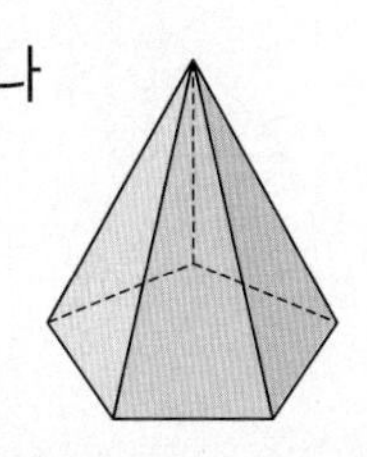

도형	밑면의 모양	옆면의 모양	밑면의 수(개)
가		직사각형	
나			

스스로 학습책 22쪽

5 각뿔의 이름과 구성 요소 알아보기

각뿔의 이름

• 각뿔은 밑면의 모양이 삼각형, 사각형, 오각형……일 때 삼각뿔, 사각뿔, 오각뿔……이라고 합니다.

각뿔	(삼각뿔 그림)	(사각뿔 그림)	(오각뿔 그림)
밑면의 모양	삼각형	사각형	오각형
각뿔의 이름	삼각뿔	사각뿔	오각뿔

• 각기둥과 각뿔의 다른 점

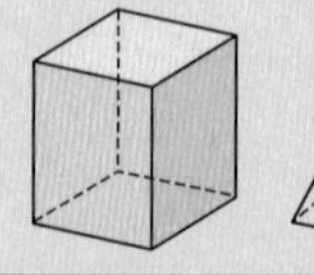

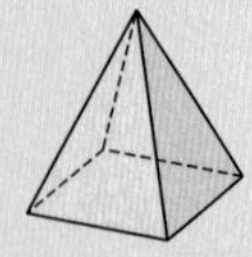

	각기둥	각뿔
밑면의 수(개)	2	1
옆면의 모양	직사각형	삼각형

각뿔의 구성 요소

• 모서리: 면과 면이 만나는 선분
• 꼭짓점: 모서리와 모서리가 만나는 점
• 각뿔의 꼭짓점: 꼭짓점 중에서 옆면이 모두 만나는 점
• 높이: 각뿔의 꼭짓점에서 밑면에 수직인 선분의 길이

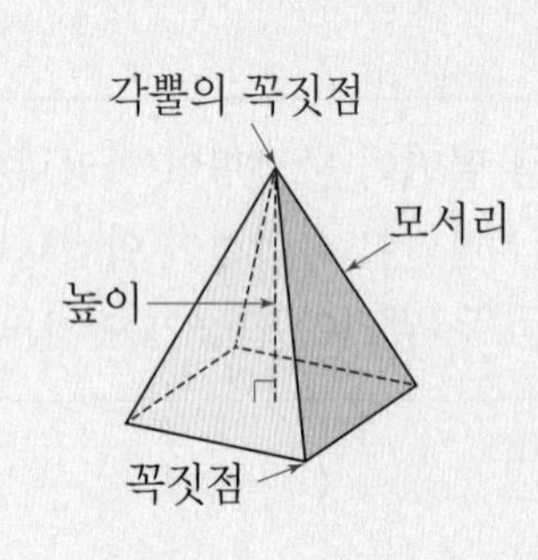

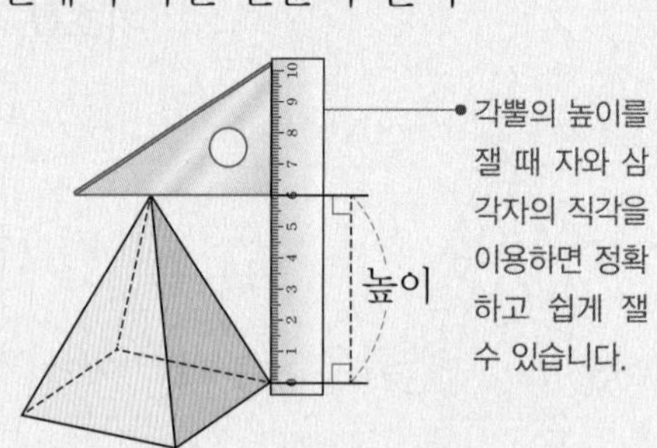

• 각뿔의 높이를 잴 때 자와 삼각자의 직각을 이용하면 정확하고 쉽게 잴 수 있습니다.

• 각뿔의 구성 요소의 수
밑면의 모양이 ▲각형 → ▲각뿔
(밑면의 변의 수)=▲
(꼭짓점의 수)=▲+1
(면의 수)=▲+1
(모서리의 수)=▲×2

먼저 생각해 봐요 [5−1 6. 다각형의 둘레와 넓이]

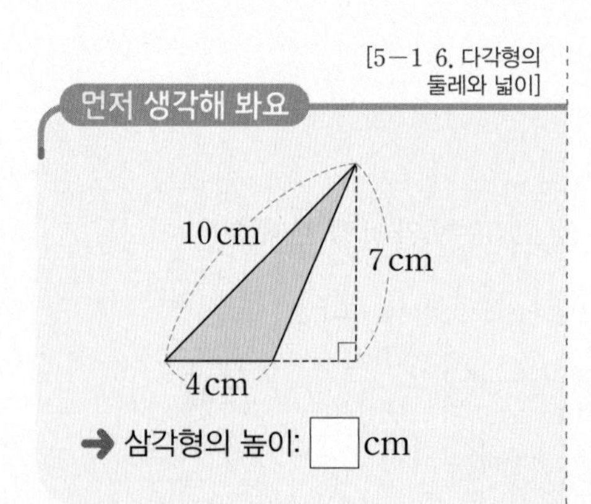

→ 삼각형의 높이: ☐ cm

1 ☐ 안에 알맞은 말을 써넣으세요.

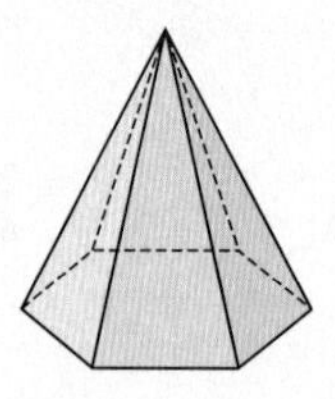

밑면의 모양이 ☐ 이므로
각뿔의 이름은 ☐ 입니다.

2 각뿔을 보고 물음에 답하세요.

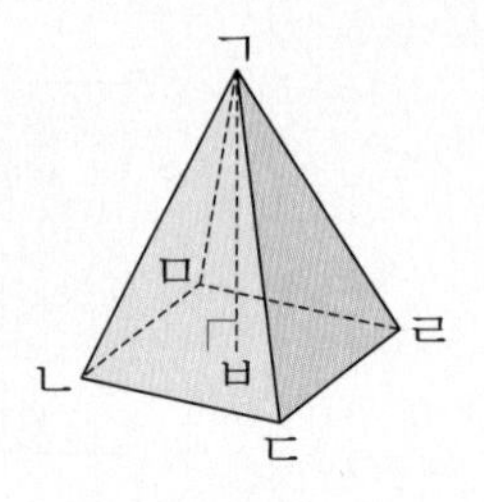

(1) 꼭짓점을 모두 찾아 쓰세요.
( )

(2) 각뿔의 꼭짓점은 점 ☐ 입니다.

(3) 높이를 나타내는 선분은 선분 ☐ 입니다.

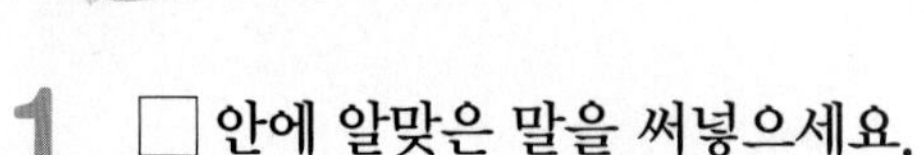

1 □ 안에 알맞은 말을 써넣으세요.

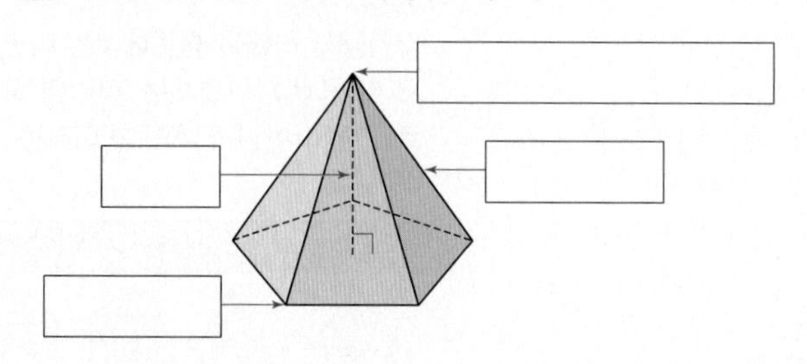

2 각뿔의 높이를 바르게 잰 것을 찾아 ○표 하세요.

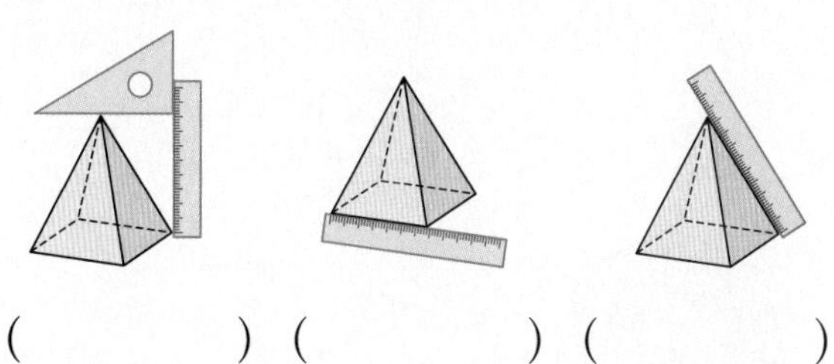

(　　　　) (　　　　) (　　　　)

3 각뿔의 이름을 써 보세요.

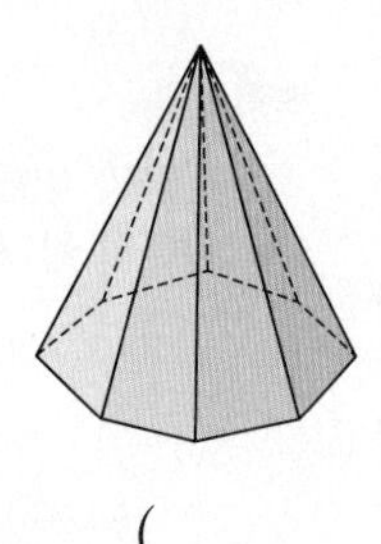

(　　　　　　　　)

4 각뿔의 높이는 몇 cm인가요?

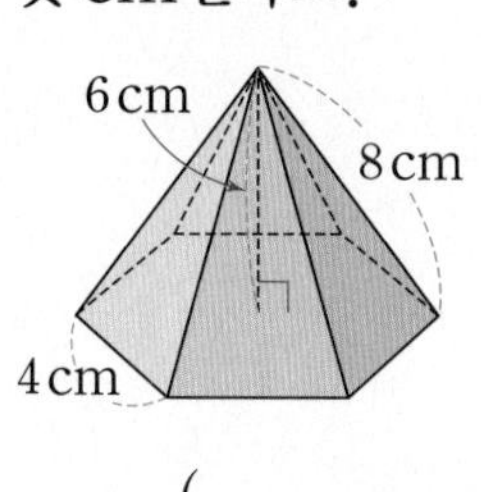

(　　　　　　　　)

[5~6] 각뿔을 보고 물음에 답하세요.

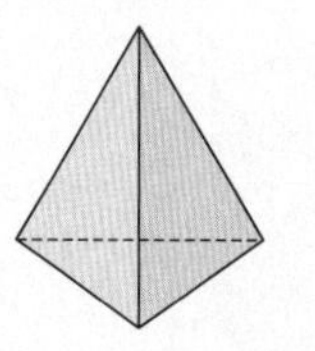
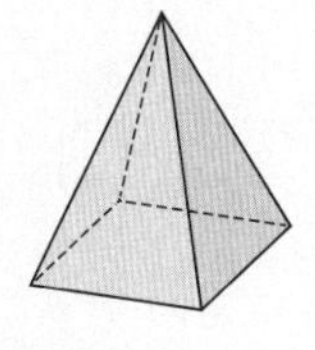
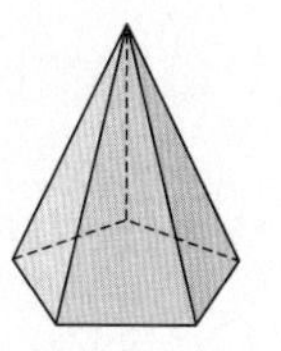

5 표를 완성해 보세요.

도형	밑면의 변의 수(개)	꼭짓점의 수(개)	면의 수(개)	모서리의 수(개)
삼각뿔				
사각뿔				
오각뿔				

6 위 표에서 규칙을 찾아 식으로 나타내었습니다. □ 안에 알맞은 수를 써넣으세요.

(1) (꼭짓점의 수)=(밑면의 변의 수)+□

(2) (면의 수)=(밑면의 변의 수)+□

(3) (모서리의 수)=(밑면의 변의 수)×□

7 각뿔의 특징에 대해 잘못 설명한 사람의 이름을 쓰세요.

- 미주: 각뿔에서 밑면과 옆면이 만나는 선분은 높이야.
- 선미: 각뿔의 옆면은 모두 삼각형이지.
- 진원: 각뿔의 밑면은 1개야.

(　　　　　　　　)

실전문제 익히기

1 두 입체도형에서 서로 개수가 같은 것을 찾아 기호를 쓰세요.

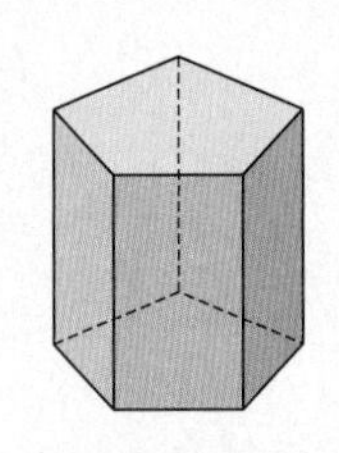 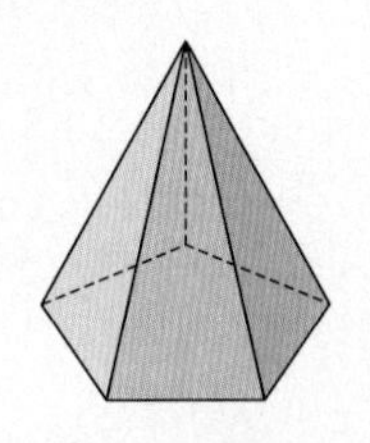

㉠ 모서리의 수	㉡ 꼭짓점의 수
㉢ 밑면의 수	㉣ 옆면의 수

(　　　　　　　　　　)

개념 연결

각기둥과 각뿔을 중등에서는 다면체라고 부릅니다. 다면체는 '다각형 모양으로만 둘러싸인 입체도형'이라는 뜻입니다.

사면체	오면체	육면체
면이 4개	면이 5개	면이 6개

2 밑면의 모양이 오른쪽과 같은 각뿔의 모서리는 몇 개인가요?

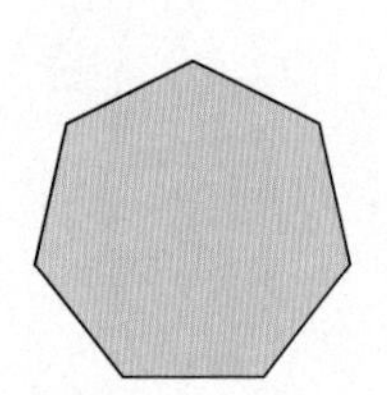

(　　　　　　　　　　)

3 밑면과 옆면의 모양이 오른쪽과 같은 입체도형의 이름을 써 보세요.

밑면　　옆면

(　　　　　　　　　　)

주의

각뿔의 이름을 알려면 밑면의 모양을 알아야 합니다.

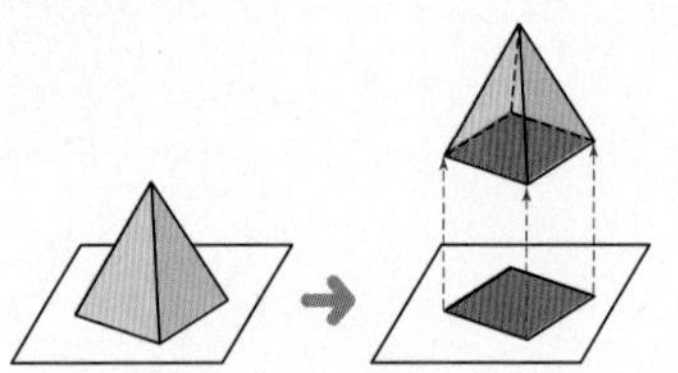

4 적은 것부터 차례로 기호를 쓰세요.

㉠ 육각뿔의 모서리의 수
㉡ 칠각기둥의 꼭짓점의 수
㉢ 칠각뿔의 꼭짓점의 수
㉣ 팔각기둥의 면의 수

(　　　　　　　　　　)

스스로 학습책 24쪽

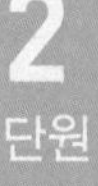

5 면이 11개인 각뿔의 모서리는 몇 개인가요?

( )

서술형

6 오른쪽 입체도형은 각기둥도 각뿔도 아닙니다. 각기둥과 각뿔이 아닌 이유를 각각 써 보세요.

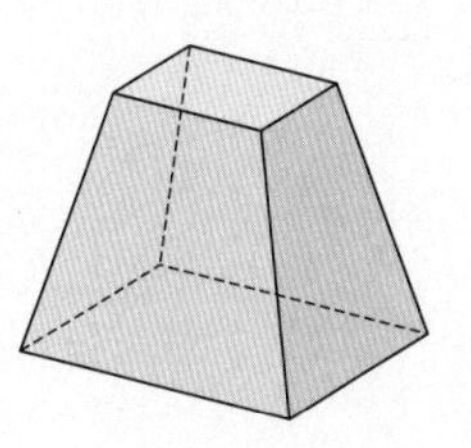

이유 ______________________________

____

개념 연결

각뿔을 밑면과 평행하게 잘라서 생기는 두 입체도형 중 각뿔이 아닌 도형을 각뿔대라고 합니다.

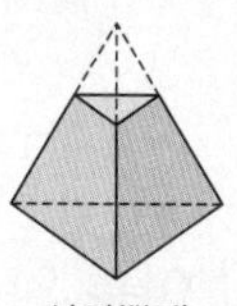

삼각뿔대

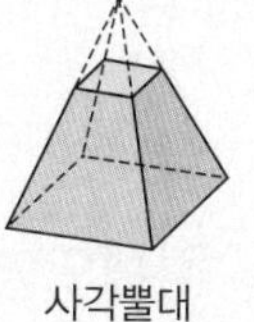

사각뿔대

7 꼭짓점의 수가 삼각기둥과 같은 각뿔의 이름을 써 보세요.

( )

8 오른쪽 각뿔은 밑면이 정오각형이고 옆면이 모두 합동인 이등변삼각형입니다. 이 각뿔의 모든 모서리의 길이의 합은 몇 cm인가요?

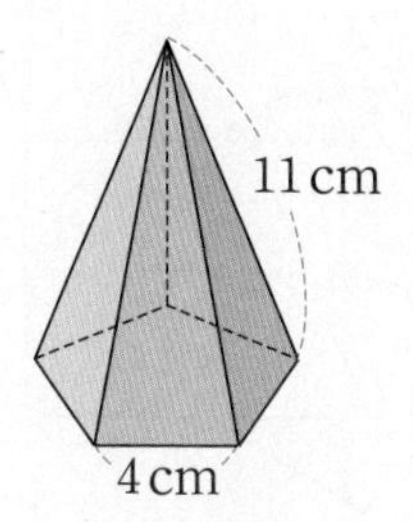

( )

스스로 학습책 25쪽

응용문제 익히기

1 전개도를 보고 모서리의 길이 구하기

★ 전개도를 접어서 각기둥을 만들었습니다. □ 안에 알맞은 수를 써넣으세요.

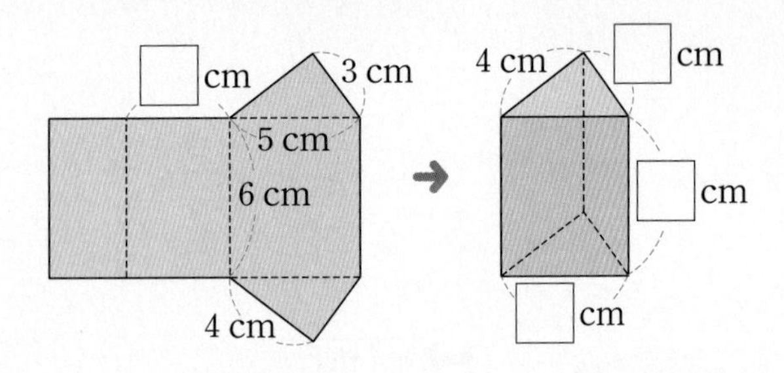

전개도를 접었을 때 만들어지는 각기둥을 먼저 알아보세요.

★★ 전개도를 접었을 때 만들어지는 각기둥의 모든 모서리의 길이의 합은 몇 cm인가요? (단, 밑면의 모양은 정오각형입니다.)

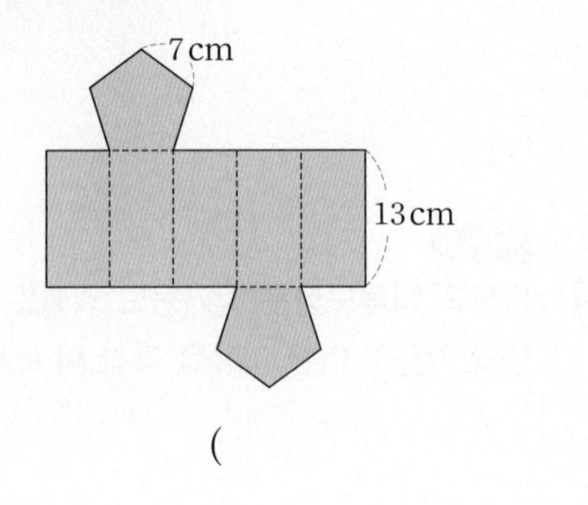

(　　　　　　　　　　)

2 입체도형의 이름 알아보기

★ 면이 10개인 각기둥의 이름을 써 보세요.

(　　　　　　　　　　)

밑면의 모양으로 입체도형의 이름을 알아보세요.

★★ 다음을 모두 만족하는 입체도형의 이름을 써 보세요.

- 밑면은 다각형이고 1개입니다.
- 옆면은 모두 삼각형입니다.
- 모서리는 18개입니다.

(　　　　　　　　　　)

3 각기둥의 전개도에서 선이 지나간 자리 선 긋기

★ 왼쪽과 같이 삼각기둥의 면에 선을 그었습니다. 이 삼각기둥의 전개도에 나타나는 선을 바르게 그려 넣으세요. (단, 선은 모서리의 한가운데 점을 지나도록 그었습니다.)

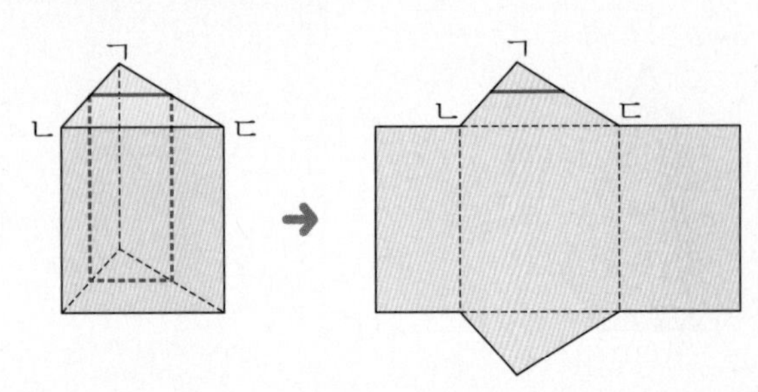

각기둥에서 선이 그어진 면을 먼저 찾아요.

★★ 왼쪽과 같이 사각기둥의 면에 선을 그었습니다. 이 사각기둥의 전개도에 나타나는 선을 바르게 그려 넣으세요.

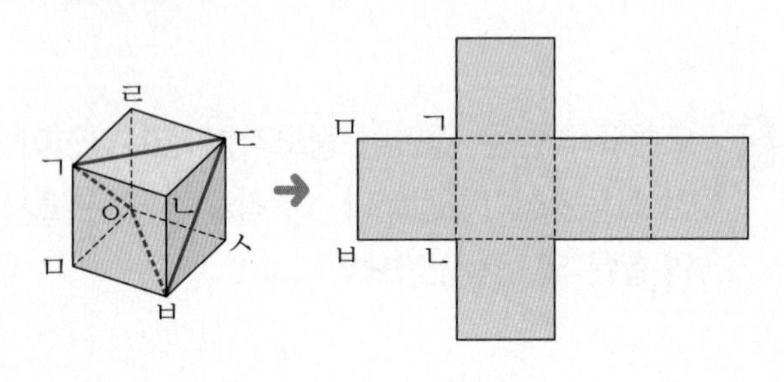

4 각기둥의 모든 모서리의 길이의 합 알아보기

각기둥의 이름을 알고 모서리의 수를 먼저 구해요.

★ 정사각형 6개를 옆면으로 하는 각기둥의 이름을 써 보세요.

(　　　　　　　　)

★★ 한 변의 길이가 7 cm인 정사각형 5개를 옆면으로 하는 각기둥이 있습니다. 이 각기둥의 모든 모서리의 길이의 합은 몇 cm인가요?

(　　　　　　　　)

5 각뿔의 모서리의 길이 구하기

오각뿔을 만드는 데 필요한 철사의 길이를 먼저 구해요.

★ 모서리의 길이가 모두 같은 사각뿔이 있습니다. 이 사각뿔의 모든 모서리의 길이의 합이 32 cm일 때 한 모서리의 길이는 몇 cm인가요?

(　　　　　　　　)

★★ 민혁이는 철사 1 m로 모든 모서리의 길이가 같은 오각뿔을 만들려고 합니다. 한 모서리의 길이가 12 cm인 오각뿔을 만들려면 철사는 몇 cm가 더 필요할까요?

(　　　　　　　　)

6 각기둥의 옆면의 넓이의 합 구하기

각기둥의 옆면의 수를 먼저 구해요.

★ 다음 전개도를 접었을 때 만든 각기둥의 옆면의 넓이의 합은 몇 cm^2인가요?

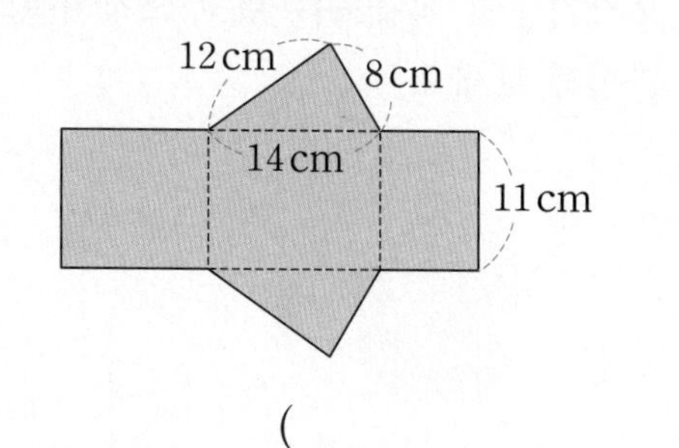

(　　　　　　　　)

★★ 밑면의 모양과 한 옆면의 모양이 그림과 같은 각기둥이 있습니다. 이 각기둥의 옆면의 넓이의 합은 몇 cm^2인가요?

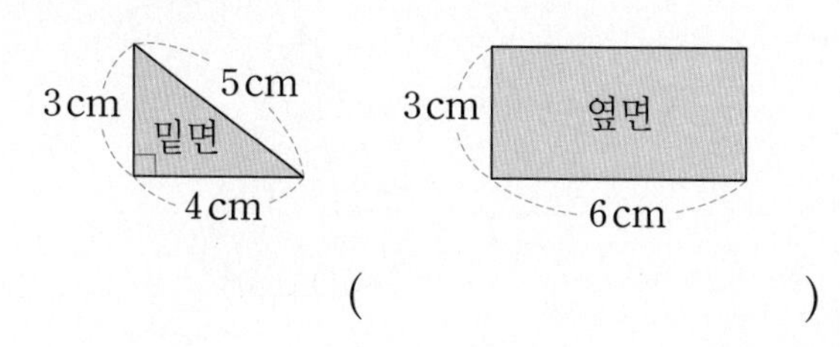

(　　　　　　　　)

단원평가

Level 1

점수 확인

[1~3] 입체도형을 보고 물음에 답하세요.

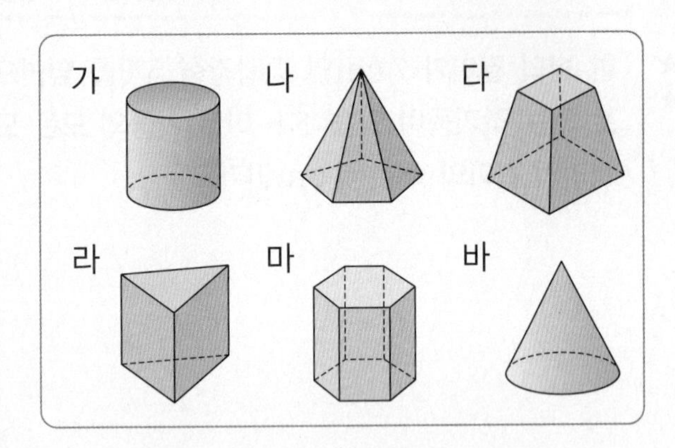

1 각기둥을 모두 찾아 기호를 쓰세요.

(　　　　　　　　　)

2 각뿔을 찾아 기호를 쓰세요.

(　　　　　　　　　)

3 마 도형을 보고 빈칸에 알맞게 써넣으세요.

밑면의 모양	옆면의 모양	이름
	직사각형	

4 각뿔의 이름을 써 보세요.

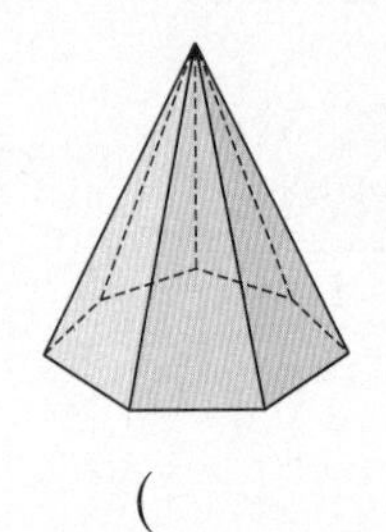

(　　　　　　　　　)

5 오른쪽 각기둥에서 색칠한 면이 한 밑면일 때, 옆면이 아닌 면은 어느 것인가요? ....(　　　　)

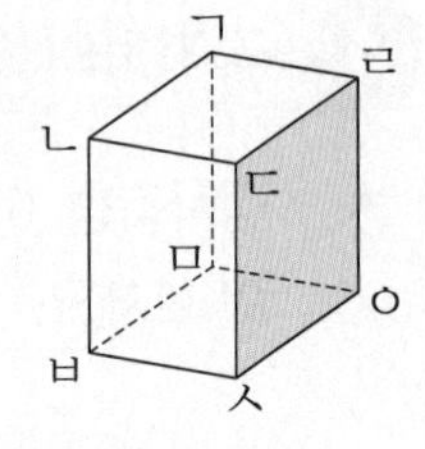

① 면 ㄱㄴㄷㄹ
② 면 ㄴㅂㅁㄱ
③ 면 ㄴㅂㅅㄷ
④ 면 ㄹㅇㅁㄱ
⑤ 면 ㅁㅂㅅㅇ

6 밑면이 오른쪽과 같은 각기둥의 이름을 써 보세요.

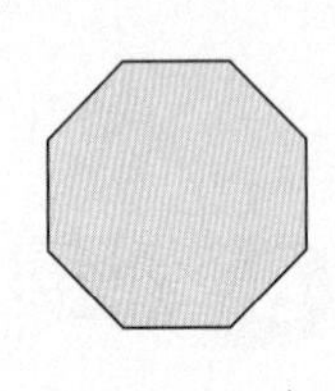

(　　　　　　　　　)

7 육각뿔에 대한 설명으로 옳은 것을 모두 찾아 기호를 쓰세요.

㉠ 옆면의 모양은 육각형입니다.
㉡ 면은 7개입니다.
㉢ 모서리는 18개입니다.
㉣ 면의 수와 꼭짓점의 수는 같습니다.

(　　　　　　　　　)

8 오각기둥의 겨냥도를 보고 오각기둥의 전개도를 완성해 보세요.

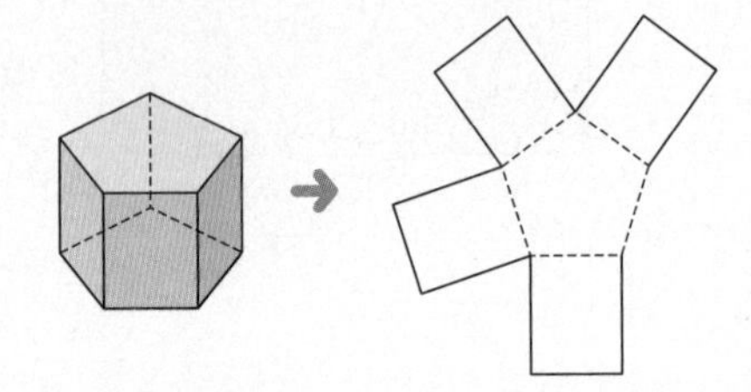

9 삼각기둥과 삼각뿔에서 서로 같은 것은 어느 것인가요? ············ (   )

① 면의 수 ② 밑면의 수
③ 옆면의 수 ④ 모서리의 수
⑤ 꼭짓점의 수

[10~12] 전개도를 보고 물음에 답하세요.

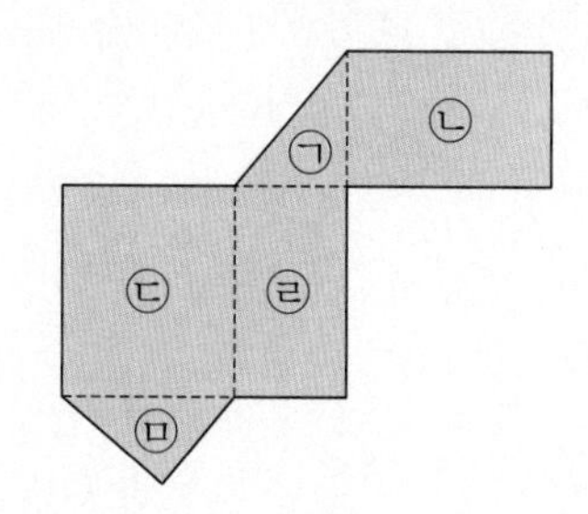

10 전개도를 접었을 때 만들어지는 입체도형의 이름을 써 보세요.

(   )

11 전개도를 접었을 때 면 ㉤과 수직인 면을 모두 찾아 쓰세요.

(   )

12 전개도를 접었을 때 만들어지는 입체도형의 모서리는 몇 개인가요?

(   )

13 많은 것부터 차례로 기호를 쓰세요.

㉠ 사각기둥의 꼭짓점의 수
㉡ 육각뿔의 면의 수
㉢ 삼각기둥의 모서리의 수

(   )

14 밑면이 사다리꼴인 사각기둥의 전개도를 완성해 보세요.

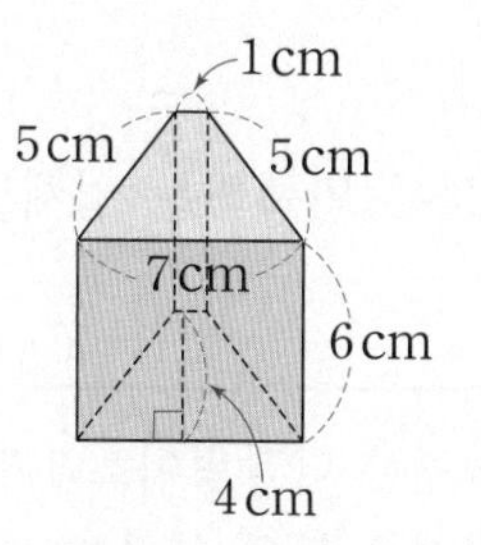

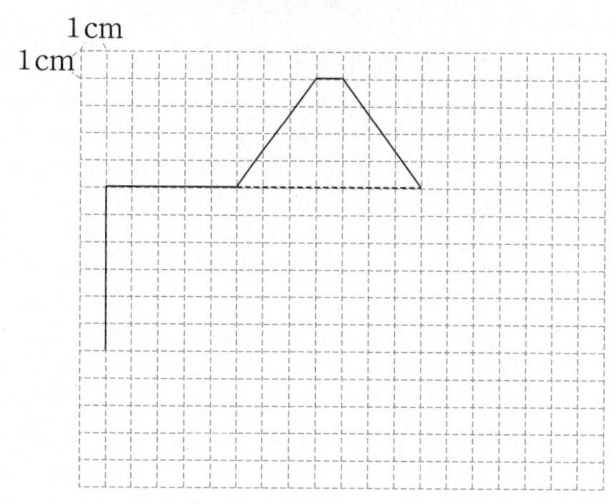

15 전개도를 접었을 때 만들어지는 각기둥의 높이는 몇 cm인가요?

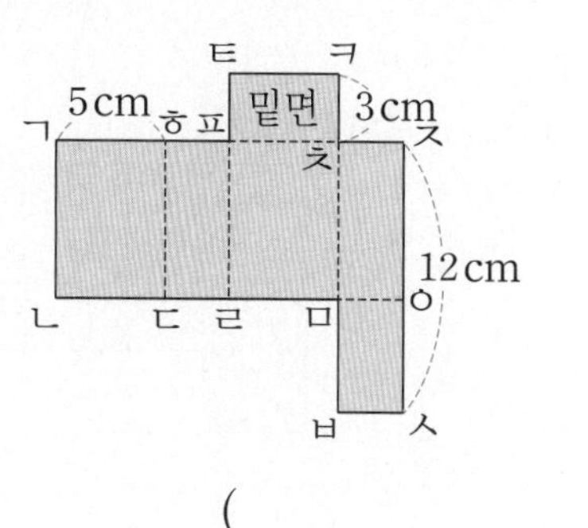

(   )

2 단원

서술형

16 오른쪽 그림과 같은 이등변삼각형 4개를 옆면으로 하는 각뿔이 있습니다. 이 각뿔의 밑면의 둘레는 몇 cm인가요?

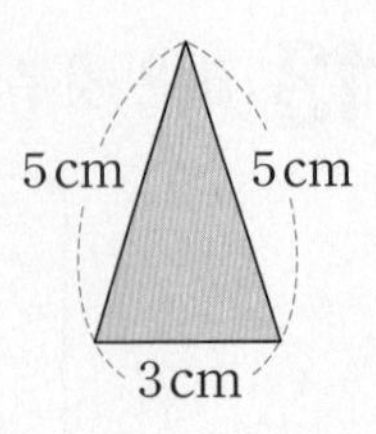

(　　　　　　　　　　)

17 다음을 모두 만족하는 입체도형의 이름을 써 보세요.

- 밑면은 다각형이고 1개입니다.
- 옆면은 모두 삼각형입니다.
- 면과 모서리의 수의 합은 22개입니다.

(　　　　　　　　　　)

18 전개도를 접어서 만든 각기둥의 모든 모서리의 길이의 합은 몇 cm인가요? (단, 밑면의 모양은 직사각형입니다.)

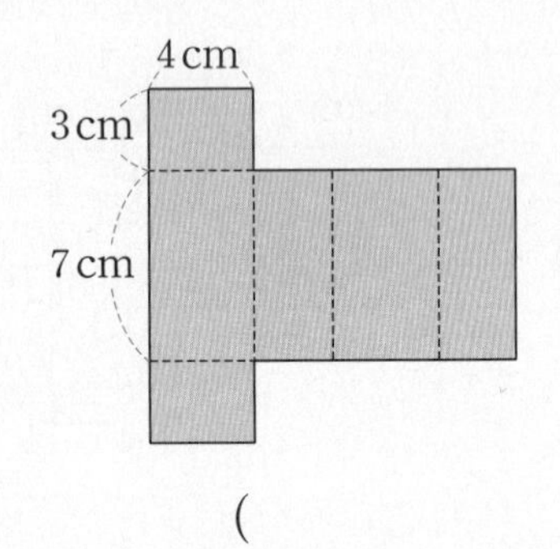

(　　　　　　　　　　)

19 한 밑면의 변이 7개인 각기둥의 꼭짓점은 몇 개인지 풀이 과정을 쓰고, 답을 구해 보세요.

풀이 ________________________

____

____

답 ____________

20 밑면의 모양이 오른쪽과 같은 각기둥과 각뿔에서 모서리의 수의 합은 모두 몇 개인지 풀이 과정을 쓰고, 답을 구해 보세요.

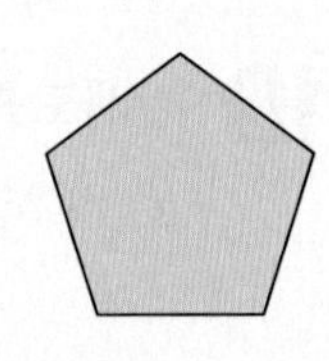

풀이 ________________________

____

____

____

답 ____________

단원평가

[1~2] 입체도형을 보고 물음에 답하세요.

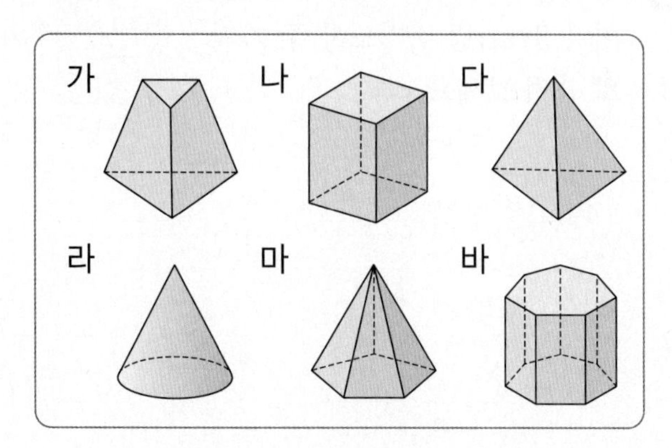

1 각기둥을 모두 찾아 기호를 쓰세요.

(　　　　　　　　　)

2 각뿔은 모두 몇 개인가요?

(　　　　　　　　　)

3 입체도형을 보고 □ 안에 각 부분의 이름을 써넣으세요.

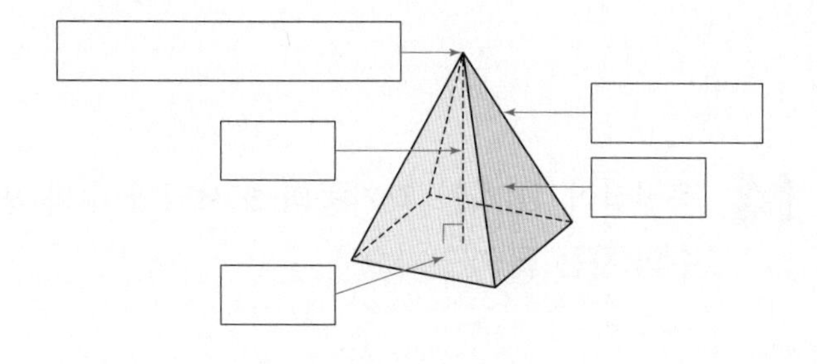

4 각기둥의 이름을 써 보세요.

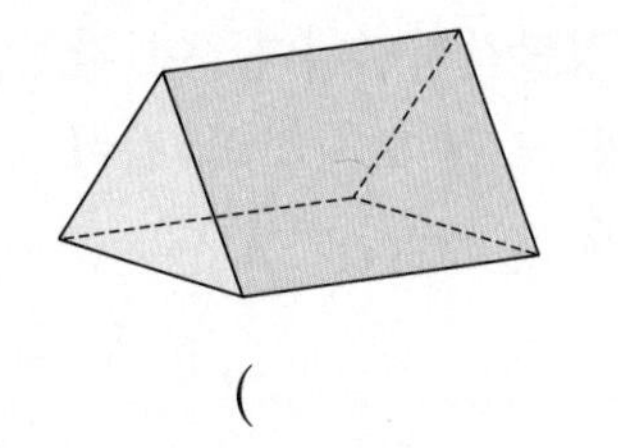

(　　　　　　　　　)

5 각기둥에서 높이를 잴 수 있는 모서리는 모두 몇 개인가요?

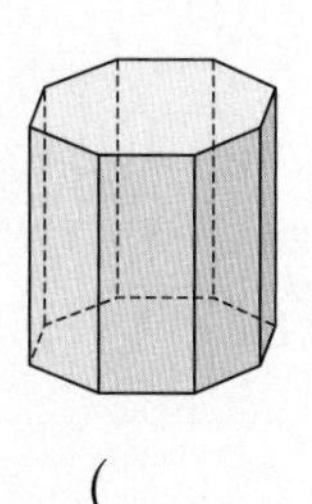

(　　　　　　　　　)

6 육각뿔에 대하여 빈칸에 알맞은 수를 써넣으세요.

밑면의 변의 수(개)	꼭짓점의 수(개)	면의 수 (개)	모서리의 수(개)

7 각기둥의 겨냥도를 완성해 보세요.

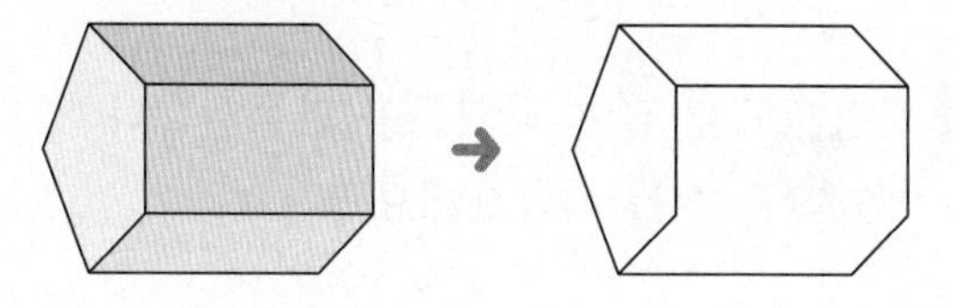

8 입체도형을 보고 잘못 말한 사람을 찾아 쓰세요.

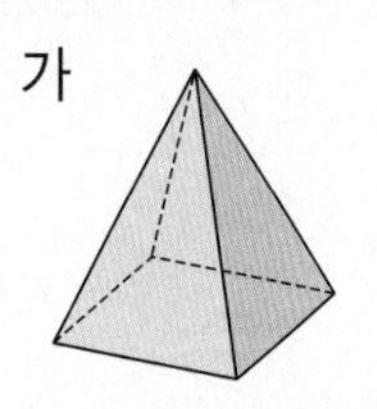

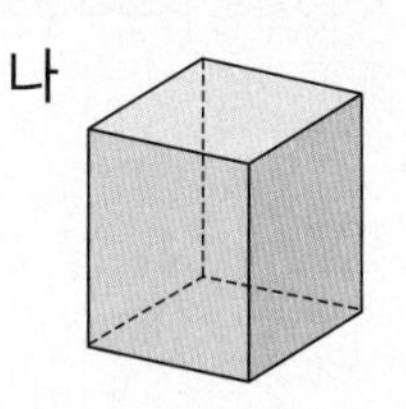

- 수빈: 나는 가보다 모서리의 수가 2개 더 많습니다.
- 인찬: 가와 나는 밑면의 변의 수가 같습니다.
- 도율: 가와 나는 밑면이 사각형입니다.

(　　　　　　　　　)

9 전개도를 접었을 때 어떤 입체도형이 되는지 써 보세요.

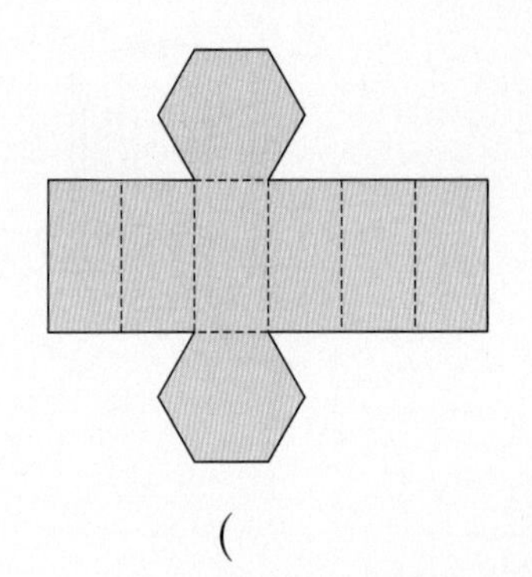

( )

10 밀면의 모양이 오른쪽과 같은 각기둥에서 밑면에 수직인 면은 몇 개인가요?

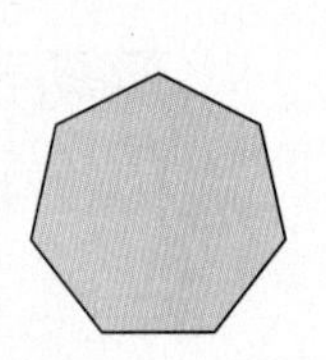

( )

11 전개도를 접어 각기둥을 만들었습니다. □ 안에 알맞은 수를 써넣으세요.

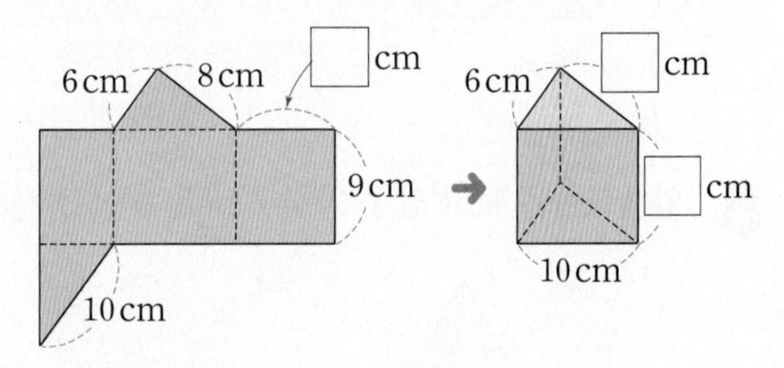

12 적은 것부터 차례로 기호를 쓰세요.

> ㉠ 칠각뿔의 옆면의 수
> ㉡ 오각기둥의 모서리의 수
> ㉢ 구각뿔의 꼭짓점의 수

( )

13 밑면이 오른쪽 그림과 같고, 높이가 3cm인 전개도를 두 가지로 그려 보세요.

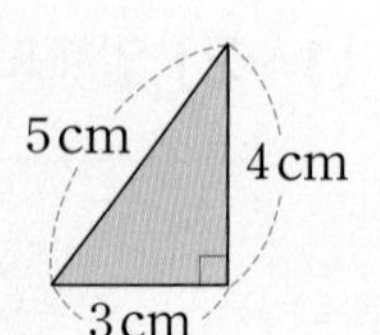

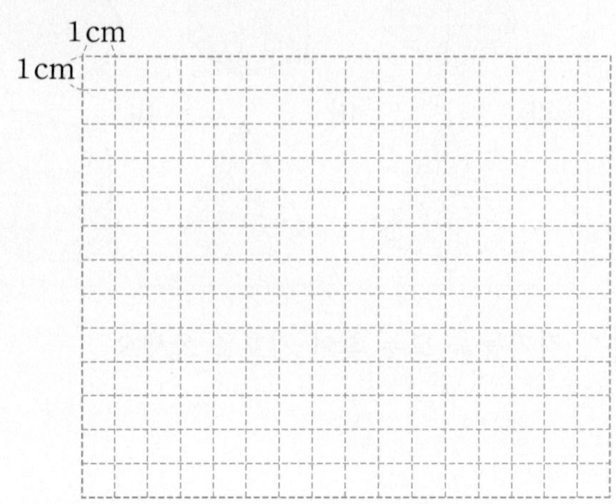

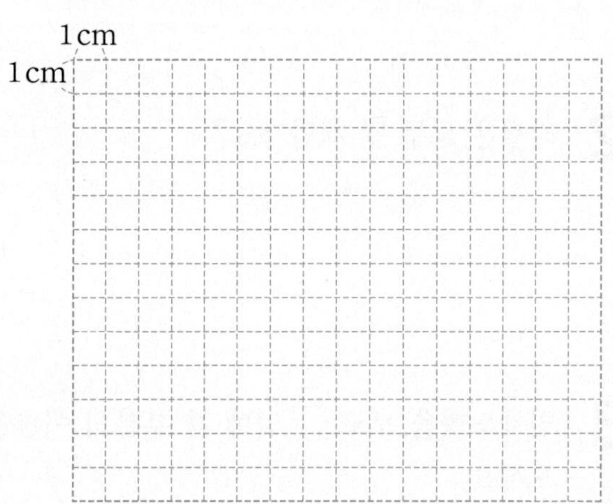

14 꼭짓점이 10개인 각기둥의 모서리의 수와 면의 수의 차는 몇 개인가요?

( )

15 오른쪽 각기둥의 밑면의 모양은 정팔각형입니다. 이 각기둥의 모든 모서리의 길이의 합은 몇 cm인가요?

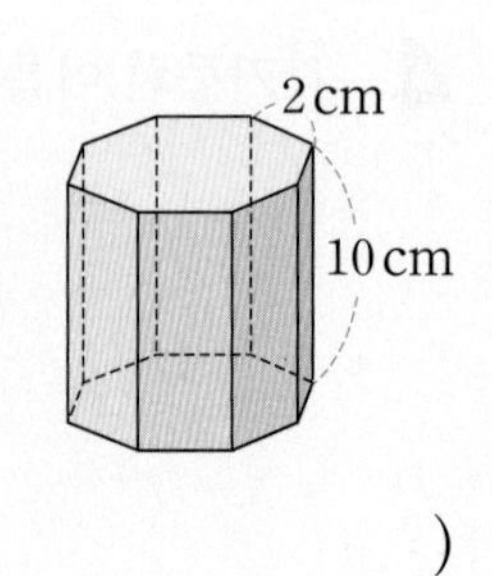

( )

서술형

16 모서리가 12개인 각기둥과 밑면의 모양이 같은 각뿔이 있습니다. 이 각뿔의 꼭짓점의 수를 구해 보세요.

(　　　　　　　　)

17 밑면과 옆면의 모양이 같은 각뿔이 있습니다. 이 각뿔의 모서리의 길이가 모두 5 cm로 같을 때, 모든 모서리의 길이의 합은 몇 cm인가요?

(　　　　　　　　)

18 다음 전개도를 접어서 만든 각기둥에 대한 조건 을 보고 밑면의 한 변의 길이는 몇 cm인지 구해 보세요.

조건
- 각기둥의 옆면은 모두 합동입니다.
- 각기둥의 높이는 5 cm입니다.
- 각기둥의 모든 모서리의 길이의 합은 55 cm입니다.

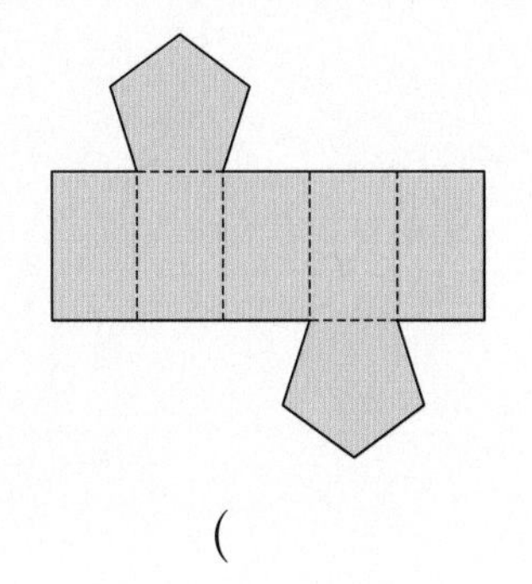

(　　　　　　　　)

19 삼각기둥의 전개도에서 선분 ㄹㅁ의 길이는 몇 cm인지 풀이 과정을 쓰고, 답을 구해 보세요.

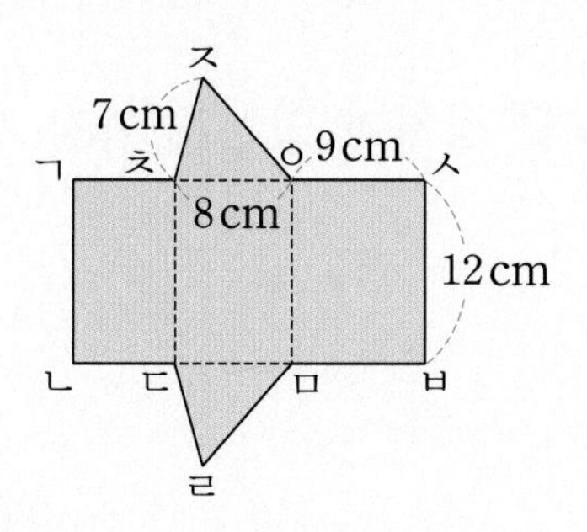

풀이 ______________________

답 ______________________

20 어떤 각기둥에서 면, 모서리, 꼭짓점의 수를 모두 더하였더니 68개였습니다. 이 각기둥의 이름은 무엇인지 풀이 과정을 쓰고, 답을 구해 보세요.

풀이 ______________________

답 ______________________

2 단원

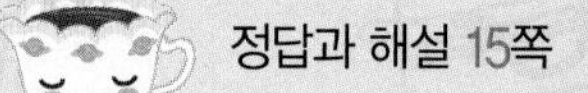

보물 상자를 찾아라

보물 상자가 있는 곳까지 가는 길을 찾아보세요.

소수의 나눗셈

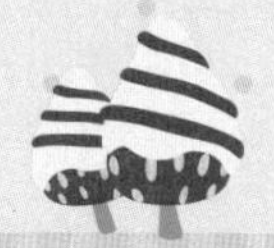

이번에 배울 내용

- (소수) ÷ (자연수)의 계산 원리 알아보기
- 각 자리에서 나누어떨어지지 않는 (소수) ÷ (자연수)
- 몫이 1보다 작은 (소수) ÷ (자연수)
- 소수점 아래 0을 내려 계산하는 (소수) ÷ (자연수)
- 몫의 소수 첫째 자리에 0이 있는 (소수) ÷ (자연수)
- (자연수) ÷ (자연수)의 몫을 소수로 나타내기
- 몫을 어림하여 소수점의 위치 확인하기

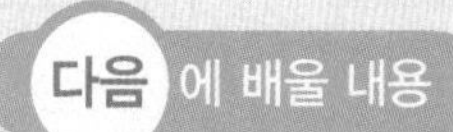

다음에 배울 내용

[6-2] 1. 분수의 나눗셈
[6-2] 2. 소수의 나눗셈

개념 익히기

1 (소수)÷(자연수)(1)

◎ 자연수의 나눗셈을 이용하여 (소수)÷(자연수)의 계산 원리 알아보기

• 나누는 수가 같을 때 나누어지는 수가 $\frac{1}{10}$배, $\frac{1}{100}$배가 되면 몫도 $\frac{1}{10}$배, $\frac{1}{100}$배가 됩니다.

백	십	일	.	소수 첫째	소수 둘째		백	십	일	.	소수 첫째	소수 둘째
3	6	9	$\times\frac{1}{10}$			÷3=	1	2	3	$\times\frac{1}{10}$		
	3	6	.	9	$\times\frac{1}{10}$	÷3=		1	2	.	3	$\times\frac{1}{10}$
$\times\frac{1}{100}$		3	.	6	9	÷3=	$\times\frac{1}{100}$		1	.	2	3

◎ 길이 단위를 바꾸어 (소수)÷(자연수) 계산하기

1 cm=10 mm	1 m=100 cm
36.9 cm ÷ 3 = 12.3 cm ↓ ↑ 369 mm ÷ 3 = 123 mm	3.69 m ÷ 3 = 1.23 m ↓ ↑ 369 cm ÷ 3 = 123 cm

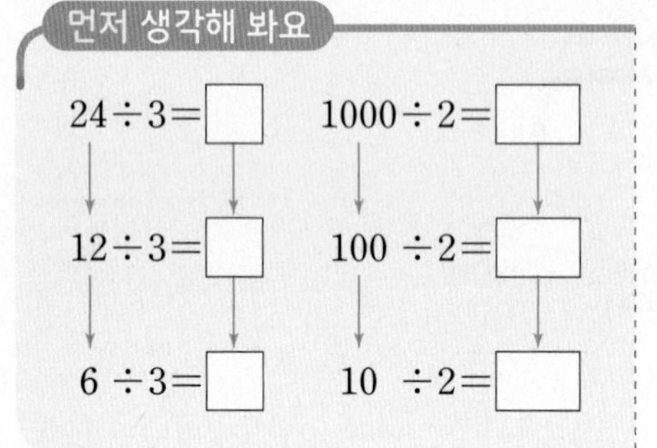

먼저 생각해 봐요

24÷3=□ → 12÷3=□ → 6÷3=□

1000÷2=□ → 100÷2=□ → 10÷2=□

1 나눗셈의 몫을 구하여 빈칸에 알맞게 써넣으세요.

6	0				÷3=					
	6				÷3=		2			
	0	.	6		÷3=		0	.		
	0	.	0	6	÷3=			.		

2 끈 22.4 cm를 똑같이 2도막으로 나누면 한 도막은 몇 cm인지 알아보려고 합니다. □ 안에 알맞은 수를 써넣으세요.

1 cm=10 mm이므로 22.4 cm=□ mm입니다.

224÷2=□ (mm) → □ cm

→ 끈 한 도막은 □ cm입니다.

1 수직선을 보고 소수의 나눗셈을 해 보세요.

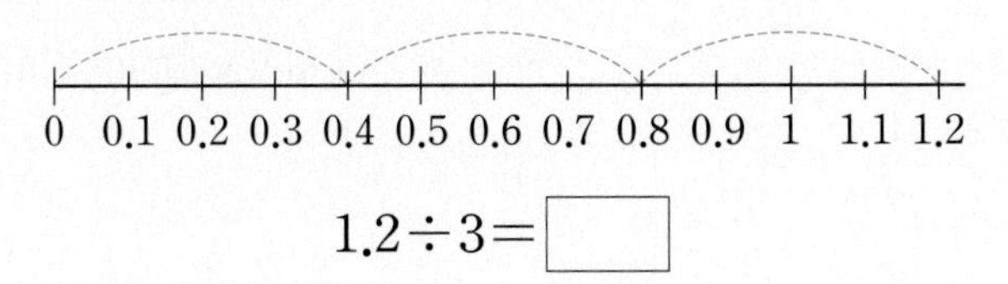

$1.2 \div 3 = \square$

2 자연수의 나눗셈을 이용하여 소수의 나눗셈을 해 보세요.

(1) $64 \div 2 = 32$

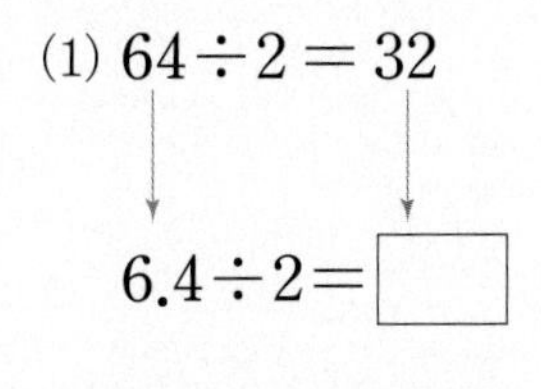

$6.4 \div 2 = \square$

(2) $664 \div 2 = 332$

$6.64 \div 2 = \square$

3 자연수의 나눗셈을 이용하여 소수의 나눗셈을 해 보세요.

$248 \div 2 = 124$

$24.8 \div 2 = \square$

$2.48 \div 2 = \square$

4 □ 안에 알맞은 수를 써넣으세요.

$2408 \div 8 = 301$

$\times \frac{1}{\square}$ ↓ ↓ $\times \frac{1}{\square}$

$24.08 \div 8 = \square$

5 자연수의 나눗셈을 이용하여 빈칸에 알맞은 수를 써넣으세요.

(1)

3	6	6				$\div 3 = 122$
			.			$\div 3 = 12.2$
						$\div 3 = 1.22$

(2)

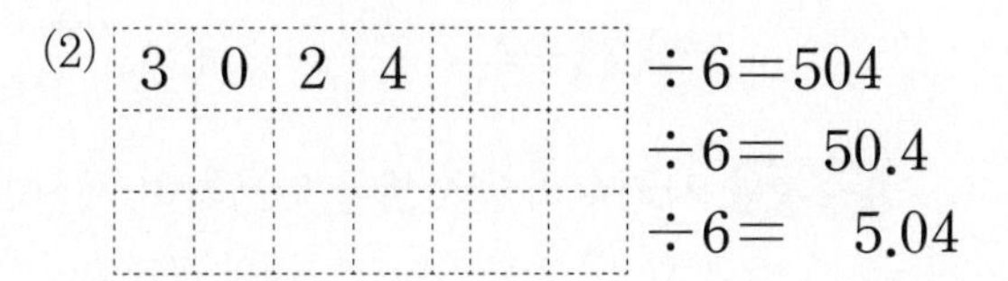

3	0	2	4				$\div 6 = 504$
							$\div 6 = 50.4$
							$\div 6 = 5.04$

6 $3055 \div 5 = 611$을 이용하여 다음 나눗셈의 몫을 구해 보세요.

$305.5 \div 5 = \square$

$30.55 \div 5 = \square$

7 자연수의 나눗셈을 보고 소수의 나눗셈을 하여 알맞은 자리에 몫을 쓰고 소수점을 찍어 보세요.

	십	일	소수 첫째
	3	4	
2)	6	8	
	6		
		8	
		8	
		0	

↓

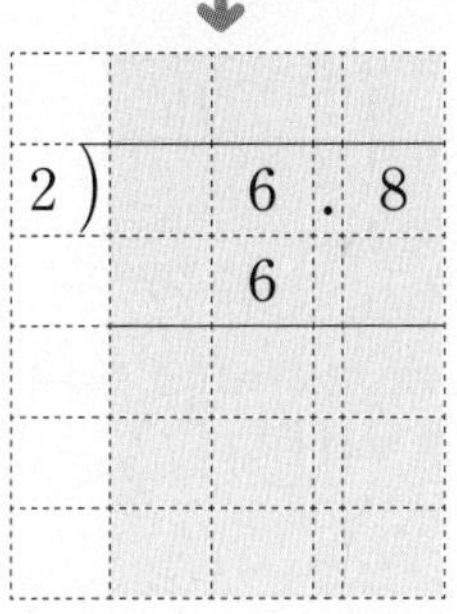

2)		6 .	8
		6	

3 단원

스스로 학습책 36쪽

② (소수)÷(자연수)(2)

● 각 자리에서 나누어떨어지지 않는 (소수)÷(자연수)

$33.72=3372\times\frac{1}{100}$ ➜ $33.72\div4=3372\div4\times\frac{1}{100}$

수는 한 자리 내려갈 때마다 값이 $\frac{1}{10}$배가 됩니다.

2 2 2 . 2 2 → 200, 20, 2, 0.2, 0.02

방법 1 소수를 분수로 바꾸어 계산하기

$33.72\div4=\frac{3372}{100}\div4=\frac{3372\div4}{100}=\frac{843}{100}=8.43$

방법 2 자연수의 나눗셈을 이용하여 계산하기

천	백	십	일	소수 첫째	소수 둘째		백	십	일	소수 첫째	소수 둘째
3	3	7	2			÷4=	8	4	3		
		×$\frac{1}{100}$						×$\frac{1}{100}$			
		3	3.	7	2	÷4=			8.	4	3

방법 3 세로셈으로 계산하기

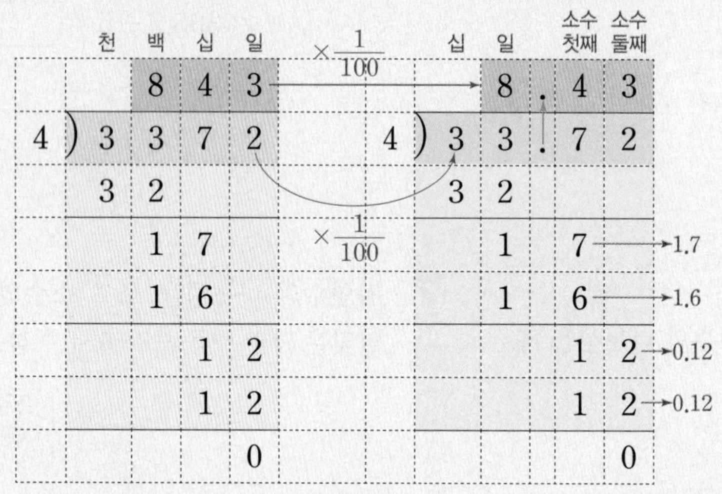

자연수의 나눗셈과 같은 방법으로 계산하고 자리를 맞추어 소수점을 찍습니다.

몫의 소수점은 나누어지는 수의 소수점과 같은 위치에 찍습니다.

먼저 생각해 봐요 [5-2 4. 소수의 곱셈]

$3\times0.6=3\times\frac{\square}{10}=\frac{3\times\square}{10}$

$=\frac{\square}{10}=\square$

▶ 소수 한 자리 수는 분모가 10인 분수로 고쳐서 계산할 수 있습니다.

1 □ 안에 알맞은 수를 써넣으세요.

$7.56=756\times\frac{1}{\square}$

↓

$7.56\div3=\underline{756\div3}\times\frac{1}{\square}=\square\times\frac{1}{100}=\square$

1 나눗셈의 몫에 소수점을 알맞게 찍어 보세요.

(1)

```
      □9□5
   ┌──────
 5 ) 4 7.5
     4 5
     ─────
       2 5
       2 5
     ─────
         0
```

(2)

```
      3□3□6
   ┌─────────
 7 ) 2 3.5 2
     2 1
     ───────
       2 5
       2 1
     ───────
         4 2
         4 2
     ───────
           0
```

2 □ 안에 알맞은 수를 써넣으세요.

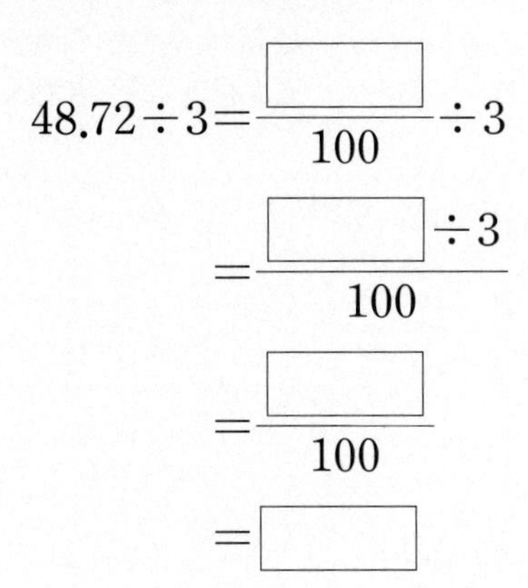

$48.72 \div 3 = \frac{\square}{100} \div 3$

$= \frac{\square \div 3}{100}$

$= \frac{\square}{100}$

$= \square$

3 자연수의 나눗셈을 이용하여 소수의 나눗셈을 해 보세요.

(1) $561 \div 3 = \square$

$56.1 \div 3 = \square$

(2) $1995 \div 15 = \square$

$19.95 \div 15 = \square$

4 계산해 보세요.

(1)

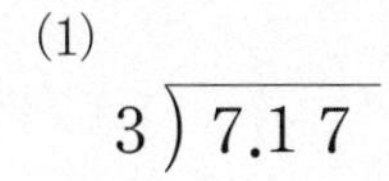

$3\overline{)7.17}$

(2) $4\overline{)15.36}$

5 소수를 분수로 바꾸어 계산해 보세요.

$25.2 \div 18$ ____________________

6 몫의 크기를 비교하여 ◯ 안에 >, =, <를 알맞게 써넣으세요.

$3186 \div 9$ ◯ $31.86 \div 9$

$31.86 \div 9$ ◯ $318.6 \div 9$

7 길이가 4.8 m인 테이프를 3명이 똑같이 나누어 가지려고 합니다. 한 사람이 몇 m씩 가질 수 있는지 구해 보세요.

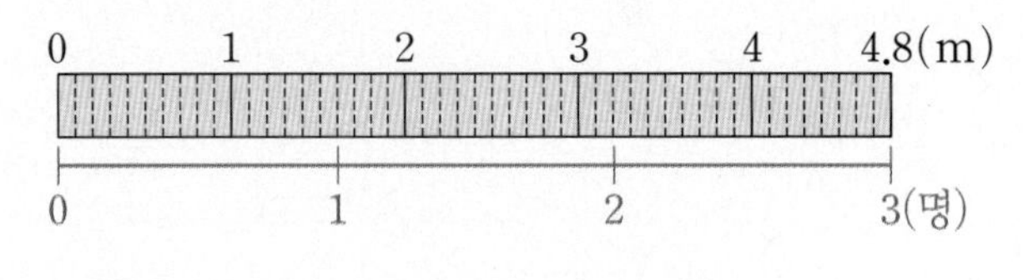

식 ____________________

답 ____________________

3 단원

스스로 학습책 37쪽

개념 익히기

3 (소수)÷(자연수)(3)

몫이 1보다 작은 (소수)÷(자연수)

$$1.84=184\times\frac{1}{100} \rightarrow 1.84\div8=184\div8\times\frac{1}{100}$$

방법 1 소수를 분수로 바꾸어 계산하기

$$1.84\div8=\frac{184}{100}\div8=\frac{184\div8}{100}=\frac{23}{100}=0.23$$

방법 2 자연수의 나눗셈을 이용하여 계산하기

백	십	일		소수 첫째	소수 둘째		십	일		소수 첫째	소수 둘째
1	8	4				÷8=	2	3			
		↓ $\times\frac{1}{100}$						↓ $\times\frac{1}{100}$			
		1	.	8	4	÷8=		0	.	2	3

방법 3 세로셈으로 계산하기

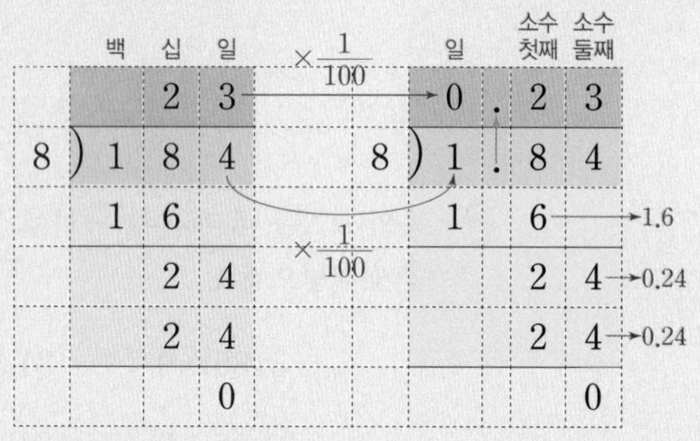

자연수를 8로 나눌 수 없으므로 몫의 자연수 부분에 0을 쓰고, 소수점을 찍은 다음 차례로 계산합니다.

• 몫이 1보다 작은 경우

●÷★에서	
●>★	몫>1
●<★	몫<1

→ $12\div3=4>1$, $1.2\div3=0.4<1$

몫의 소수점은 나누어지는 수의 소수점과 같은 위치에 찍습니다.

1 □ 안에 알맞은 수를 써넣으세요.

$$1.38=138\times\frac{1}{\square}$$

↓

$$1.38\div6=138\div6\times\frac{1}{\square}=\square\times\frac{1}{100}=\square$$

몫의 자연수 부분에 값이 없을 때에는 반드시 0을 쓰고 소수점을 찍습니다.

✕: $9\overline{)6.48}$ 몫 .72 ○: $9\overline{)6.48}$ 몫 0.72

정답과 해설 16쪽

1 몫의 소수점을 바르게 찍어 보세요.

(1)

	0	8	6
3)	2 .	5	8

(2)

	0	1	2
6)	0 .	7	2

2 □ 안에 알맞은 수를 써넣고, 1.65÷5의 몫을 구해 보세요.

(1) $1.65 \div 5 = \dfrac{\square}{100} \div 5 = \dfrac{\square \div 5}{100}$

$= \dfrac{\square}{100} = \square$

(2) $165 \div 5 = \square$

↓ ↓

$1.65 \div 5 = \square$

3 자연수의 나눗셈을 이용하여 소수의 나눗셈을 해 보세요.

(1) $15 \div 3 = \square$

$1.5 \div 3 = \square$

$0.15 \div 3 = \square$

(2) $108 \div 12 = \square$

$10.8 \div 12 = \square$

$1.08 \div 12 = \square$

4 계산해 보세요.

(1) $7 \overline{)\,6.51}$

(2) $13 \overline{)\,3.38}$

5 계산이 잘못된 곳을 찾아 바르게 계산해 보세요.

```
     8.4
 6 ) 5.0 4
     4 8
     ---
       2 4
       2 4
       ---
         0
```

➜

```
 6 ) 5.0 4
```

6 몫의 자연수 부분이 0인 것은 어느 것인가요? ( )

① $7.2 \div 6$ ② $4.05 \div 3$
③ $16.8 \div 8$ ④ $6.3 \div 21$
⑤ $46.02 \div 13$

7 빈칸에 알맞은 수를 써넣고, 소수의 나눗셈을 해 보세요.

4	.	8		÷ 6 =		.		
0	.	1	8	÷ 6 =		.		
4	.	9	8	÷ 6 =		.		

3 단원

스스로 학습책 38쪽

4 (소수)÷(자연수)(4)

● 소수점 아래 0을 내려 계산하는 (소수)÷(자연수)

$$6.6=660\times\frac{1}{100} \rightarrow 6.6\div5=660\div5\times\frac{1}{100}$$

방법 1 소수를 분수로 바꾸어 계산하기

$$6.6\div5=\frac{660}{100}\div5=\frac{660\div5}{100}=\frac{132}{100}=1.32$$

$6.6=\frac{66}{10}$으로 바꿀 경우 $66\div5$가 나누어떨어지지 않으므로 $6.6=\frac{660}{100}$으로 바꾸어 $660\div5$로 계산합니다.

방법 2 자연수의 나눗셈을 이용하여 계산하기

백	십	일	소수 첫째		백	십	일	소수 첫째	소수 둘째
6	6	0		÷5=	1	3	2		
	↓ $\times\frac{1}{100}$					↓ $\times\frac{1}{100}$			
		6	. 6	÷5=			1	. 3	2

방법 3 세로셈으로 계산하기

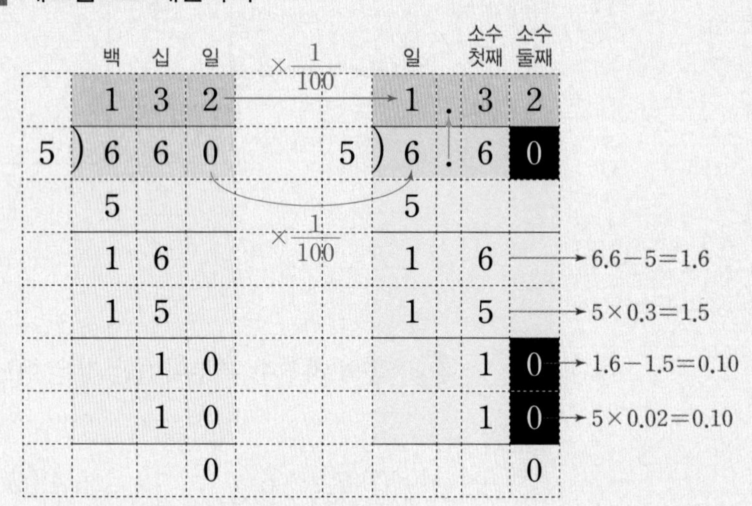

나누어떨어지지 않는 경우 나누어지는 수의 오른쪽 끝자리에 0이 계속 있는 것으로 생각하여 계산합니다.

소수 끝자리 0은 생략하여 나타낼 수 있으므로 0을 붙여 크기가 같은 소수로 나타낼 수 있습니다.
3.2=3.20=3.200=……

먼저 생각해 봐요 [4−2 3. 소수의 덧셈과 뺄셈]

크기가 다른 수에 △표 하세요.

1.2 1.02 1.20

1 □ 안에 알맞은 수를 써넣으세요.

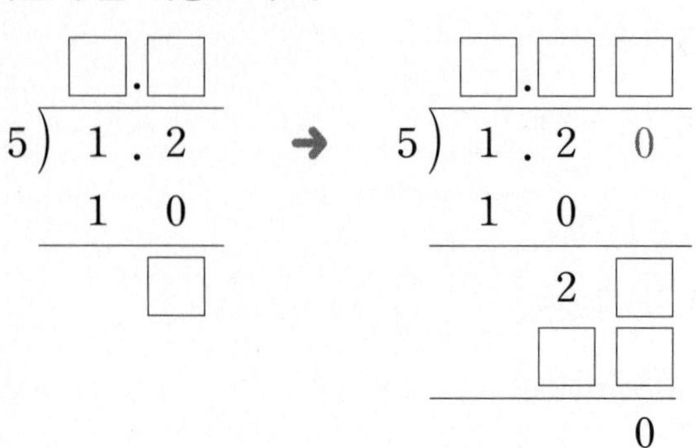

1 다음 계산을 생각하여 소수를 분수로 바꾸어 계산해 보세요.

$17 \div 2$ $170 \div 2$

$1.7 \div 2$ ____________________

2 보기 와 같이 자연수의 나눗셈을 이용하여 소수의 나눗셈을 해 보세요.

보기

$2190 \div 6 = 365$
$219 \div 6 = 36.5$
$21.9 \div 6 = 3.65$

$1180 \div 5 = 236$
$118 \div 5 = \square$
$11.8 \div 5 = \square$

3 나머지가 0이 될 때까지 계산해 보세요.

(1) $6\overline{)44.1}$ (2) $5\overline{)6.2}$

4 계산 결과가 다른 하나를 찾아 기호를 써 보세요.

㉠ $4.2 \div 5$ ㉡ $420 \div 5$의 $\frac{1}{100}$
㉢ $4.02 \div 5$ ㉣ $4.20 \div 5$

( )

5 계산 결과를 비교하여 ○ 안에 >, =, <를 알맞게 써넣으세요.

(1) $11.6 \div 8$ ○ $11.6 \div 4$

(2) $9.1 \div 5$ ○ $18.2 \div 5$

6 몫이 소수 두 자리 수인 것에 ○표 하세요.

$2.4 \div 4$	$2.4 \div 5$	$2.4 \div 6$
( )	( )	( )

7 물 5.4 L를 병 4개에 똑같이 나누어 담으면 한 병에 몇 L씩 담게 되나요?

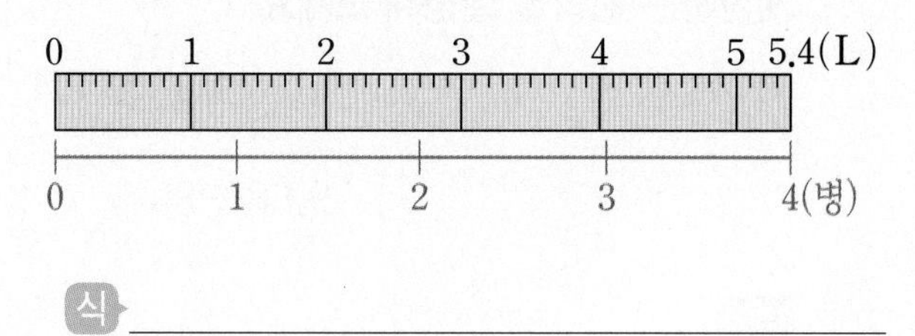

식 ____________________

답 ____________________

3 단원

스스로 학습책 39쪽

1 빈칸에 알맞은 수를 써넣으세요.

(1)

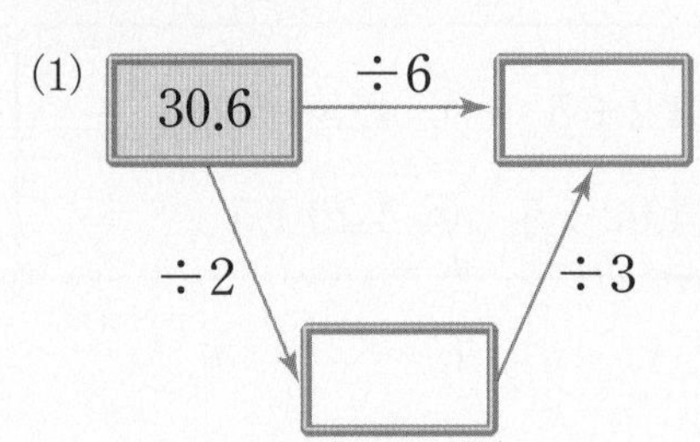

(2)

0.64 $\xrightarrow{\div 4}$ □

0.64 $\xrightarrow{\div 2}$ □ $\xrightarrow{\div 2}$ □

> 개념 PLUS
> 큰 수로 나누는 대신 작은 수로 두 번 나누어 편리하게 계산할 수도 있습니다.

2 □ 안에 알맞은 수를 써넣으세요.

(1)

$8 \div 4 =$ □

$1.2 \div 4 =$ □

$9.2 \div 4 =$ □

(2)

$2.1 \div 3 =$ □

$0.18 \div 3 =$ □

$2.28 \div 3 =$ □

> 개념 PLUS
> $a \div c$
> $+)\ b \div c$
> $(a+b) \div c$

3 넓이가 $45.6\,\text{cm}^2$인 직사각형입니다. 이 직사각형의 세로가 4 cm일 때 가로는 몇 cm인가요?

4 cm

(　　　　　　　　　　　　　)

> 개념 PLUS
> (직사각형의 넓이)
> =(가로)×(세로)

서술형

4 나눗셈의 몫을 구하여 □ 안에 써넣고, $968 \div 8$을 이용하여 $9.68 \div 8$을 계산하는 방법을 설명해 보세요.

$968 \div 8 =$ □

$9.68 \div 8 =$ □

설명 ________________________________

____

스스로 학습책 40쪽

5 수진이는 길이가 124 cm인 리본을 4등분 하였고, 정우는 1.24 m인 리본을 4등분 하였습니다. 정우가 나눈 리본 한 개는 몇 m인가요?

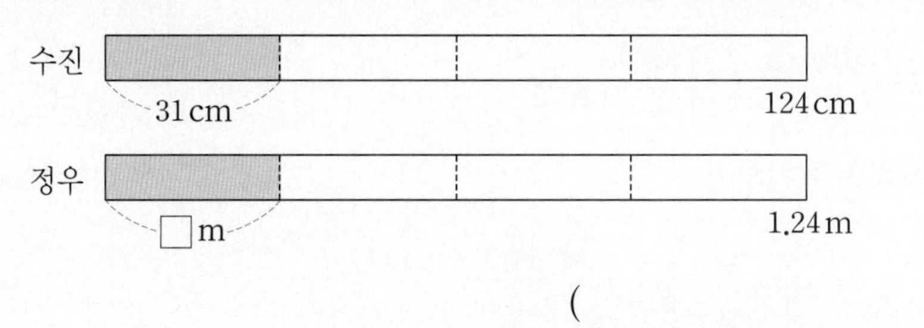

(　　　　　　　　)

3 단원

6 양초가 6분 동안 7.5 cm 탔습니다. 일정한 빠르기로 양초가 탔다면 1분에 몇 cm씩 탄 것인가요?

식 ______________________

답 ______________

7 빈칸에 알맞은 수를 써넣으세요.

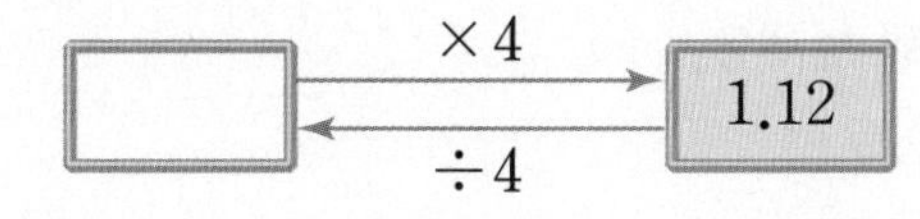

개념 PLUS

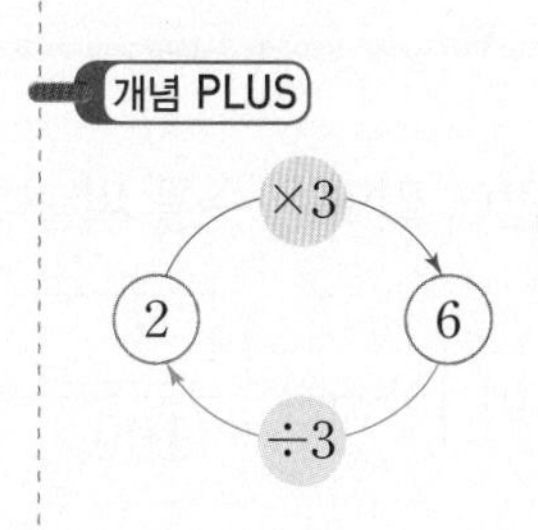

8 페인트 33.6 L를 이용하여 한 변의 길이가 4 m인 정사각형 모양의 벽을 칠했습니다. $1\,m^2$의 벽을 칠하는 데 사용한 페인트는 몇 L인지 소수로 나타내어 보세요.

(　　　　　　　　)

5 (소수)÷(자연수)(5)

● 몫의 소수 첫째 자리에 0이 있는 (소수)÷(자연수)

방법 1 소수를 분수로 바꾸어 계산하기

$$5.4 \div 5 = \frac{540}{100} \div 5 = \frac{540 \div 5}{100} = \frac{108}{100} = 1.08$$

방법 2 자연수의 나눗셈을 이용하여 계산하기

백	십	일		소수 첫째		백	십	일		소수 첫째	소수 둘째
5	4	0			÷5=	1	0	8			
		↓ $\times\frac{1}{100}$						↓ $\times\frac{1}{100}$			
		5	.	4	÷5=			1	.	0	8

방법 3 세로셈으로 계산하기

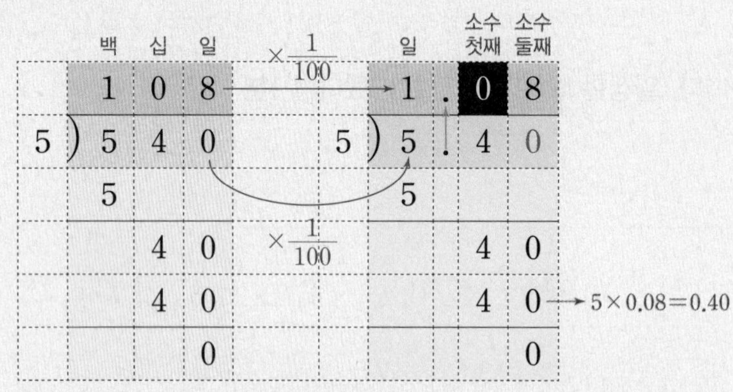

① 소수 첫째 자리 수 4를 5로 나눌 수 없으므로 몫의 소수 첫째 자리에 0을 씁니다.

② 나누어지는 수의 끝자리에서 0을 내려 계산합니다.

$5.4=\frac{54}{10}$로 바꿀 경우 $54\div5$가 나누어떨어지지 않으므로 $5.4=\frac{540}{100}$으로 바꾸어 $540\div5$를 계산합니다.

1 □ 안에 알맞은 수를 써넣고 소수의 나눗셈을 해 보세요.

(1) $30.1 \div 5 = \frac{\square}{100} \div 5$

$= \frac{\square \div 5}{100}$

$= \frac{\square}{100}$

$= \square$

(2)

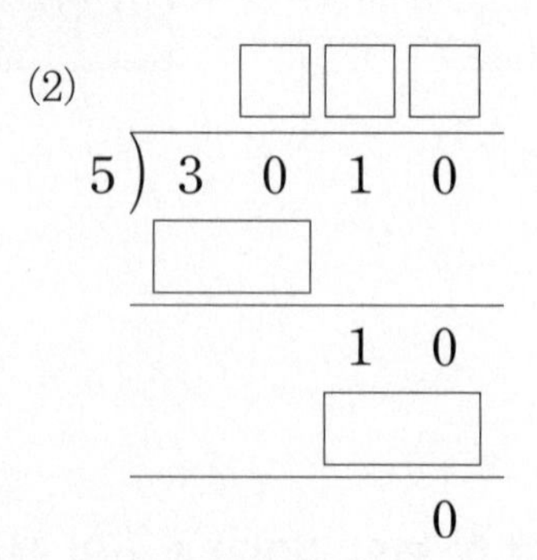

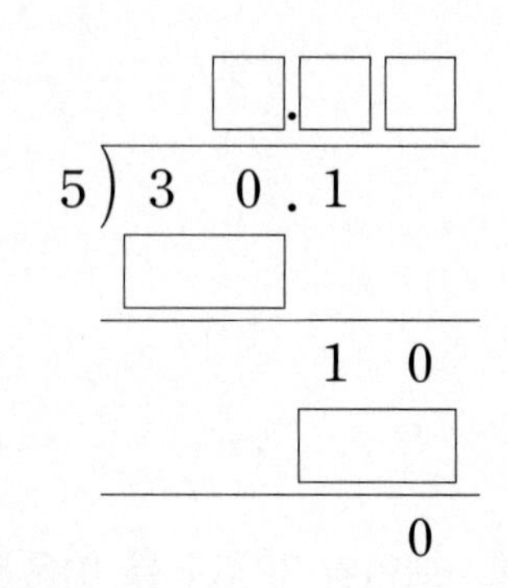

1 다음 계산을 생각하여 소수를 분수로 바꾸어 계산해 보세요.

$42 \div 4$ $420 \div 4$

$4.2 \div 4$ ______

2 자연수와 소수의 나눗셈을 계산해 보세요.

(1) $3 \overline{)321}$ ➜ $3 \overline{)3.21}$

(2) $6 \overline{)630}$ ➜ $6 \overline{)6.3}$

3 자연수의 나눗셈을 보고 빈칸에 알맞은 수를 써넣으세요.

$812 \div 2 = 406$

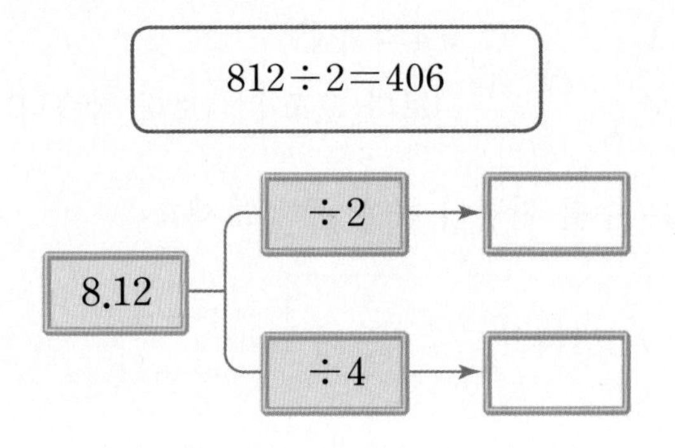

4 계산해 보세요.

(1) $4 \overline{)8.2}$

(2) $4 \overline{)0.2}$

5 계산이 잘못된 곳을 찾아 바르게 계산해 보세요.

```
       7.8
  4 ) 2 8.3 2
      2 8
      ─────
        3 2
        3 2
      ─────
          0
```

➜ $4 \overline{)28.32}$

6 □ 안에 알맞은 수를 써넣으세요.

$18 \quad \div 6 =$ □

$0.3 \div 6 =$ □

$18.3 \div 6 =$ □

7 주스 4.2 L를 병 4개에 똑같이 나누어 담으려고 합니다. 병 한 개에 주스를 몇 L씩 담으면 되나요?

식 ______

답 ______

3 단원

개념 익히기

6 (자연수)÷(자연수)의 몫을 소수로 나타내기

나누어떨어지지 않는 (자연수)÷(자연수)의 몫을 소수로 나타내기

방법 1 나눗셈의 몫을 분수로 나타내어 소수로 나타내기

$3\div 4=\frac{3}{4}=\frac{3\times 25}{4\times 25}=\frac{75}{100}=0.75$

방법 2 몫이 자연수인 나눗셈을 이용하여 계산하기

백	십	일		십	일	소수 첫째	소수 둘째
3	0	0	÷4=	7	5		
	$\times\frac{1}{100}$ ↓			$\times\frac{1}{100}$ ↓			
		3	÷4=		0.	7	5

30÷4는 자연수로 나누어떨어지지 않으므로 300÷4의 계산을 이용합니다.

자연수 부분에 값이 없으므로 0을 쓰고 소수점을 찍습니다.

방법 3 세로셈으로 계산하기

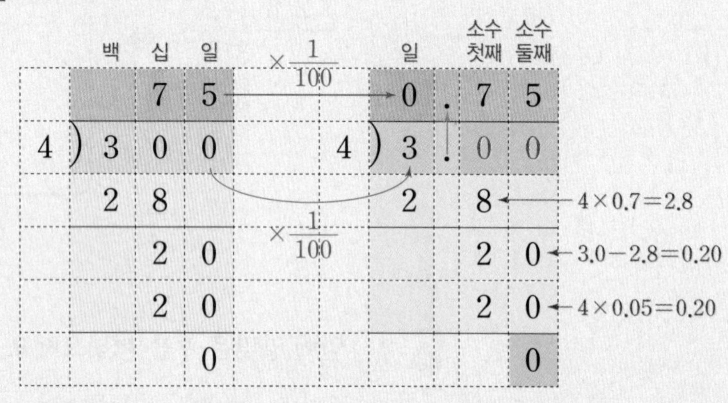

① 3을 4로 나눌 수 없으므로 몫의 일의 자리에 0을 씁니다.

② 소수점 아래 끝자리에 0이 계속 있는 것으로 생각하고 0을 내려 계산합니다.

배운 내용 다시 보기

6-1 1. **분수의 나눗셈**

(자연수)÷(자연수)의 몫을 분수로 나타낼 수 있습니다.

→ $1\div 3=\frac{1}{3}$

→ $2\div 3=\frac{2}{3}$

분수를 소수로 나타내는 방법

분모를 10, 100, 1000 ……으로 만든 다음 소수로 나타냅니다.

$\frac{1}{2}=\frac{1\times 5}{2\times 5}=\frac{5}{10}=0.5$

$\frac{1}{4}=\frac{1\times 25}{4\times 25}=\frac{25}{100}=0.25$

$\frac{1}{8}=\frac{1\times 125}{8\times 125}=\frac{125}{1000}=0.125$

먼저 생각해 봐요

분수	소수
$\frac{7}{10}$	
$\frac{7}{20}$	

나눗셈	몫(소수)
1÷5	
2÷5	

1 **7÷4의 몫을 구하려고 합니다. 물음에 답하세요.**

(1) 다음을 보고 7÷4의 몫을 어림해 보세요.

4÷4=1
8÷4=2

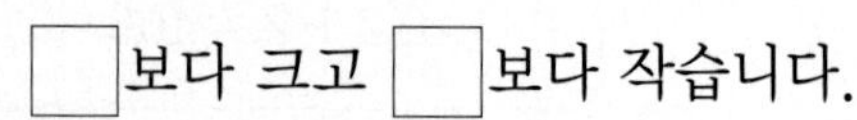

→ 7÷4의 몫은 □보다 크고 □보다 작습니다.

(2) □ 안에 알맞은 수를 써넣어 몫을 구해 보세요.

$7\div 4=\frac{\square}{4}=\frac{\square}{100}=\square$

정답과 해설 18쪽

1 나눗셈의 몫이 자연수로 나누어떨어지는 것에 ○표 하세요.

$7 \div 5$	$70 \div 5$
(　　　)	(　　　)

2 주어진 나눗셈의 몫을 이용하여 계산해 보세요.

$400 \div 25 = 16$

$40 \div 25 = \square$

$4 \div 25 = \square$

3 나눗셈의 몫을 소수로 나타내어 보세요.

(1) $5 \overline{)16}$　　(2) $25 \overline{)56}$

4 □ 안에 알맞은 소수를 써넣으세요.

(1) $8 \div 2 = 4$
$9 \div 2 = \square$
$10 \div 2 = 5$

(2) $12 \div 4 = 3$
$14 \div 4 = \square$
$16 \div 4 = 4$

5 몫이 자연수인 나눗셈을 이용하여 다음 나눗셈의 몫을 구하려고 할 때 알맞은 식은 어느 것인가요? ……………… (　　　)

$7 \div 4$

① $70 \div 4$　② $7 \div 40$
③ $700 \div 4$　④ $700 \div 40$
⑤ $4 \div 7$

6 □ 안에 자연수 또는 소수를 알맞게 써넣으세요.

$4 \div 4 = \square$
$1 \div 4 = \square$
$5 \div 4 = \square$

7 그림을 보고 ㈎ 색 테이프의 길이는 ㈏ 색 테이프의 길이의 몇 배인지 소수로 나타내어 보세요.

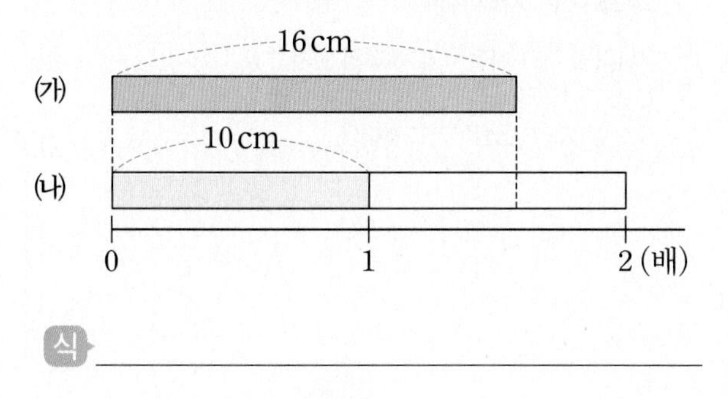

답 ____________

3 단원

스스로 학습책 43쪽

개념 익히기

7 몫의 소수점의 위치 확인하기

나눗셈의 몫을 어림하기

방법 1 나누어떨어지는 나눗셈을 생각하여 어림하기

12 ÷ 4 = 3

15.6 ÷ 4 = ■ — 3과 4 사이의 소수

16 ÷ 4 = 4

15.6÷4의 몫은 자연수 부분이 3인 소수입니다.

➜ 15.6÷4=3.____

방법 2 나누어지는 수를 자연수로 반올림하여 어림하기

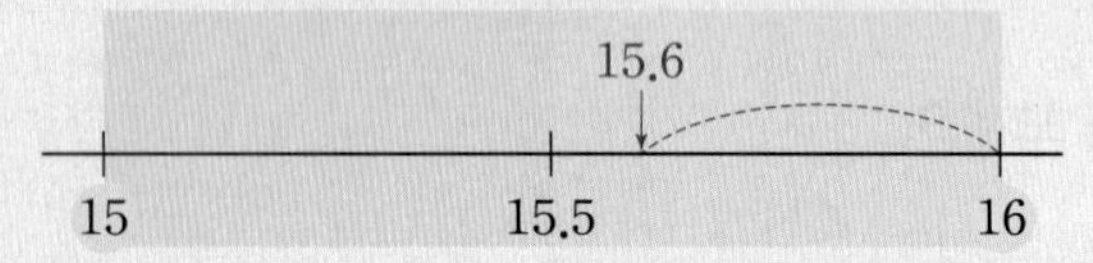

15.6을 소수 첫째 자리에서 반올림하면 16입니다.

15.6÷4 —어림셈→ 16÷4=4 ➜ 어림한 몫 : 약 4

계산이 나누어떨어지도록 나누어지는 수 또는 나누는 수를 가까운 수로 어림하여 대략적인 몫의 크기를 알 수 있습니다.

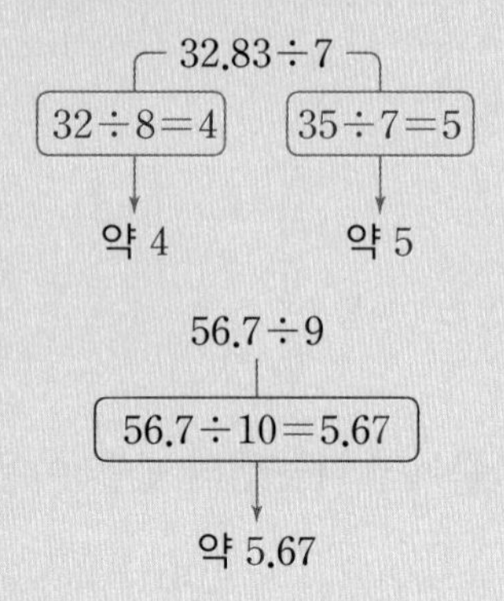

어림한 몫과 실제 계산한 몫 비교하기

```
     3.9
4 ) 15.6
    12
    ----
     3 6
     3 6
    ----
       0
```

➜

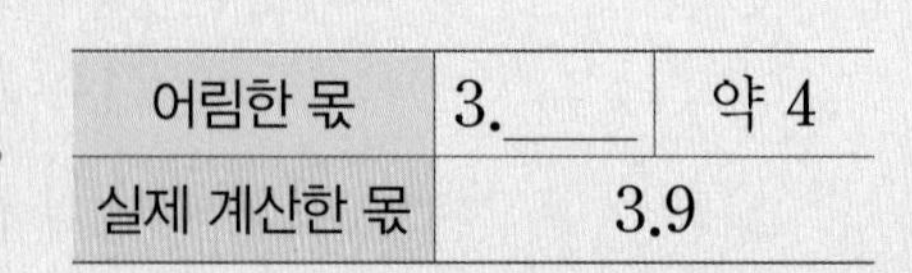

어림한 몫	3.____	약 4
실제 계산한 몫	3.9	

어림한 몫은 실제 계산한 몫과 가깝습니다.

먼저 생각해 봐요 [5−2 1. 5의 범위와 어림하기]

6.74를 반올림하여 다음과 같이 나타내어 보세요.

(1) 자연수 (   )

(2) 소수 한 자리 수 (   )

구하려는 자리 바로 아래 자리의 숫자가 0, 1, 2, 3, 4이면 버리고 5, 6, 7, 8, 9이면 올리는 방법을 반올림이라고 합니다.

1 **□ 안에 알맞은 수를 써넣으세요.**

(1)

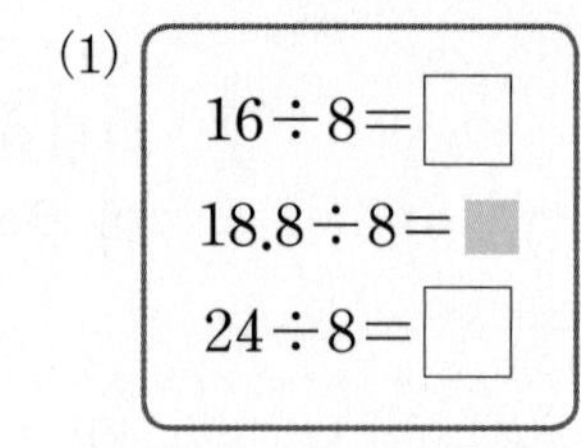

➜ ■는 □보다 크고 □보다 작으므로 자연수 부분이 □인 소수입니다.

(2)

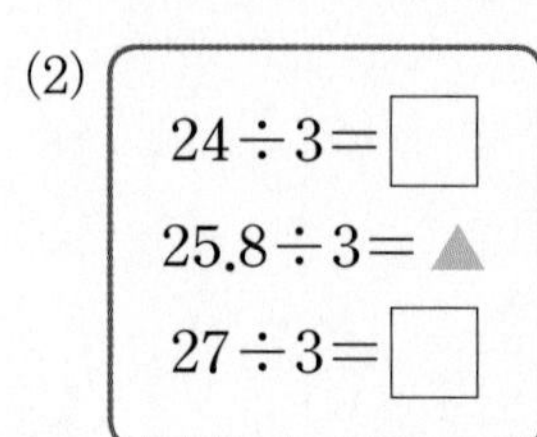

➜ ▲는 □보다 크고 □보다 작으므로 자연수 부분이 □인 소수입니다.

정답과 해설 19쪽

1 보기 와 같이 소수를 소수 첫째 자리에서 반올림하여 어림한 식으로 나타내어 보세요.

보기

$2.73 \div 3$ ➜ $3 \div 3$

(1) $8.32 \div 4$ ➜ ______________

(2) $9.7 \div 5$ ➜ ______________

(3) $13.86 \div 7$ ➜ ______________

2 소수를 소수 첫째 자리에서 반올림하여 어림한 식으로 나타내어 보고, 몫으로 알맞은 것에 ○표 하세요.

(1) $35.73 \div 9$ ➜ ______________

0.397　　3.97　　39.7

(2) $32.48 \div 8$ ➜ ______________

40.6　　406　　4.06

3 몫을 어림해 보고 올바른 식을 찾아 기호를 쓰세요.

㉠ $28.16 \div 4 = 704$
㉡ $28.16 \div 4 = 70.4$
㉢ $28.16 \div 4 = 7.04$
㉣ $28.16 \div 4 = 0.704$

(　　　　　　　　)

4 어림셈하여 □ 안에 알맞은 수를 써넣고, 몫의 소수점의 위치를 찾아 소수점을 찍어 보세요.

(1) $17.4 \div 4$

어림 $17 \div 4$ ➜ 약 □

몫 4□3□5

(2) $42.32 \div 8$

어림 $42 \div 8$ ➜ 약 □

몫 5□2□9

5 어림하여 몫이 더 큰 것에 ○표 하세요.

$36.18 \div 9$　　$72.24 \div 24$

6 리본 57.6 cm를 8명에게 똑같이 나누어 주려고 합니다. 적어도 몇 cm씩 나누어 줄 수 있는지 자연수로 알아보세요.

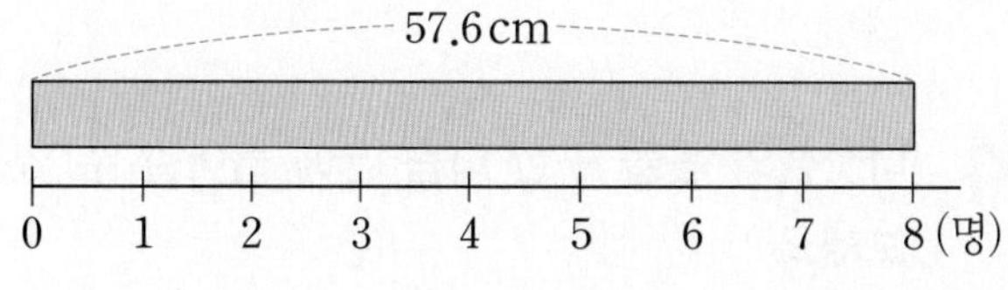

57.6과 가장 가까운 8의 배수는 □입니다.

57.6을 □으로 어림하여 계산하면 약 □입니다.

➜ 적어도 □ cm씩 나누어 줄 수 있습니다.

3 단원

스스로 학습책 44쪽

1 값이 다른 하나는 어느 것인가요? ··························· (　　　　)

① $52 \div 8$　② $\frac{13}{2}$　③ $26 \div 4$

④ $520 \div 80$　⑤ $5.2 \div 8$

개념 PLUS

나누어지는 수가 커지거나 줄어드는 만큼 나누는 수가 바뀌면 몫은 일정합니다.

$16 \div 8 = 2$
$8 \div 4 = 2$
$4 \div 2 = 2$
$2 \div 1 = 2$

2 넓이가 $56.36\,\text{cm}^2$인 정삼각형을 4등분 하였습니다. 색칠된 부분의 넓이는 몇 cm^2인가요?

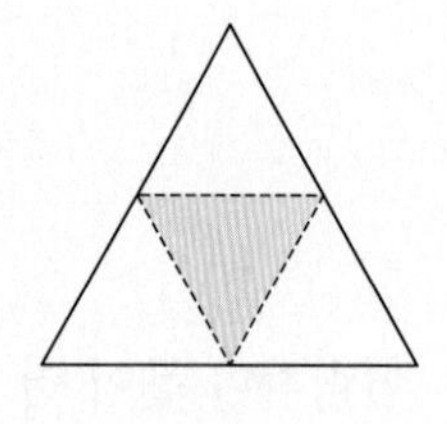

(　　　　)

3 왼쪽 식은 어느 식을 어림셈 한 것인지 찾아 기호를 쓰세요.

$20 \div 5$

㉠ $200 \div 5$　㉡ $19.6 \div 5$　㉢ $16.9 \div 5$

(　　　　)

개념 PLUS

나누어지는 수를 반올림하여 간단한 자연수로 계산하는 것을 어림셈이라고 합니다.

4 나눗셈의 몫을 구한 다음 ㉠에 들어갈 수 있는 가장 작은 자연수를 구해 보세요.

$40 \div 16 = \square$
$40 \div 16 <$ ㉠

(　　　　)

스스로 학습책 45쪽

5 **세제 8 L를 5천 원에 팔고 있습니다. 물음에 답하세요.**

(1) 천 원으로 살 수 있는 세제는 몇 L인지 소수로 나타내어 보세요.

( )

(2) 3천 원으로 살 수 있는 세제는 몇 L인지 소수로 나타내어 보세요.

( )

개념 PLUS

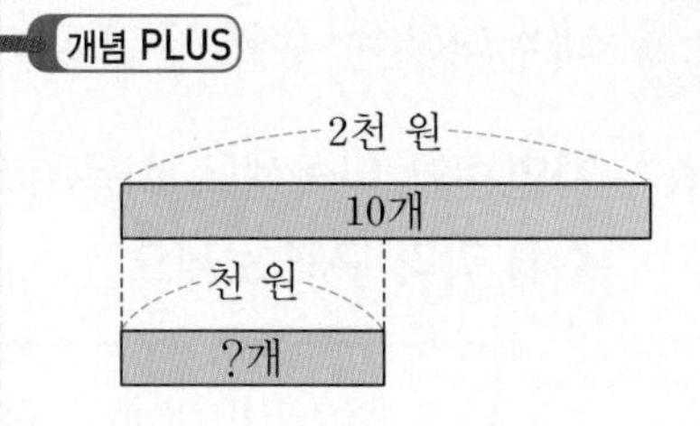

6 **한 개의 길이가 6.3 m인 리본을 6개로 똑같이 나누려고 합니다. 물음에 답하세요.**

(1) 리본 한 개의 길이를 구하는 그림으로 알맞은 것을 찾아 기호를 쓰세요.

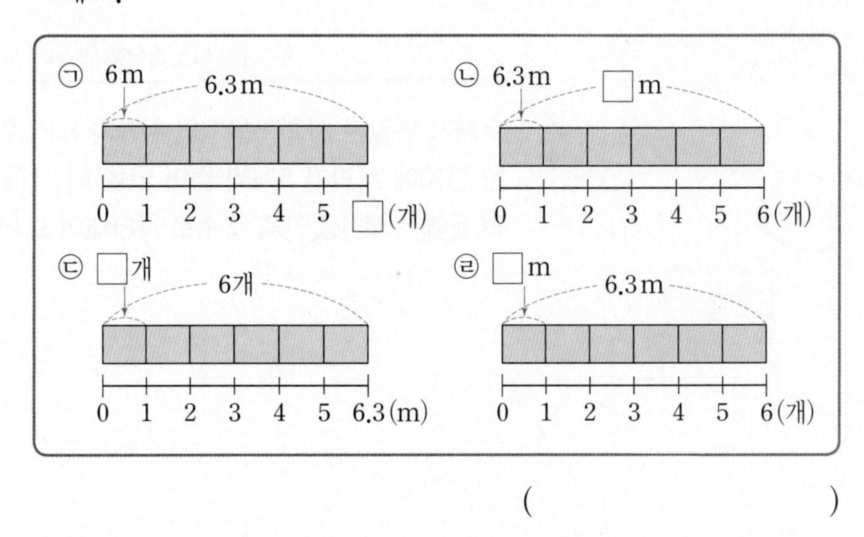

( )

(2) 6개로 나눈 리본 한 개의 길이는 몇 m인가요?

( )

7 **기연이는 일정한 빠르기로 자전거를 타고 2시간 30분 동안 39 km를 달렸습니다. 기연이가 1분 동안 달린 거리는 몇 km인지 소수로 나타내어 보세요.**

( )

개념 PLUS

자전거를 탄 시간을 모두 분으로 나타내어 봅니다.

3 단원

1 나누어지는 수와 몫의 관계를 이용하여 구하기

두 식에서 나누어지는 수를 비교해 봐요.

★ 자연수의 나눗셈을 이용하여 ㉠과 ㉡에 알맞은 수를 각각 구해 보세요.

$280 \div 8 =$ ㉠　　$2.8 \div 8 =$ ㉡

㉠ (　　　　　　　　)
㉡ (　　　　　　　　)

★★ ㉮는 ㉯의 몇 배인가요?

$86.1 \div 7 =$ ㉮　　$8.61 \div 7 =$ ㉯

(　　　　　　　　)

2 나눗셈을 연달아 계산하기

두 개의 나눗셈식을 만들어 계산해요.

★ ㉠에 알맞은 수를 구해 보세요.

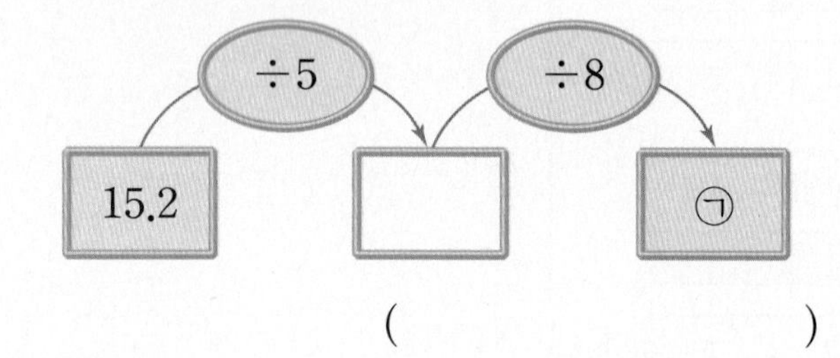

(　　　　　　　　)

★★ 무게가 똑같은 사과 5봉지의 무게가 8 kg입니다. 한 봉지에 사과가 5개씩 들어 있을 때 사과 한 개의 무게는 몇 kg인지 소수로 나타내어 보세요.

(　　　　　　　　)

3 단위량을 구하여 해결하기(1)

한 칸의 넓이, 한 모서리의 길이를 구해요.

★ 넓이가 $88.4\,cm^2$인 색 테이프를 8등분 하였습니다. 색칠한 부분의 넓이는 몇 cm^2인가요?

(　　　　　　　　)

★★ 모든 모서리의 길이의 합이 28.8 cm인 정육면체의 한 면의 넓이는 몇 cm^2인가요?

(　　　　　　　　)

스스로 학습책 47쪽

4 바르게 계산한 값 구하기

어떤 수를 □로 하여 식을 만들어요.

★ 7에 어떤 수를 곱했더니 15.4가 되었습니다. 어떤 수를 구해 보세요.

(　　　　　　　　)

★★ 어떤 수를 5로 나누어야 할 것을 잘못하여 곱했더니 11이 되었습니다. 바르게 계산한 값을 구해 보세요.

(　　　　　　　　)

3 단원

5 같은 간격으로 놓인 물체 사이의 거리 구하기

간격의 수를 먼저 구해요.

★ 길이가 7.5 cm인 직선에 그림과 같이 처음부터 끝까지 같은 간격으로 선을 4개 그었을 때 선 사이의 거리는 몇 cm로 해야 하는지 구해 보세요.

7.5 cm

(　　　　　　　　)

★★ 34.8 km인 도로에 같은 간격으로 그림과 같이 가로등 9개를 세우려고 합니다. 가로등 사이의 간격을 몇 km로 해야 하는지 구해 보세요. (단, 가로등의 두께는 생각하지 않습니다.)

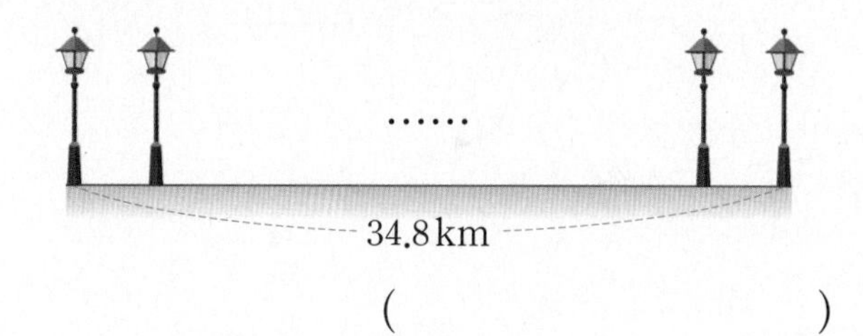

(　　　　　　　　)

6 단위량을 구하여 해결하기(2)

버스와 승용차가 간 거리의 차를 구해요.

★ 일정한 빠르기로 가는 자동차가 5분 동안 4.26 km를 갔습니다. 자동차가 2분 동안 달리면 몇 km를 가는지 구해 보세요.

(　　　　　　　　)

★★ 일정한 빠르기로 버스는 8분 동안 8.4 km를 가고, 승용차는 15분 동안 21 km를 갑니다. 버스와 승용차가 같은 곳에서 동시에 출발하여 같은 방향으로 갔다면 30분 후에는 어느 것이 몇 km 더 멀리 가는지 구해 보세요.

(　　　　　　), (　　　　　　)

스스로 학습책 47쪽

단원평가

Level 1

점수	확인

1 자연수의 나눗셈을 이용하여 □ 안에 알맞은 수를 써넣으세요.

$3024 \div 6 = 504 \rightarrow 30.24 \div 6 = \square$

2 □ 안에 알맞은 수를 써넣으세요.

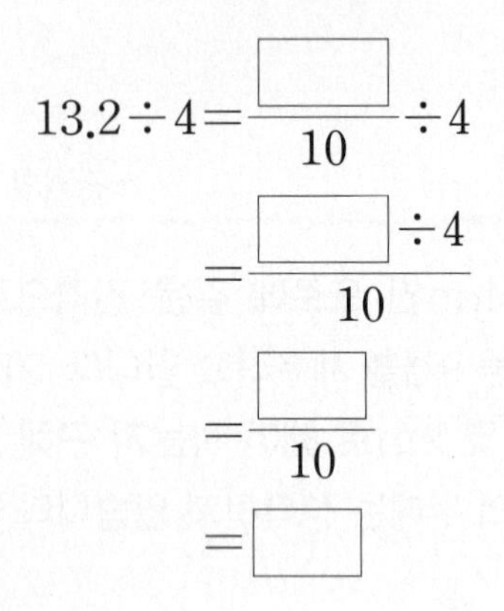

3 계산해 보세요.

(1) $8.68 \div 7$

(2) $5.22 \div 9$

4 자연수의 나눗셈을 분수로 바꾸어 몫을 소수로 나타내어 보세요.

$18 \div 8$ ________________

5 어림셈하여 □ 안에 알맞은 수를 써넣고, 몫의 소수점의 위치를 찾아 소수점을 찍어 보세요.

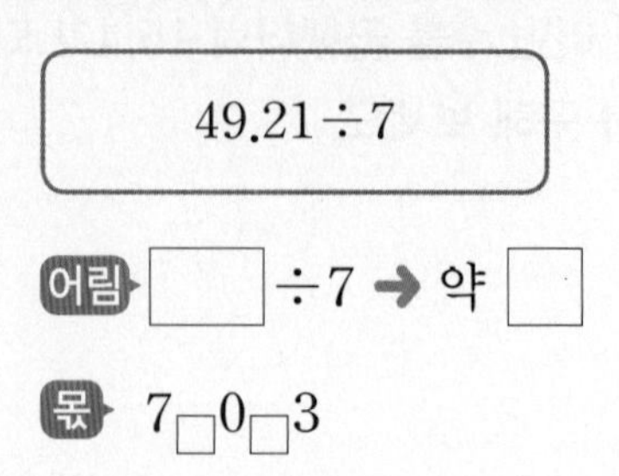

6 빈칸에 알맞은 수를 써넣으세요.

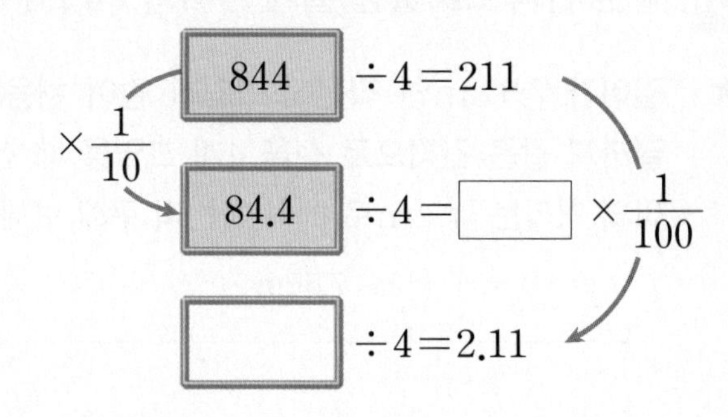

7 몫이 가장 큰 식을 찾아 ○표 하세요.

$0.68 \div 2$ $6.8 \div 2$ $68 \div 2$

8 몫의 소수 첫째 자리에 0이 있는 식의 기호를 쓰세요.

㉠ $15.25 \div 5$ ㉡ $8 \div 25$

( )

정답과 해설 20쪽

9 계산 결과를 비교하여 ◯ 안에 >, =, <를 알맞게 써넣으세요.

$7.4 \div 4$ ◯ $14.8 \div 8$

10 몫이 1보다 큰 나눗셈을 찾아 써 보세요.

$3.28 \div 4$	$5.4 \div 6$	$8.05 \div 7$

(　　　　　　　　)

11 몫을 어림해 보고 올바른 식을 찾아 기호를 쓰세요.

㉠ $42.8 \div 4 = 107$
㉡ $42.8 \div 4 = 10.7$
㉢ $42.8 \div 4 = 1.07$
㉣ $42.8 \div 4 = 0.107$

(　　　　　　　　)

12 둘레가 13.8 cm인 정사각형을 그리려면 한 변의 길이를 몇 cm로 해야 하나요?

(　　　　　　　　)

13 호박 한 개의 무게는 가지 한 개의 무게의 몇 배인가요?

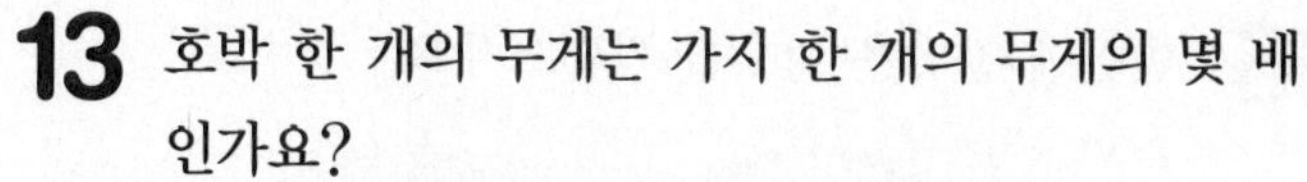

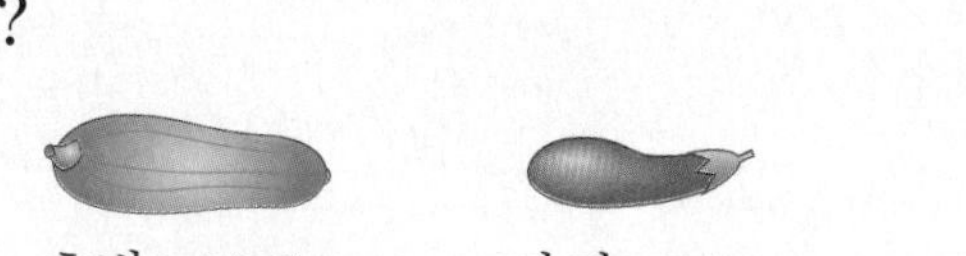

(　　　　　　　　)

14 넓이가 6.08 cm^2인 직사각형을 4등분 하였습니다. 색칠된 부분의 넓이는 몇 cm^2인가요?

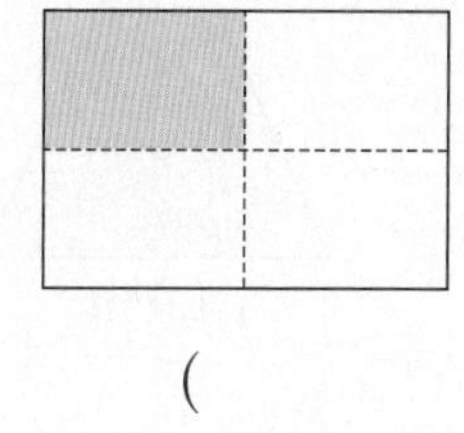

(　　　　　　　　)

15 일주일에 21.49분씩 빨리 가는 시계가 있습니다. 이 시계는 하루에 몇 분씩 빨리 가는 셈인가요?

(　　　　　　　　)

3 단원

서술형

16 빈칸에 알맞은 소수를 써넣으세요.

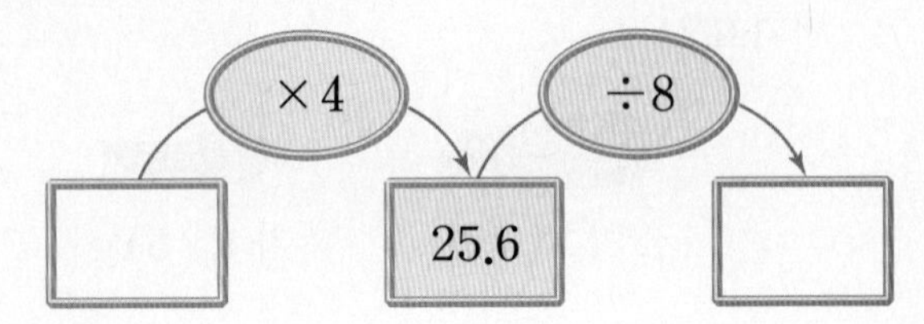

17 밑변의 길이가 12 cm이고 넓이가 75 cm^2인 삼각형의 높이는 몇 cm인지 소수로 나타내어 보세요.

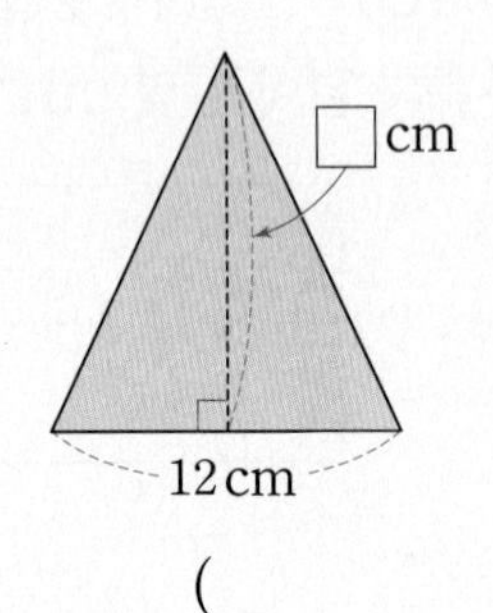

(　　　　　　　　)

18 4장의 수 카드 8, 5, 4, 6 중 3장을 골라 가장 작은 소수 두 자리 수를 만들고 남은 수 카드로 나누었을 때의 몫을 구해 보세요.

(　　　　　　　　)

19 계산이 잘못된 부분을 찾아 이유를 쓰고, 바르게 계산해 보세요.

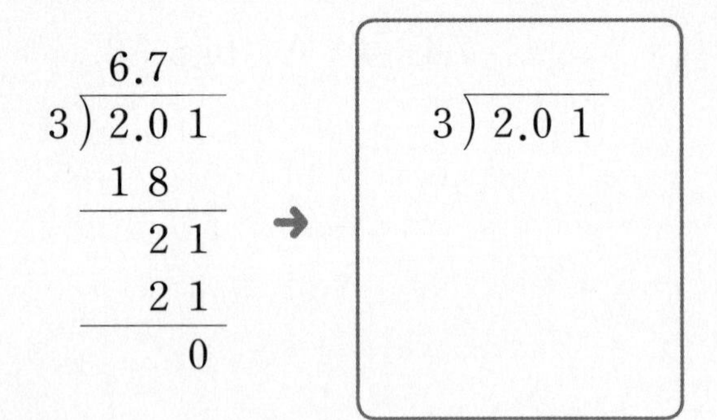

이유 ___

20 모든 모서리의 길이가 같은 사각뿔이 있습니다. 모든 모서리의 길이의 합이 35.68 cm일 때 한 모서리의 길이는 몇 cm인지 풀이 과정을 쓰고, 답을 구해 보세요.

풀이 ___

답 ___

단원평가

Level 2

점수 | 확인

1 몫의 소수점을 알맞게 찍어 보세요.

```
        7□2□3
   4 ) 2 8 . 9 2
       2 8
         9
         8
         1 2
         1 2
           0
```

2 자연수의 나눗셈을 이용하여 □ 안에 알맞은 수를 써넣으세요.

(1) $36 \div 3 = 12$ ➜ $3.6 \div 3 =$ □

(2) $287 \div 7 = 41$ ➜ $28.7 \div 7 =$ □

3 □ 안에 알맞은 수를 써넣으세요.

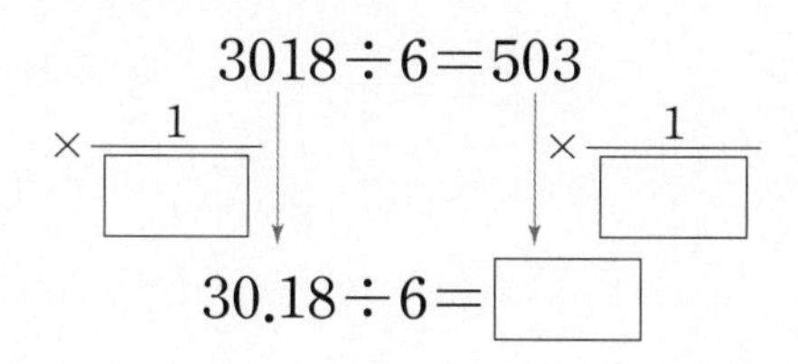

4 보기 와 같은 방법으로 계산해 보세요.

보기

$20.4 \div 6 = \frac{204}{10} \div 6 = \frac{204 \div 6}{10} = \frac{34}{10} = 3.4$

$39.2 \div 8$ ____________________

5 나머지가 0이 될 때까지 계산해 보세요.

(1) $72.3 \div 6$

(2) $6 \div 8$

6 $1058 \div 4 = 264.5$임을 이용하여 □ 안에 알맞은 수를 써넣으세요.

 $\div 4 = 26.45$

7 계산 결과가 다른 하나는 어느 것인가요? ………………………………………… (　　　)

① $20.5 \div 5$　② $\frac{205}{10} \div 5$

③ $205 \div 5$의 $\frac{1}{10}$　④ $205 \div 50$

⑤ $\frac{205 \times 5}{10}$

8 빈칸에 알맞은 수를 써넣으세요.

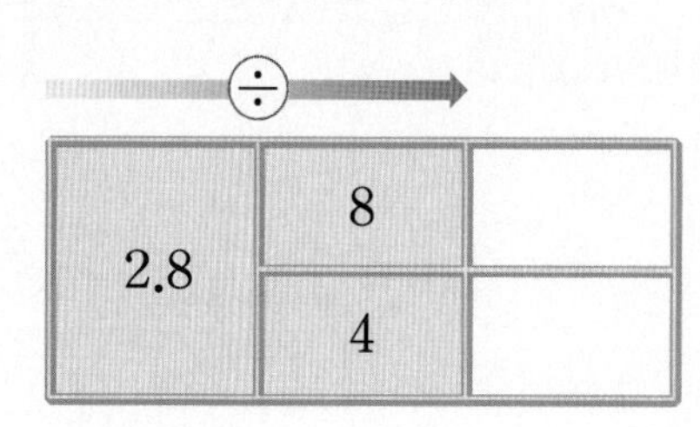

3
단원

9 몫의 크기를 비교하여 ◯ 안에 >, =, <를 알맞게 써넣으세요.

$21.7 \div 7$ ◯ $21.7 \div 14$

10 길이가 12.8 cm인 색 테이프를 4등분 하였습니다. 한 도막의 길이는 몇 cm인가요?

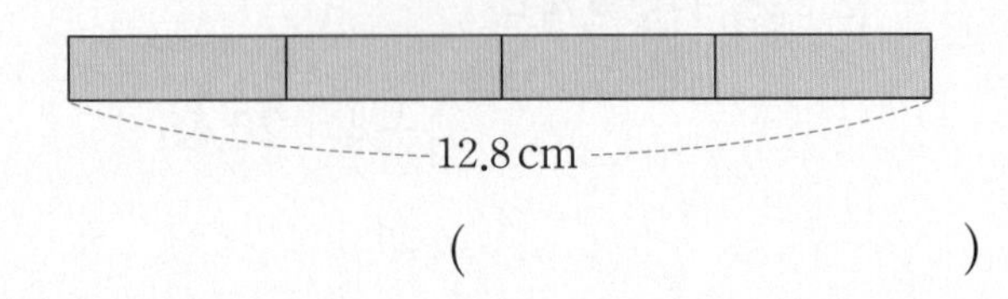

(　　　　　　)

11 곱셈식을 보고 나눗셈의 몫을 구해 보세요.

$7 \times 14 = 98$

$9.8 \div 7 = \square$

$0.98 \div 14 = \square$

12 빈칸에 알맞은 수를 써넣으세요.

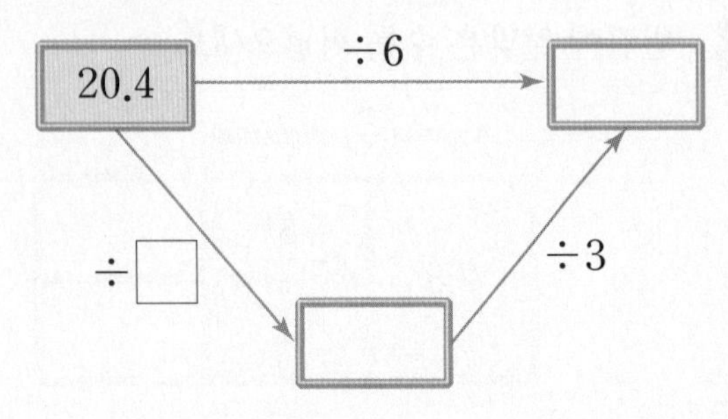

13 밀가루 7.02 kg을 13개의 봉지에 똑같이 나누어 담았습니다. 한 봉지에 들어 있는 밀가루는 몇 kg인가요?

(　　　　　　)

14 넓이가 126 cm^2인 직사각형의 세로가 12 cm라면 가로는 몇 cm인지 소수로 나타내어 보세요.

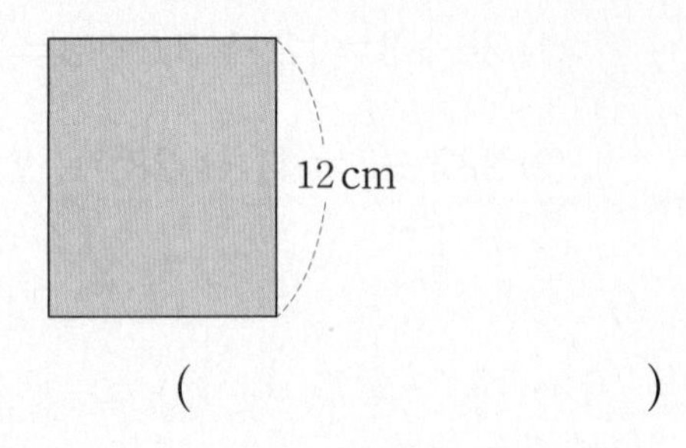

(　　　　　　)

15 넓이가 15.36 cm^2인 마름모가 있습니다. 이 마름모의 한 대각선의 길이가 4 cm일 때 다른 대각선의 길이는 몇 cm인가요?

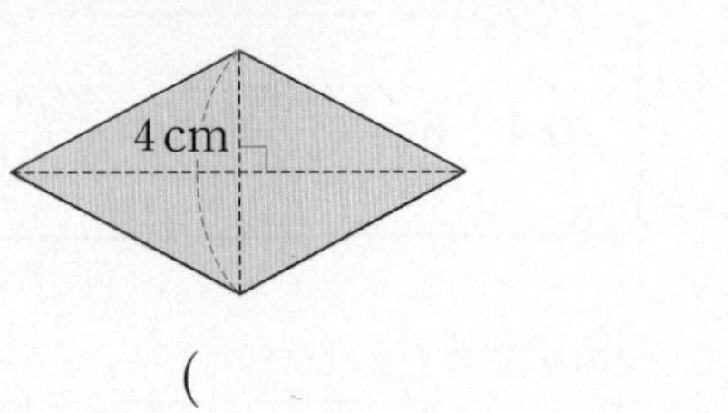

(　　　　　　)

서술형

16 ㈎와 ㈏ 상자의 무게가 다음과 같을 때 상자 한 개의 무게는 어느 상자가 더 무거운지 구해 보세요. (단, 색깔별 상자의 무게는 모두 같습니다.)

㈎ 6.18 kg

㈏ 8.32 kg

(　　　　　　　)

17 어떤 수를 6으로 나누었더니 몫이 2.4가 되었습니다. 어떤 수를 3으로 나누면 몫은 얼마인가요?

(　　　　　　　)

18 그림과 같이 1.68 km인 도로에 같은 간격으로 나무 15그루를 심으려고 합니다. 나무 사이의 간격을 몇 km로 해야 하나요? (단, 나무의 두께는 생각하지 않습니다.)

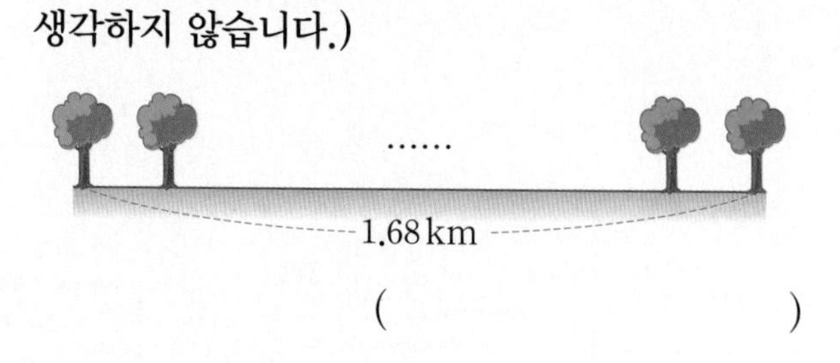

(　　　　　　　)

19 어림셈을 이용하여 알맞은 위치에 소수점을 찍고, 그 이유를 써 보세요.

$34.2 \div 4 = 8\square5\square5$

이유 ______________________

20 무게가 똑같은 통조림 6개를 담은 상자의 무게가 10.98 kg입니다. 빈 상자의 무게가 0.3 kg일 때 통조림 한 개의 무게는 몇 kg인지 풀이 과정을 쓰고, 답을 구해 보세요.

풀이 ______________________

답 ______________________

3 단원

변의 길이를 구해 보세요.

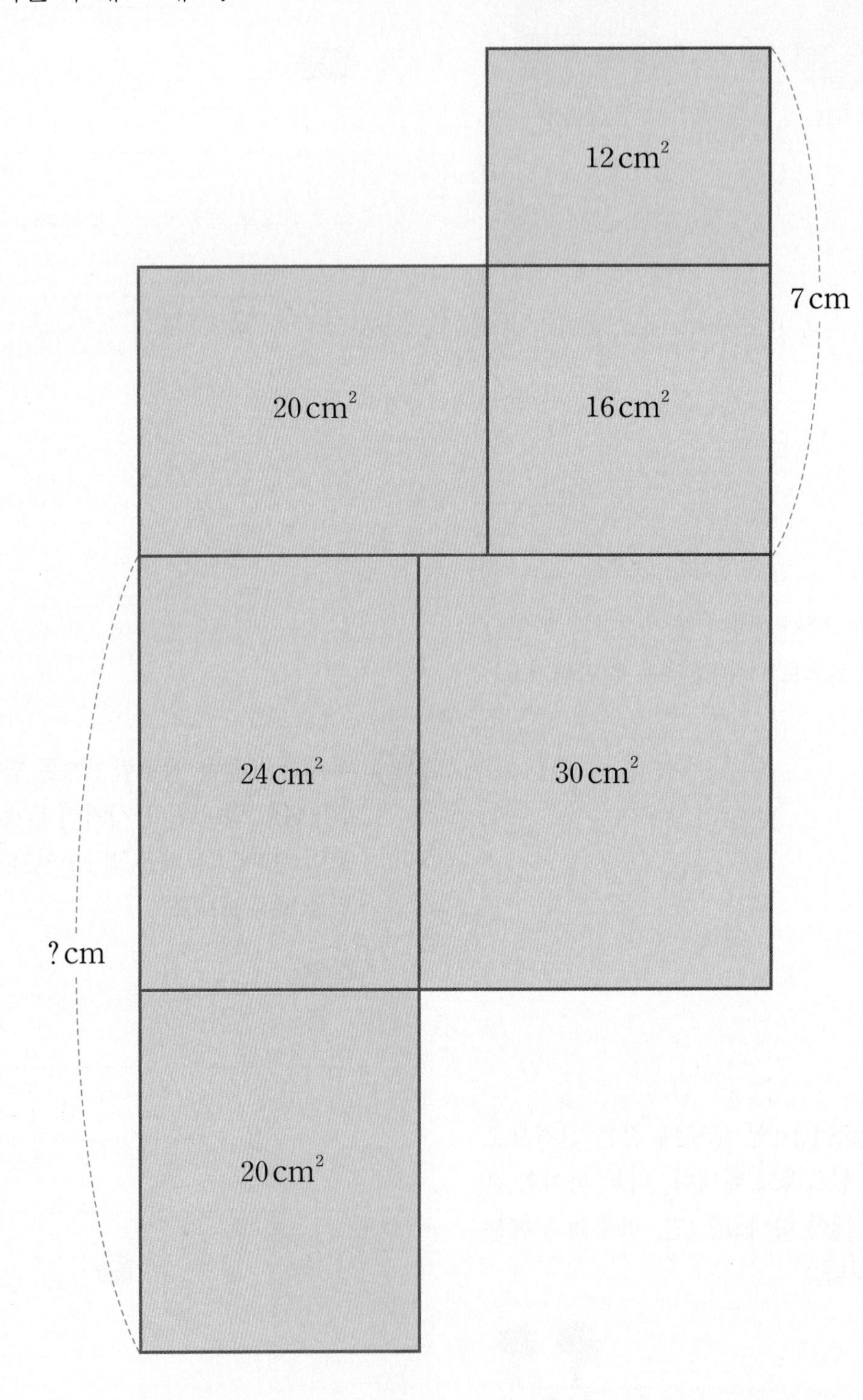

☐ cm

비와 비율

이번에 배울 내용

- 두 수 비교하기
- 비 알아보기
- 비율 알아보기
- 비율이 사용되는 경우 알아보기
- 백분율 알아보기
- 백분율이 사용되는 경우 알아보기

다음에 배울 내용

[6-1] 5. 여러 가지 그래프
[6-2] 5. 비례식과 비례배분

1 두 수 비교하기

두 양의 크기를 뺄셈과 나눗셈으로 비교하기

한 봉지에 들어 있는 당근은 6개, 오이는 2개입니다.

방법 1 뺄셈으로 비교하기

$6-2=4$ ➜ 당근이 오이보다 4개 더 많습니다.

방법 2 나눗셈으로 비교하기

$6\div2=3$ ➜ 당근은 오이의 3배입니다.

변하는 두 양의 관계 알아보기

• 봉지 수에 따른 당근과 오이 수를 표에 나타내기

봉지 수	1	2	3	4	5	……
당근 수(개)	6	12	18	24	30	……
오이 수(개)	2	4	6	8	10	……

방법 1 뺄셈으로 비교하기

봉지 수에 따라 당근 수는 오이 수보다 각각 4개, 8개, 12개, 16개, 20개 더 많습니다.

➜ 봉지 수에 따라 당근 수와 오이 수의 관계가 변합니다.

방법 2 나눗셈으로 비교하기

당근 수는 항상 오이 수의 3배입니다.

➜ 봉지 수에 따라 당근 수와 오이 수의 관계가 변하지 않습니다.

• 두 양의 크기를 뺄셈과 나눗셈으로 비교하기

방법 1 뺄셈으로 비교하기

$6-2=4$

➜ 오이가 당근보다 4개 더 적습니다.

방법 2 나눗셈으로 비교하기

$2\div6=\frac{1}{3}$

➜ 오이는 당근의 $\frac{1}{3}$배입니다.

• 두 수를 비교하는 방법

절대적 비교	상대적 비교
뺄셈	나눗셈
두 수의 차를 비교하는 방법	두 수의 비를 비교하는 방법
관계가 변함.	관계가 변하지 않음.
예 ㉮와 ㉯의 점수 차이	예 ㉮의 점수에 대한 ㉯의 점수

1 한 모둠에 귤을 한 봉지씩 나누어 주었습니다. 한 모둠은 3명씩이고 한 봉지에 들어 있는 귤은 6개씩입니다. 모둠원 수와 귤의 수를 비교하려고 합니다. □ 안에 알맞은 수를 써넣으세요.

뺄셈으로 비교하기	나눗셈으로 비교하기
$6-3=\square$ ➜ 귤의 수가 모둠원 수보다 □ 더 많습니다. ➜ 모둠원 수가 귤의 수보다 □ 더 적습니다.	$6\div3=\square$ ➜ 귤의 수는 모둠원 수의 □배입니다. $3\div6=\square$ ➜ 모둠원 수는 귤의 수의 □배입니다.

정답과 해설 23쪽

[1~3] 한 모둠에 케이크를 한 개씩 나누어 주었습니다. 한 모둠은 4명씩이고 케이크 한 개는 8조각입니다. 물음에 답하세요.

1 모둠 수에 따른 모둠원 수와 케이크 조각 수를 구해 표를 완성해 보세요.

모둠 수	1	2	3	4	5	……
모둠원 수(명)	4	8	12	16	20	……
케이크 조각 수(개)	8	16				……

2 모둠 수에 따른 모둠원 수와 케이크 조각 수를 비교해 보세요.

(1) 뺄셈으로 비교하기
➜ 모둠 수에 따라 케이크 조각 수는 모둠원 수보다 각각 4개, 8개, 12개, ☐개, ☐개가 더 많습니다.

(2) 나눗셈으로 비교하기
➜ 케이크 조각 수는 항상 모둠원 수의 ☐배입니다.

3 뺄셈으로 비교한 경우와 나눗셈으로 비교한 경우 중 관계가 변하지 않는 방법은 어느 것일까요?

( )

4 모눈종이에 직사각형 한 개를 그렸습니다. 직사각형의 가로와 세로를 비교해 보세요.

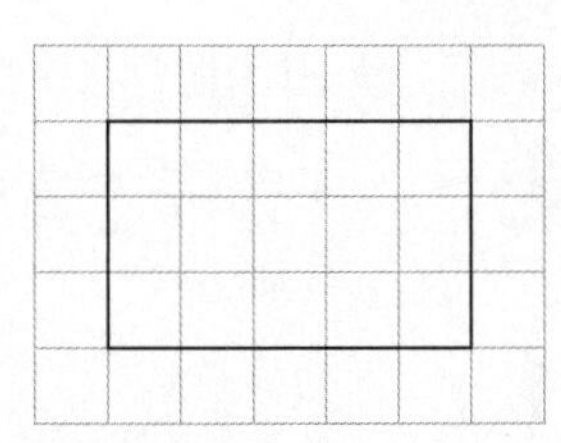

(1) 직사각형의 가로와 세로를 뺄셈으로 비교해 보면 $5-3=2$입니다.
➜ 세로는 가로보다 ☐칸 더 짧습니다.

(2) 직사각형의 가로와 세로를 나눗셈으로 비교해 보면 $5\div3=1\frac{2}{3}$ 입니다.
➜ 가로는 세로의 ☐배입니다.

[5~6] 선주와 윤찬이가 표를 만들어 두 수를 비교한 것을 보고 물음에 답하세요.

선주
나는 올해 12살, 오빠는 15살이에요. 나는 오빠보다 항상 3살이 적어요.

	올해	1년 후	2년 후	3년 후	4년 후
내 나이(살)	12	13	14	15	16
오빠 나이(살)	15	16	17	18	19

윤찬
요리 수업은 한 모둠에 6명이에요. 모둠원 수는 모둠 수의 6배예요.

모둠 수(개)	1	2	3	4	5
모둠원 수(명)	6	12	18	24	30

5 두 수를 뺄셈으로 비교한 사람은 누구인가요?

( )

6 두 수를 나눗셈으로 비교한 사람은 누구인가요?

( )

스스로 학습책 57쪽

2 비 알아보기

● 비 알아보기

• 비: 두 수를 나눗셈으로 비교하기 위해 기호 :를 사용하여 나타낸 것

예

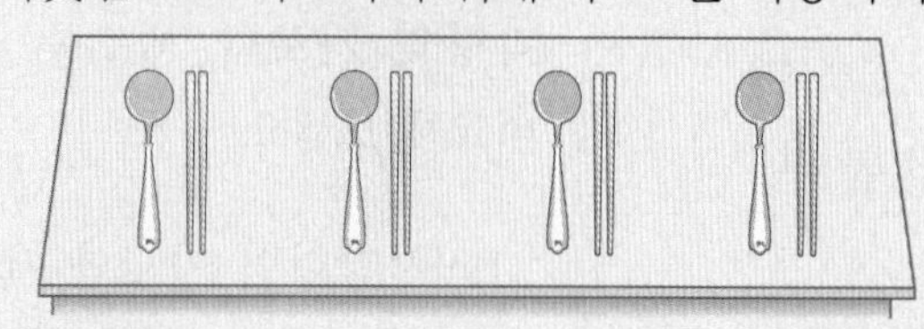

숟가락의 수(개)	1	2	3	4
젓가락의 수(개)	2	4	6	8

➜ 숟가락과 젓가락의 수를 나눗셈으로 비교하여 비로 나타냅니다.

젓가락 수는 숟가락 수의 2배이고, 숟가락 수는 젓가락 수의 $\frac{1}{2}$배입니다.

• 두 수 1과 2를 나눗셈으로 비교할 때

쓰기 1 : 2 읽기 1 대 2

기호 :의 오른쪽에 있는 수가 기준입니다.

• 비를 여러 가지로 읽기

1 : 2 ➜
- 1 대 2
- 1과 2의 비
- 2에 대한 1의 비
- 1의 2에 대한 비

• ■와 ▲를 비로 나타내기

■ : ▲

➜
- ■ 대 ▲
- ▲에 대한 ■의 비
- ■의 ▲에 대한 비
- ■와 ▲의 비

1 티셔츠 수와 치마 수를 비교하려고 합니다. □ 안에 알맞은 수를 써넣으세요.

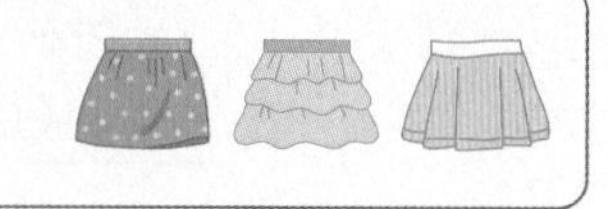

티셔츠 수와 치마 수의 비

➜ 쓰기 4 : □ 읽기 4 □ 3

두 비 4 : 5와 5 : 4는 왜 다를까요?

기호 :의 오른쪽에 있는 수를 기준으로 왼쪽 수를 비교한 것입니다.

4 : 5

➜ 5를 기준으로 4를 비교

5 : 4

➜ 4를 기준으로 5를 비교

따라서 4 : 5와 5 : 4는 다릅니다.

2 비를 보고 □ 안에 알맞은 수를 써넣으세요.

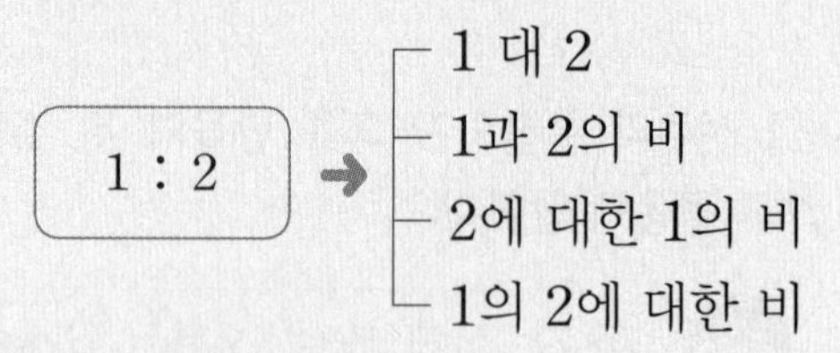

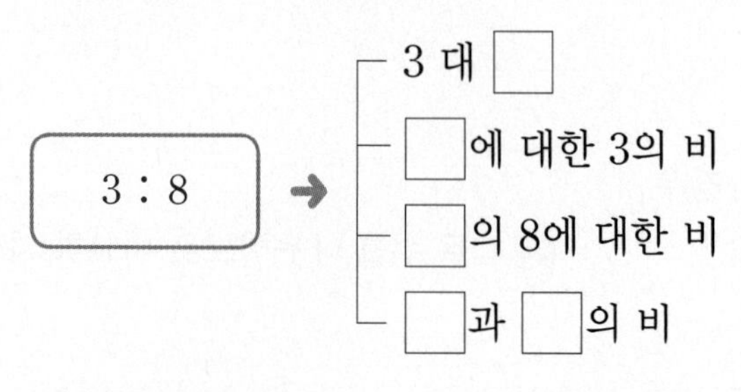

3 : 8 ➜
- 3 대 □
- □에 대한 3의 비
- □의 8에 대한 비
- □과 □의 비

1 4 : 5를 바르게 읽은 것에 ○표 하세요.

4 대 5	5와 4의 비
(　　　)	(　　　)

2 다음을 비로 나타내어 보세요.

(1) 8에 대한 3의 비

(　　　　　　)

(2) 10과 9의 비

(　　　　　　)

3 그림을 보고 □ 안에 알맞은 수를 써넣으세요.

(1) 사과 수와 딸기 수의 비 ➔ □ : □

(2) 딸기 수에 대한 사과 수의 비 ➔ □ : □

(3) 사과 수의 딸기 수에 대한 비 ➔ □ : □

4 토끼 5마리와 햄스터 8마리가 있습니다. 토끼 수와 햄스터 수의 비를 써 보세요.

(　　　　　　)

5 □ 안에 알맞은 수를 써넣어 문장을 완성하세요.

우리 반 전체 학생은 32명이고, 여학생은 15명입니다.
우리 반 전체 학생 수에 대한 여학생 수의 비는 □ : □입니다.
우리 반 여학생 수에 대한 남학생 수의 비는 □ : □입니다.

6 전체에 대한 색칠한 부분의 비가 5 : 9가 되도록 색칠해 보세요.

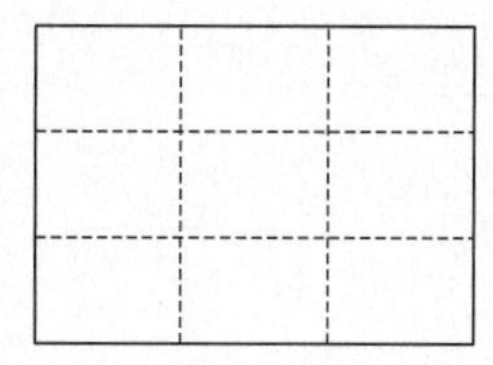

7 다음 비에 대해 설명한 것이 맞는지 틀리는지 ○표 하고 이유를 써 보세요.

3 : 5와 5 : 3은 같습니다.

(맞습니다 , 틀립니다).

이유 ________________________________

____

4 단원

스스로 학습책 58쪽

개념 익히기

3 비율 알아보기

비율 알아보기

- 기준량: 기호 :의 오른쪽에 있는 수
  비교하는 양: 기호 :의 왼쪽에 있는 수
  비율: 기준량에 대한 비교하는 양의 크기

4 : 8
비교하는 양　기준량

$$(\text{비율})=(\text{비교하는 양})\div(\text{기준량})=\frac{(\text{비교하는 양})}{(\text{기준량})}$$

예 4 : 8을 비율로 나타내기

분수	소수
$4\div8=\frac{4}{8}\left(=\frac{1}{2}\right)$	$4\div8=0.5$

주의 기준량과 비교하는 양이 달라도 비율은 같을 수 있습니다.

예 $1:2 \rightarrow \frac{1}{2}$, $5:10 \rightarrow \frac{5}{10}\left(=\frac{1}{2}\right)$

• 비를 비율로 나타내기

▲ : ■ ➜ $\frac{▲}{■}$ —•비교하는 양 —•기준량

비율은 분수나 소수로 나타냅니다.

먼저 생각해 봐요 [5−1 4. 약분과 통분]

분수는 소수로, 소수는 분수로 나타내어 보세요.

(1) $\frac{1}{4}=\frac{\square}{100}=\square$

(2) $\frac{3}{5}=\frac{\square}{10}=\square$

1 □ 안에 알맞은 말을 써넣으세요.

> 비 3 : 5에서 3은 □(이)고, 5는 □입니다.
> 기준량에 대한 비교하는 양의 크기를 □(이)라고 합니다.

2 기준량과 비교하는 양을 찾아 쓰세요.

(1) 7 : 9 ➜ 기준량 □, 비교하는 양 □

(2) 13과 12의 비 ➜ 기준량 □, 비교하는 양 □

3 비 6 : 10의 비율을 구하려고 합니다. □ 안에 알맞은 수를 써넣으세요.

(1) 분수로 나타내기 ➜ $6\div10=\frac{6}{\square}\left(=\frac{3}{\square}\right)$

(2) 소수로 나타내기 ➜ $6\div10=\square$

정답과 해설 23쪽

1 10에 대한 9의 비율을 분수와 소수로 나타내려고 합니다. □ 안에 알맞은 수를 써넣으세요.

(1) 10에 대한 9의 비

➜ 기준량 □, 비교하는 양 □

(2) 비 ➜ □ : □

(3) 비율 ➜ 분수 □, 소수 □

2 그림을 보고 물음에 답하세요.

(1) 귤 수에 대한 사과 수의 비를 쓰세요.

( )

(2) 귤 수에 대한 사과 수의 비율을 분수로 나타내어 보세요.

( )

(3) 귤 수에 대한 사과 수의 비율을 소수로 나타내어 보세요.

( )

3 기준량을 나타내는 수가 다른 하나를 찾아 기호를 써 보세요.

㉠ 1 : 5	㉡ 5에 대한 4의 비
㉢ 3과 5의 비	㉣ 5의 9에 대한 비

( )

4 비율이 같은 것끼리 선으로 이어 보세요.

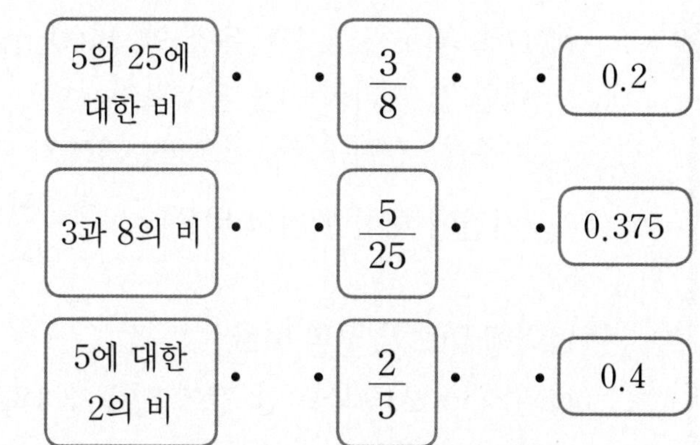

5의 25에 대한 비	$\frac{3}{8}$	0.2
3과 8의 비	$\frac{5}{25}$	0.375
5에 대한 2의 비	$\frac{2}{5}$	0.4

5 두 직사각형의 가로에 대한 세로의 비율을 비교하려고 합니다. □ 안에 알맞은 수를 써넣고, 알맞은 말에 ○표 하세요.

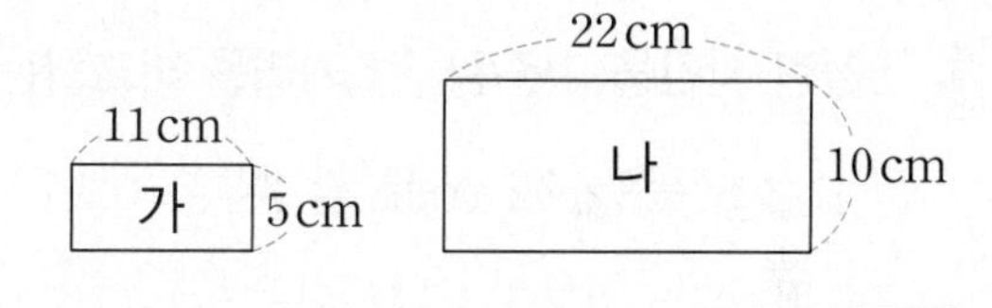

(1) 가의 가로에 대한 세로의 비율 ➜ □

나의 가로에 대한 세로의 비율 ➜ □

(2) 두 직사각형의 가로에 대한 세로의 비율은 (같습니다 , 다릅니다).

6 비율이 1보다 작은 것을 찾아 기호를 쓰세요.

㉠ $\frac{8}{5}$ ㉡ 1.05 % ㉢ 1.5

( )

4 단원

스스로 학습책 59쪽

개념 익히기

4 비율이 사용되는 경우 알아보기

걸린 시간에 대한 간 거리의 비율

예 고속 철도가 3시간 동안 약 450 km를 가는 데 걸린 시간에 대한 간 거리의 비율 알아보기

기준량: 걸린 시간, 비교하는 양: 간 거리

(시간에 대한 거리의 비율)$=\frac{(\text{비교하는 양})}{(\text{기준량})}=\frac{450}{3}(=150)$

넓이에 대한 인구의 비율

예 넓이가 245 km^2인 땅에 인구가 18250명일 때 넓이에 대한 인구의 비율 알아보기

기준량: 넓이, 비교하는 양: 인구

(넓이에 대한 인구의 비율)$=\frac{(\text{비교하는 양})}{(\text{기준량})}=\frac{18250}{245}$

$=74.4\cdots\cdots \rightarrow 74$

주의 계산 결과가 나누어떨어지지 않을 경우 반올림하여 자연수로 나타냅니다.

실생활에서 비율이 사용되는 경우
예 야구 선수의 타율
지도의 축척
용액의 진하기

넓이에 대한 인구의 비율이 높을수록 인구가 더 밀집되어 있다고 할 수 있습니다.

1 걸린 시간을 기준량, 간 거리를 비교하는 양으로 하여 비율을 구해 보세요.

(1) 2초 동안 12 m를 갈 때

기준량: □, 비교하는 양: □ ➜ 시간에 대한 거리의 비율: □

(2) 15분 동안 1260 m를 갈 때

기준량: □, 비교하는 양: □ ➜ 시간에 대한 거리의 비율: □

(3) 2시간 동안 160 km를 갈 때

기준량: □, 비교하는 양: □ ➜ 시간에 대한 거리의 비율: □

2 넓이가 25 km^2이고 인구가 3750명일 때 넓이에 대한 인구의 비율을 구해 보세요.

(1) 넓이는 □ km^2이고 인구는 □명입니다.

(2) 기준량은 넓이이고 비교하는 양은 □입니다.

(3) (넓이에 대한 인구의 비율)$=\frac{(\text{비교하는 양})}{(\text{기준량})}=\frac{\square}{25}(=\square)$

1 자전거가 3000 m를 가는 데 15분 걸렸습니다. 자전거가 이동하는 데 걸린 시간에 대한 간 거리의 비율을 알아보려고 합니다. 물음에 답하세요.

(1) 알맞은 것에 ○표 하세요.

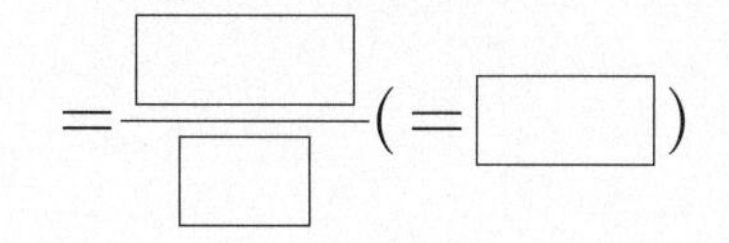
기준량은 (3000 m , 15분)이고
비교하는 양은 (3000 m , 15분)입니다.

(2) 자전거가 가는 데 걸린 시간에 대한 간 거리의 비율을 구해 보세요.

(걸린 시간에 대한 간 거리의 비율)

$=\dfrac{\square}{\square}(=\square)$

2 어느 도시의 넓이와 인구를 나타낸 것입니다. 이 도시의 넓이에 대한 인구의 비율을 구해 보세요.

넓이(km^2)	인구(명)
180	1620

( )

3 걸린 시간에 대한 간 거리의 비율을 구해 보세요.

(1)

간 거리	240 km
걸린 시간	3시간

( )

(2)

간 거리	150 m
걸린 시간	25초

( )

[4~6] 두 마을 중 인구가 더 밀집한 곳을 알아보려고 합니다. 물음에 답하세요.

지역	은빛 마을	한솔 마을
넓이(km^2)	152	285
인구(명)	33440	54150

4 은빛 마을의 넓이에 대한 인구의 비율은 얼마인가요?

( )

5 한솔 마을의 넓이에 대한 인구의 비율은 얼마인가요?

( )

6 두 마을 중 인구가 더 밀집한 마을은 어디일까요?

( )

7 노란색 페인트 200 mL에 파란색 페인트 30 mL를 섞어 연두색 페인트를 만들었습니다. 만든 연두색 페인트에서 노란색 페인트 양에 대한 파란색 페인트 양의 비율을 구해 보세요.

( )

4 단원

스스로 학습책 60쪽

1 수영이네 반 학생은 29명입니다. 그중 16명은 오늘 아침을 먹었고 나머지는 아침을 먹지 않았습니다. 전체 학생 수에 대한 아침을 먹지 않은 학생 수의 비를 써 보세요.

( )

주의
전체 학생 수에서 아침을 먹은 학생 수를 빼서 아침을 먹지 않은 학생 수를 구합니다.

2 높이가 360 cm인 나무가 있습니다. 어느 시각 그림자의 길이를 재어 보니 90 cm입니다. 나무의 높이와 그림자의 길이만큼 색칠해 보고, □ 안에 알맞은 수를 써넣으세요.

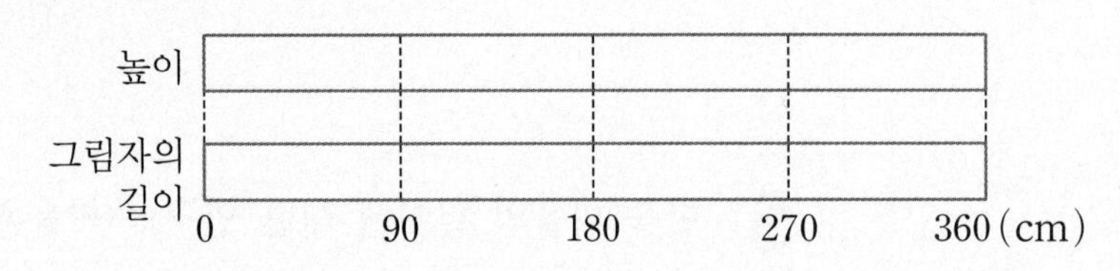

• 나무의 그림자의 길이는 높이의 □ 배입니다.

• 나무의 높이는 그림자의 길이의 □ 배입니다.

3 파란 버스는 170 km를 가는 데 2시간이 걸렸고 초록 버스는 225 km를 가는 데 3시간이 걸렸습니다. 두 버스의 걸린 시간에 대한 달린 거리의 비율을 비교하여 어느 버스가 더 빠른지 구해 보세요.

( )

4 세윤이는 사회 시간에 마을 지도를 그리는 데 실제 거리가 500 m인 거리를 지도에서는 4 cm로 그렸습니다. 세윤이가 그린 지도에서 실제 거리에 대한 지도에서의 거리의 비율을 분수로 나타내어 보세요.

( )

개념 PLUS
1 m=100 cm
축척은 지표상의 실제 거리를 지도상에 줄여 나타낸 비율입니다.

5 성은이네 학교 남학생 수에 대한 여학생 수의 비율이 1.2일 때 여학생 수에 대한 남학생 수의 비율을 기약분수로 나타내어 보세요.

( )

6 세 광역시의 인구와 넓이를 조사한 표입니다. 세 광역시 중 인구가 가장 밀집한 곳을 구해 보세요.

지역	대구	대전	울산
인구(명)	2487829	1494286	1157964
넓이(km^2)	883	539	1060

( )

개념 PLUS

넓이에 대한 인구의 비율이 높을수록 인구가 더 밀집되어 있다고 할 수 있습니다.

7 동환이네 반 학급 문고에 있는 전체 책 수에 대한 동화책 수의 비율은 $\frac{7}{20}$입니다. 전체 책 수가 60권이면 동화책은 몇 권인지 □ 안에 알맞게 써넣으세요.

(1) 기준량: □, 비교하는 양: □, 비율: □

(2) 두 가지 방법으로 동화책 수를 구해 보세요.

방법 1 (비율)$=\frac{\text{(비교하는 양)}}{\text{(기준량)}}$을 이용하여 구하기

동화책 수를 ■권이라 하면

$\frac{■}{60}=\frac{7}{20}=\frac{7\times3}{20\times3}=\frac{21}{60}$ ➔ ■=□

방법 2 (비교하는 양)=(기준량)×(비율)을 이용하여 구하기

(동화책 수)=60×□=□(권)

(3) 동화책은 □권입니다.

개념 PLUS

비율과 기준량을 알면 비교하는 양을 구할 수 있습니다.

(비율)$=\frac{\text{(비교하는 양)}}{\text{(기준량)}}$

➔ (비교하는 양)=(기준량)×(비율)

4 단원

스스로 학습책 62쪽

5 백분율 알아보기

백분율 알아보기

백분율: 기준량을 100으로 할 때의 비율로 기호 %를 사용하여 나타냅니다.

비율 $\frac{75}{100}$ 쓰기 75 % 읽기 75 퍼센트

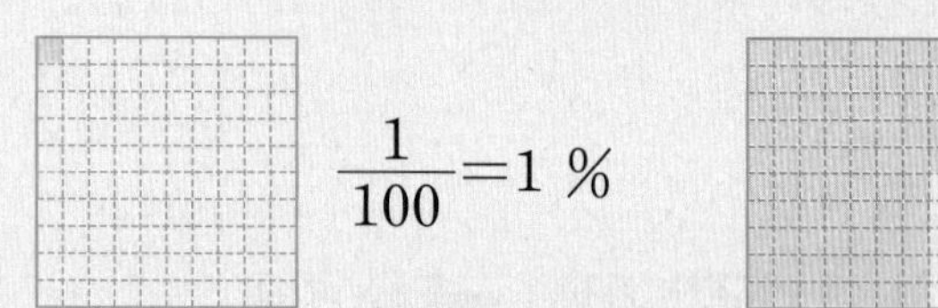

백분율을 퍼센트라고 읽는데 영어 percent는 per와 cent가 합쳐진 단어입니다.
per는 ~마다, cent는 100이라는 의미이므로 '백 번마다'라는 뜻입니다.

비율을 백분율로 나타내기

비율을 백분율로 나타낼 때에는 비율에 100을 곱하여 나온 값에 기호 %를 붙입니다.

예 비율 $\frac{12}{25}$ 또는 0.48을 백분율로 나타내기

$\frac{12}{25}$(분수)	0.48(소수)
$\frac{12}{25}=\frac{48}{100}\times 100$ → 48 %	0.48×100 → 48 %

기준량이 100인 비율로 나타냄.

백분율을 비율로 나타낼 때에는 백분율에서 기호 %를 뺀 다음 100으로 나눕니다.
예 52 % → 52÷100 → 0.52

소수를 백분율로 나타낼 때에는 소수점을 오른쪽으로 두 자리 옮긴 다음 % 기호를 붙여 구할 수 있습니다.
예 0.52 → 52 → 52 %

1 비율을 백분율로 나타내려고 합니다. □ 안에 알맞은 수를 써넣으세요.

(1) 비율 $\frac{23}{100}$을 백분율로 나타내면 $\frac{23}{100}\times$ □ = □ (%)입니다.

(2) 비율 0.45를 백분율로 나타내면 0.45× □ = □ (%)입니다.

2 백분율을 비율로 나타내려고 합니다. □ 안에 알맞은 수를 써넣으세요.

(1) 20 %를 분수로 나타내면 $\frac{\square}{100}=\frac{\square}{5}$입니다.

(2) 35 %를 소수로 나타내면 □ ÷100= □ 입니다.

1 □ 안에 알맞게 써넣으세요.

기준량을 □(으)로 할 때의 비율을 백분율이라고 합니다.
백분율은 기호 □을/를 사용하여 나타냅니다.

2 비율을 백분율로 나타내어 보세요.

(1) $\frac{3}{4}$ ➜ (　　　　)

(2) 0.27 ➜ (　　　　)

3 백분율을 소수나 분수로 나타내어 보세요.

(1) 9 % ➜ 분수 (　　　　)

(2) 7 % ➜ 소수 (　　　　)

(3) 24 % ➜ 분수 (　　　　)

(4) 35 % ➜ 소수 (　　　　)

4 그림을 보고 전체에 대한 색칠한 부분의 비율을 백분율로 나타내어 보세요.

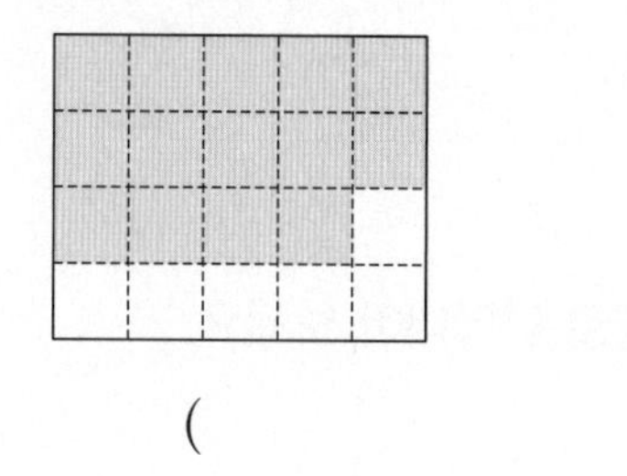

(　　　　)

5 빈칸에 알맞게 써넣으세요.

분수	소수	백분율
$\frac{51}{100}$		
	0.29	
$\frac{17}{20}$		

4 단원

6 비율이 나머지와 다른 하나는 어느 것인가요? .... (　　)

① 27 : 60　② $\frac{9}{20}$　③ 0.45

④ 45 %　⑤ $\frac{405}{1000}$

7 백분율에 대해 바르게 말한 친구는 누구인가요?

• 지은: 비율 $\frac{3}{25}$을 백분율로 나타내려면 $\frac{3}{25}$에 100을 곱해서 나온 값 12에 기호 %를 붙이면 12 %예요.
• 재성: 비율 $\frac{1}{5}$을 소수로 나타내면 0.2이고 백분율로 나타내면 0.2 %예요.

(　　　　)

개념 익히기

6 백분율이 사용되는 경우 알아보기

할인율

예 원래 가격이 10000원인 물건을 8000원에 판매할 때의 할인율

방법 1 할인 받은 금액으로 구하기

(할인 받은 금액)$=10000-8000=2000$(원)

➜ (할인율)$=\frac{2000}{10000}\times100=20$ (%)

방법 2 할인된 판매 가격이 원래 가격의 몇 %인지 알아보고 구하기

할인된 판매 가격은 원래 가격의 $\frac{8000}{10000}\times100=80$ (%)입니다. ➜ (할인율)$=100-80=20$ (%)

• 할인율: 원래 가격에 대한 할인 금액의 비율
➜ (할인율)$=\frac{(\text{할인 금액})}{(\text{원래 가격})}\times100$

• (할인 금액)=(원래 가격)×(할인율)

• (할인된 판매 가격)=(원래 가격)−(할인 금액)

득표율

예 반 회장 선거 30명이 투표에 참여했을 때 각 후보의 득표율

후보	가	나	무효표
득표 수(표)	12	15	3

(무효표 → $\frac{3}{30}=10$ %)

• (가 후보)$=\frac{12}{30}\times100=40$ (%) • (나 후보)$=\frac{15}{30}\times100=50$ (%)

• 무효표의 비율 구하기
합계 100 %에서 득표율을 빼면 $100-(40+50)=10$이므로 무효표는 10 %입니다.

소금물의 진하기

예 소금 40 g으로 소금물 200 g을 만들었을 때 소금물 양에 대한 소금 양의 비율

(소금물의 진하기)$=\frac{40}{200}\times100=20$ (%)

1 알뜰 시장에서 30000원인 가방을 할인해서 21000원에 판매할 때의 할인율을 알아보세요.

(1) (할인 받은 금액)=(원래 가격)−(할인된 판매 가격)$=30000-21000=$ □ (원)

➜ (할인율)$=\frac{\square}{30000}\times100=$ □ (%)

(2) 할인된 판매 가격은 원래 가격의 $\frac{\square}{30000}\times100=$ □ (%)입니다.

➜ (할인율)$=100-70=$ □ (%)입니다.

2 20개의 문제 중에서 17문제를 맞혔습니다. 정답률을 백분율로 나타내어 보세요.

(정답률)$=\frac{\square}{20}\times100=$ □ (%)

1 소금물의 진하기는 몇 %인지 □ 안에 알맞은 수를 써넣으세요.

소금물 300g에 소금 45 g이 녹아 있는 경우

$$(\text{소금물의 진하기})=\frac{45}{\square}\times 100$$
$$=\square\ (\%)$$

[2~3] 준수와 지민이는 축구 연습을 하여 다음과 같은 결과를 얻었습니다. 물음에 답하세요.

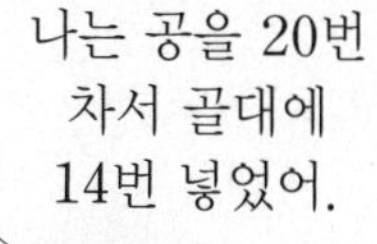

난 공을 25번 차서 골대에 17번 넣었는데.

2 준수와 지민이의 골 성공률은 각각 몇 %인가요?

준수 (　　　　　　)
지민 (　　　　　　)

3 준수와 지민이 중 누구의 골 성공률이 더 높은가요?

(　　　　　　)

4 소금물에 녹아 있는 소금의 양은 몇 g인지 □ 안에 알맞은 수를 써넣으세요.

(1) 진하기가 15 %인 소금물 500 g
➜ $\square\times 0.15=\square$ (g)

(2) 진하기가 20 %인 소금물 700 g
➜ $\square\times 0.2=\square$ (g)

5 지윤이네 반 회장 선거에서 700명이 투표에 참여했습니다. 가 후보의 득표율은 몇 %인가요?

후보	가	나	무효표
득표 수(표)	525	170	5

(　　　　　　)

6 놀이공원 입장료 15000원을 야간 할인을 받아 12000원을 냈습니다. 몇 % 할인 받은 것인가요?

(　　　　　　)

7 어느 아이돌의 콘서트의 점유율이 더 높은지 구해 보세요.

A 보이그룹은 좌석 수에 대한 관객 수의 비율이 95 %이고 B 걸그룹은 좌석 800석당 720명이 입장했습니다.

(　　　　　　)

4 단원

스스로 학습책 64쪽

1 기준량이 비교하는 양보다 작은 경우를 모두 찾아 기호를 쓰세요.

㉠ $\frac{17}{9}$	㉡ 0.85	㉢ $55\ \%$	㉣ $\frac{3}{5}$	㉤ $120\ \%$

( )

개념 PLUS

기준량이 비교하는 양보다 작으면 비율은 $1(100\ \%)$보다 큽니다.

2 수학 문제집의 긴 쪽은 $30\ \mathrm{cm}$이고 짧은 쪽은 $21\ \mathrm{cm}$입니다. 수학 문제집의 긴 쪽에 대한 짧은 쪽의 비율을 백분율로 나타내어 보세요.

( )

3 마라톤 대회에 참가한 사람은 5000명입니다. 그중에서 4900명이 결승점에 도착했습니다. 결승점에 도착하지 못한 사람은 마라톤 대회에 참가한 사람의 몇 $\%$인지 구해 보세요.

( )

주의

(결승점에 도착하지 못한 사람 수)
=(참가한 사람 수)
−(결승점에 도착한 사람 수)

4 가 회사 광역 버스의 청소년 교통 카드 요금이 2000원에서 1800원으로 내렸다고 합니다. 처음 기본 요금에 대한 내린 기본 요금의 비율을 백분율로 나타내어 보세요.

( )

스스로 학습책 65쪽

정답과 해설 26쪽

5 어느 은행에 50000원을 예금하였더니 1년 뒤에 이자가 1750원이 되었습니다. 이 은행에 1년 동안 예금할 때의 이자율은 몇 %인가요?

( )

개념 PLUS

- 이자율: 예금한 돈에 대한 이자의 비율

$$(\text{이자율})=\frac{(\text{이자})}{(\text{예금한 돈})}$$

➜ (이자) =(예금한 돈)×(이자율)

- $(\text{타율})=\frac{(\text{안타 수})}{(\text{전체 타수})}$
- $(\text{할인율})=\frac{(\text{할인 금액})}{(\text{원래 가격})}$

6 찬영이네 학교 야구부의 어느 야구 선수는 올해 150타수 중에서 안타를 39개 쳤다고 합니다. 이 선수의 타율은 몇 %인가요?

( )

7 두 그릇에 다음과 같이 설탕물이 들어 있습니다. 두 그릇에 들어 있는 설탕물 양에 대한 설탕 양의 비율을 각각 구하고 표를 완성하여 어느 설탕물이 더 진한지 구해 보세요.

그릇	설탕물(g)	설탕(g)	설탕물 양에 대한 설탕 양의 비율(%)
가	400	48	
나	500	65	

( )

8 어느 가게에서 2500원짜리 물건을 500원 할인하여 팝니다. 할인율이 일정할 때 이 가게에서 12000원짜리 물건을 산다면 얼마를 할인 받을 수 있나요?

( )

개념 PLUS

- $(\text{할인율})=\frac{(\text{할인 금액})}{(\text{원래 가격})}\times 100$

➜ (할인 금액) =(원래 가격)×(할인율)

스스로 학습책 66쪽

1 비율의 크기 비교하기

원래 가격에 대한 할인 금액의 비율이 높을수록 할인율이 높아요.

★ 도전 과제가 주어졌습니다. 1반 학생은 30명 중 18명이 성공했고, 2반 학생은 25명 중 14명이 성공했습니다. 반 전체 학생 수에 대한 성공한 학생 수의 비율을 백분율로 나타내었을 때 성공률이 더 높은 반은 어느 반인가요?

( )

★★ 어느 편의점에서 파는 음료의 원래 가격과 판매 가격을 나타낸 표입니다. 할인율이 가장 높은 음료는 무엇인가요?

음료	원래 가격(원)	판매 가격(원)
생수	800	600
주스	2500	2300
우유	1000	800

( )

2 인상률 구하기

각각의 인상률을 구해 비교해요.

★ 3200원짜리 배추 한 포기가 4000원으로 올랐습니다. 몇 % 오른 것인가요?

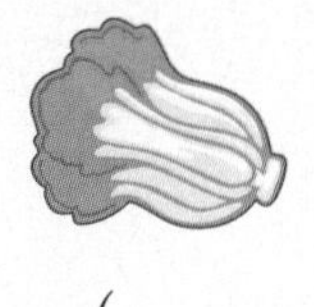

( )

★★ 한 봉지에 700원 했던 과자가 840원으로 오르고 한 개에 1500원 했던 음료수가 1860원으로 올랐습니다. 과자와 음료수 중 어느 것의 가격이 몇 % 더 올랐을까요?

( ), ( )

3 두 비를 같게 만들기

크기가 같은 분수를 만들어 구해요.

★ 비율이 $\frac{2}{3}$이고 기준량과 비교하는 양의 차가 6인 비가 있습니다. 이 비를 써 보세요.

( )

★★ 색종이를 선주는 20장, 진우는 28장 가지고 있습니다. 선주와 진우가 가진 색종이 수의 비가 3 : 5가 되게 하려면 선주는 진우에게 색종이를 몇 장 주어야 하나요?

( )

정답과 해설 26쪽

4 비교하는 양 구하기

비교하는 양은 기준량에 비율을 곱해서 구해요.

★ 물건을 사면 물건값의 5 %만큼 적립해 주는 가게가 있습니다. 이 가게에서 50000원짜리 물건을 살 때 적립금은 얼마인가요?

( )

★★ 퀴즈대회에 참가한 학생은 160명입니다. 그중 50 %가 예선을 통과했고 예선을 통과한 학생 중 5 %만이 본선에 진출했다고 합니다. 본선에 진출한 학생은 몇 명인가요?

( )

4 단원

5 기준량 구하기

비율과 비교하는 양을 알고 기준량을 구해요.

★ 가로에 대한 세로의 비율이 $\frac{1}{2}$인 액자의 세로가 20 cm입니다. 액자의 가로는 몇 cm인지 구해 보세요.

( )

★★ 모니터 화면의 가로에 대한 세로의 비율이 $\frac{8}{15}$일 때 모니터의 넓이는 몇 cm^2인지 구해 보세요.

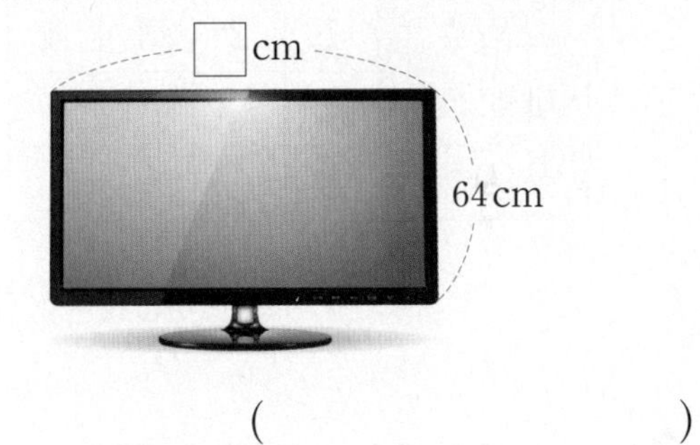

( )

6 비율을 알 때 걸린 시간 구하기

간 거리를 m 단위로 바꾸어 계산해요.

★ 집에서 이모 댁까지 가는 데 걸린 시간에 대한 간 거리의 비율이 15입니다. 이모 댁까지 거리가 30 km일 때 걸린 시간은 몇 시간인가요?

( )

★★ 집에서 박물관까지 가는 데 걸린 시간에 대한 간 거리의 비율이 250입니다. 박물관까지 거리가 1.5 km일 때 걸린 시간은 몇 분인가요?

( )

단원평가

Level 1

점수 | 확인

1 그림을 보고 □ 안에 알맞은 수를 써넣으세요.

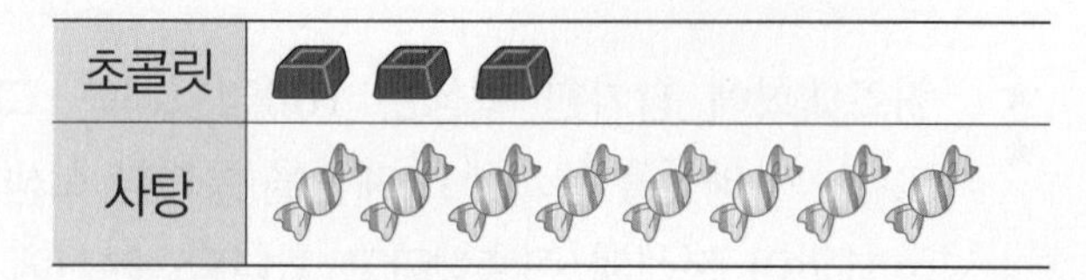

(1) 초콜릿 수에 대한 사탕 수의 비

➜ □ : □

(2) 초콜릿 수의 사탕 수에 대한 비

➜ □ : □

[2~3] 한 모둠은 여학생 6명과 남학생 2명입니다. 물음에 답하세요.

2 모둠 수에 따른 여학생 수와 남학생 수를 구해 표를 완성해 보세요.

모둠 수	1	2	3	4	5	······
여학생 수(명)	6	12				······
남학생 수(명)	2					······

3 □ 안에 알맞은 수를 써넣으세요.

(여학생 수)÷(남학생 수)=□이므로

여학생 수는 항상 남학생 수의 □배입니다.

4 4 : 7을 바르게 읽은 것에 ○표 하세요.

4와 7의 비 ( )　　4에 대한 7의 비 ( )

5 비율을 백분율로 나타내어 보세요.

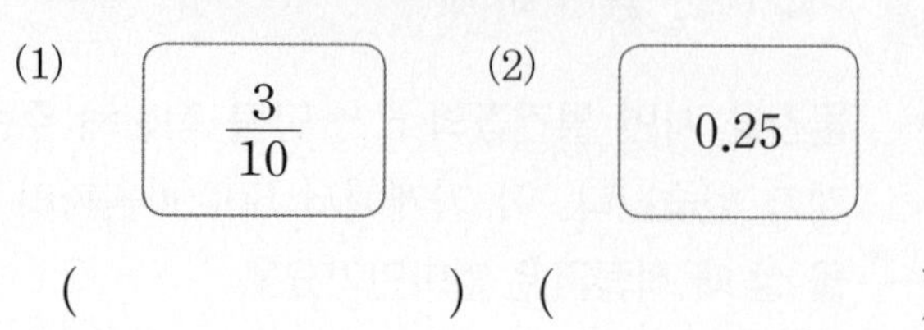

( )　( )

6 백분율만큼 색칠해 보세요.

80 %

7 비교하는 양을 나타내는 수가 다른 하나를 찾아 기호를 쓰세요.

㉠ 7과 8의 비　　㉡ 7의 8에 대한 비

㉢ 8에 대한 7의 비　　㉣ 8 대 7

( )

8 비율을 백분율로 나타내어 보세요.

12의 50에 대한 비

( )

9 기준량과 비교하는 양을 보고 비율을 분수로 나타내어 보세요.

비교하는 양	기준량	비율
4	5	
9	12	

10 남학생 5명과 여학생 8명이 있습니다. 전체 학생 수에 대한 여학생 수의 비를 써 보세요.

(　　　　　　)

11 두 비를 비교하여 그 차이를 설명하세요.

9 : 4　　　4 : 9

____

____

12 지도에서 거리가 1 cm일 때 실제 거리가 400 m인 지도가 있습니다. 실제 거리에 대한 지도에서 거리의 비율을 분수로 나타내어 보세요.

(　　　　　　)

13 비율이 큰 것부터 차례로 기호를 쓰세요.

㉠ 0.72　　㉡ $\frac{3}{5}$
㉢ 85 %　　㉣ 3 : 8

(　　　　　　)

14 인터넷 서점에서 12000원 하는 수학 문제집을 10200원에 샀습니다. 이 문제집의 할인율은 몇 %인가요?

(　　　　　　)

15 다음은 인천과 부산의 넓이와 인구를 조사한 것입니다. 두 지역 중 인구가 더 밀집한 곳은 어느 곳인가요?

지역	넓이(km^2)	인구(명)
인천	1063	3008552
부산	765	3539532

(　　　　　　)

4 단원

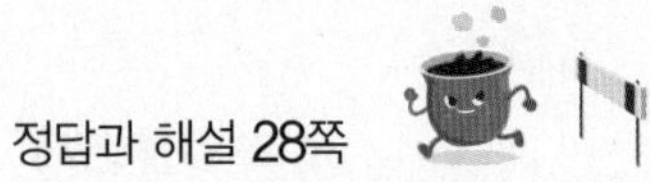

서술형

16 장훈이네 텔레비전 화면의 가로에 대한 세로의 비율은 $\frac{9}{16}$라고 합니다. 이 텔레비전 화면의 세로가 72 cm이면 가로는 몇 cm인가요?

(　　　　　　　　)

17 비율을 분수로 나타내면 $\frac{1}{4}$입니다. □ 안에 알맞은 수를 구해 보세요.

□ : 12

(　　　　　　　　)

18 다음과 같이 소금물을 만들었습니다. 어느 비커에 만들어진 소금물이 더 진할까요?

가 비커: 물 120 g에 소금 30 g을 넣었습니다.
나 비커: 물 150 g에 소금 50 g을 넣었습니다.

(　　　　　　　　)

19 주차장에 승용차가 36대, 승합차가 24대 있습니다. 주차장에 있는 전체 자동차 수에 대한 승합차 수의 비율은 몇 %인지 풀이 과정을 쓰고, 답을 구해 보세요.

풀이

답

20 밑변의 길이가 16 cm인 다음 삼각형은 밑변의 길이와 높이의 비가 4 : 3입니다. 이 삼각형의 넓이는 몇 cm^2인지 풀이 과정을 쓰고, 답을 구해 보세요.

16 cm

풀이

답

단원평가

Level 2

점수 | 확인

1 그림을 보고 □ 안에 알맞은 수를 써넣으세요.

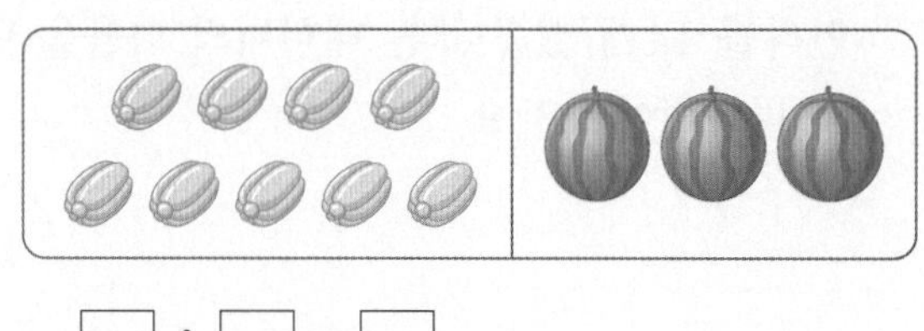

□÷□=□

➜ 참외 수는 수박 수의 □배입니다.

2 비를 여러 가지 방법으로 읽은 것입니다. □ 안에 알맞은 수를 써넣으세요.

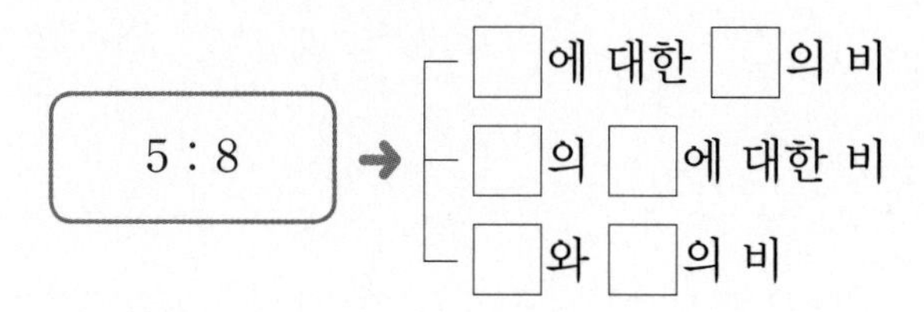

3 비율을 백분율로 나타내어 보세요.

(1) 1.05 ➜ □ %

(2) $\frac{4}{5}$ ➜ □ %

4 기준량이 다른 하나는 어느 것인가요? ( )

① 3 : 4
② 2와 4의 비
③ 9에 대한 4의 비
④ 3의 4에 대한 비
⑤ 7 대 4

5 색칠한 부분은 전체의 몇 %인가요?

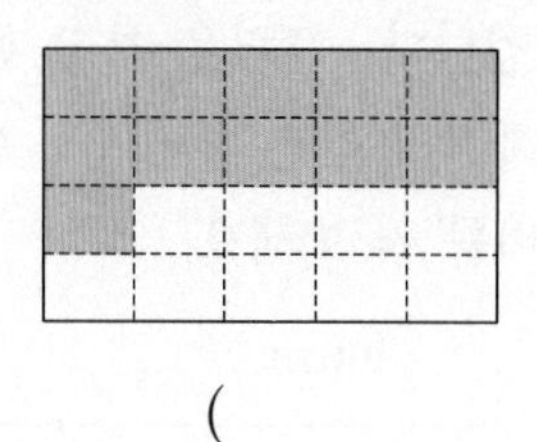

( )

6 기준량이 비교하는 양보다 작은 경우를 모두 찾아 ○표 하세요.

102 % $\frac{72}{50}$ 0.9 $\frac{3}{4}$

7 빈칸에 알맞게 써넣으세요.

비	비율	
	분수	소수
4 : 25		
9와 10의 비		

8 걸린 시간에 대한 간 거리의 비율을 구해 보세요.

간 거리: 100 m   걸린 시간: 20초

( )

4 단원

9 민성이가 학교에서 출발하여 집까지 가는 거리가 500 m입니다. 그림을 보고 학교에서부터 피아노 학원까지의 거리와 피아노 학원에서 집까지의 거리의 비를 써 보세요.

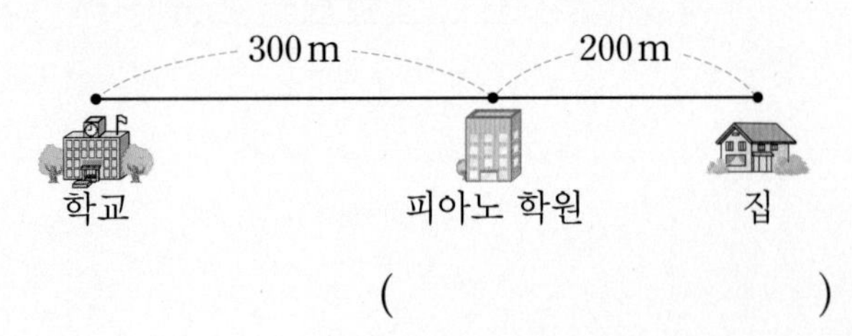

(　　　　　　　　　　)

10 비율과 기준량을 이용하여 비교하는 양을 구해 보세요.

비율: $\frac{1}{5}$　　기준량: 200

(　　　　　　　　　　)

11 비율이 가장 큰 것을 찾아 기호를 쓰세요.

㉠ $\frac{11}{44}$	㉡ 29 %
㉢ 0.209	㉣ $\frac{3}{10}$

(　　　　　　　　　　)

12 태현이는 야구 선수입니다. 올해 50타수 중에서 안타를 14개 쳤습니다. 태현이의 타율을 백분율로 나타내어 보세요.

(　　　　　　　　　　)

13 피자 가게에서 20000원짜리 피자를 18000원에 판매하고 있습니다. 이 가게는 피자를 몇 % 할인하여 판매하고 있나요?

(　　　　　　　　　　)

14 N 마트에서 물건을 사면 물건값의 3 %를 포인트로 적립해 줍니다. 수영이가 N 마트에서 7000원어치 물건을 샀다면 몇 포인트가 적립될까요?

(　　　　　　　　　　)

15 교내 퀴즈 대회에 참가한 학생은 300명이고 그 중에서 본선에 진출한 학생은 72명입니다. 이 퀴즈 대회의 본선 탈락율은 몇 %인가요?

(　　　　　　　　　　)

서술형

16 넓이가 308 cm^2인 직사각형이 있습니다. 이 직사각형의 가로가 28 cm일 때 가로에 대한 세로의 비를 써 보세요.

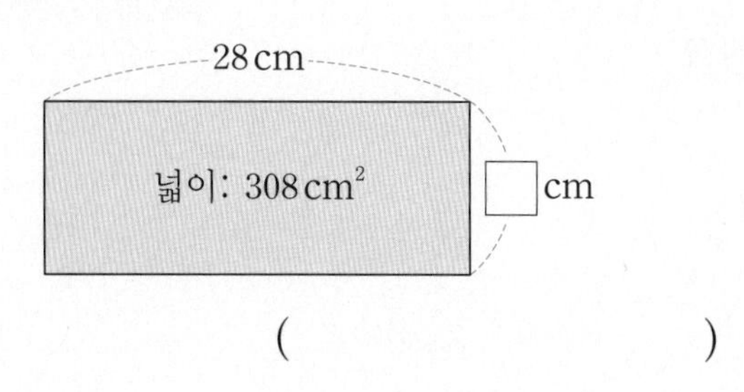

(　　　　　　　　　)

17 연비란 자동차의 단위 연료(1 L)당 가는 거리(km)의 비율입니다. A 자동차는 25 L를 넣으면 450 km를 달리고 B 자동차는 30 L를 넣으면 510 km를 달립니다. 어느 자동차의 연비가 더 높을까요?

(　　　　　　　　　)

18 한주네 학교 학생 중에서 50 %가 여학생이고 여학생 중에서 30 %인 21명이 아파트에 살고 있습니다. 한주네 학교 학생은 모두 몇 명인가요?

(　　　　　　　　　)

19 소금 15 g을 물 85 g에 섞어서 소금물을 만들었습니다. 소금물의 진하기는 몇 %인지 풀이 과정을 쓰고, 답을 구해 보세요.

풀이 ____________________

답 ____________________

20 지영이는 용돈 10000원으로 친구 생일 선물을 사려고 가게에 갔습니다. 지영이가 살 수 있는 물건은 무엇인지 풀이 과정을 쓰고, 답을 구해 보세요.

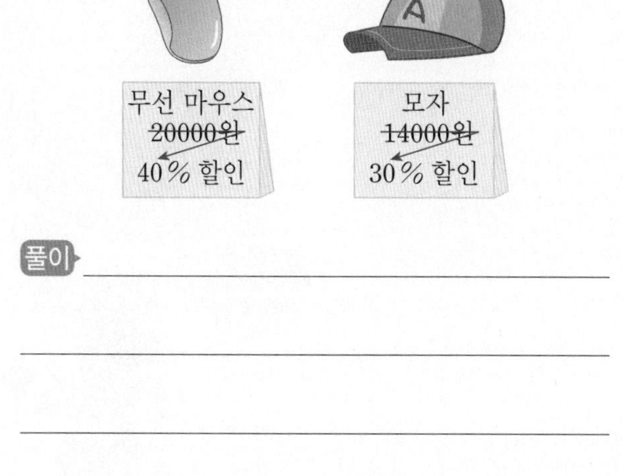

풀이 ____________________

답 ____________________

보물 상자를 찾아라

보물 상자가 있는 곳까지 가는 길을 찾아보세요.

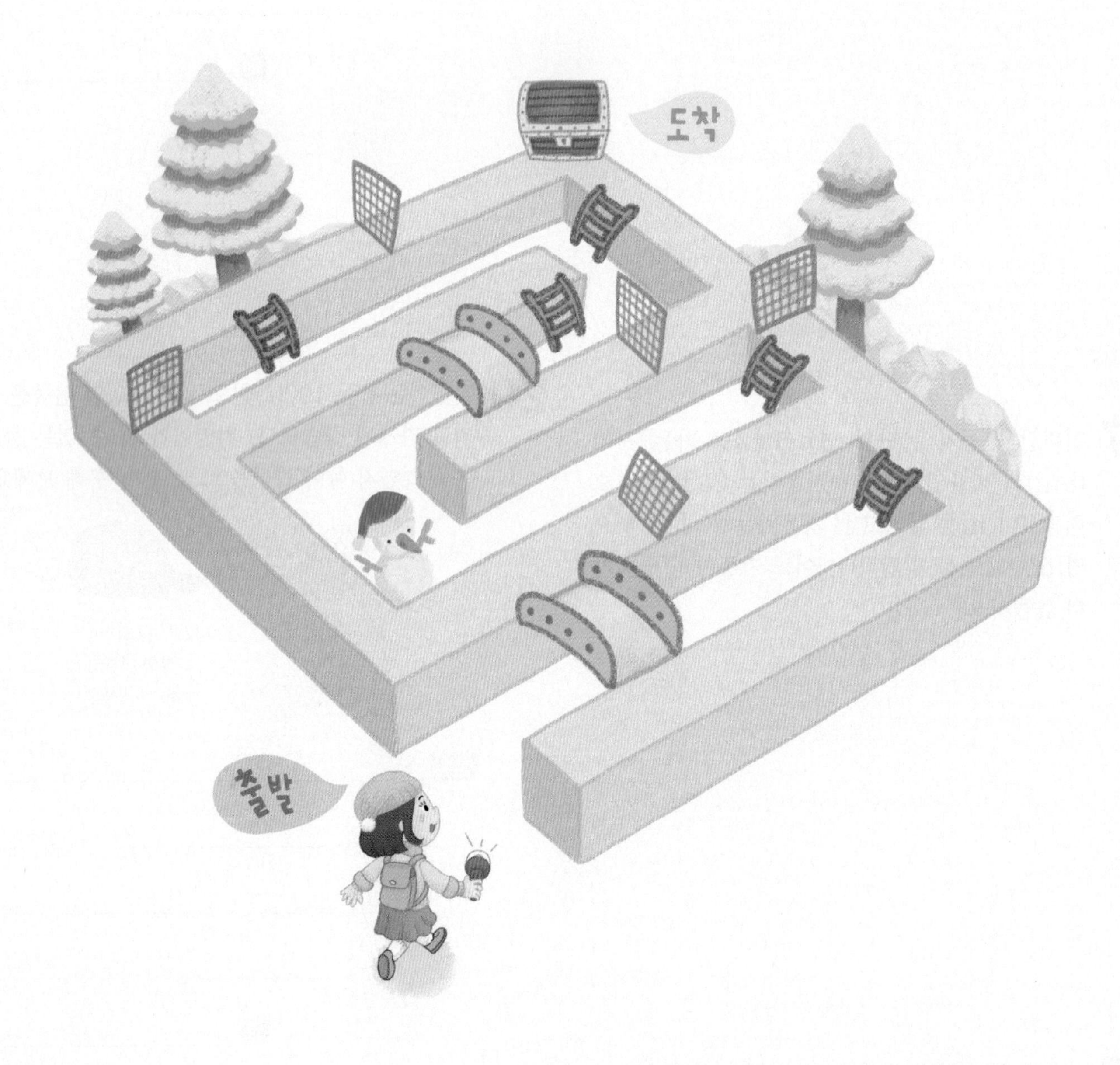

5 여러 가지 그래프

이번에 배울 내용

- 그림그래프로 나타내기
- 띠그래프 알아보고 나타내기
- 원그래프 알아보고 나타내기
- 띠그래프와 원그래프 해석하기
- 여러 가지 그래프의 종류와 특징 알아보기

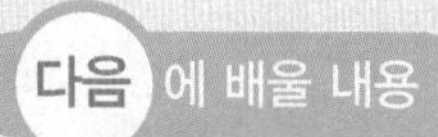

다음에 배울 내용

[중등] Ⅳ 통계
1. 자료의 정리와 해석

개념 익히기

1 그림그래프로 나타내기

표로 나타낸 자료를 그림그래프로 나타내기

권역별 도서관 수

보다 간단한 그림그래프로 나타내기 위해 자료의 값을 반올림하여 십의 자리까지 나타냅니다.

권역	도서관 수(개)	어림값(개)	권역	도서관 수(개)	어림값(개)
서울 · 인천 · 경기	458	460	강원	56	60
대전 · 세종 · 충청	133	130	대구 · 부산 · 울산 · 경상	226	230
광주 · 전라	148	150	제주	21	20

권역별 도서관 수

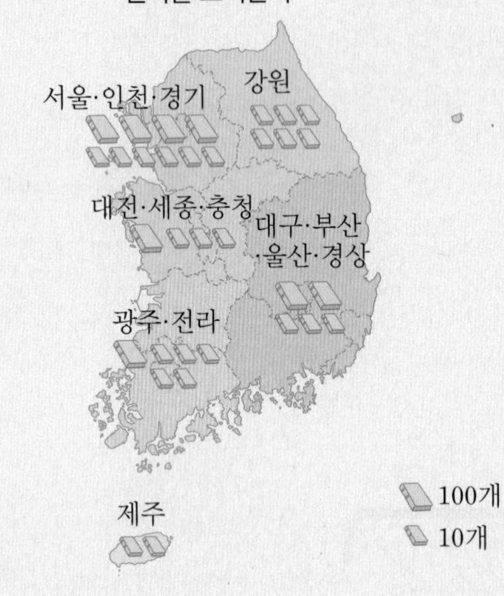

그래프를 보고 알 수 있는 것 — 권역별 자료 분포도를 알 수 있습니다.

- 도서관 수가 가장 많은 권역은 서울·인천·경기 권역입니다.
- 권역별로 도서관 수 차이가 많이 납니다.
- 강원 권역의 도서관 수는 제주 권역의 도서관 수의 약 3배입니다.

표와 그림그래프의 특징

- 표는 각 자료의 정확한 수치를 알 수 있습니다.
- 그림그래프는 권역별로 자료의 많고 적음을 한눈에 알 수 있습니다. — 복잡한 자료를 간단하게 보여 주기 때문입니다.
- 그림그래프로 나타내면 그림의 크기로 자료의 값을 알 수 있습니다.

1 그림그래프를 보고 □ 안에 알맞은 말을 써넣으세요.

나라별 이산화 탄소 배출량

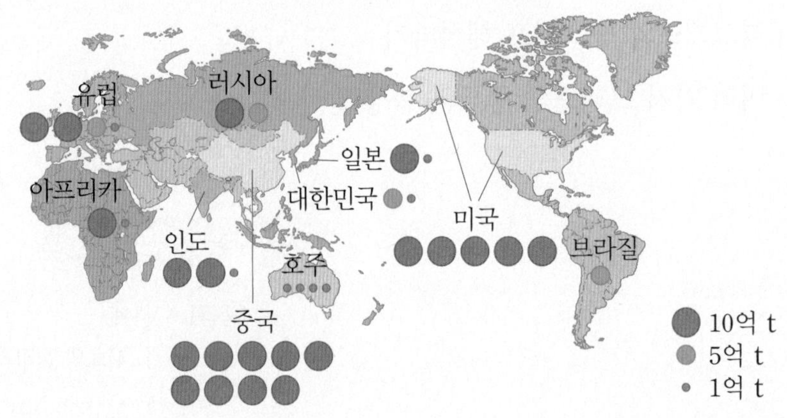

(1) 위와 같이 조사한 수를 그림으로 나타낸 그래프를 □(이)라고 합니다.

(2) 위 그래프를 보면 나라별 □의 많고 적음을 한눈에 알 수 있습니다.

정답과 해설 30쪽

[1~3] 도별 배추 생산량을 그림그래프로 나타낸 것입니다. 물음에 답하세요.

도별 배추 생산량

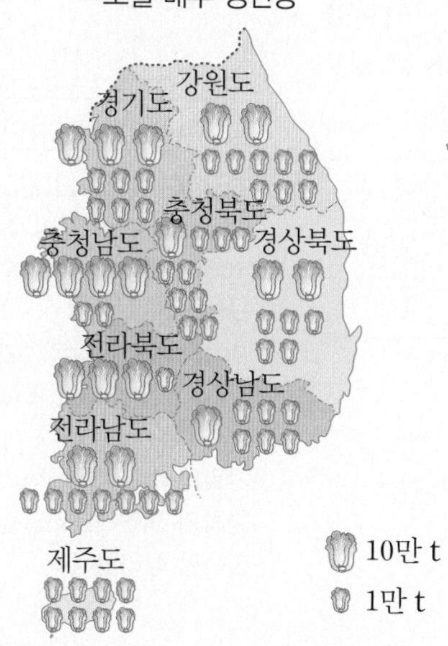

1 강원도의 배추 생산량은 몇 t인가요?

( )

2 배추 생산량이 가장 많은 지역은 어느 곳인가요?

( )

3 배추 생산량이 가장 적은 지역은 어느 곳인가요?

( )

[4~7] 어느 해 국가별 출생아 수를 조사한 표를 보고 그림그래프로 나타내려고 합니다. 물음에 답하세요.

국가별 출생아 수

국가	대한민국	중국	호주	미국
출생아 수 (만 명)			20	200

국가별 출생아 수

국가	출생아 수
대한민국	
중국	
호주	
미국	

100만 명 10만 명

4 대한민국의 출생아 수는 몇 명인가요?

( )

5 중국의 출생아 수는 몇 명인가요?

( )

6 그림그래프를 완성해 보세요.

7 국가별 출생아 수의 많고 적음을 쉽게 파악하는 데 표와 그림그래프 중에서 어느 것이 더 편리하다고 생각되나요?

( )

5 단원

개념 익히기

2 띠그래프 알아보기

띠그래프 알아보기

띠그래프: 전체에 대한 각 부분의 비율(→ 백분율)을 띠 모양에 나타낸 그래프

➜ 띠그래프로 나타내려면 전체에 대한 각 항목의 비율을 백분율로 나타내어야 합니다. → 전체를 100 %로 보았을 때 각 항목의 크기를 알아봅니다.

한 달 생활비

생활비	식품비	교육비	저축	기타	합계
금액(만 원)	100	50	30	20	200
백분율(%)	50	25	15	10	100

$\frac{100}{200}\times 100$ $\frac{50}{200}\times 100$ $\frac{30}{200}\times 100$ $\frac{20}{200}\times 100$

한 달 생활비

0 10 20 30 40 50 60 70 80 90 100(%)

식품비 (50 %)	교육비 (25 %)	저축 (15 %)	기타 (10 %)

띠의 길이로 비율의 크고 작음을 알 수 있으므로 전체에 대한 각 부분의 비율을 한눈에 비교할 수 있습니다.

한 달 생활비

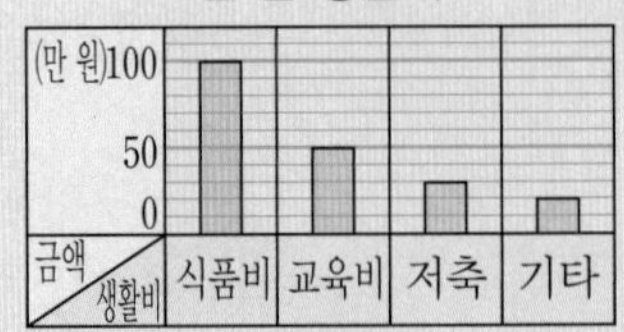

조사한 수량을 그대로 나타내는 막대그래프와 달리 띠그래프는 전체에 대한 각 항목의 비율을 나타냅니다.

➜ 띠그래프와 같은 그래프를 비율그래프라고 합니다.

자료의 수가 너무 적어서 따로 표현하기 힘들 때 기타를 사용해서 항목을 정리합니다.

띠그래프에서 작은 눈금 한 칸은 1%를 나타냅니다.

먼저 생각해 봐요 [6−1 4. 비와 비율]

비율을 3가지로 구해 보세요.

기준량: 4
비교하는 양: 3

소수	분수	백분율

1 민석이네 반 학생들이 좋아하는 과일을 조사하여 나타낸 그래프입니다. 물음에 답하세요.

좋아하는 과일별 학생 수

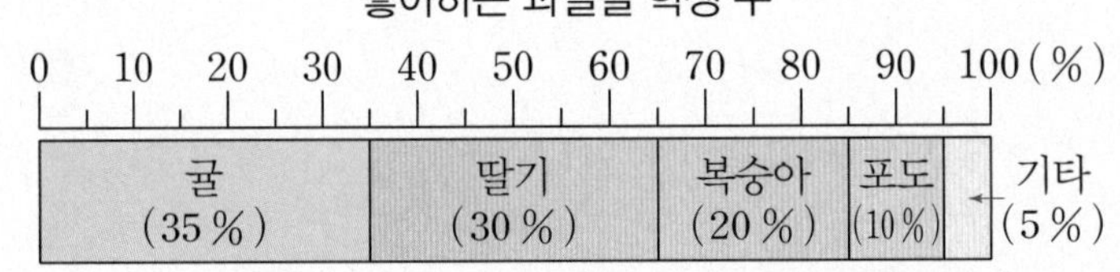

(1) 위와 같은 그래프를 무슨 그래프라고 하나요?

( )

(2) 복숭아를 좋아하는 학생은 전체의 몇 %인가요?

( )

(3) 가장 많은 학생들이 좋아하는 과일은 무엇인가요?

( )

[1~3] 수진이네 학교 학생 300명이 생일에 받고 싶은 선물을 조사하여 나타낸 표입니다. 물음에 답하세요.

받고 싶은 선물별 학생 수

선물	장난감	시계	책	기타	합계
학생 수(명)	120	90	60	30	300

1 받고 싶은 선물별 학생 수의 백분율을 구해 보세요.

• 장난감: $\frac{120}{300} \times 100 = 40$ (%)

• 시계: $\frac{90}{300} \times 100 = \square$ (%)

• 책: $\frac{60}{300} \times 100 = \square$ (%)

• 기타: $\frac{30}{300} \times 100 = \square$ (%)

2 위 1에서 구한 각 항목의 백분율로 띠 모양에 그래프로 나타내었습니다. □ 안에 알맞은 수를 써넣으세요.

받고 싶은 선물별 학생 수

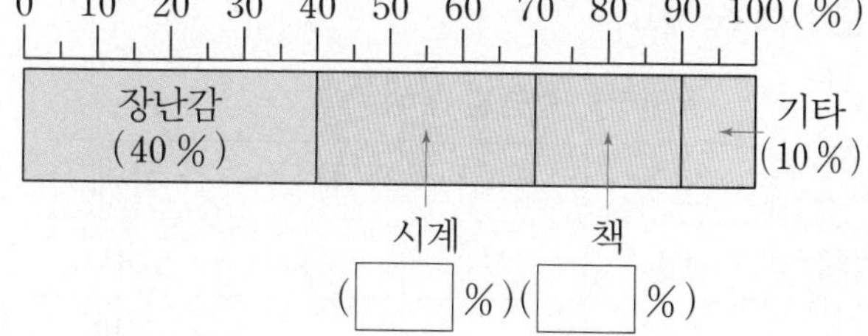

3 위 2와 같은 그래프를 무엇이라고 하나요?

( )

[4~7] 진희네 학교 6학년 학생들이 좋아하는 주스를 조사하여 나타낸 표와 띠그래프입니다. 물음에 답하세요.

좋아하는 주스별 학생 수

주스	딸기	키위	오렌지	기타	합계
학생 수(명)	70	50	40	40	200

좋아하는 주스별 학생 수

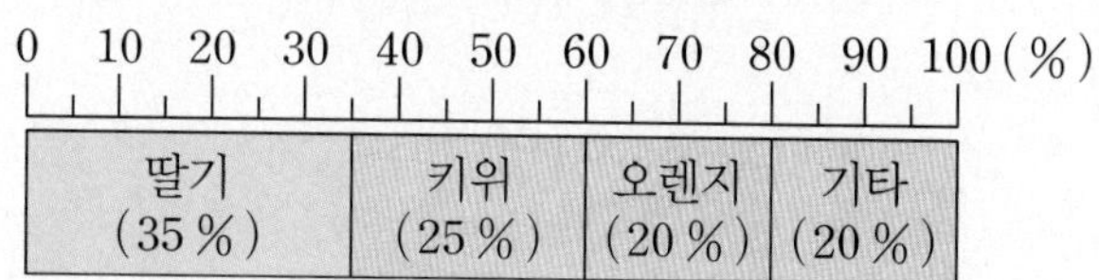

4 키위 주스를 좋아하는 학생 수를 알아보기 더 편리한 것에 ○표 하고, 몇 명인지 구해 보세요.

(표 , 띠그래프) ( )

5 오렌지 주스를 좋아하는 학생 수의 비율을 알아보기 더 편리한 것에 ○표 하고, 전체 학생 수의 몇 %인지 구해 보세요.

(표 , 띠그래프) ( )

6 진희네 학교 6학년 학생 수를 알아보기 더 편리한 것에 ○표 하고, 모두 몇 명인지 구해 보세요.

(표 , 띠그래프) ( )

7 가장 많은 학생들이 좋아하는 주스는 무엇인지 한눈에 알아보기 더 편리한 것에 ○표 하고, 답을 구해 보세요.

(표 , 띠그래프) ( )

5 단원

개념 익히기

3 띠그래프로 나타내기

표를 완성하고 띠그래프로 나타내기

좋아하는 과목별 학생 수

과목	국어	수학	과학	기타	합계
학생 수(명)	14	6	16	4	40

① 자료를 보고 각 항목의 백분율을 구합니다.

• 백분율(%) $=\dfrac{(\text{각 항목의 수})}{(\text{전체의 수})}\times 100$

국어: $\dfrac{14}{40}\times 100=35\,(\%)$ 수학: $\dfrac{6}{40}\times 100=15\,(\%)$

과학: $\dfrac{16}{40}\times 100=40\,(\%)$ 기타: $\dfrac{4}{40}\times 100=10\,(\%)$

② 각 항목의 백분율의 합계가 100 %가 되는지 확인합니다.
(백분율의 합계)$=35+15+40+10=100\,(\%)$

③ 각 항목이 차지하는 백분율의 크기만큼 선을 그어 띠를 나눕니다.

④ 나눈 부분에 각 항목의 내용과 백분율을 씁니다.

⑤ 띠그래프의 제목을 씁니다.

좋아하는 과목별 학생 수

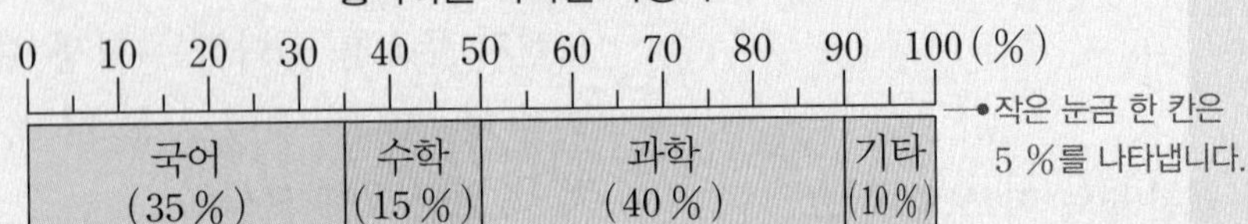

백분율(%)
$=(\text{비율})\times 100$
$=\dfrac{(\text{각 항목의 수})}{(\text{전체의 수})}\times 100$

• 띠그래프로 나타내는 방법
① 각 항목의 백분율 구하기
② 백분율의 합계가 100 %인지 확인하기
③ 백분율만큼 띠 나누기
④ 나눈 부분에 각 항목의 내용과 백분율 쓰기
⑤ 띠그래프의 제목 쓰기

먼저 생각해 봐요 [6－1 4. 비와 비율]

종류	㉠	㉡	㉢	합계
개수(개)	14	4	2	20
백분율(%)	70	20	10	100

20개 중 14개는 전체 100 % 중 □ %입니다.

1 소영이네 반 학생들이 좋아하는 운동을 조사하여 나타낸 표입니다. 표와 띠그래프를 완성해 보세요.

좋아하는 운동별 학생 수

운동	야구	축구	탁구	합계
학생 수(명)	18	9	3	30
백분율(%)				100

좋아하는 운동별 학생 수

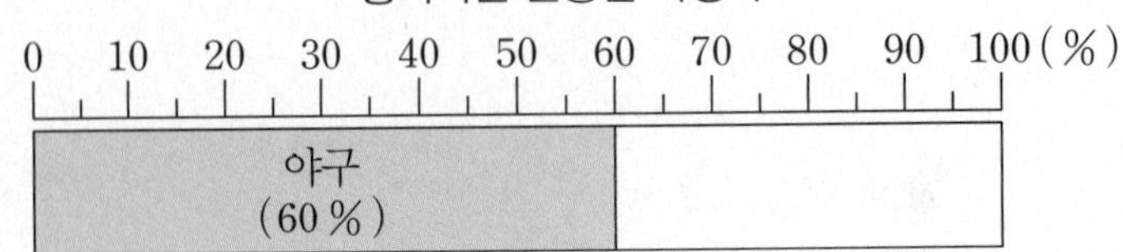

정답과 해설 30쪽

[1~3] 재호네 반 학생들이 방과후에 하는 활동을 조사하여 나타낸 표입니다. 물음에 답하세요.

방과후 활동별 학생 수

활동	학원	봉사	운동	합계
학생 수(명)	8	2	10	20

1 □ 안에 알맞은 수를 써넣고 항목별 백분율을 구해 보세요.

학원: $\frac{8}{20}\times100=\square$ (%)

봉사: $\frac{2}{20}\times\square=\square$ (%)

운동: $\frac{\square}{20}\times100=\square$ (%)

2 표를 완성해 보세요.

방과후 활동별 학생 수

활동	학원	봉사	운동	합계
백분율(%)				

3 위 2의 표를 보고 띠그래프로 나타내어 보세요.

방과후 활동별 학생 수

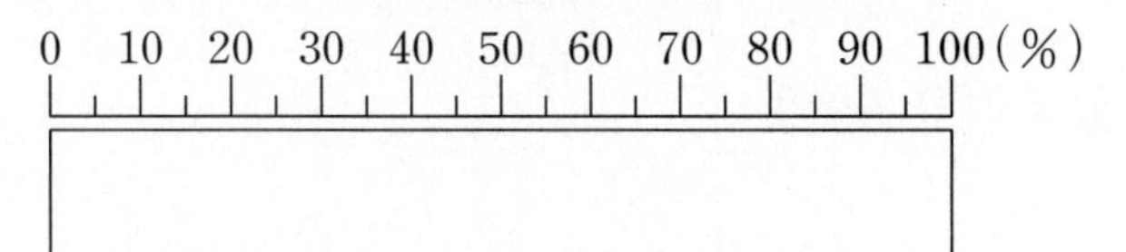

4 선아네 반 학생들이 여행하고 싶은 나라를 조사하여 백분율로 나타낸 표입니다. 표를 보고 띠그래프로 나타내어 보세요.

여행하고 싶은 나라별 학생 수

나라	미국	터키	프랑스	기타	합계
백분율(%)	35	30	20	15	100

여행하고 싶은 나라별 학생 수

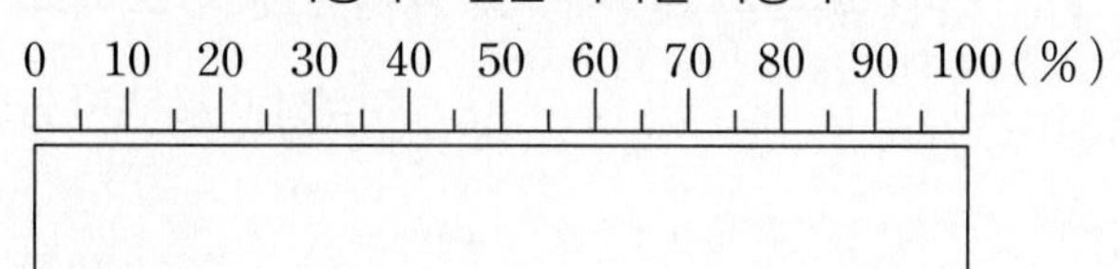

[5~6] 글을 읽고 물음에 답하세요.

민정이네 학교 6학년 학생 180명이 먹고 싶은 간식을 조사했더니 떡볶이는 81명, 치킨은 27명, 피자는 18명, 기타는 54명이었습니다.

5 위의 글을 읽고 표를 완성해 보세요.

먹고 싶은 간식별 학생 수

간식	떡볶이	치킨	피자	기타	합계
학생 수(명)	81	27			
백분율(%)					

6 위 5의 표를 보고 띠그래프로 나타내어 보세요.

먹고 싶은 간식별 학생 수

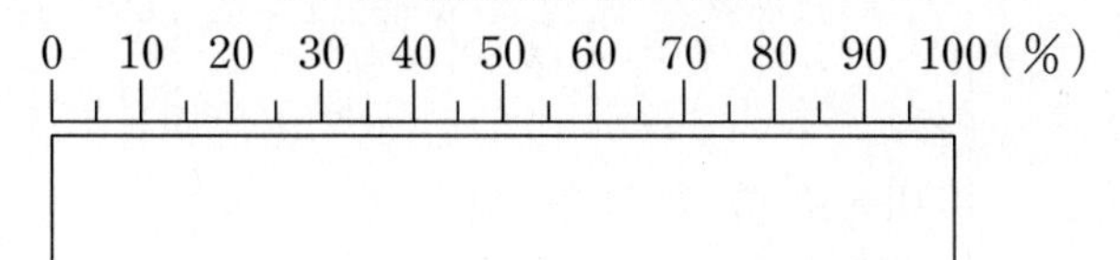

스스로 학습책 73쪽

[1~2] 지역별 미세 먼지 농도를 조사하여 나타낸 표와 그림그래프입니다. 물음에 답하세요.

지역별 미세 먼지 농도 (단위: $\mu g/m^3$)

지역	가	나	다	라	합계
농도		48	24	16	160
백분율(%)	45				100

1 위의 표와 그림그래프를 각각 완성해 보세요.

지역별 미세 먼지 농도

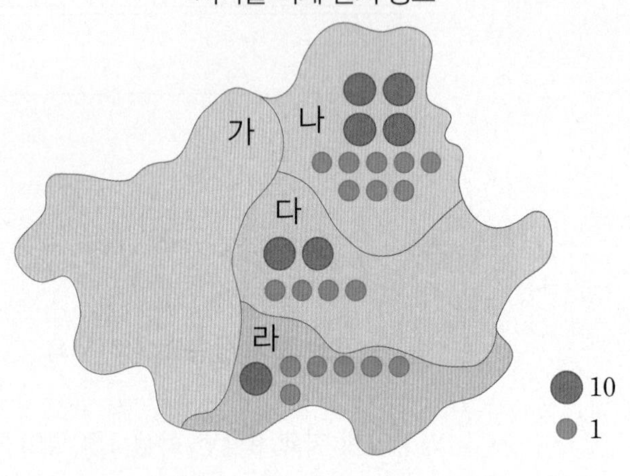

2 위의 표를 보고 지역별 미세 먼지 농도를 띠그래프로 나타내어 보세요.

지역별 미세 먼지 농도

0 10 20 30 40 50 60 70 80 90 100(%)

3 □ 안에 알맞은 말을 써넣으세요.

그림그래프는 자료의 수를 그대로 그림으로 나타내지만, 띠그래프는 각 항목의 비율을 □로 나타내므로 큰 자료의 값도 100 이하의 비율로 쓸 수 있습니다.

개념 PLUS
합계가 각각 다른 자료도 띠그래프로 나타내면 전체는 모두 100 %를 나타냅니다.

[4~5] 우리나라 스마트폰 이용자의 하루 평균 스마트폰 사용 시간을 조사하여 나타낸 띠그래프입니다. 물음에 답하세요.

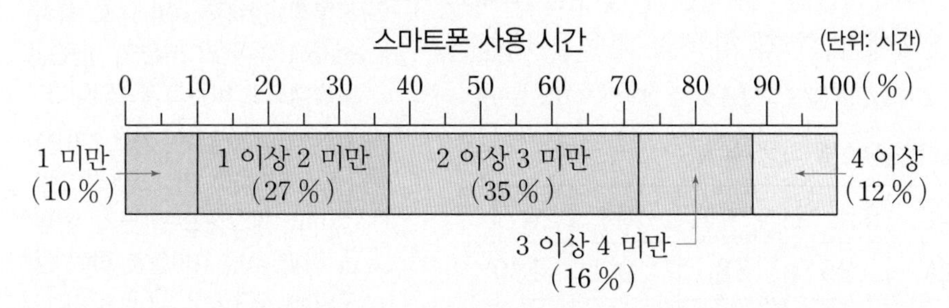

4 하루 평균 1시간 이상 2시간 미만 사용하는 이용자의 비율은 전체의 몇 %인가요?

( )

주의

- 3 이상인 수: 3과 같거나 3보다 큰 수 → 3 포함됨.
- 3 미만인 수: 3보다 작은 수 → 3 포함 안 됨.

5 하루 평균 3시간 이상 사용하는 이용자의 비율은 전체의 몇 %인가요?

( )

5 단원

[6~7] 수빈이네 반 학생들이 수학 여행으로 가고 싶은 장소를 조사하여 나타낸 띠그래프입니다. 물음에 답하세요.

수학 여행으로 가고 싶은 장소별 학생 수

0 10 20 30 40 50 60 70 80 90 100(%)

경주 (35 %) | 백두산 (25 %) | 제주도 (20 %) | 도쿄 (14 %) | 기타 (6 %)

6 제주도에 가고 싶은 학생은 전체의 몇 %인가요?

( )

개념 PLUS

항목의 수로 전체의 수 알아보기

	항목	전체
개수	5개	10개
	10개	20개
비율	50 %	100 %

2배

7 제주도에 가고 싶은 학생이 8명이라면 수빈이네 반 전체 학생은 몇 명인가요?

( )

개념 익히기

4 원그래프 알아보기

원그래프 알아보기

원그래프: 전체에 대한 각 부분의 비율(백분율)을 원 모양에 나타낸 그래프

➔ 원그래프로 나타내려면 전체에 대한 각 항목의 비율을 백분율로 나타내어야 합니다. (전체를 100 %로 보았을 때 각 항목의 크기를 알아봅니다.)

현장 학습 장소별 학생 수

장소	박물관	고궁	동물원	수목원	기타	합계
학생 수(명)	72	45	36	18	9	180
백분율(%)	40	25	20	10	5	100

$\frac{72}{180}\times100$, $\frac{45}{180}\times100$, $\frac{36}{180}\times100$, $\frac{18}{180}\times100$, $\frac{9}{180}\times100$

현장 학습 장소별 학생 수

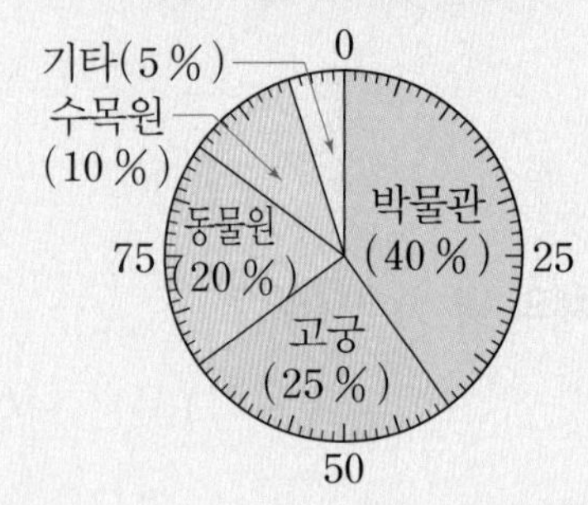

- 차지하는 부분의 크기로 비율의 크고 작음을 알 수 있으므로 전체에 대한 각 항목별 비율을 한눈에 비교할 수 있습니다.
- 원그래프는 작은 비율까지도 비교적 쉽게 나타낼 수 있습니다.

원그래프와 띠그래프의 공통점과 차이점

- 공통점: 전체를 100 %로 하여 전체에 대한 각 부분의 비율을 나타내므로 비율그래프입니다.
- 차이점: 띠그래프는 가로 길이를 100등분 하여 띠 모양에 그린 것이고 원그래프는 원의 중심을 따라 각을 100등분 하여 원 모양에 그린 것입니다.

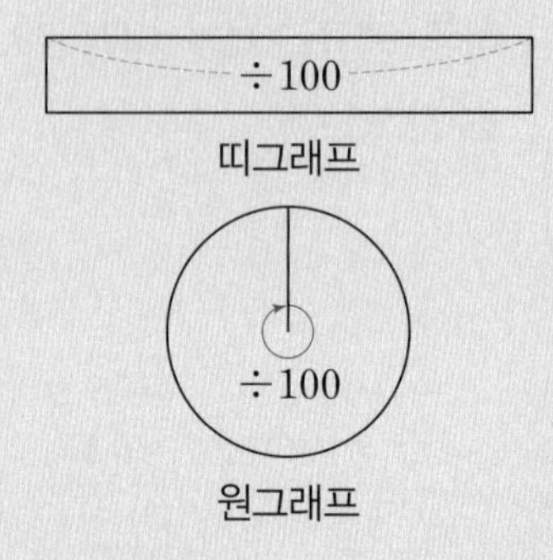

1 □ 안에 알맞은 말을 써넣으세요.

전체에 대한 각 부분의 비율을 원 모양에 나타낸 그래프를 □(이)라고 합니다.

2 다음 자료를 나타내기에 더 알맞은 그래프에 ○표 하세요.

과자의 영양소

영양소	탄수화물	지방	기타	합계
백분율(%)	96	3	1	100

(꺾은선그래프 , 원그래프)

비율그래프에는 다음과 같이 전체 모눈이 100칸인 사각형 그래프도 있습니다.

좋아하는 과목별 학생 수

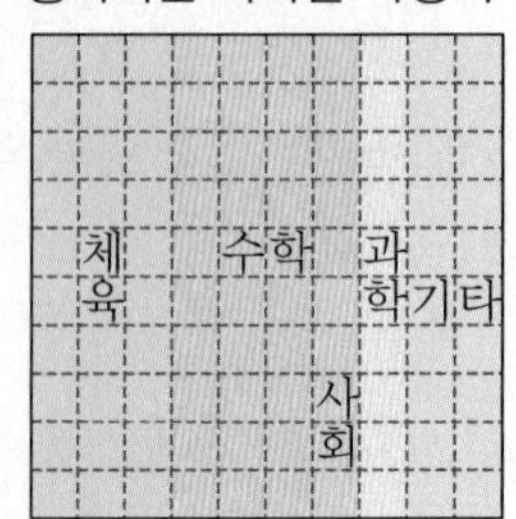

정답과 해설 31쪽

[1~3] 미라네 학교 학생 200명이 싫어하는 채소를 조사하여 나타낸 표입니다. 물음에 답하세요.

싫어하는 채소별 학생 수

채소	고추	가지	당근	토마토	합계
학생 수(명)	80	70	48	2	200

1 싫어하는 채소별 학생 수의 백분율을 구해 보세요.

- 고추: $\frac{80}{200} \times 100 = 40$ (%)
- 가지: $\frac{70}{200} \times 100 = \square$ (%)
- 당근: $\frac{48}{200} \times 100 = \square$ (%)
- 토마토: $\frac{2}{200} \times 100 = \square$ (%)

2 위 1에서 구한 백분율로 원 모양의 그래프를 만들었습니다. □ 안에 알맞은 수를 써넣으세요.

싫어하는 채소별 학생 수

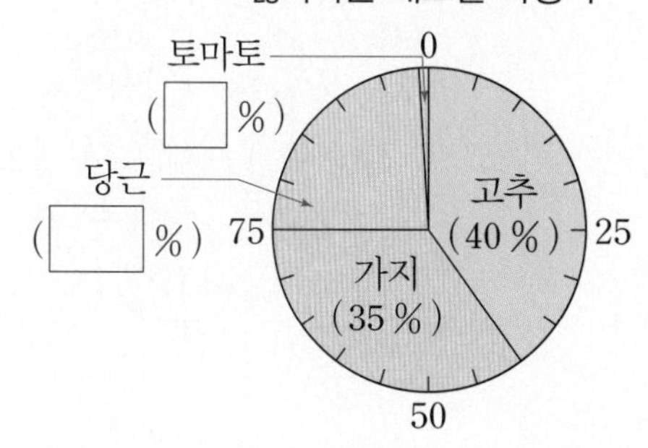

3 위 2와 같은 그래프를 무엇이라고 하나요?

(　　　　　　　　)

[4~6] 1반과 2반 학생들이 좋아하는 우유를 각각 조사하여 나타낸 그래프입니다. 물음에 답하세요.

좋아하는 우유별 학생 수 (1반)

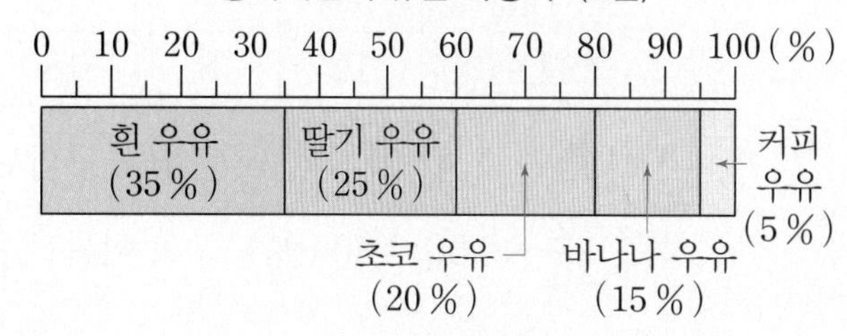

좋아하는 우유별 학생 수 (2반)

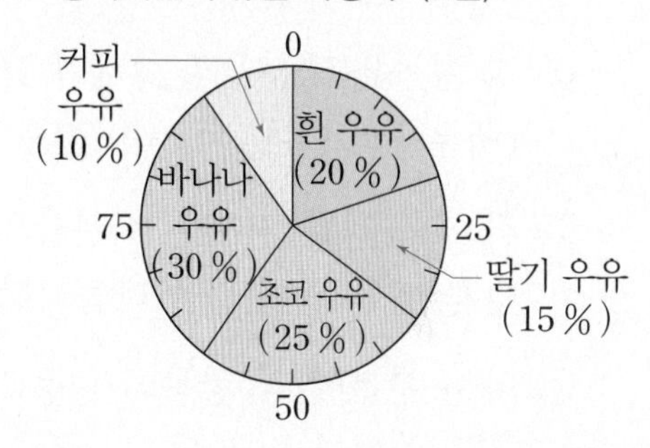

4 원그래프에서 흰 우유는 전체의 몇 %를 차지하나요?

(　　　　　　　　)

5 2반의 바나나 우유를 좋아하는 학생의 비율은 1반의 바나나 우유를 좋아하는 학생의 비율의 몇 배인가요?

(　　　　　　　　)

6 두 그래프에 대한 설명으로 틀린 것을 찾아 기호를 쓰세요.

> ㉠ 비율을 이용하여 그린 것입니다.
> ㉡ 전체는 100 %를 나타냅니다.
> ㉢ 1반의 딸기 우유를 좋아하는 학생 수와 2반의 초코 우유를 좋아하는 학생 수는 같습니다.

(　　　　　　　　)

5 단원

스스로 학습책 76쪽

개념 익히기

5 원그래프로 나타내기

- 표를 완성하고 원그래프로 나타내기

좋아하는 계절별 학생 수

계절	봄	여름	가을	겨울	합계
학생 수(명)	12	8	18	2	40

① 자료를 보고 각 항목의 백분율을 구합니다.

봄: $\frac{12}{40} \times 100 = 30\,(\%)$ 여름: $\frac{8}{40} \times 100 = 20\,(\%)$

가을: $\frac{18}{40} \times 100 = 45\,(\%)$ 겨울: $\frac{2}{40} \times 100 = 5\,(\%)$

② 각 항목의 백분율의 합계가 100 %가 되는지 확인합니다.

(백분율의 합계) $= 30 + 20 + 45 + 5 = 100\,(\%)$

③ 각 항목이 차지하는 백분율의 크기만큼 선을 그어 원을 나눕니다.

④ 나눈 부분에 각 항목의 내용과 백분율을 씁니다.

⑤ 원그래프의 제목을 씁니다.

좋아하는 계절별 학생 수

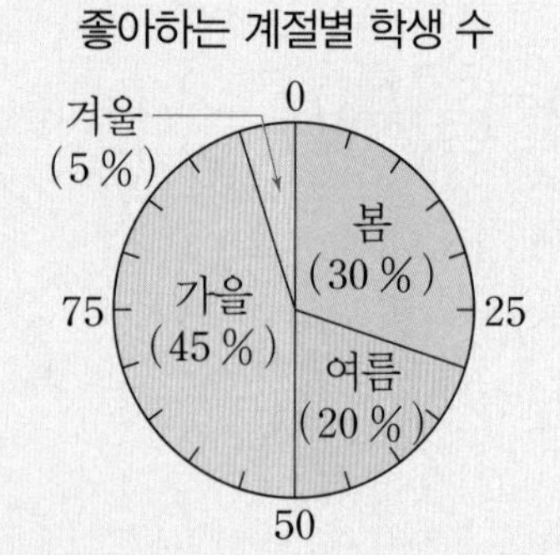

원그래프로 나타낼 때 비율이 낮은 항목은 원그래프 안에 항목의 내용과 백분율을 함께 적기 어려우므로 화살표를 사용하여 그래프 밖에 내용과 백분율을 쓰도록 합니다.

1 **오른쪽은 예리네 반 학생들이 좋아하는 음악의 종류를 조사하여 나타낸 그래프입니다. 물음에 답하세요.**

좋아하는 음악 종류별 학생 수

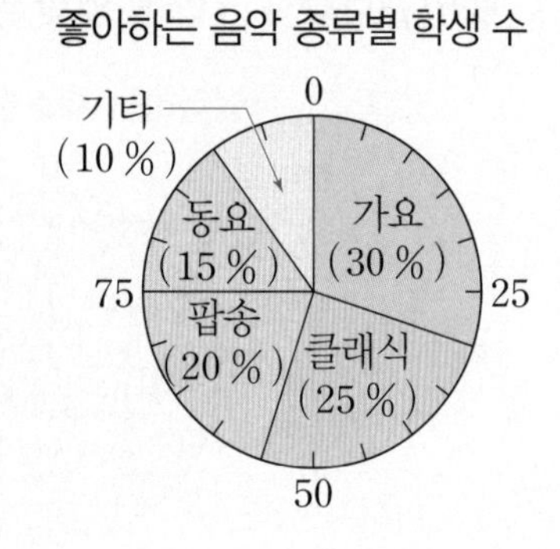

(1) 오른쪽과 같은 그래프를 무슨 그래프라고 하나요?

( )

(2) 클래식을 좋아하는 학생의 비율은 전체의 몇 %인가요?

( )

(3) 가장 많은 학생들이 좋아하는 음악은 무엇인가요?

( )

정답과 해설 32쪽

[1~2] 수호네 학교 학생들이 배우고 싶은 무술을 조사하여 나타낸 표입니다. 물음에 답하세요.

배우고 싶은 무술별 학생 수

무술	태권도	합기도	검도	기타	합계
학생 수(명)	130	30	20	20	200
백분율(%)					100

1 위의 표를 완성해 보세요.

2 위 1의 표를 보고 원그래프로 나타내어 보세요.

배우고 싶은 무술별 학생 수

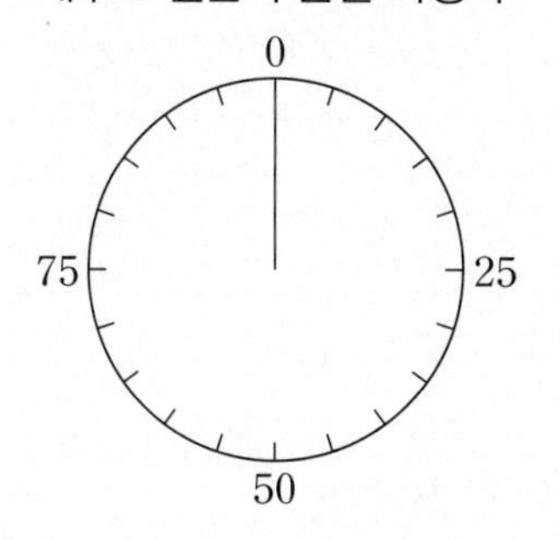

3 영진이네 학교 학생들이 좋아하는 운동을 조사하여 나타낸 표를 보고 원그래프로 나타내어 보세요.

좋아하는 운동별 학생 수

운동	축구	야구	농구	기타	합계
백분율(%)	40	35	20	5	100

좋아하는 운동별 학생 수

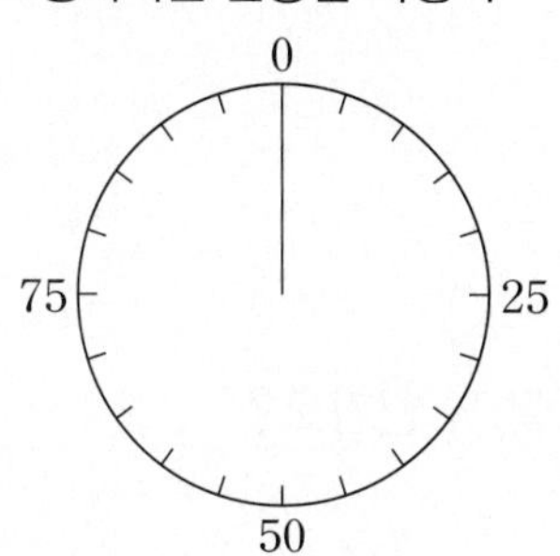

[4~6] (가)와 (나) 책꽂이에 있는 책의 수를 조사한 것입니다. 물음에 답하세요.

책꽂이의 책의 수

종류	동화책	만화책	과학책	합계
(가) 책꽂이(권)	104	32	24	160
(나) 책꽂이(권)	156	48	36	240

4 (가)와 (나) 책꽂이에 있는 종류별 책의 백분율을 구하여 표를 완성해 보세요.

책꽂이의 책의 수

종류	동화책	만화책	과학책	합계
(가) 책꽂이(%)	65	20		
(나) 책꽂이(%)			15	

5 위 4의 표를 보고 원그래프를 각각 그려 보세요.

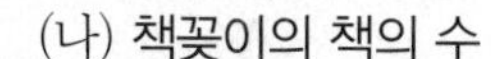

(가) 책꽂이의 책의 수

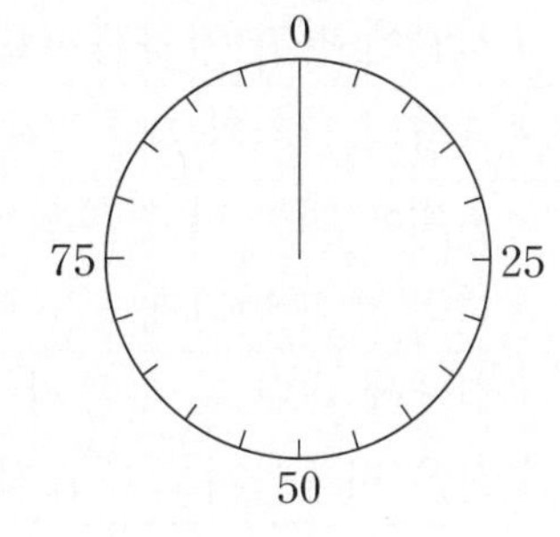

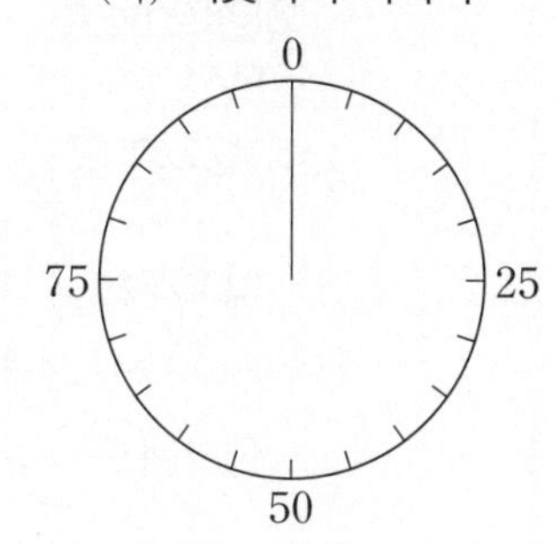

6 □ 안에 알맞은 말을 써넣으세요.

(가)와 (나)의 책꽂이에 있는 종류별 책의 수는 다르지만 전체에 대한 각 항목의 □이 같으므로 두 원그래프의 모양이 같습니다.

5 단원

6 그래프 해석하기 / 여러 가지 그래프 비교하기

띠그래프를 보고 해석하기

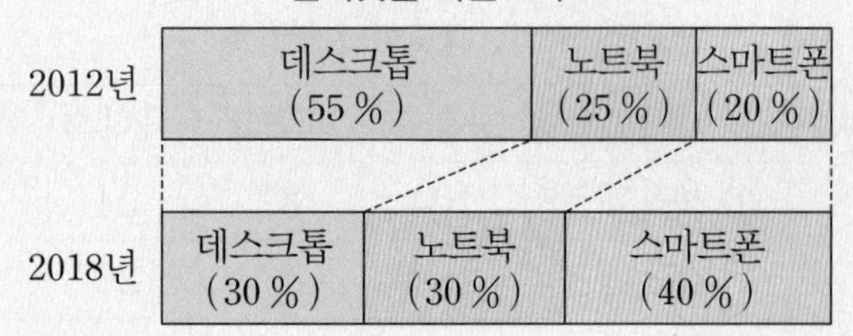

2012년에 인터넷을 하는 도구는 데스크톱의 비율이 가장 높았는데 2018년에는 스마트폰의 비율이 가장 높습니다.

원그래프를 보고 해석하기

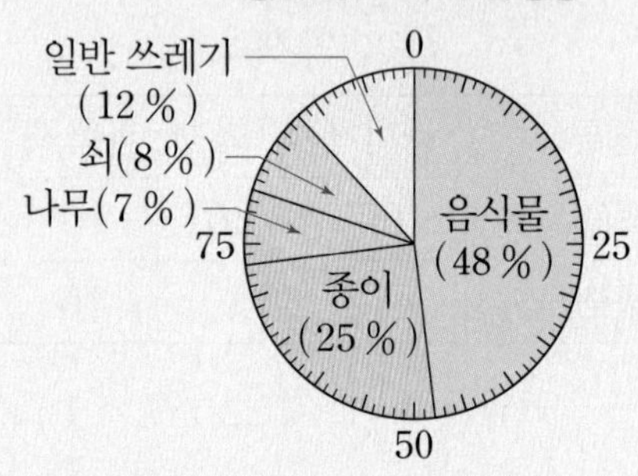

- 전체 쓰레기의 $\frac{1}{4}$을 차지하는 것은 종이 쓰레기입니다.
- 음식물 쓰레기는 일반 쓰레기 양의 4배입니다.
- 종류별 쓰레기의 비율이 20 % 미만인 것은 나무, 쇠, 일반 쓰레기입니다.

여러 가지 그래프 비교해 보기

막대그래프	• 수량의 많고 적음을 한눈에 알 수 있습니다. • 각각의 크기를 비교할 때 편리합니다.
꺾은선그래프	• 수량의 변화하는 모습과 정도를 쉽게 알 수 있습니다. • 시간에 따라 연속적으로 변하는 양을 나타내는 데 편리합니다.
그림그래프	• 그림의 크기와 개수, 위치 등으로 복잡한 자료를 간단하게 보여 줍니다.
띠그래프	• 전체에 대한 각 부분의 비율을 한눈에 알아보기 쉽습니다. • 여러 개의 띠그래프를 이용하면 자료의 변화를 알 수 있습니다.
원그래프	• 전체에 대한 각 부분의 비율을 한눈에 알아보기 쉽습니다. • 작은 비율까지도 비교적 쉽게 나타낼 수 있습니다.

1 위 띠그래프에서 인터넷을 하는 도구로 스마트폰의 비율이 2018년에는 2012년의 몇 배가 되었나요?

( )

2 위 원그래프에서 재활용할 수 있는 종이, 나무, 쇠의 비율은 모두 몇 %인가요?

( )

정답과 해설 32쪽

[1~2] 어느 서점에 있는 종류별 책의 수를 조사하여 나타낸 그림그래프입니다. 물음에 답하세요.

종류별 책의 수

종류	동화책	위인전	만화책	참고서
책의 수(권)				

500권 100권

1 그림그래프를 보고 표와 띠그래프를 완성해 보세요.

종류별 책의 수

종류	동화책	위인전	만화책	참고서	합계
책의 수(권)	1000	600		400	2500
백분율(%)			20		

종류별 책의 수

0 10 20 30 40 50 60 70 80 90 100(%)

2 □ 안에 알맞은 말을 써넣으세요.

그림그래프는 항목별 수의 많고 적음을 □의 크기로 알 수 있고 띠그래프는 항목별 □의 길이로 알 수 있습니다.

3 원그래프를 보고 초미세 먼지 배출 원인 중 비율이 50 % 이상인 것을 찾아 쓰세요.

초미세 먼지 배출 원인

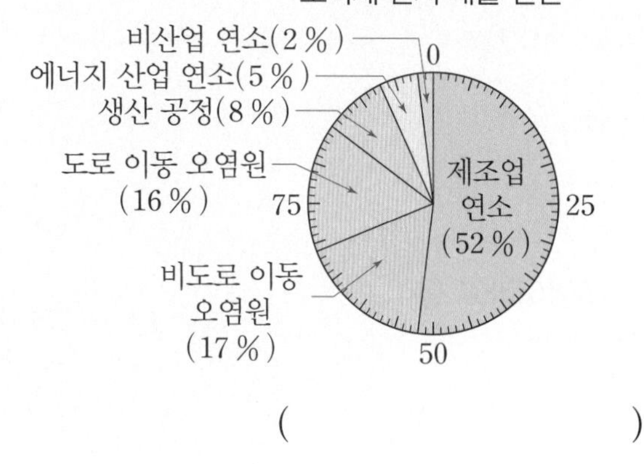

(　　　　　　　　　　)

4 자료를 그래프로 나타낼 때 어떤 그래프가 좋은지 보기에서 찾아 쓰세요.

보기

막대그래프　　꺾은선그래프
원그래프　　그림그래프　　띠그래프

(1) 월별 선수의 키의 변화

(　　　　　　　　　　)

(2) 권역별 초등학교 수

(　　　　　　　　　　)

(3) 재활용품의 종류별 배출량

(　　　　　　　　　　)

[5~6] 1998년과 2018년에 어느 도시의 연도별 가구원 수를 조사하여 나타낸 띠그래프입니다. 물음에 답하세요.

가구원 수별 가구 수

	1인	2인	3인	4인 이상
1998년	12 %	20 %	32 %	36 %
2018년	24 %	22 %	26 %	28 %

5 2018년의 1인 가구 수의 비율은 1998년의 1인 가구 수의 비율의 몇 배인가요?

(　　　　　　　　　　)

6 2028년의 4인 이상의 가구 수는 어떻게 될 것이라고 예상할 수 있을까요?

(　　　　　　　　　　)

5 단원

실전문제 익히기

1 어느 시장에서 판매하는 농산물을 조사하여 나타낸 띠그래프입니다. 11월 배추 판매량의 비율은 3월의 배추 판매량 비율의 몇 배인가요?

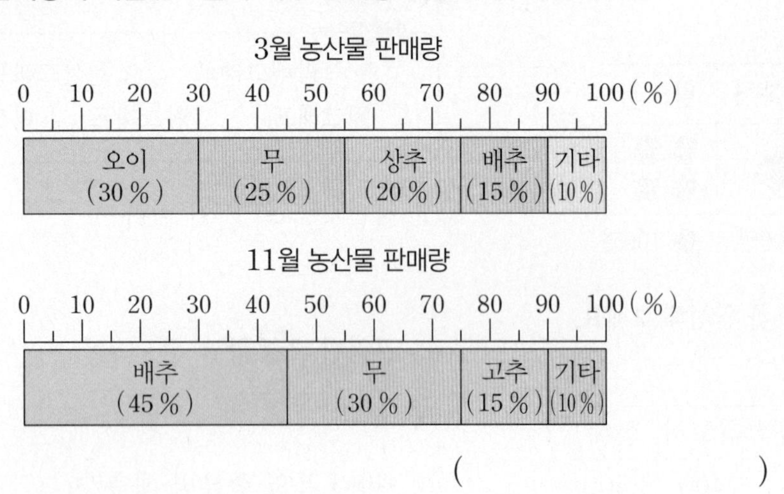

( )

[2~3] 시우네 반 학생들이 생각하는 숲의 중요한 기능에 대해 조사하여 나타낸 원그래프입니다. 물음에 답하세요.

숲의 중요한 기능

기타(5 %)
0
목재 생산 (15 %)
75
산소 공급 (50 %)
25
가뭄·홍수 예방
산사태 예방 (20 %)
50

2 학생들이 생각하는 숲의 중요한 기능 중 가뭄 · 홍수 예방의 비율은 전체의 몇 %인가요?

( )

3 숲의 중요한 기능으로 가뭄 · 홍수 예방을 답한 학생 수가 15명이라고 할 때 산소 공급을 답한 학생은 몇 명인가요?

( )

스스로 학습책 79쪽

4 친구들이 좋아하는 김밥 종류를 조사하였습니다. 조사한 학생이 40명일 때 참치 김밥을 좋아하는 학생은 몇 명인가요?

좋아하는 김밥 종류별 학생 수

0 10 20 30 40 50 60 70 80 90 100 (%)

참치 (35 %)	불고기 (25 %)	치즈 (20 %)	우엉 (15 %)	기타 (5 %)

(　　　　　　　　)

개념 PLUS

(비교하는 양)=(기준량)×(비율)

5 어느 도시의 교통사고 발생 원인을 조사하여 나타낸 띠그래프입니다. 시간이 지날수록 비율이 점점 높아지는 것과 점점 낮아지는 것을 찾아 쓰세요.

교통사고 발생 원인

	신호 위반	졸음 운전	음주 운전	휴대전화사용	기타
2010년	43 %	21 %	15 %	12 %	9 %
2014년	38 %	19 %	22 %	10 %	11 %
2018년	29 %	20 %	28 %	13 %	10 %

높아지는 것 (　　　　　　　　)

낮아지는 것 (　　　　　　　　)

6 다음은 오곡밥에 들어간 잡곡의 양을 조사하여 나타낸 원그래프입니다. 콩이 20 g이라면 전체 잡곡의 양은 몇 g인가요?

잡곡의 양

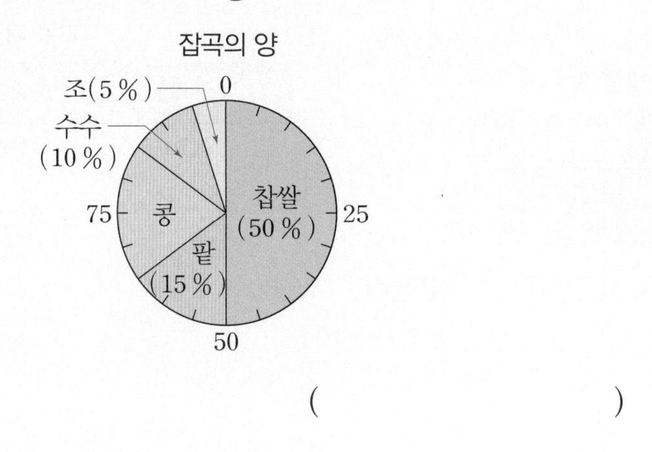

(　　　　　　　　)

5 단원

1 변경된 비율 구하기

항목별 비율이 바뀌어도 전체는 항상 100 %예요.

★ 기연이네 학교 학생들이 좋아하는 급식 메뉴를 조사하여 나타낸 띠그래프입니다. 짜장면과 튀김의 비율은 전체의 몇 %인가요?

좋아하는 급식 메뉴별 학생 수

치킨 (35 %)	짜장면 (25 %)	스파게티 (20 %)	튀김	기타 (10 %)

( )

★★ 선우네 반 학생들이 작년에 살았던 마을을 조사하여 나타낸 원그래프입니다. 전체 학생 수는 같지만 올해 별빛 마을에 사는 학생은 작년보다 반으로 줄고 그만큼 달빛 마을에 사는 학생 수가 늘었다고 합니다. 올해 달빛 마을에 사는 학생 수의 비율은 몇 %가 될까요?

마을별 학생 수

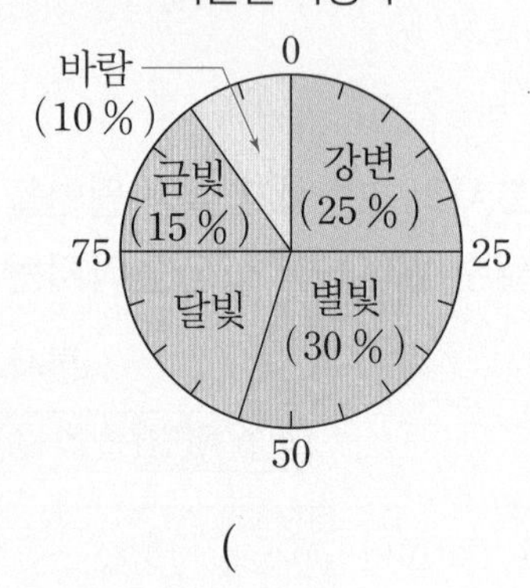

( )

2 띠그래프에서 항목의 값 구하기

항목의 값은 전체의 양에 소수로 나타낸 비율을 곱해서 구해요.

★ 예림이네 반 학생들의 컴퓨터 사용 용도를 조사하여 나타낸 띠그래프입니다. 길이가 30 cm인 띠그래프로 나타낸다면 게임이 차지하는 부분의 길이는 몇 cm인가요?

컴퓨터 사용 용도별 학생 수

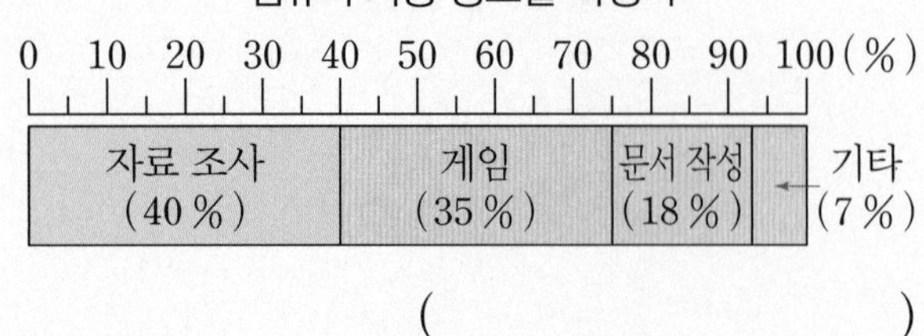

( )

★★ 어느 도시의 교육 기관별 수를 조사하여 길이가 20 cm인 띠그래프로 나타낸 것입니다. 전체 교육 기관이 150개라면 유치원은 몇 개인가요?

교육 기관별 수

초등학교	중학교	유치원	고등학교	기타
7 cm	5 cm	4 cm	2 cm	2 cm

( )

3 띠그래프에서 전체의 값 구하기

부분의 비율로 전체 조사한 사람 수를 구해요.

★ 민상이의 일주일 용돈의 쓰임을 조사하여 나타낸 띠그래프입니다. 교통비에 사용하는 용돈이 1500원이면 일주일 용돈은 얼마인가요?

용돈의 쓰임

0 10 20 30 40 50 60 70 80 90 100(%)

저금 (40 %)	군것질 (30 %)	학용품 (15 %)	교통비(10 %)	기타 (5 %)

( )

★★ 어느 마을의 출근시 교통 수단을 조사하여 나타낸 띠그래프입니다. 자전거를 이용하는 사람이 60명이라면 버스를 이용하는 사람은 몇 명인가요?

출근시 교통 수단

0 10 20 30 40 50 60 70 80 90 100(%)

버스 (35 %)	지하철 (30 %)	자전거 (25 %)	기타 (10 %)

( )

5 단원

4 그래프의 한 항목을 다른 그래프에 나타내기

왼쪽 그래프에서 6학년 학생 수를 먼저 구해요.

★ 수정이네 학교 학생 800명의 여학생과 남학생 비율과 여학생이 좋아하는 분식을 나타낸 원그래프입니다. (나) 그래프는 여학생 몇 명으로 나타낸 원그래프인가요?

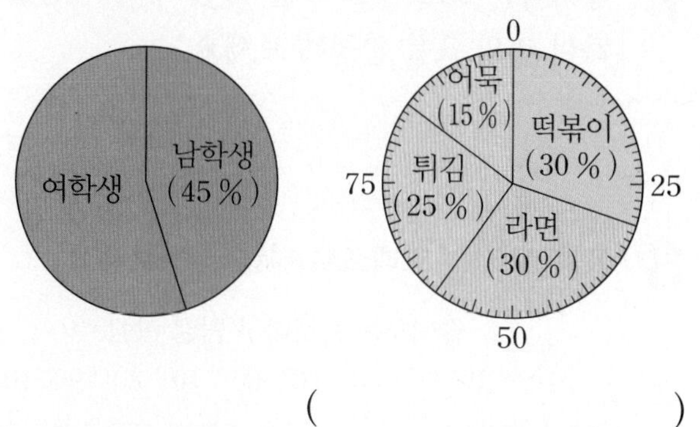

( )

★★ 재훈이네 학교 5학년과 6학년 학생 400명의 학년별 비율과 6학년이 즐겨 읽는 책의 종류를 나타낸 원그래프입니다. 역사책을 즐겨 보는 6학년 학생은 몇 명인가요?

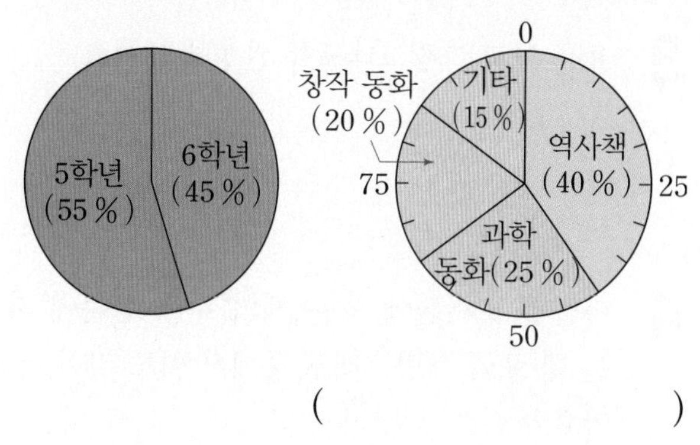

( )

단원평가

Level 1

점수	확인

[1~4] 마을별 도서관에 있는 책의 수를 조사하여 나타낸 표와 그림그래프입니다. 물음에 답하세요.

마을별 도서관에 있는 책의 수

마을	가	나	다	라
책의 수(권)	2100	3000	2500	㉠

마을별 도서관에 있는 책의 수

마을	책의 수
가	
나	
다	
라	

□권, □권

1 표를 그림그래프로 나타내려고 합니다. 과 을 몇 권으로 나타냈나요?

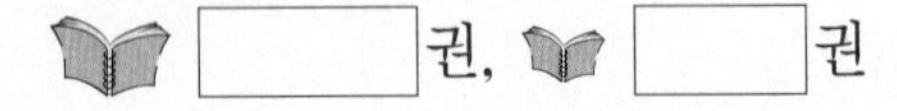

2 위의 그림그래프를 보고 표의 ㉠에 알맞은 수를 구해 보세요.

( )

3 표를 보고 그림그래프를 완성해 보세요.

4 마을별 도서관에 있는 책의 수를 한눈에 파악하는 데 표와 그림그래프 중에서 어느 것이 더 좋은가요?

( )

[5~6] 다음은 재호네 반 학생들이 좋아하는 해산물을 조사하여 나타낸 그래프입니다. 물음에 답하세요.

좋아하는 해산물별 학생 수

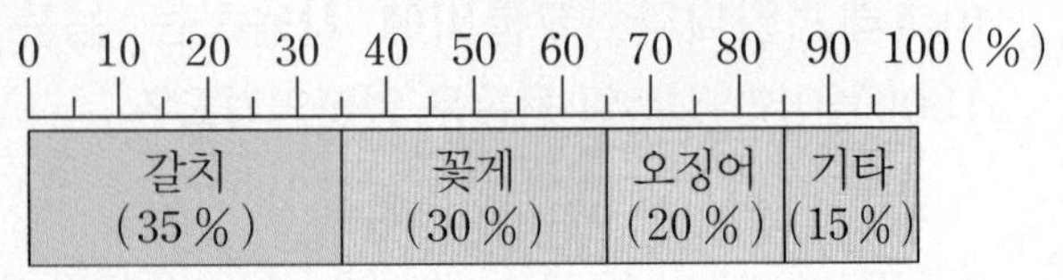

5 위와 같은 그래프를 무엇이라고 하나요?

( )

6 위 그래프에서 알 수 있는 것에 ○표 하세요.

꽃게가 차지하는 비율	오징어를 좋아하는 학생 수
( )	( )

[7~8] 경호네 학교 6학년 학생들이 좋아하는 프로야구 팀을 조사하여 나타낸 표입니다. 물음에 답하세요.

좋아하는 프로야구 팀별 학생 수

프로야구 팀	곰	거인	쌍둥이	기타	합계
학생 수(명)	130	40	20	10	200
백분율(%)					

7 좋아하는 프로야구 팀별 학생 수의 백분율을 구하여 위의 표를 완성해 보세요.

8 표를 보고 띠그래프로 나타내어 보세요.

좋아하는 프로야구 팀별 학생 수

0 10 20 30 40 50 60 70 80 90 100(%)

9 띠그래프 또는 원그래프로 나타내기에 알맞은 것을 말한 친구를 찾아 쓰세요.

> 선주: 강낭콩의 키의 변화
> 윤찬: 좋아하는 계절별 학생 수

( )

[10~11] 학생들이 좋아하는 중장비의 종류를 조사하여 나타낸 그래프입니다. 물음에 답하세요.

좋아하는 중장비의 종류별 학생 수

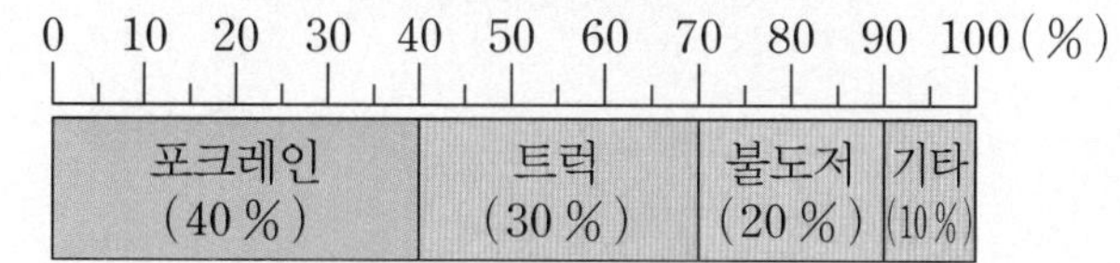

좋아하는 중장비의 종류별 학생 수

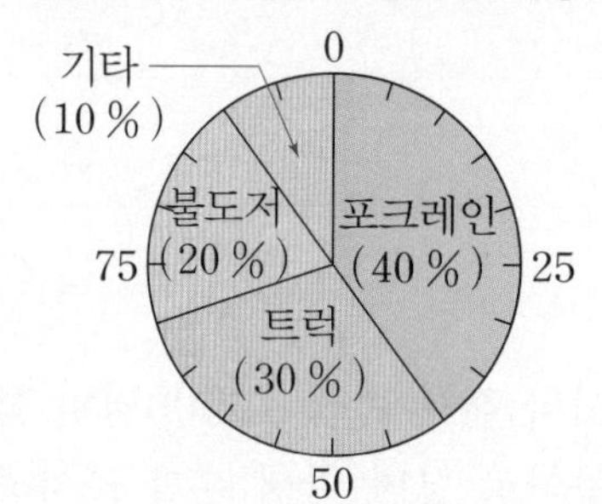

10 띠그래프와 원그래프를 설명한 것이 아닌 것을 찾아 기호를 쓰세요.

> ㉠ 전체를 10으로 하여 전체에 대한 각 부분의 비율을 나타냈습니다.
> ㉡ 그래프의 모양이 다릅니다.
> ㉢ 비율그래프입니다.

( )

11 포크레인을 좋아하는 학생 수는 불도저를 좋아하는 학생 수의 몇 배인가요?

( )

[12~13] 글을 읽고 물음에 답하세요.

> 미라네 반 학생 40명이 좋아하는 색깔을 조사했더니 빨강 18명, 노랑 12명, 초록 6명, 파랑 4명입니다.

12 위 글을 읽고 표를 완성해 보세요.

좋아하는 색깔별 학생 수

색깔	빨강	노랑	초록	파랑	합계
백분율(%)					

13 위 **12**의 표를 보고 원그래프로 나타내어 보세요.

좋아하는 색깔별 학생 수

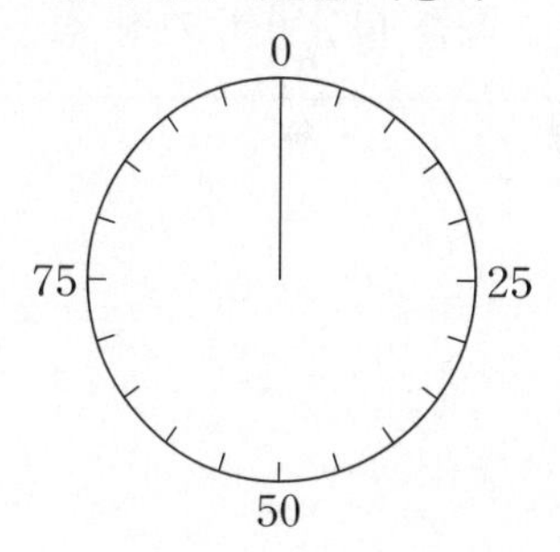

[14~15] 승기네 학교 학생들의 혈액형을 조사하여 나타낸 표입니다. 물음에 답하세요.

혈액형별 학생 수

혈액형	A형	B형	O형	AB형	합계
학생 수(명)	175	245	210	70	700

14 표를 보고 띠그래프로 나타내어 보세요.

혈액형별 학생 수

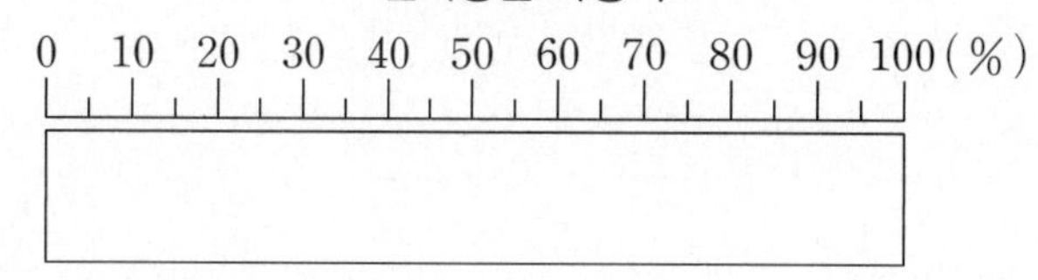

15 A형에게 수혈할 수 있는 혈액형은 A형과 O형입니다. A형에게 수혈할 수 있는 학생은 전체의 몇 %인가요?

( )

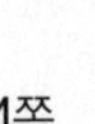

서술형

[16~18] 정수네 집에서 생산한 곡물량을 조사하여 나타낸 원그래프입니다. 물음에 답하세요.

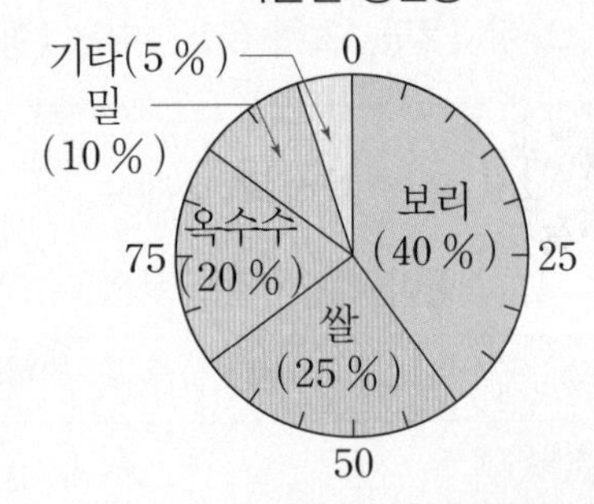

16 위 원그래프를 바르게 해석한 사람은 누구인가요?

준영: 곡물 생산량이 가장 많은 것은 보리야.
지안: 곡물 생산량이 가장 적은 것은 밀이야.

(　　　　　　　　　　)

17 생산량이 옥수수의 절반인 곡물은 무엇인가요?

(　　　　　　　　　　)

18 전체 곡물 생산량이 600 kg이면 보리의 생산량은 몇 kg인가요?

(　　　　　　　　　　)

19 권역별 사과 생산량을 조사하여 나타낸 그림그래프입니다. 그림그래프로 나타내면 좋은 점을 설명해 보세요.

설명

20 어느 도시의 전체 학생 12500명의 학교별 학생 수와 초등학교 남녀 학생 수를 조사하여 나타낸 원그래프입니다. 이 도시의 초등학생 중 여학생은 몇 명인지 풀이 과정을 쓰고, 답을 구해 보세요.

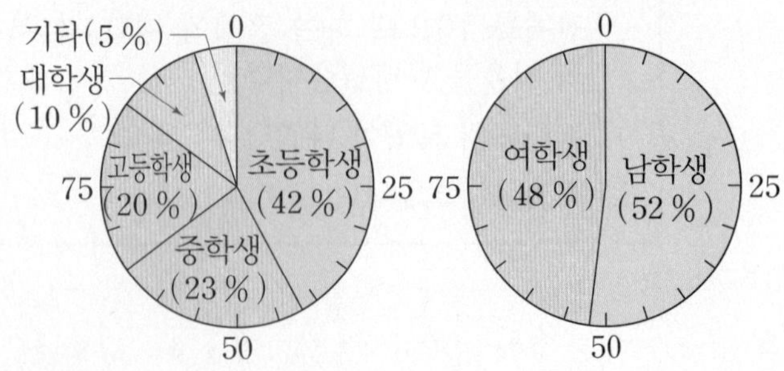

풀이

답

단원평가

Level 2

점수 확인

[1~4] 유아네 학교 6학년 학생들이 좋아하는 운동을 조사하여 나타낸 그래프입니다. 물음에 답하세요.

좋아하는 운동별 학생 수

0 10 20 30 40 50 60 70 80 90 100(%)

발야구 (30%)	수영 (20%)	피구 (15%)	배구 (15%)	야구(10%)	기타 (10%)

1 위 그래프는 어떤 그래프인가요?

( )

2 피구를 좋아하는 학생은 전체의 몇 %인가요?

( )

3 수영을 좋아하는 학생은 야구를 좋아하는 학생의 몇 배인가요?

( )

4 체육대회 때 가장 많은 학생들이 좋아하는 운동으로 경기하려고 합니다. 어떤 운동으로 경기를 해야 하나요?

( )

5 전체에 대한 각 부분의 비율을 나타낸 그래프를 모두 고르세요. ( )

① 그림그래프 ② 막대그래프
③ 꺾은선그래프 ④ 띠그래프
⑤ 원그래프

[6~7] 도별 쌀 생산량을 조사하여 나타낸 표입니다. 물음에 답하세요.

도별 쌀 생산량

도	쌀 생산량(t)	도	쌀 생산량(t)
경기도	70만	경상북도	64만
강원도	45만	경상남도	52만
충청북도	20만	전라북도	43만
충청남도	58만	전라남도	65만

6 도별 쌀 생산량을 그림으로 나타내어 한눈에 비교하기 쉽게 나타내려고 합니다. 어느 그래프로 나타내는 것이 좋다고 생각하나요?

( )

7 도별 쌀 생산량을 그림그래프로 나타내어 보세요.

도별 쌀 생산량

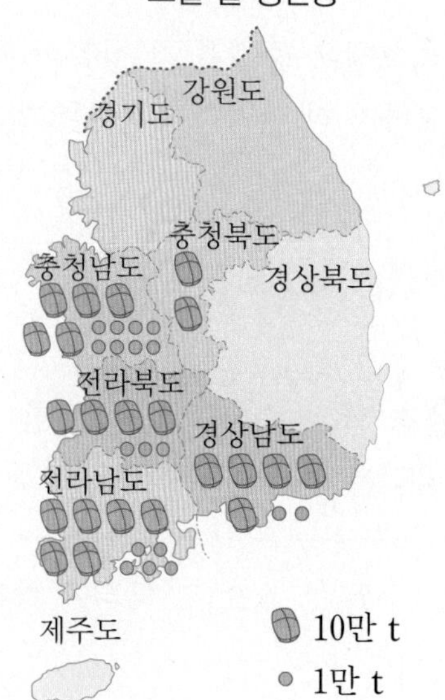

5 단원

[8~11] 글을 읽고 물음에 답하세요.

찬준이네 학교 5, 6학년 학생들이 가고 싶어 하는 나라를 조사했습니다. 그 결과 미국 120명, 중국 75명, 일본 60명, 영국 30명, 뉴질랜드 9명, 베트남 3명, 이집트 3명으로 조사되었습니다.

8 표를 완성해 보세요.

가고 싶어 하는 나라별 학생 수

나라	미국	중국	일본	영국	기타	합계
학생 수(명)	120	75			15	300
백분율 (%)						

9 띠그래프로 나타내어 보세요.

가고 싶어 하는 나라별 학생 수

0 10 20 30 40 50 60 70 80 90 100(%)

10 표와 띠그래프 중에서 각 항목이 차지하는 비율을 비교하기 더 편리한 것은 무엇인가요?

( )

11 백분율과 학생 수의 관계를 말한 것입니다. □ 안에 알맞은 수를 써넣으세요.

학생 수를 □(으)로 나누면 백분율의 값과 같습니다.

[12~13] 지현이네 학교에서 일주일 동안 배출한 쓰레기의 양을 조사하여 나타낸 원그래프입니다. 물음에 답하세요.

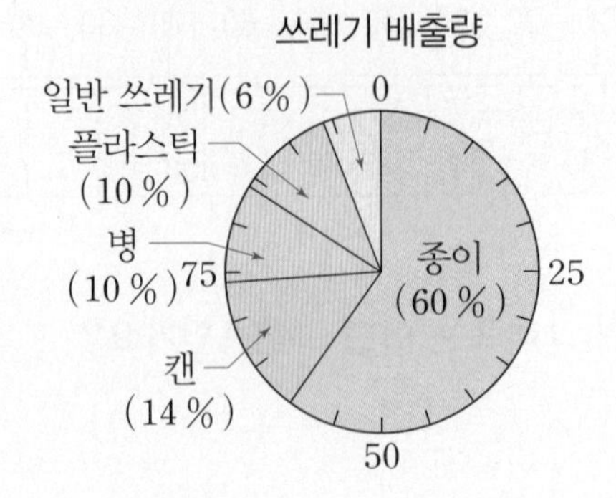

12 전체 쓰레기 배출량에 대한 플라스틱 배출량의 비율은 몇 %인가요?

( )

13 재활용으로 사용할 수 있는 것들은 종이, 병, 캔, 플라스틱입니다. 전체 쓰레기 배출량에 대한 재활용으로 사용할 수 있는 쓰레기 배출량의 비율은 몇 %인가요?

( )

[14~15] 오른쪽은 어느 과수원의 올해 과일별 수확량을 조사하여 나타낸 원그래프입니다. 물음에 답하세요.

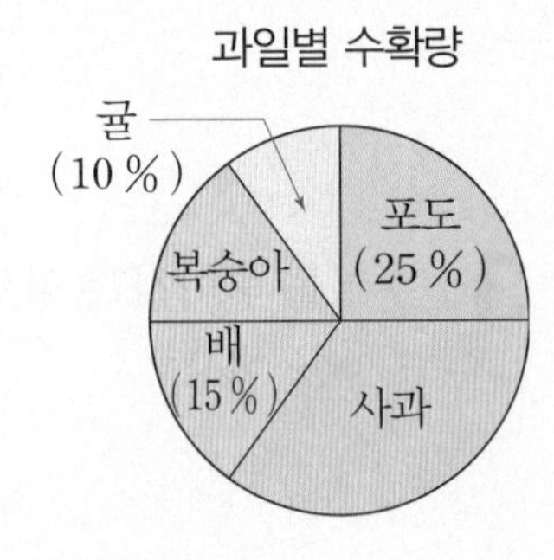

14 수확한 사과가 귤의 3.5배일 때 복숭아는 전체의 몇 %인가요?

( )

15 위 원그래프를 보고 띠그래프로 나타내어 보세요.

과일별 수확량

0 10 20 30 40 50 60 70 80 90 100(%)

서술형

[16~17] 소미네 학교에서 2000년과 2018년의 6학년 학생의 형제·자매 수를 조사하여 나타낸 띠그래프입니다. 물음에 답하세요.

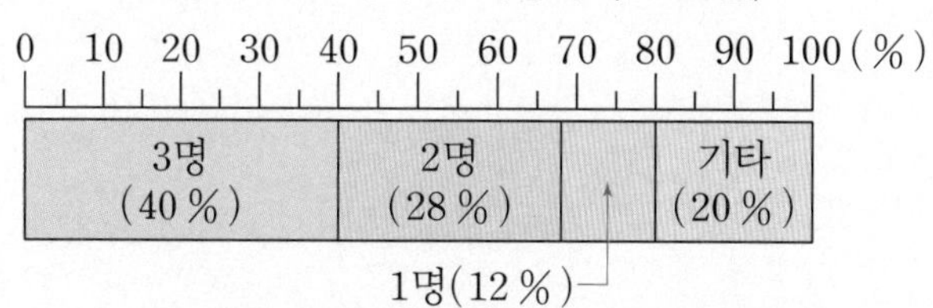

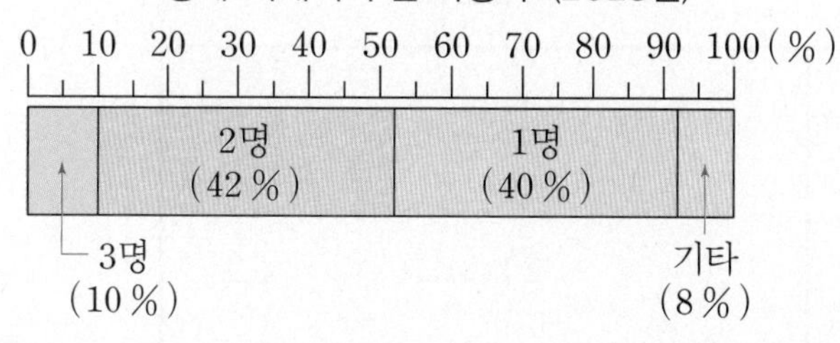

16 2000년 형제·자매 수가 3명인 학생의 비율은 2018년 형제·자매 수가 3명인 학생의 비율의 몇 배인가요?

( )

17 2018년에 6학년 학생 수가 150명일 때 형제·자매 수가 1명인 학생은 몇 명인가요?

( )

18 어느 마을의 가게 수를 조사하여 나타낸 원그래프입니다. 이 마을에 있는 가게가 모두 200개라면 음식점과 옷가게 수의 합은 몇 개인가요?

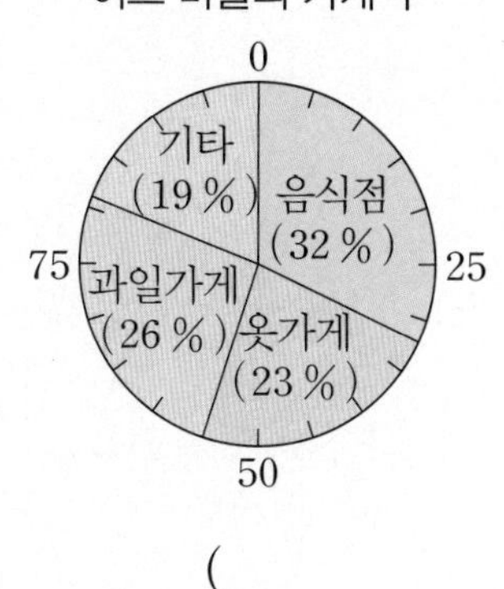

( )

19 오른쪽은 어느 도시의 학교별 학생 수를 조사하여 나타낸 원그래프입니다. 조사한 전체 학생이 7000명이라면 고등학생은 몇 명인지 풀이 과정을 쓰고, 답을 구해 보세요.

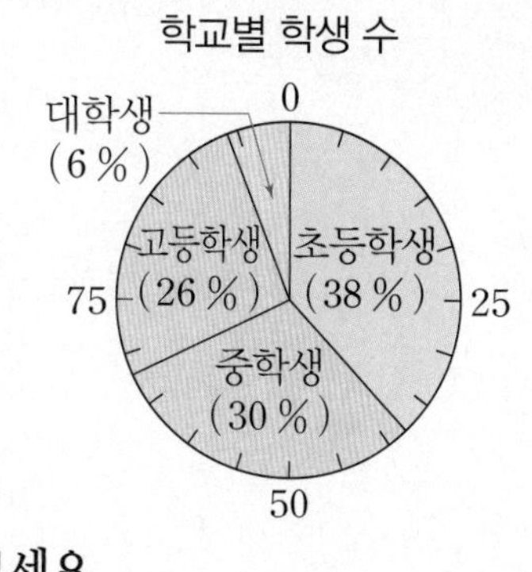

풀이

답

20 어느 버거 가게의 요일별 팔린 비율과 금요일에 팔린 버거의 종류별 비율을 나타낸 그래프입니다. 5일 동안 모두 1600개의 버거를 팔았다면 금요일에 팔린 치즈버거는 몇 개인지 풀이 과정을 쓰고, 답을 구해 보세요.

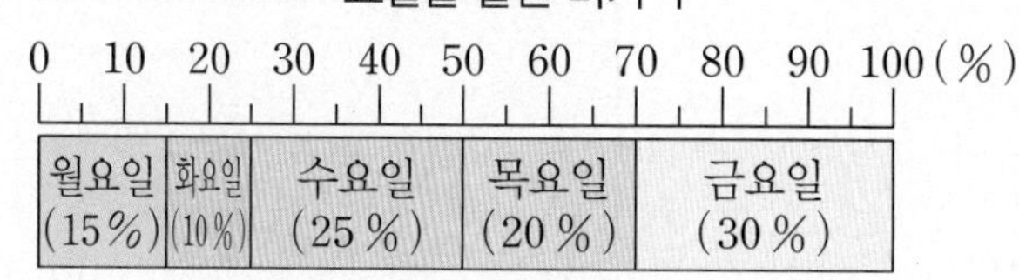

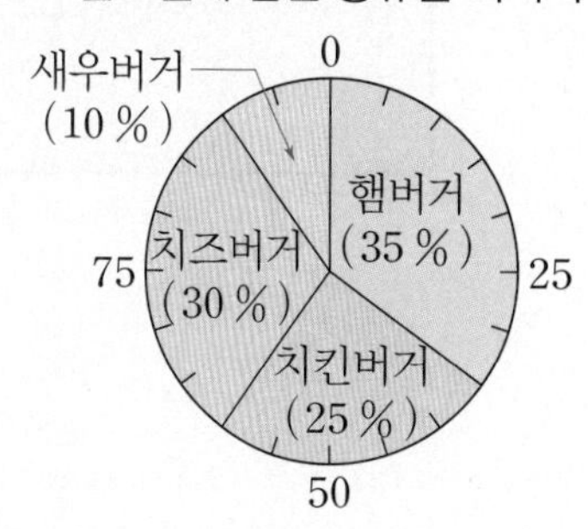

풀이

답

도형의 넓이를 구해 보세요.

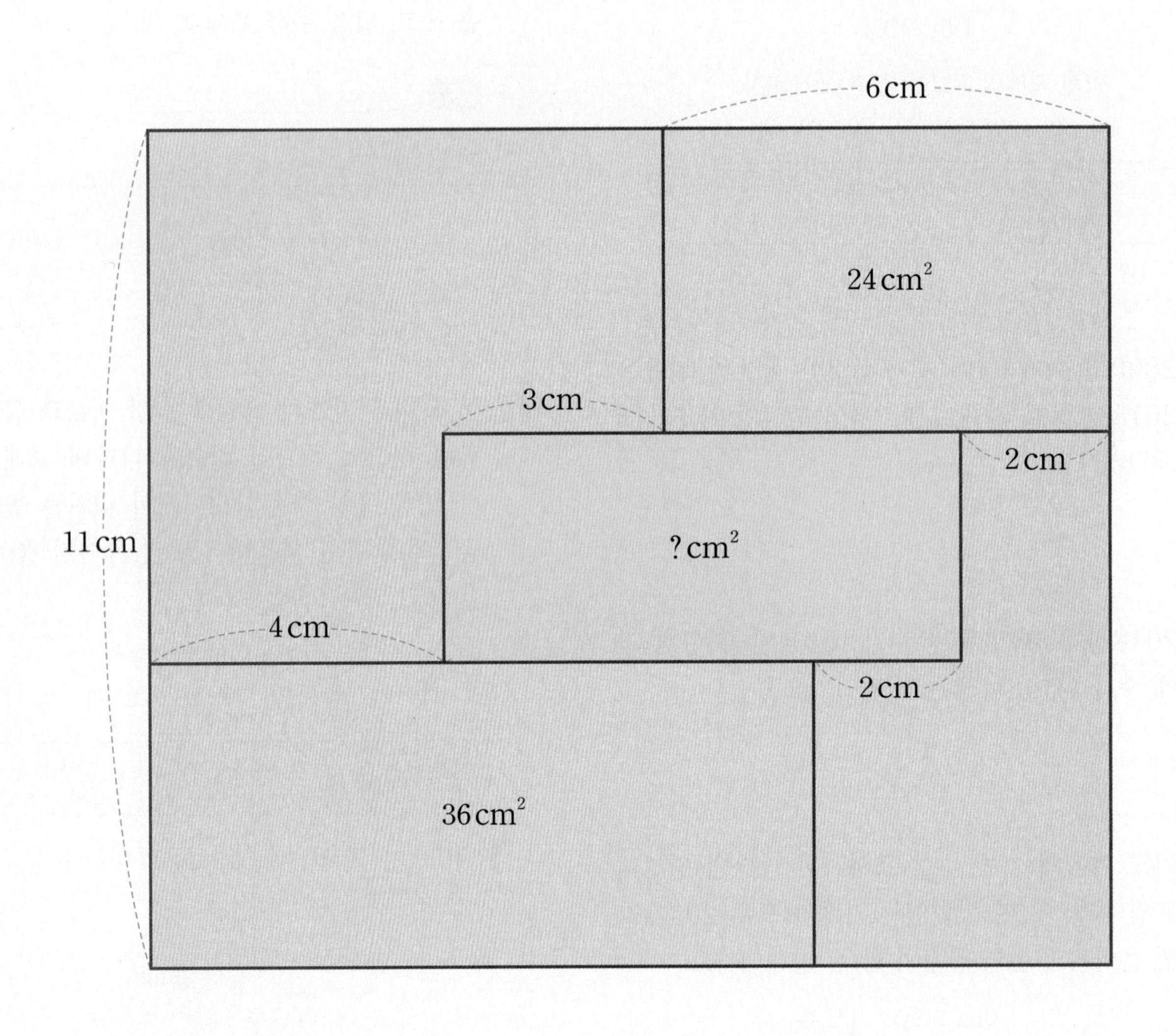

☐ cm²

6 직육면체의 부피와 겉넓이

이번에 배울 내용

- 직육면체의 부피 비교하기
- 직육면체의 부피 구하는 방법 알아보기
- m^3 알아보기
- 직육면체의 겉넓이 구하는 방법 알아보기

다음에 배울 내용

[6-2] 3. 공간과 입체

1 직육면체의 부피 비교

부피 알아보기

• 어떤 물건이 공간에서 차지하는 크기를 부피라고 합니다.

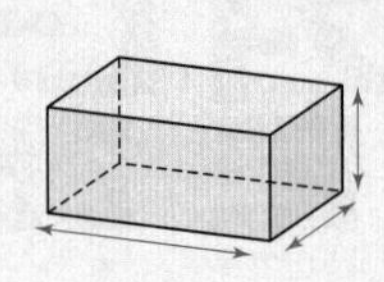

상자가 공간에서 차지하는 부피는 상자의 가로, 세로, 높이만큼입니다.

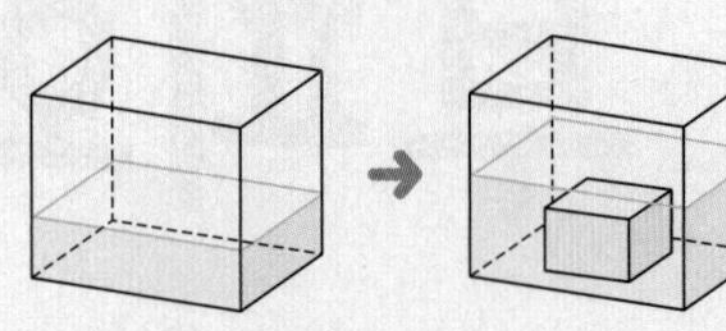

물 속에 상자를 넣으면 상자의 부피만큼 물의 부피도 늘어나 물의 높이가 높아집니다.

부피 비교하기

① 직접 비교

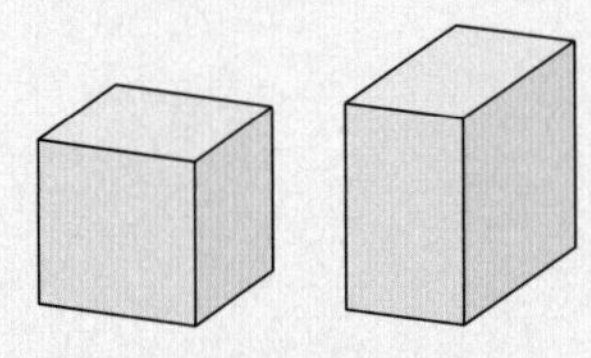

➜ 가로, 세로, 높이가 모두 다르므로 직접 맞대어 부피를 비교할 수 없습니다.

② 임의 단위로 비교

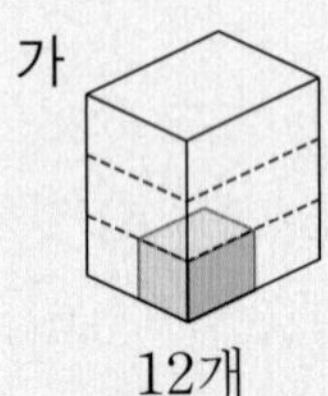

가 12개, 나 18개

➜ 단위 상자의 모양과 크기가 다르므로 부피를 비교할 수 없습니다.

③ 크기가 일정한 쌓기나무로 비교

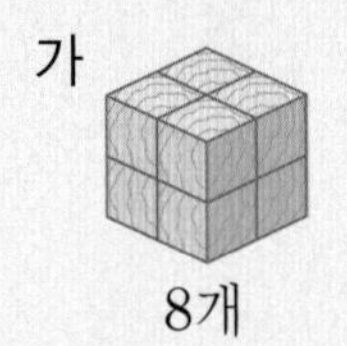

가 8개

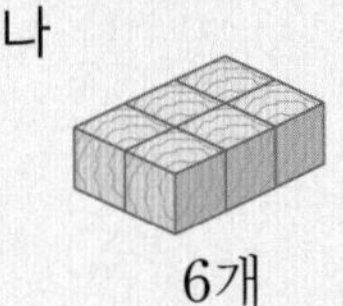

나 6개

가의 부피 > 나의 부피

8개 > 6개

➜ 쌓기나무의 크기가 같으므로 개수로 부피를 비교할 수 있습니다.

• 일정한 평면에 걸쳐 있는 공간이나 범위의 크기를 넓이라고 합니다.

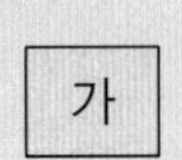

가의 넓이 < 나의 넓이

• 면이 모여 입체가 되고 입체의 크기는 부피라고 합니다.

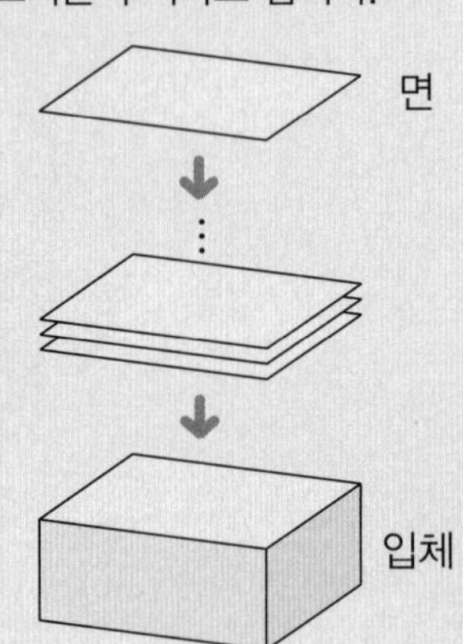

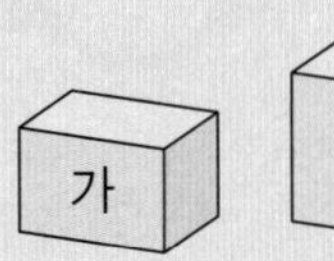

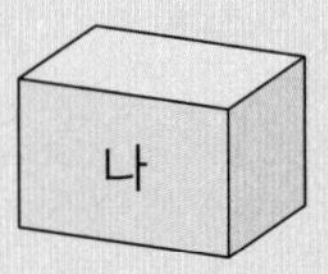

가로, 세로, 높이가 모두 나가 가보다 더 깁니다.

➜ 가의 부피 < 나의 부피

1 면끼리 직접 맞대어 두 선물 상자의 부피를 비교하려고 합니다. 알맞은 말에 ○표 하세요.

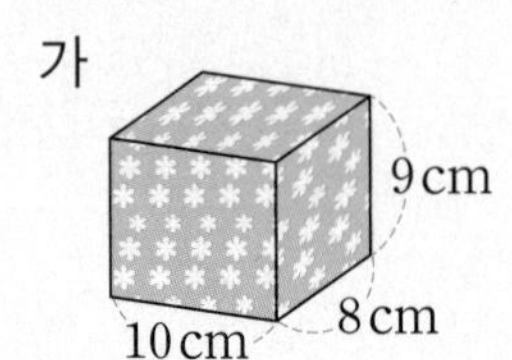

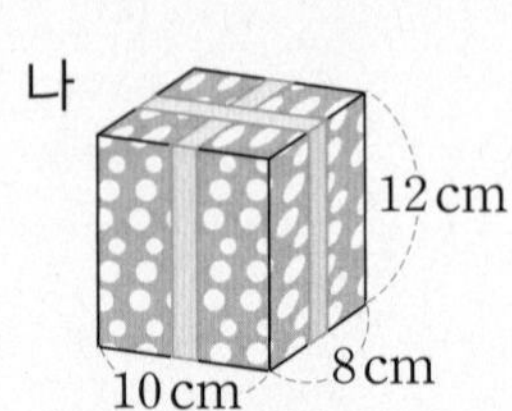

가와 나의 밑면의 넓이가 (같고 , 다르고) 높이가 더 높은 것은 (가 , 나)입니다.

➜ 부피가 더 큰 것은 (가 , 나)입니다.

정답과 해설 36쪽

1 크기가 같은 쌓기나무로 다음과 같이 직육면체를 만들었습니다. 물음에 답하세요.

(1) 직육면체 가의 쌓기나무는 □개입니다.

(2) 직육면체 나의 쌓기나무는 □개입니다.

(3) 쌓기나무의 수가 더 많은 직육면체는 □입니다.

(4) 부피가 더 큰 직육면체는 □입니다.

2 직육면체 모양의 상자 안에 쌓기나무를 빈틈없이 담으려고 합니다. 물음에 답하세요.

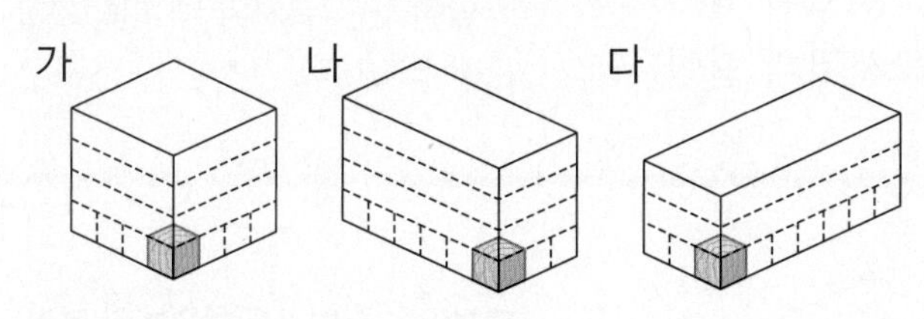

(1) 가 상자에 담을 수 있는 쌓기나무는 몇 개인가요?

( )

(2) 나 상자에 담을 수 있는 쌓기나무는 몇 개인가요?

( )

(3) 다 상자에 담을 수 있는 쌓기나무는 몇 개인가요?

( )

(4) 부피가 가장 큰 상자는 무엇인가요?

( )

3 그림과 같은 서로 다른 두 직육면체의 부피를 직접 비교할 수 있을까요? 없을까요?

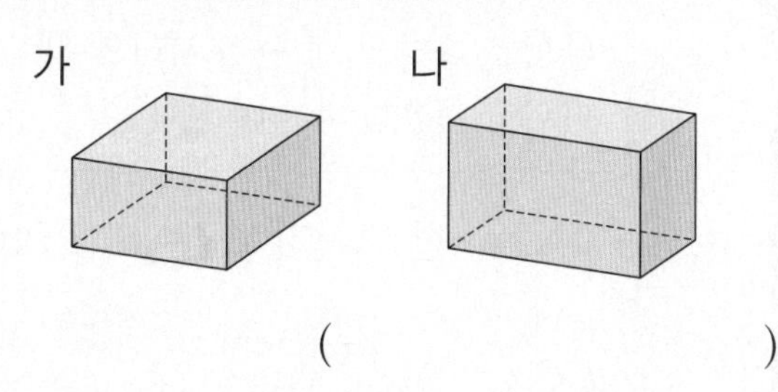

( )

4 세 직육면체의 부피를 비교하여 □ 안에 알맞은 기호를 써넣으세요.

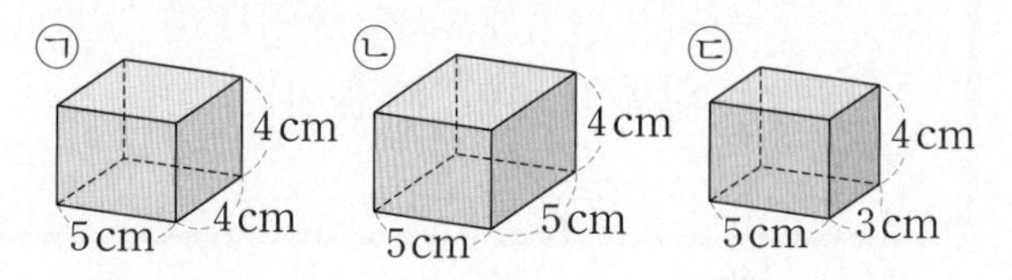

(1) 부피가 가장 큰 직육면체는 □입니다.

(2) 부피가 가장 작은 직육면체는 □입니다.

5 직접 맞대었을 때 부피를 비교할 수 있는 상자를 찾아 기호를 쓰세요.

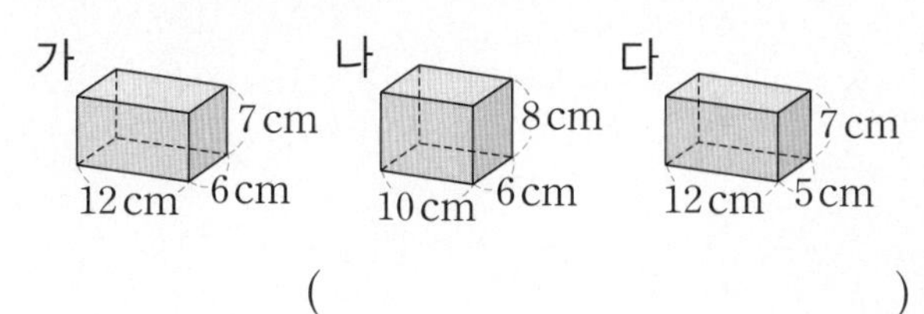

( )

6 단원

2 직육면체의 부피 구하는 방법

부피의 단위 cm^3 알아보기

부피를 나타낼 때 한 모서리의 길이가 1 cm인 정육면체의 부피를 단위로 사용할 수 있습니다.

- $1\,cm^3$: 한 모서리의 길이가 1 cm인 정육면체의 부피

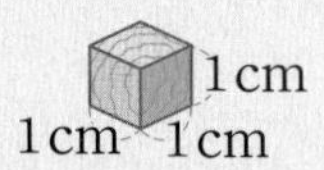

쓰기 

읽기 1 세제곱센티미터

직육면체의 부피

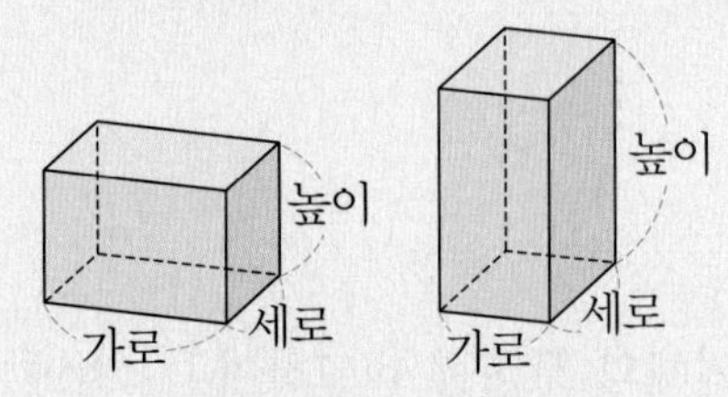

(직육면체의 부피)
=(가로)×(세로)×(높이)
=(밑면의 넓이)×(높이)

정육면체의 부피

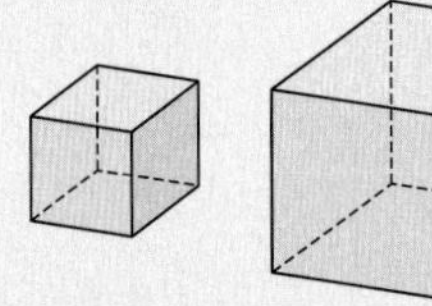

(정육면체의 부피)
=(한 모서리의 길이)
×(한 모서리의 길이)
×(한 모서리의 길이)

- 직육면체의 부피는 밑면의 쌓기나무가 높이만큼 쌓여 있다고 볼 수도 있기 때문에 (밑면의 넓이)×(높이)로 구할 수 있습니다.

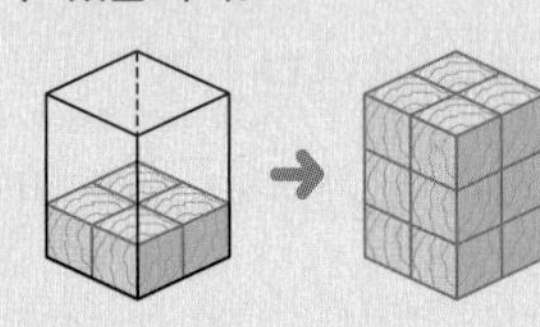

- 정육면체의 부피는 가로, 세로를 몰라도 한 모서리의 길이를 알면 3번 곱하여 부피를 구할 수 있습니다.

1 **부피가 $1\,cm^3$인 쌓기나무를 사용하여 오른쪽 직육면체의 부피를 구하려고 합니다. □ 안에 알맞은 수를 써넣고 부피를 구해 보세요.**

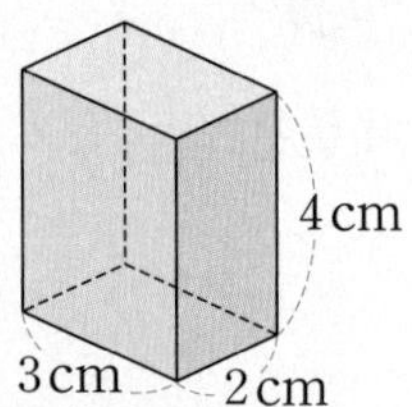

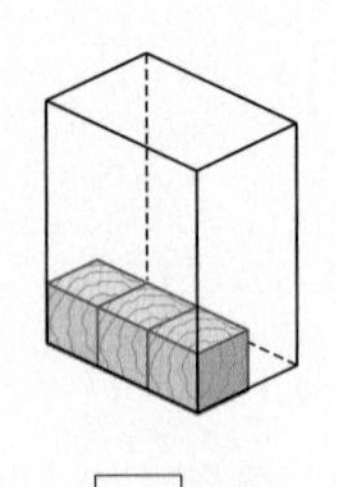 → 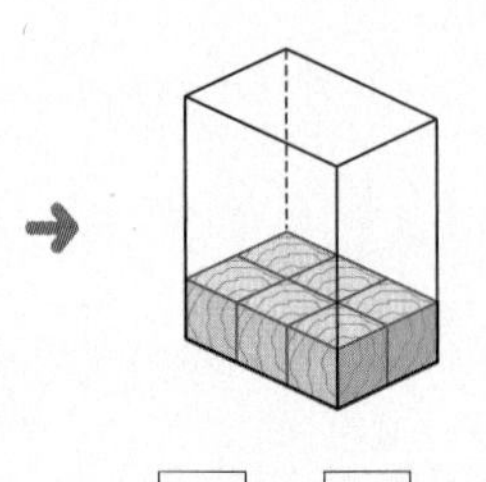 →  

□개 □×□개 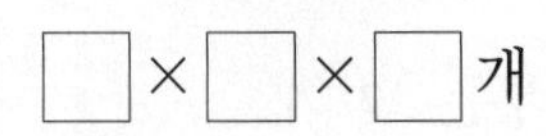

부피 ( )

모서리의 길이가 직육면체의 부피에 어떤 영향을 주나요?

가로가 2배가 되면 부피도 2배가 됩니다.

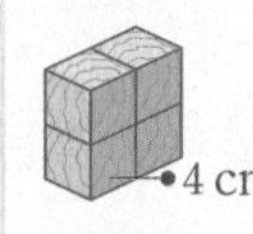

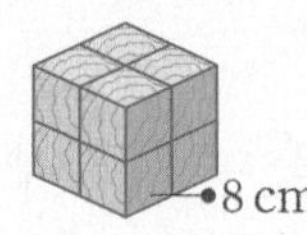

세로가 2배가 되면 부피도 2배가 됩니다.

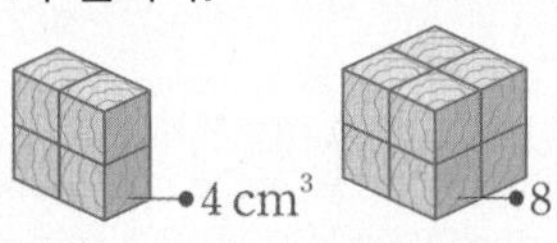

높이가 2배가 되면 부피도 2배가 됩니다.

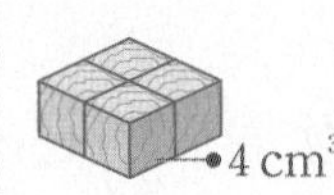

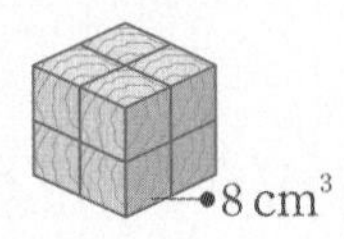

정답과 해설 36쪽

1 한 모서리의 길이가 1 cm인 정육면체의 부피를 쓰고 읽어 보세요.

쓰기 (　　　　　　　　　)

읽기 (　　　　　　　　　)

2 부피가 $1\,cm^3$인 쌓기나무를 사용하여 직육면체의 부피를 비교하려고 합니다. 물음에 답하세요.

가 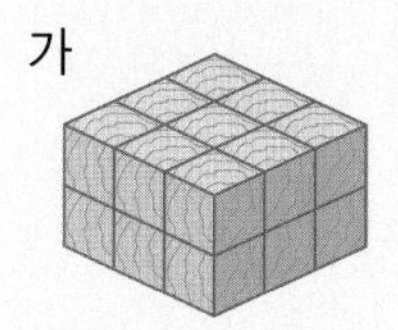 나 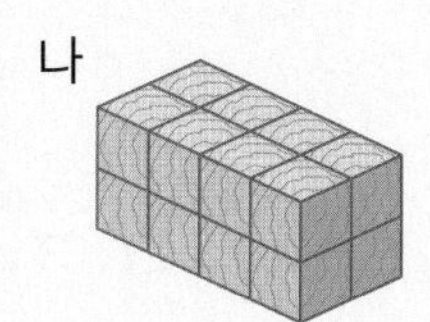

(1) 가 직육면체의 부피는 몇 cm^3인가요?

(　　　　　　　　　)

(2) 나 직육면체의 부피는 몇 cm^3인가요?

(　　　　　　　　　)

(3) 가 직육면체는 나 직육면체보다 부피가 몇 cm^3 더 큰가요?

(　　　　　　　　　)

[3~4] 직육면체의 부피는 몇 cm^3인지 구해 보세요.

3

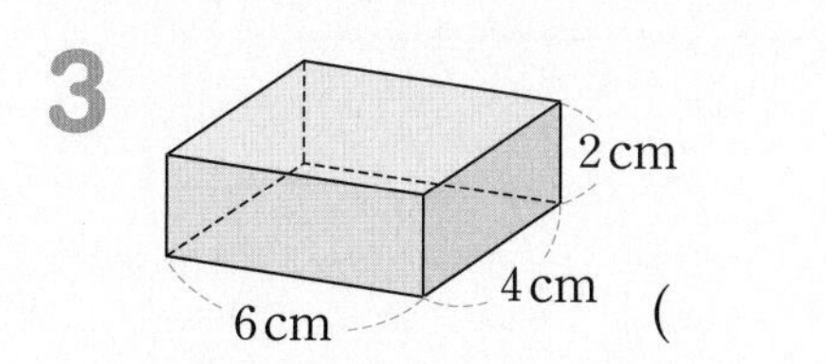

(　　　　　　　　　)

4

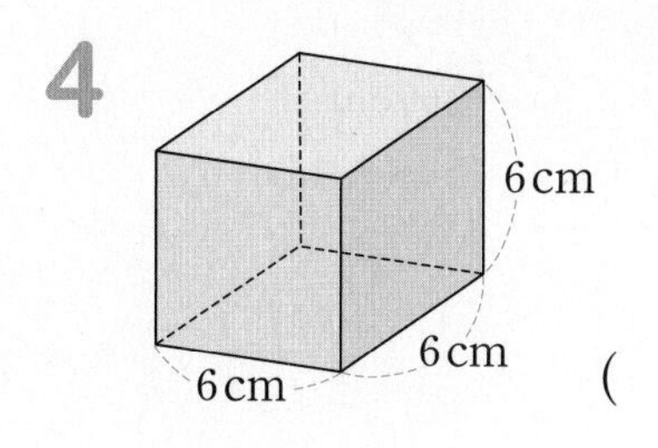

(　　　　　　　　　)

5 은성이가 가지고 있는 필통은 가로가 20 cm, 세로가 7 cm, 높이가 4 cm인 직육면체 모양입니다. 필통의 부피는 몇 cm^3인가요?

(　　　　　　　　　)

6 색칠한 면의 넓이가 $35\,cm^2$일 때 직육면체의 부피는 몇 cm^3인지 구해 보세요.

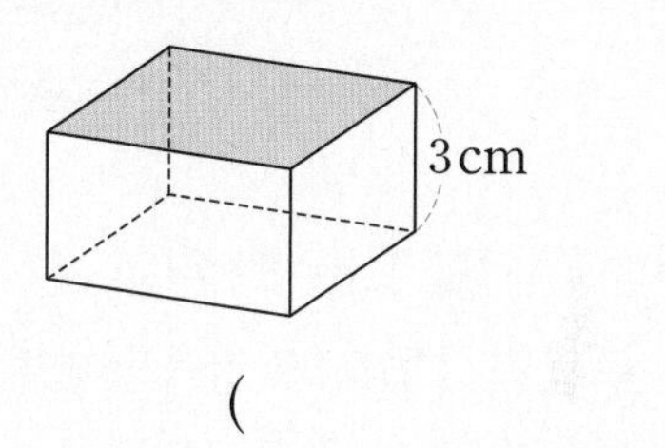

(　　　　　　　　　)

7 오른쪽 정육면체에서 색칠한 면의 둘레는 32 cm입니다. 물음에 답하세요.

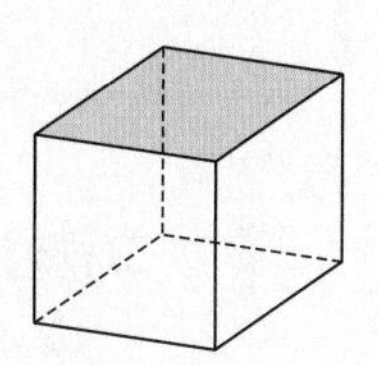

(1) 한 모서리의 길이는 몇 cm인가요?

(　　　　　　　　　)

(2) 정육면체의 부피는 몇 cm^3인가요?

(　　　　　　　　　)

8 직육면체 모양의 물건을 보고 부피가 더 큰 물건의 기호를 쓰세요.

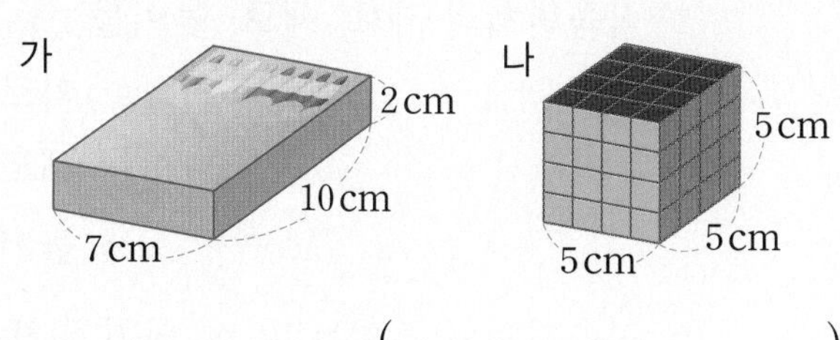

(　　　　　　　　　)

6 단원

스스로 학습책 86쪽

개념 익히기

3 m^3 알아보기

부피의 단위 m^3

부피를 나타낼 때 한 모서리의 길이가 1 m인 정육면체의 부피를 단위로 사용할 수 있습니다.

• $1\ m^3$: 한 모서리의 길이가 1 m인 정육면체의 부피

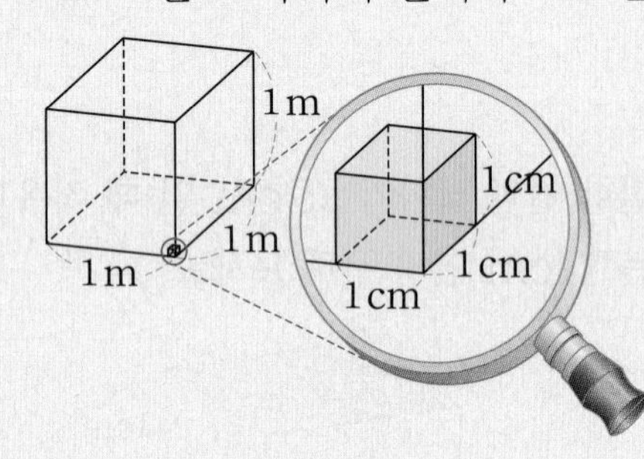

쓰기 $1\ m^3$

읽기 1 세제곱미터

$1\ cm^3$와 $1\ m^3$의 관계

부피가 $1\ m^3$인 정육면체를 쌓는 데 부피가 $1\ cm^3$인 쌓기나무가 1000000개 필요합니다.

$1\ m^3 = 1000000\ cm^3$

• 길이, 넓이, 부피의 큰 단위

길이
cm보다 더 큰 단위 → m

넓이
cm^2보다 더 큰 단위 → m^2

부피
cm^3보다 더 큰 단위 → m^3

$1\ cm^3$와 $1\ m^3$의 관계

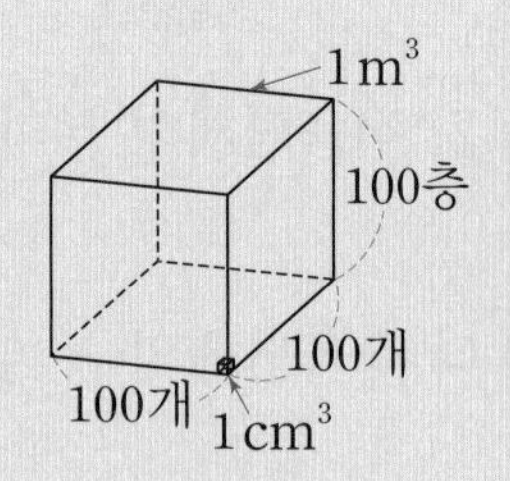

1 그림을 보고 □ 안에 알맞은 수를 써넣으세요.

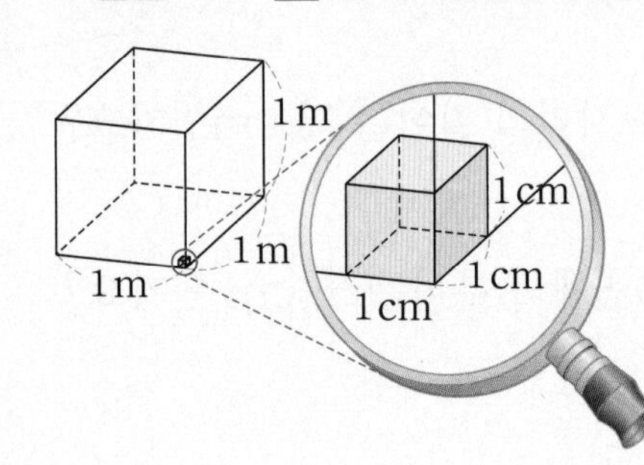

한 모서리의 길이가 1 m인 정육면체를 쌓는 데 부피가 $1\ cm^3$인 쌓기나무가 □개 필요합니다.

$1\ m^3 =$ □ cm^3

2 오른쪽 직육면체 모양의 컨테이너를 보고 물음에 답하세요.

200 cm
400 cm
300 cm

(1) 직육면체의 가로, 세로, 높이를 m로 나타내어 보세요.

가로 (　　　　)

세로 (　　　　)

높이 (　　　　)

(2) 직육면체의 부피는 몇 m^3인지 구해 보세요. (　　　　)

1 부피를 m^3 단위로 나타내기에 가장 알맞은 물건을 찾아 ○표 하세요.

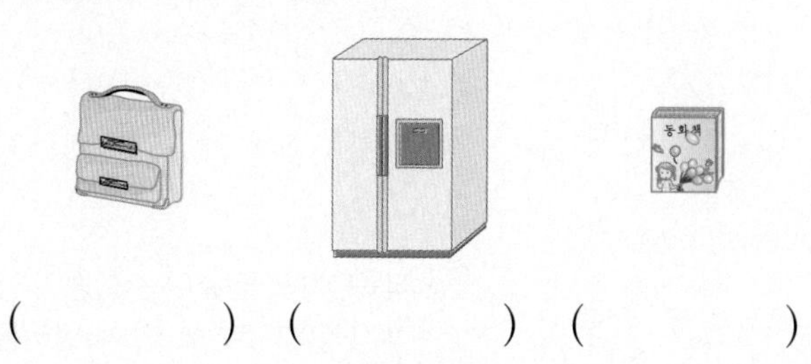

( ) ( ) ( )

2 정육면체의 부피를 주어진 단위에 맞게 구해 보세요.

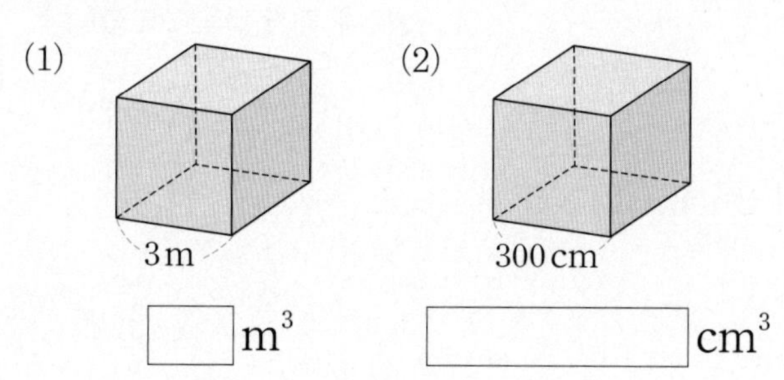

□ m^3 □ cm^3

3 직육면체의 부피는 몇 m^3인가요?

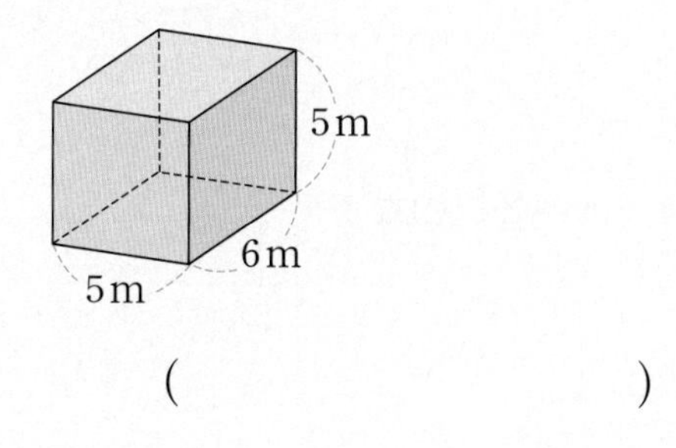

( )

4 □ 안에 알맞은 수를 써넣으세요.

(1) $7\ m^3$ = □ cm^3

(2) $3.4\ m^3$ = □ cm^3

(3) $8900000\ cm^3$ = □ m^3

(4) $40000000\ cm^3$ = □ m^3

5 부피를 비교하여 ○ 안에 >, =, <를 알맞게 써넣으세요.

$6500000\ cm^3$ ○ $65\ m^3$

6 직육면체의 부피를 m^3와 cm^3로 나타내어 보세요.

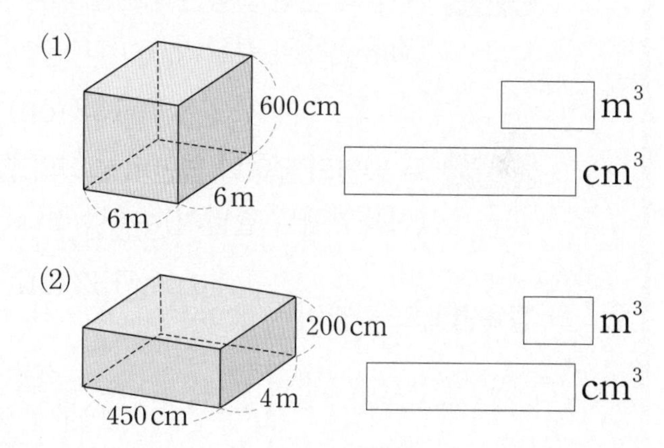

(1) □ m^3 □ cm^3

(2) □ m^3 □ cm^3

7 오른쪽 직육면체의 부피는 $162\ m^3$입니다. 직육면체의 가로는 몇 cm인지 알아보세요.

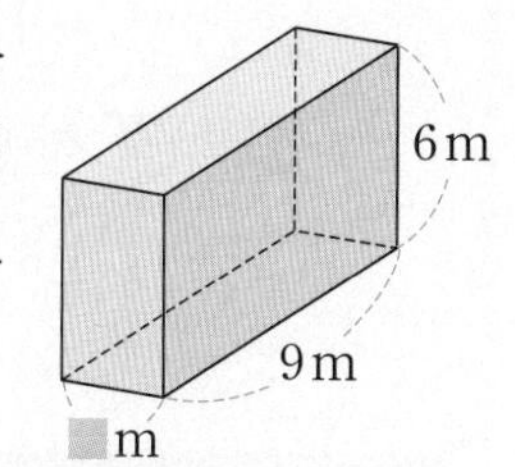

(1) 부피를 구하는 식을 완성해 보세요.

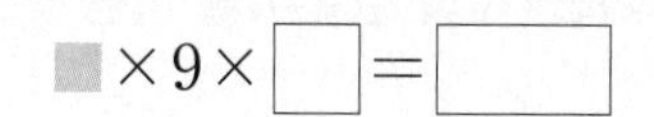

(2) 위 (1)의 식에서 ■는 얼마인가요?

( )

(3) 직육면체의 가로는 몇 cm인가요?

( )

개념 익히기

4 직육면체의 겉넓이 구하는 방법

직육면체의 겉넓이

겉넓이: 물체 겉면의 넓이

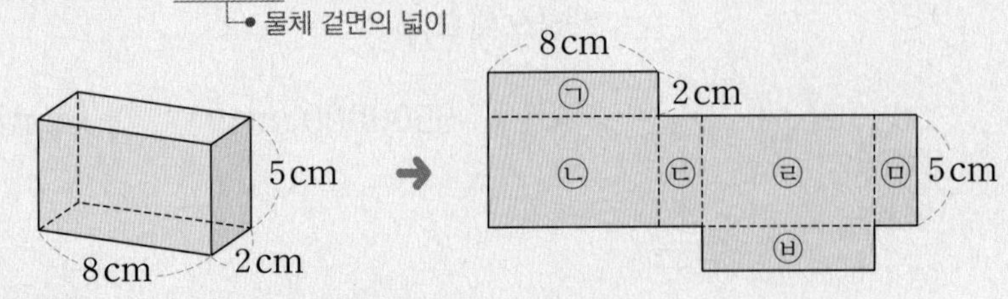

방법 1 여섯 면의 넓이의 합으로 구하기

(직육면체의 겉넓이)

$=\underset{㉠}{8\times2}+\underset{㉡}{8\times5}+\underset{㉢}{2\times5}+\underset{㉣}{8\times5}+\underset{㉤}{2\times5}+\underset{㉥}{8\times2}$

$=132\,(\text{cm}^2)$

방법 2 세 쌍의 면이 합동인 성질을 이용하여 구하기

(직육면체의 겉넓이)$=(\underset{㉠}{8\times2}+\underset{㉡}{8\times5}+\underset{㉢}{2\times5})\times2$

$=132\,(\text{cm}^2)$

방법 3 두 밑면의 넓이와 옆면의 넓이의 합으로 구하기

(직육면체의 겉넓이)$=(\underset{㉠}{8\times2})\times2+(\underset{가로}{8+2+8+2})\times\underset{세로}{5}$

$=132\,(\text{cm}^2)$

- 직육면체의 겉넓이는 합동인 면이 3쌍이므로 세 면의 넓이를 각각 2배 하여 더해서 구할 수도 있습니다.
- 한 꼭짓점에서 만나는 세 면의 넓이를 더한 다음 2배 합니다.

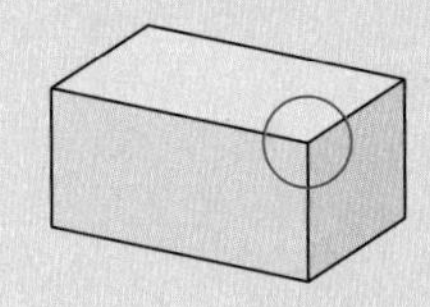

정육면체의 겉넓이

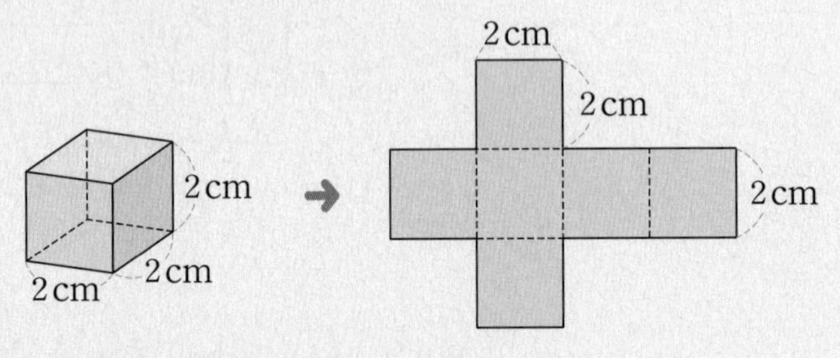

방법 1 여섯 면의 넓이의 합으로 구하기

(정육면체의 겉넓이)$=\underset{한\ 면의\ 넓이}{4}+4+4+4+4+4=24\,(\text{cm}^2)$

방법 2 한 면의 넓이를 6배 하여 구하기

(정육면체의 겉넓이)$=\underset{(한\ 모서리의\ 길이)\times(한\ 모서리의\ 길이)\times6}{2\times2\times6}=24\,(\text{cm}^2)$

- (정육면체의 겉넓이)
  =(여섯 면의 넓이의 합)
  =(한 면의 넓이)×6 (한 면: 정사각형)

1 직육면체의 겉넓이를 다음과 같은 방법으로 구하려고 합니다. □ 안에 알맞은 수를 써넣으세요.

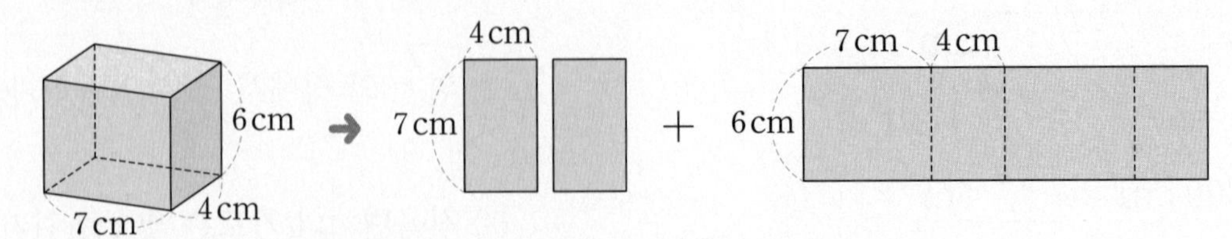

(직육면체의 겉넓이)=(한 밑면의 넓이)×2+(옆면의 넓이)

$=(\square\times4)\times2+(7+\square+7+\square)\times\square=\square\,(\text{cm}^2)$

1 직육면체의 겉넓이를 구하려고 합니다. 물음에 답하세요.

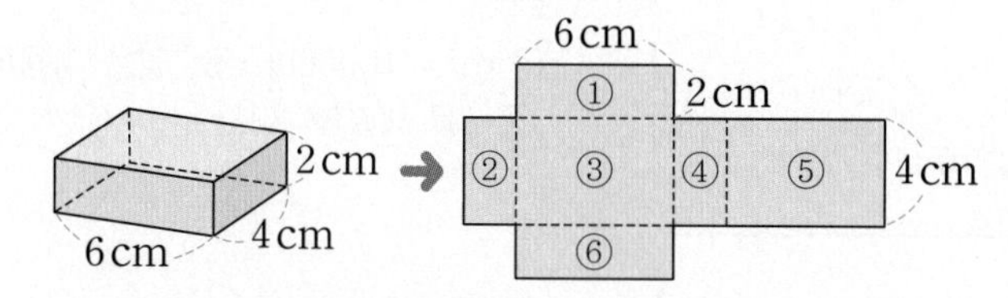

(1) 각 면의 넓이를 구해 보세요.

면	가로	세로	넓이(cm^2)
①, ⑥	6	2	
②, ④	2		
③, ⑤			

(2) □ 안에 알맞은 수를 써넣으세요.

(직육면체의 겉넓이)
=(합동인 세 면의 넓이의 합)×2
=(□+□+□)×2=□(cm^2)

2 정육면체의 겉넓이는 몇 cm^2인가요?

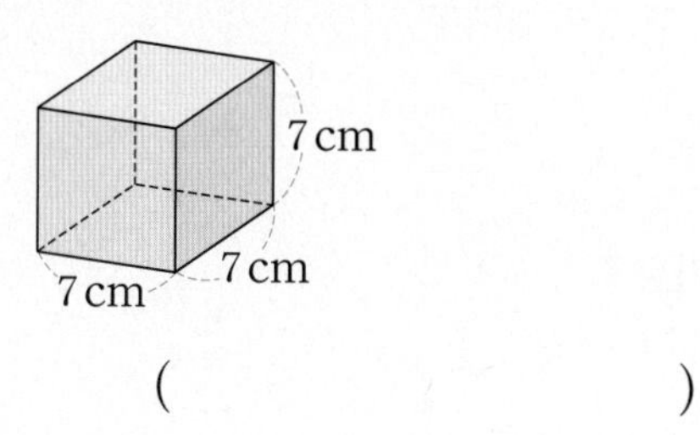

(　　　　　　)

3 전개도를 접어서 만들 수 있는 직육면체의 겉넓이는 몇 cm^2인지 구해 보세요.

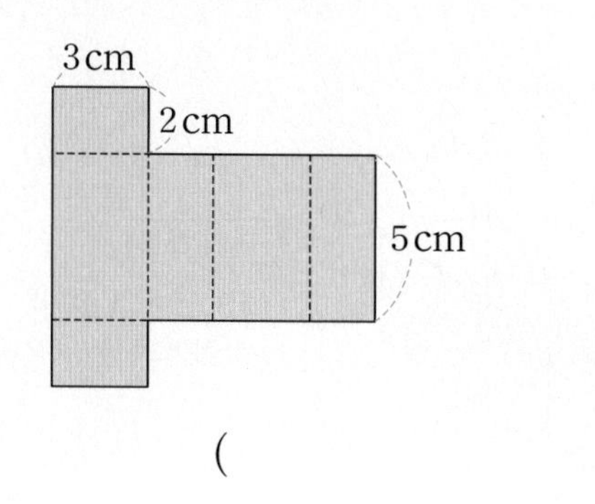

(　　　　　　)

4 정육면체의 전개도입니다. 색칠한 면의 넓이가 $144\ cm^2$이면 전개도를 접어서 만들 수 있는 정육면체의 겉넓이는 몇 cm^2인지 구해 보세요.

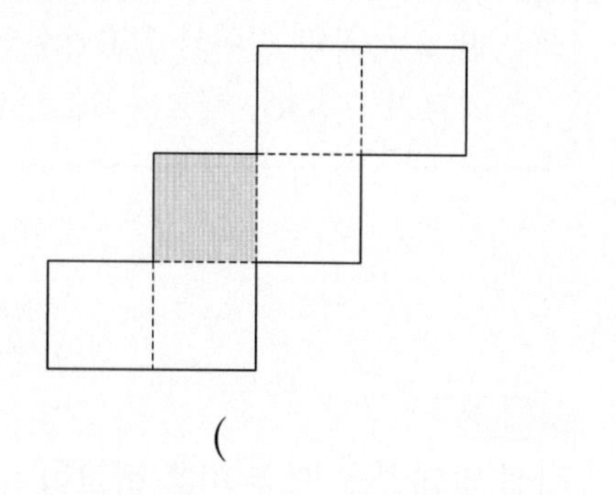

(　　　　　　)

5 나래와 성훈이가 각각 직육면체 모양의 상자를 만들었습니다. 누가 만든 상자의 겉넓이가 얼마나 더 큰지 구해 보세요.

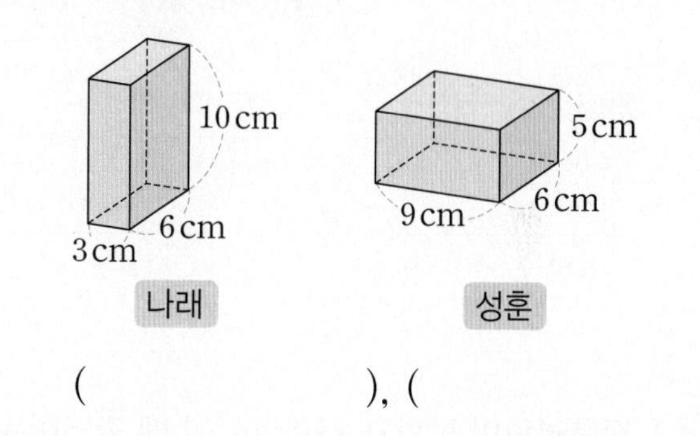

(　　　　　　), (　　　　　　)

6 전개도를 접어서 직육면체를 만들었습니다. 직육면체의 겉넓이가 $136\ cm^2$ 이고, 면 ㉠, ㉡의 넓이가 각각 $14\ cm^2$, $42\ cm^2$ 이면 면 ㉢의 넓이는 몇 cm^2인가요?

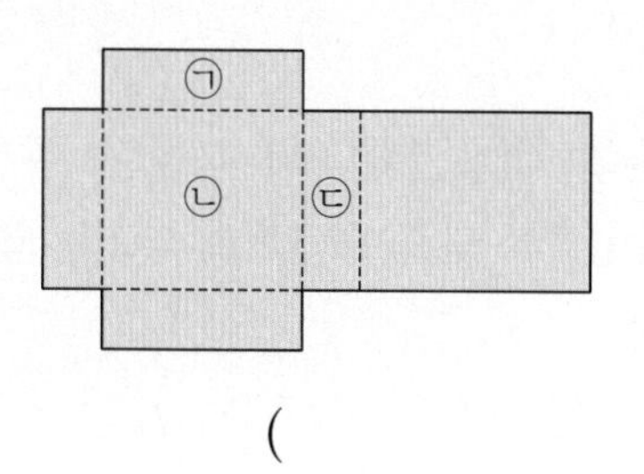

(　　　　　　)

6 단원

1 부피가 큰 것부터 차례로 기호를 쓰세요.

> ㉠ $3.9\ m^3$　　㉡ $650000\ cm^3$
> ㉢ 한 모서리의 길이가 150 cm인 정육면체의 부피
> ㉣ 가로가 0.5 m, 세로가 60 cm, 높이가 4 m인 직육면체의 부피

(　　　　　　　　　　)

주의
$1\ m^3 = 1000000\ cm^3$임을 이용하여 문제를 해결합니다.

서술형

2 직접 맞대었을 때 부피를 비교할 수 있는 상자끼리 모두 짝 지어 보고 그 이유를 써 보세요.

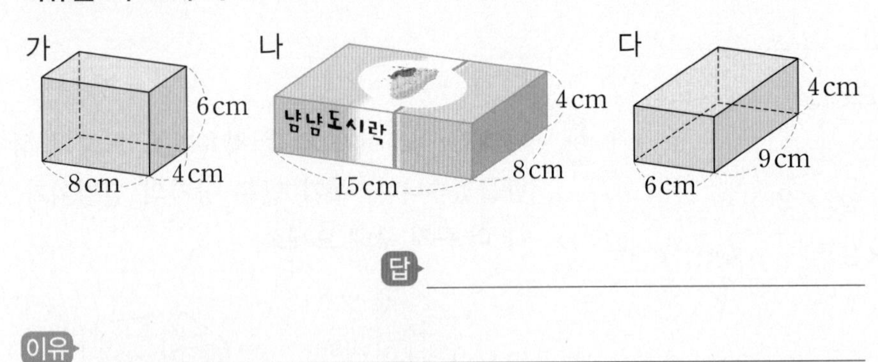

답 ____________________

이유 ____________________

개념 PLUS
직접 맞대어 비교하려면 가로, 세로, 높이 중에서 두 종류 이상의 길이가 같아야 합니다.

3 직육면체의 부피가 $210\ cm^3$일 때 겉넓이는 몇 cm^2인가요?

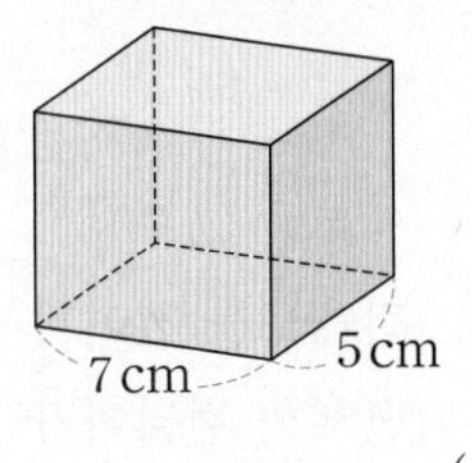

(　　　　　　　　　　)

4 오른쪽 직육면체에서 색칠한 두 면의 넓이의 합이 $72\ cm^2$일 때 직육면체의 부피는 몇 cm^3인지 구해 보세요.

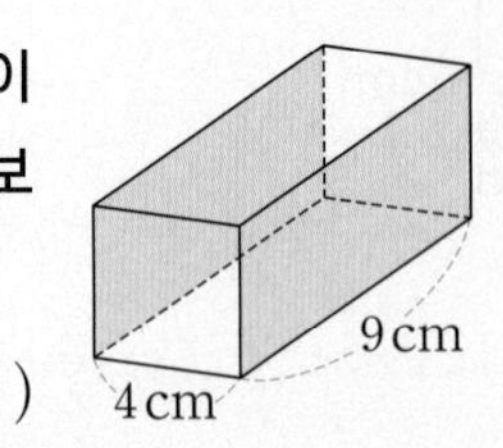

(　　　　　　　　　　)

개념 PLUS
(직육면체의 부피)
=(밑면의 넓이)×(높이)

스스로 학습책 89쪽

5 직육면체의 겉넓이는 $88\ cm^2$입니다. □ 안에 알맞은 수를 구해 보세요.

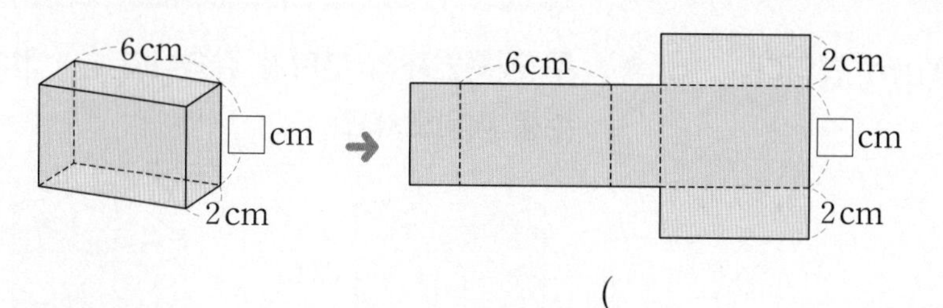

( )

주의

(직육면체의 겉넓이)
=(한 밑면의 넓이)×2
+(옆면의 넓이)
⇨ (옆면의 넓이)
=(직육면체의 겉넓이)
−(한 밑면의 넓이)×2

6 작은 정육면체 여러 개를 오른쪽과 같이 쌓았습니다. 쌓은 정육면체 모양의 부피가 $512\ cm^3$일 때 작은 정육면체의 한 모서리의 길이는 몇 cm인가요?

( )

7 오른쪽과 같은 직육면체 모양의 수조에 돌을 완전히 잠기게 넣었더니 물의 높이가 3 cm 늘어났습니다. 돌의 부피는 몇 cm^3인가요?

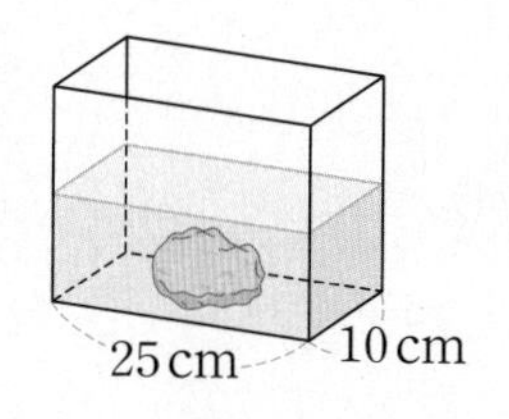

( )

개념 PLUS

물 속에 넣은 돌의 부피 = 늘어난 물의 부피

(늘어난 물의 부피)
=(수조의 가로)
×(수조의 세로)
×(늘어난 물의 높이)

8 크기가 같은 쌓기나무 18개로 오른쪽 입체도형을 만들었습니다. 이 입체도형의 겉넓이가 $378\ cm^2$일 때 부피는 몇 cm^3인가요?

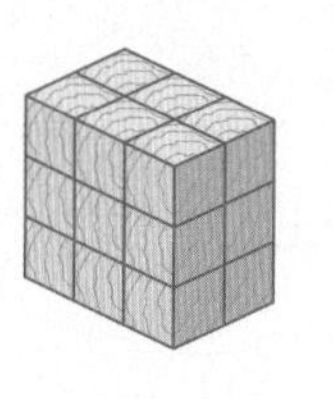

( )

주의

앞과 뒤, 위와 아래, 양옆에서 보았을 때 보이는 쌓기나무의 수는 각각 같습니다.

6 단원

1 부피를 알 때 높이 구하기

직육면체의 부피를 먼저 구해 보세요.

★ 직육면체 모양 상자의 부피는 $160\,cm^3$ 입니다. 이 상자의 높이를 구해 보세요.

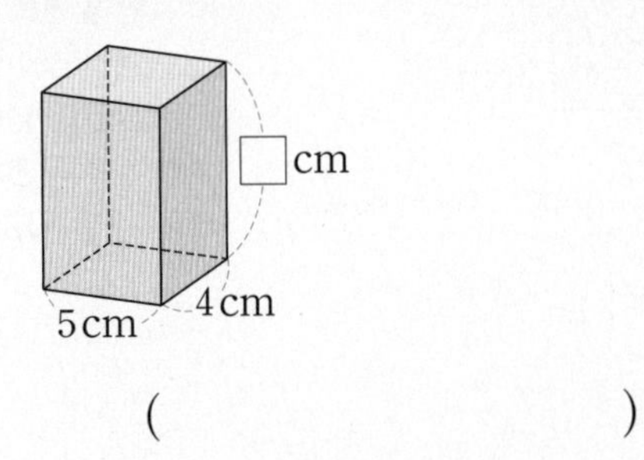

( )

★★ 두 직육면체의 부피가 같습니다. □ 안에 알맞은 수를 써넣으세요.

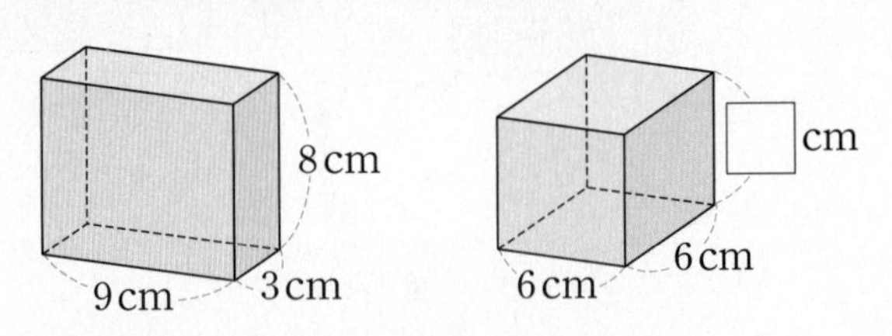

2 겉넓이를 알 때 정육면체의 한 모서리의 길이 구하기

정육면체의 한 면의 넓이로 한 모서리의 길이를 구해요.

★ 정육면체의 한 면의 넓이를 구해 □ 안에 써넣으세요.

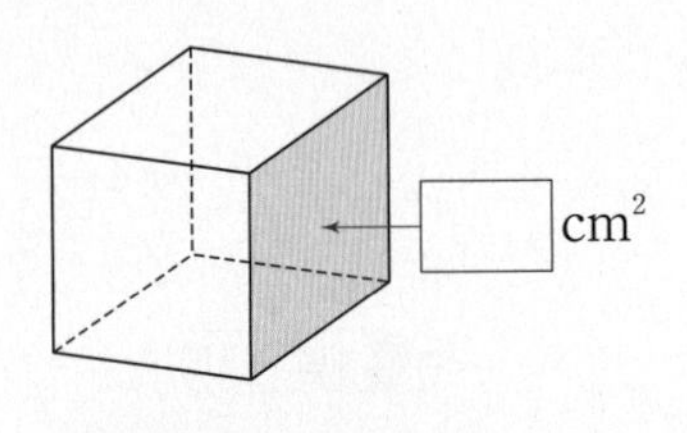

겉넓이: $294\,cm^2$

★★ 다음 직육면체와 겉넓이가 같은 정육면체의 한 모서리의 길이는 몇 cm인가요?

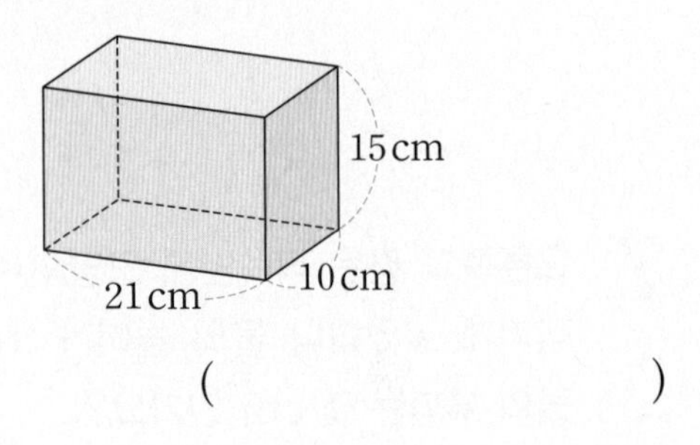

( )

3 한 면의 둘레를 알 때 정육면체의 겉넓이 구하기

정육면체의 한 모서리의 길이를 먼저 구해요.

★ 한 면의 모양이 그림과 같은 정육면체의 겉넓이는 몇 cm^2인지 구해 보세요.

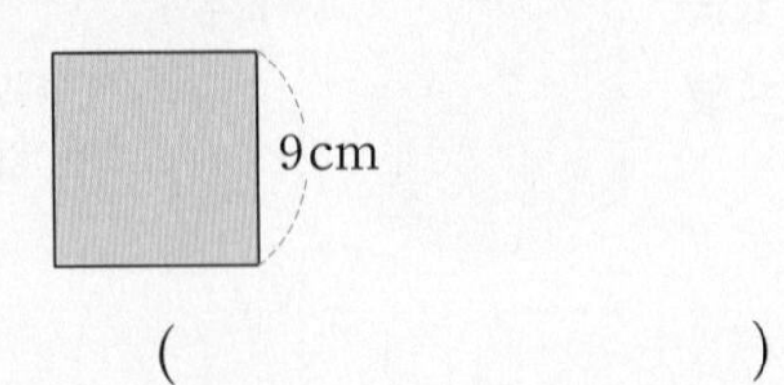

( )

★★ 둘레가 44 cm인 정사각형을 한 면으로 하는 정육면체의 겉넓이는 몇 cm^2인지 구해 보세요.

( )

4 가장 큰 정육면체로 자르기

직육면체의 가장 짧은 모서리의 길이로 정해요.

★ 다음 직육면체를 잘라 가장 큰 정육면체를 만들려고 합니다. 한 모서리의 길이가 몇 m인 정육면체로 잘라야 하나요?

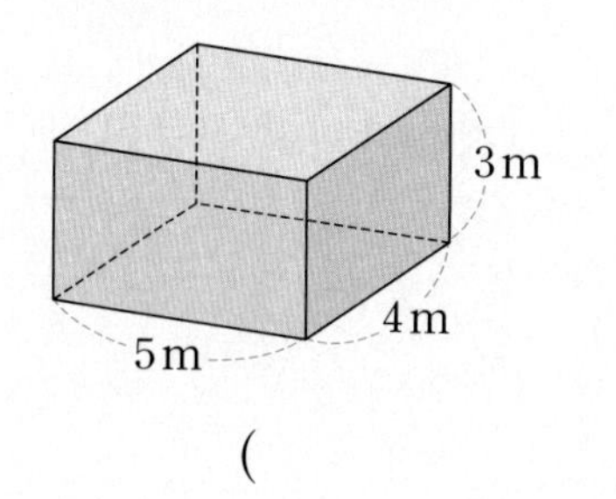

( )

★★ 그림과 같은 직육면체 모양의 빵을 잘라 정육면체 모양을 만들려고 합니다. 만들 수 있는 가장 큰 정육면체의 부피는 몇 cm^3인가요?

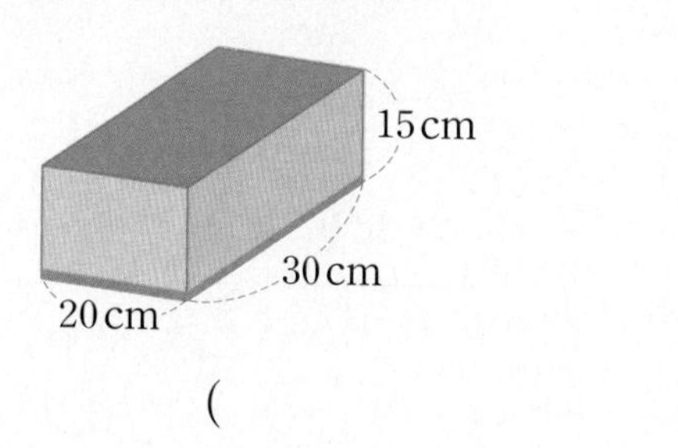

( )

5 쌓을 수 있는 상자의 수 구하기

가로, 세로, 높이에 몇 개를 쌓을 수 있는지 구해요.

★ 직육면체 모양의 상자에 부피가 $1\ cm^3$인 블록을 빈틈없이 가득 쌓으려고 합니다. 필요한 블록은 모두 몇 개인가요?

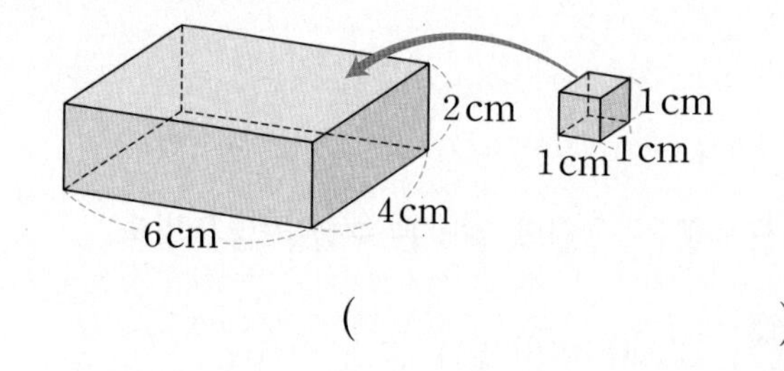

( )

★★ 그림과 같은 직육면체 모양의 창고에 한 모서리의 길이가 50 cm인 정육면체 모양의 상자를 빈틈없이 쌓으려고 합니다. 정육면체 모양의 상자를 모두 몇 개 쌓을 수 있나요?

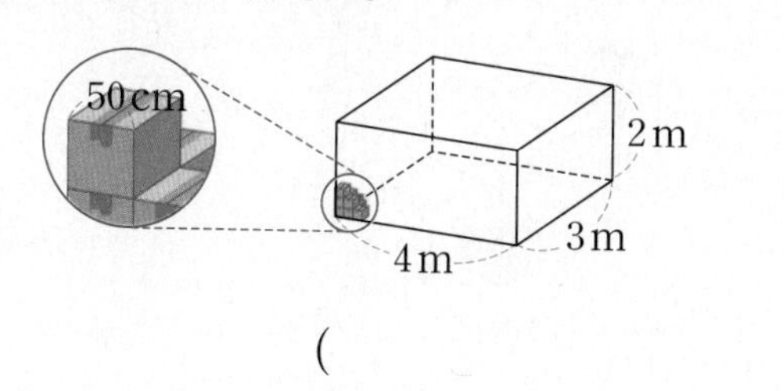

( )

6 입체도형의 부피 구하기

입체도형을 두 개의 직육면체로 나누어서 구해요.

★ 쌓기나무 4개로 이루어진 입체도형입니다. 이 입체도형의 부피는 몇 cm^3인가요?

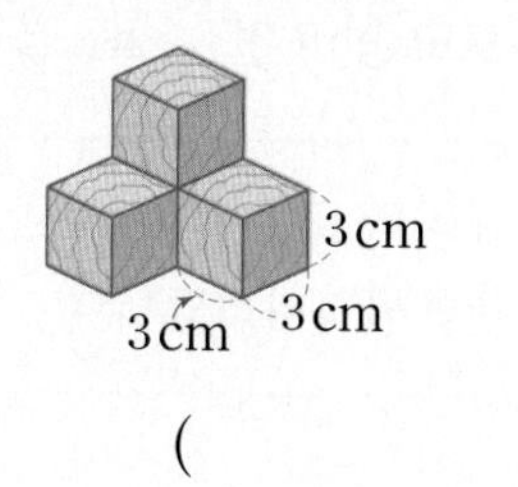

( )

★★ 입체도형의 부피는 몇 cm^3인가요?

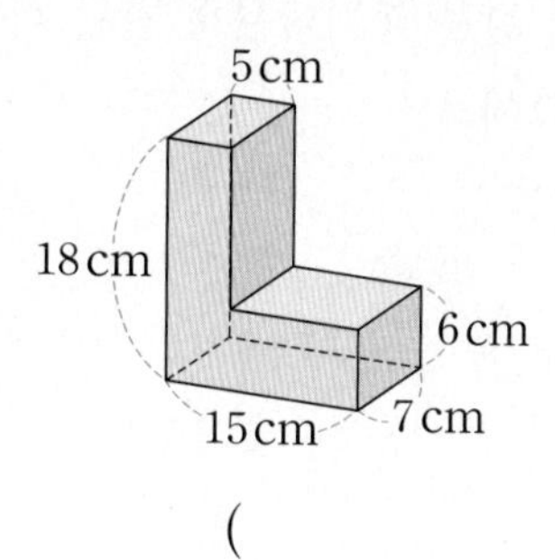

( )

6 단원

단원평가

Level 1

점수	확인

1 두 상자가 있습니다. 상자를 직접 비교할 수 없는 것을 찾아 기호를 쓰세요.

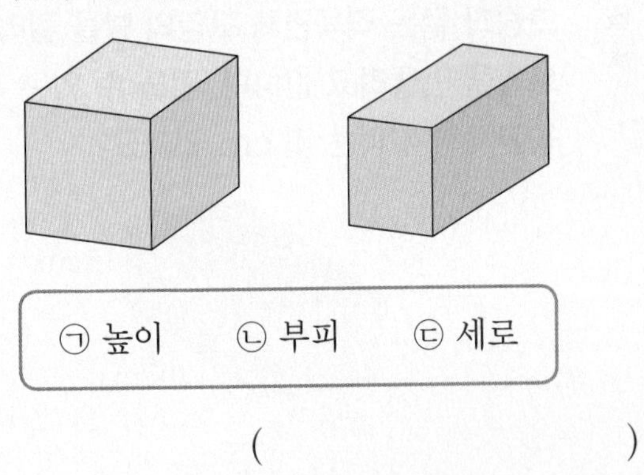

㉠ 높이 ㉡ 부피 ㉢ 세로

(　　　　　　)

2 쌓기나무를 더 많이 담을 수 있는 상자를 알아보려고 합니다. 두 상자 중 어떤 상자에 쌓기나무를 몇 개 더 담을 수 있나요?

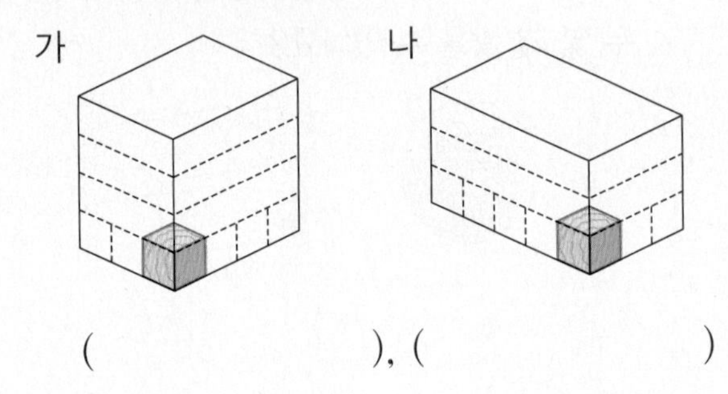

(　　　　　　), (　　　　　　)

3 왼쪽과 같은 쌓기나무로 만든 직육면체의 부피를 구해 보세요.

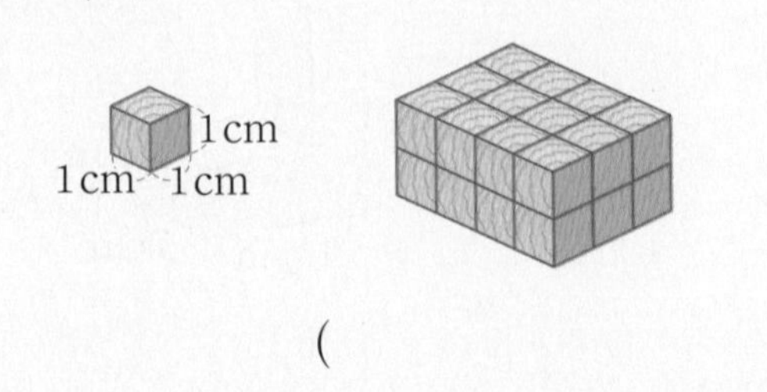

(　　　　　　)

4 직육면체의 겉넓이를 구해 보세요.

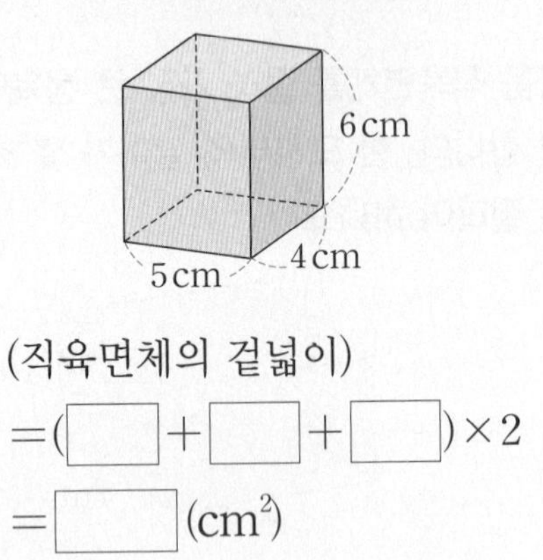

(직육면체의 겉넓이)

$=(\square+\square+\square)\times 2$

$=\square(\text{cm}^2)$

5 정육면체의 부피는 몇 cm^3인가요?

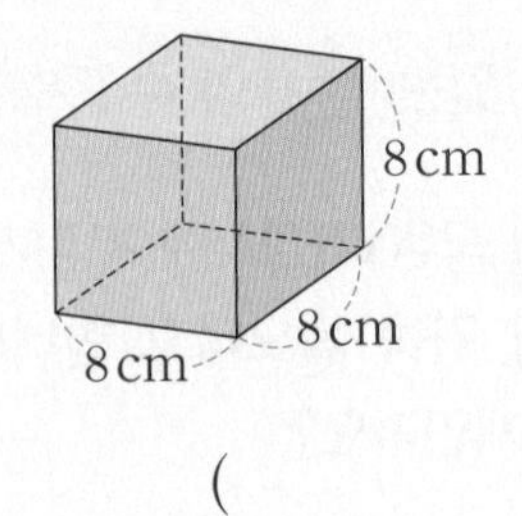

(　　　　　　)

[6~7] □ 안에 알맞은 수를 써넣으세요.

6 $23000000\ \text{cm}^3=\square\ \text{m}^3$

7 $0.5\ \text{m}^3=\square\ \text{cm}^3$

8 문장을 보고 맞으면 ○표, 틀리면 ×표 하세요.

한 모서리의 길이가 1 cm인 정육면체의 부피는 1 제곱센티미터입니다.

(　　　　　　)

9 전개도를 접어서 만들 수 있는 직육면체의 겉넓이는 몇 cm^2인지 구해 보세요.

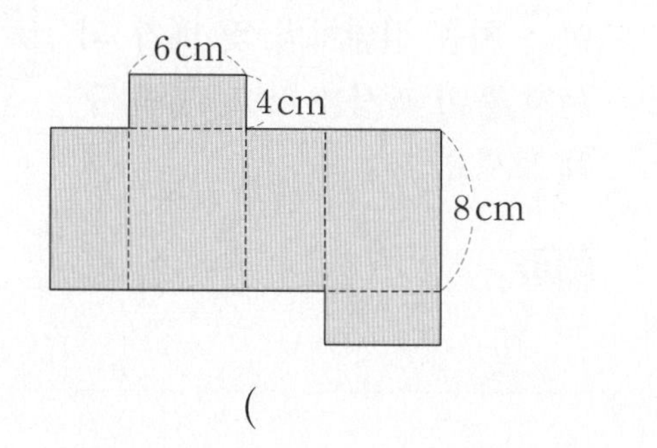

(   )

10 별이의 지우개는 가로가 2 cm, 세로가 5 cm, 높이가 2 cm인 직육면체 모양입니다. 지우개의 부피는 몇 cm^3인가요?

(   )

11 정육면체의 전개도를 모눈종이에 그리고 겉넓이를 구해 보세요.

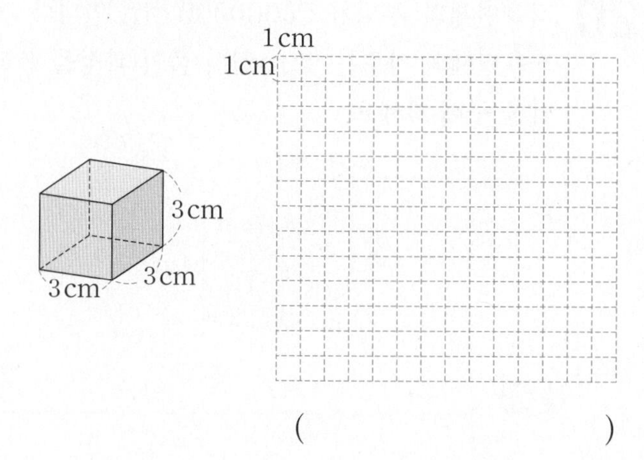

(   )

12 직육면체의 부피는 몇 m^3인가요?

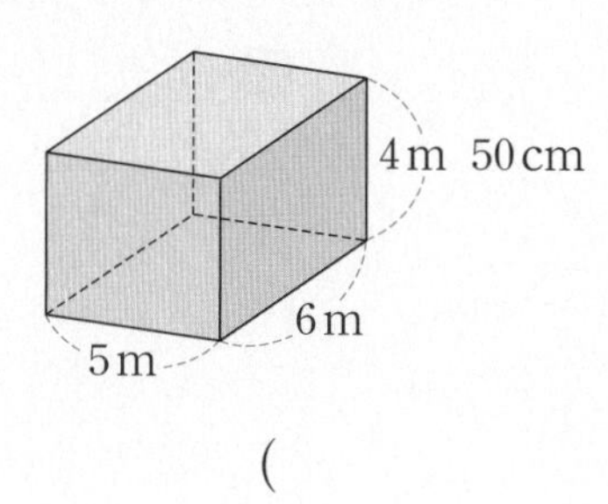

(   )

13 부피가 125 cm^3인 정육면체가 있습니다. 정육면체의 한 모서리의 길이는 몇 cm인가요?

(   )

14 직육면체에서 색칠한 면의 넓이는 54 cm^2이고, 가로는 9 cm입니다. 이 직육면체의 높이가 7 cm라면 겉넓이는 몇 cm^2인가요?

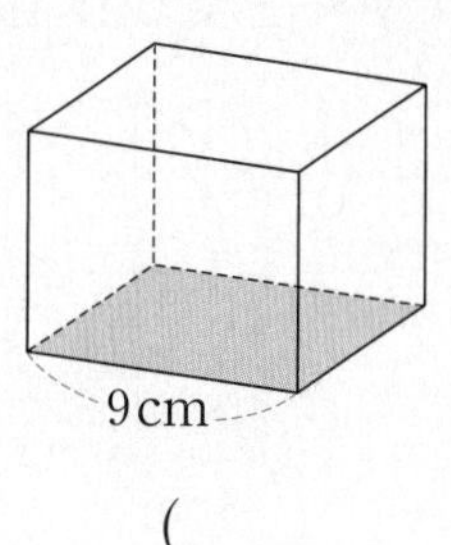

(   )

15 두 정육면체의 부피의 차는 몇 cm^3인가요?

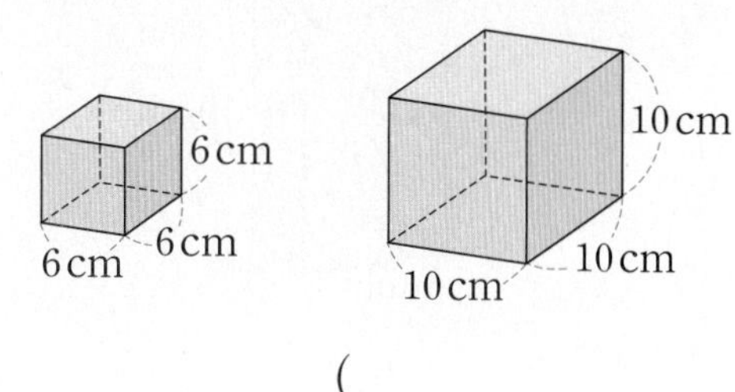

(   )

서술형

16 정육면체의 겉넓이는 $486\,cm^2$입니다. 이 정육면체의 한 모서리의 길이를 구해 보세요.

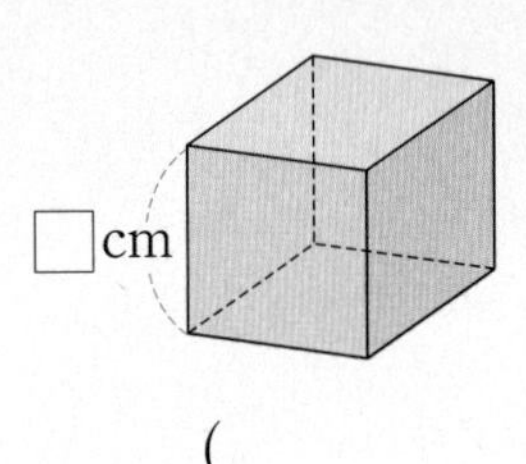

( )

17 다음과 같은 직육면체 모양의 수조에 돌을 완전히 잠기게 넣었더니 물의 높이가 5 cm 늘어났습니다. 돌의 부피는 몇 cm^3인가요?

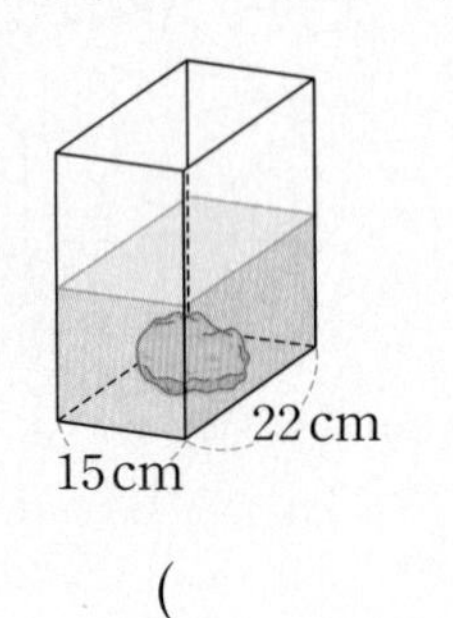

( )

18 다음 직육면체 여러 개를 가로, 세로, 높이로 빈틈없이 쌓아서 정육면체로 만들려고 합니다. 만들 수 있는 가장 작은 정육면체의 부피는 몇 cm^3인가요?

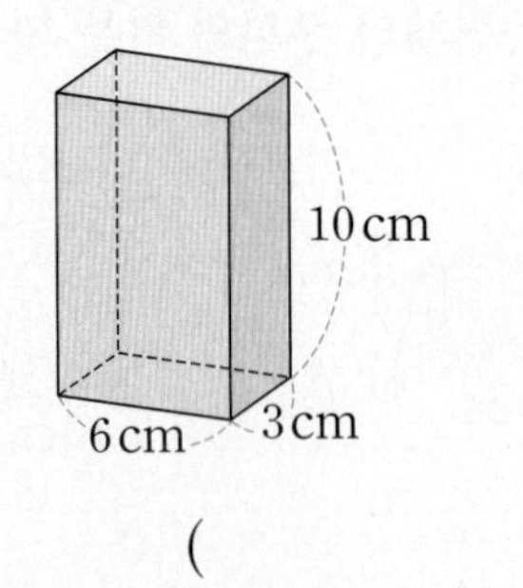

( )

19 정육면체의 각 모서리의 길이를 2배로 늘이면 정육면체의 겉넓이는 처음 겉넓이의 몇 배가 되는지 풀이 과정을 쓰고, 답을 구해 보세요.

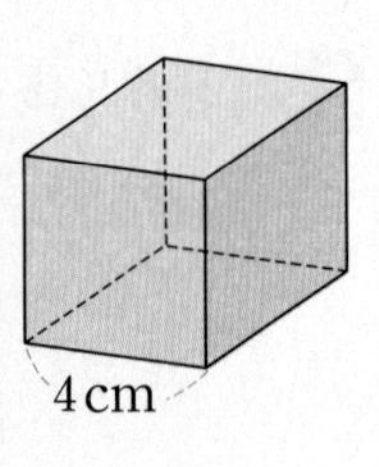

풀이 ___

답 ___

20 직육면체의 부피가 $54000000\,cm^3$입니다. 이 직육면체의 가로는 몇 m인지 풀이 과정을 쓰고, 답을 구해 보세요.

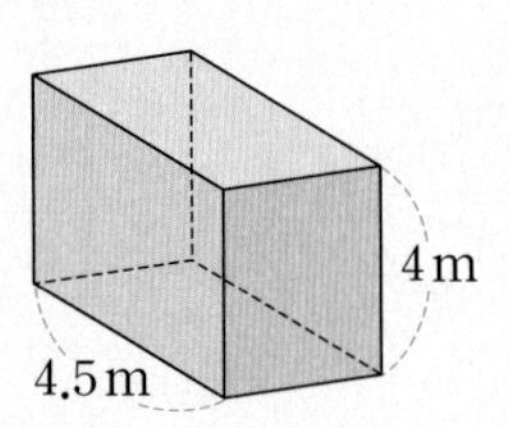

풀이 ___

답 ___

단원평가

Level 2

점수 확인

1 부피가 큰 직육면체부터 차례로 쓰세요.

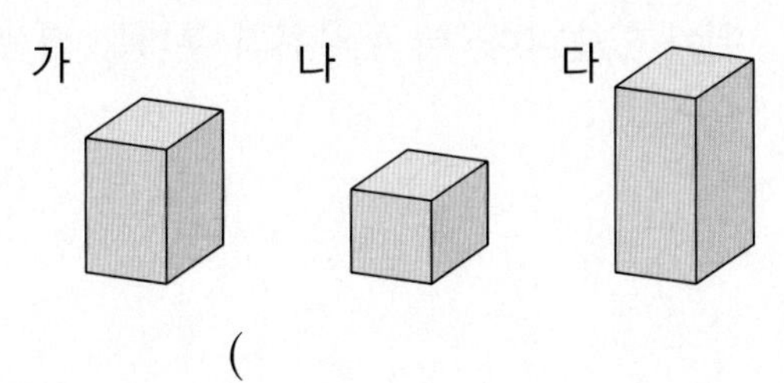

( )

2 부피가 $1\,cm^3$인 쌓기나무로 만든 직육면체의 부피를 구해 보세요.

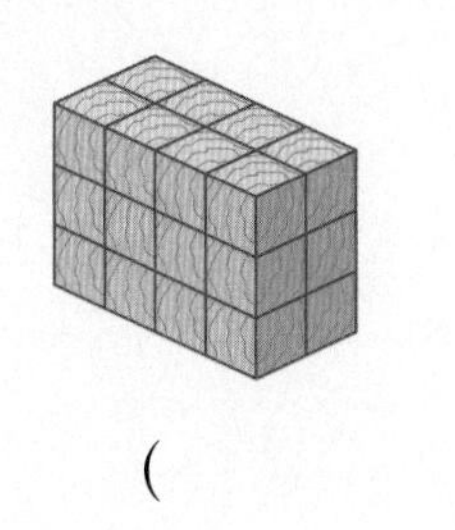

( )

3 수혁이의 퍼즐 블록은 모든 조각이 정육면체 모양입니다. 퍼즐 한 조각의 겉넓이를 구해 보세요.

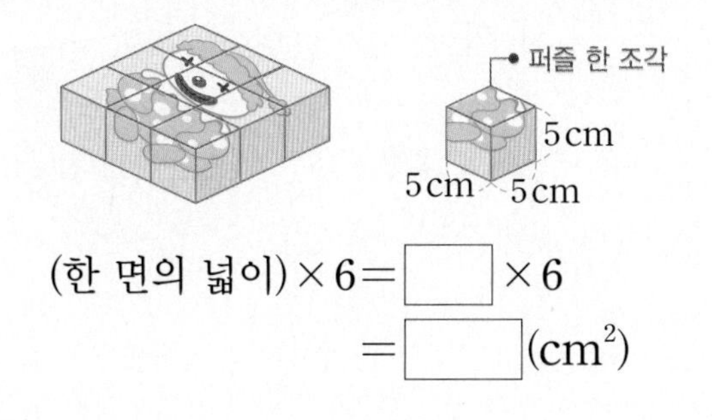

(한 면의 넓이) $\times 6 = \square \times 6$

$= \square (cm^2)$

4 실제 부피에 가장 가까운 것을 찾아 ○표 하세요.

$50\,cm^3$ $5000\,cm^3$ $5\,m^3$

5 □ 안에 알맞은 수를 써넣으세요.

(1) $2.3\,m^3 = \square\,cm^3$

(2) $7200000\,cm^3 = \square\,m^3$

6 한 모서리의 길이가 $20\,cm$인 정육면체의 부피는 몇 cm^3인가요?

( )

7 크기를 비교하여 ○ 안에 $>$, $=$, $<$를 알맞게 써넣으세요.

$8.1\,m^3$ ○ $80000000\,cm^3$

8 직육면체 모양의 캐러멜 상자의 겉넓이를 구하는 식을 쓰고, 답을 구해 보세요.

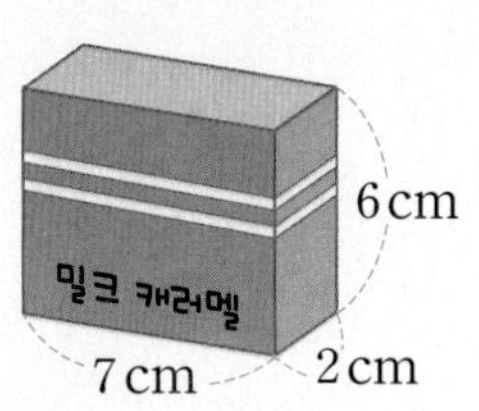

식 ____________________

답 ____________________

6 단원

9 직육면체의 겉넓이를 잘못 구한 사람의 이름을 쓰세요.

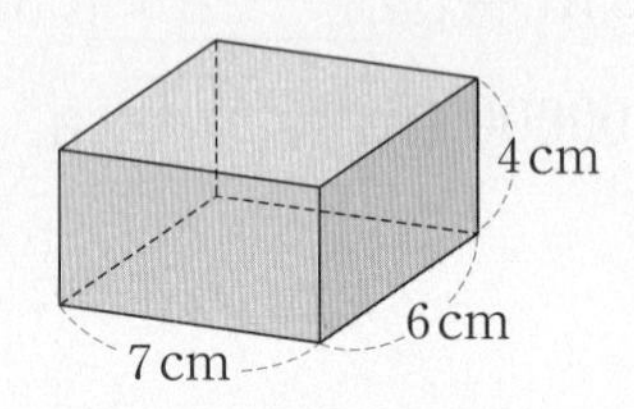

- 선영: 합동인 면이 3쌍임을 이용하여 $7\times6+7\times4+6\times4$로 구해!
- 수찬: 한 밑면의 넓이를 2배 하고 옆면의 넓이를 더해야겠어.
  ⇨ $(7\times6)\times2+(7+6+7+6)\times4$

(　　　　　　　　　　)

[10~11] 전개도를 접어서 직육면체 모양의 상자를 만들었습니다. 물음에 답하세요.

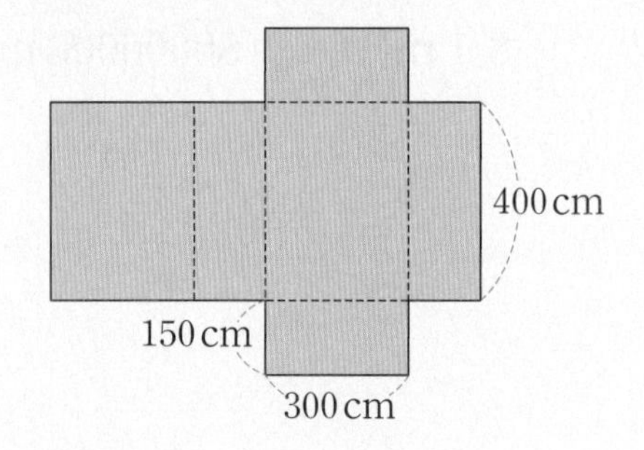

10 만든 상자의 부피는 몇 cm^3인가요?

(　　　　　　　　　　)

11 만든 상자의 부피는 몇 m^3인가요?

(　　　　　　　　　　)

12 한 면의 넓이가 $16\ cm^2$인 정육면체 모양의 주사위가 있습니다. 이 주사위의 부피는 몇 cm^3인가요?

(　　　　　　　　　　)

13 다음 직육면체 모양 상자의 부피는 $600\ cm^3$입니다. □ 안에 알맞은 수를 써넣으세요.

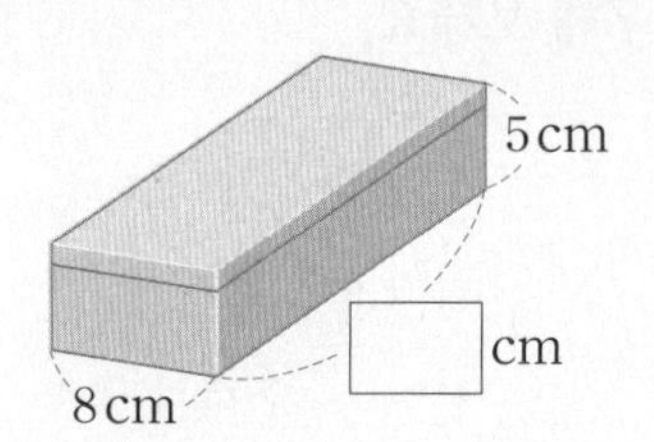

14 정육면체 나의 부피는 정육면체 가의 부피의 몇 배인가요?

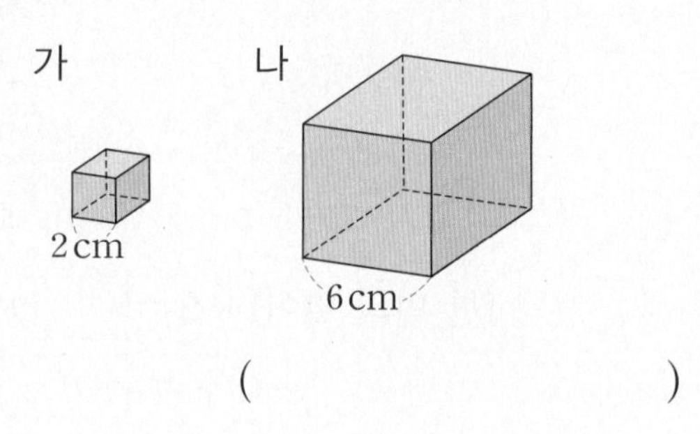

(　　　　　　　　　　)

15 직육면체 가와 나의 겉넓이의 합을 구해 보세요.

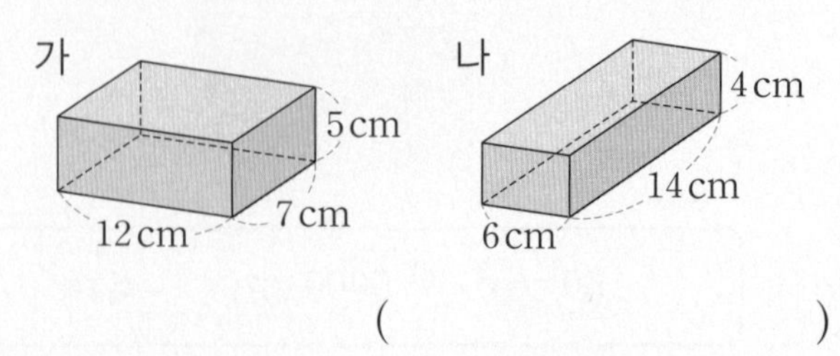

(　　　　　　　　　　)

서술형

16 그림과 같은 직육면체 모양의 빵을 잘라 정육면체 모양을 만들려고 합니다. 가장 큰 정육면체를 만들고 남은 빵의 부피는 몇 cm^3인가요?

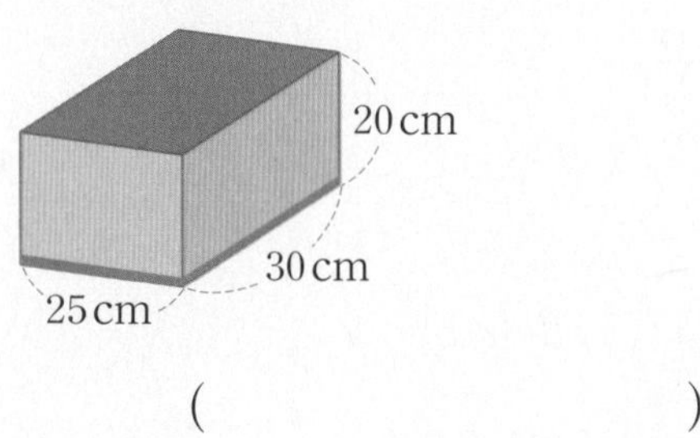

( )

17 한 변의 길이가 8 cm인 정사각형을 밑면으로 하는 직육면체가 있습니다. 겉넓이가 256 cm^2일 때 높이는 몇 cm인가요?

( )

18 입체도형의 부피는 몇 m^3인가요?

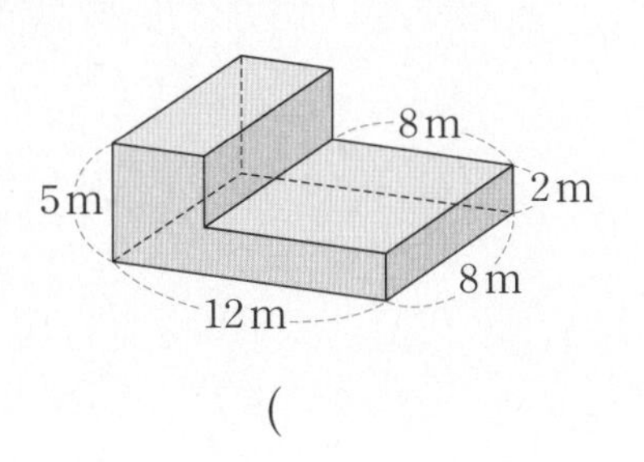

( )

19 직육면체의 부피가 210 cm^3일 때 높이는 몇 cm인지 풀이 과정을 쓰고, 답을 구해 보세요.

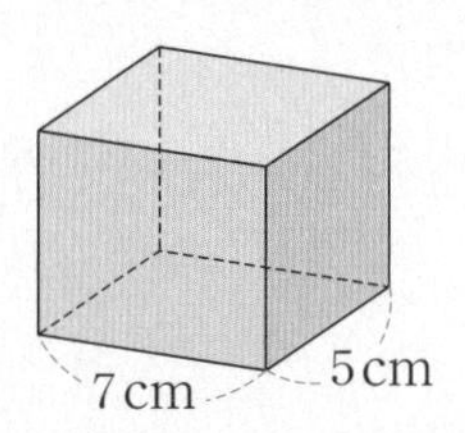

풀이

답

20 직육면체와 정육면체의 부피가 같습니다. □ 안에 알맞은 수는 얼마인지 풀이 과정을 쓰고, 답을 구해 보세요.

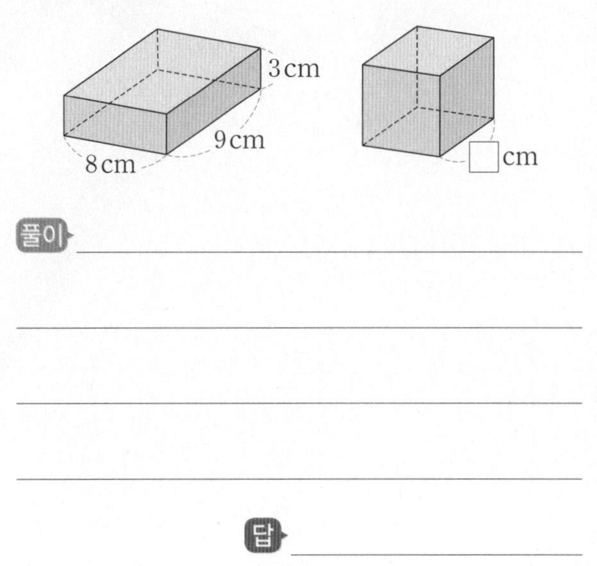

풀이

답

보물 상자를 찾아라

보물 상자가 있는 곳까지 가는 길을 찾아보세요.

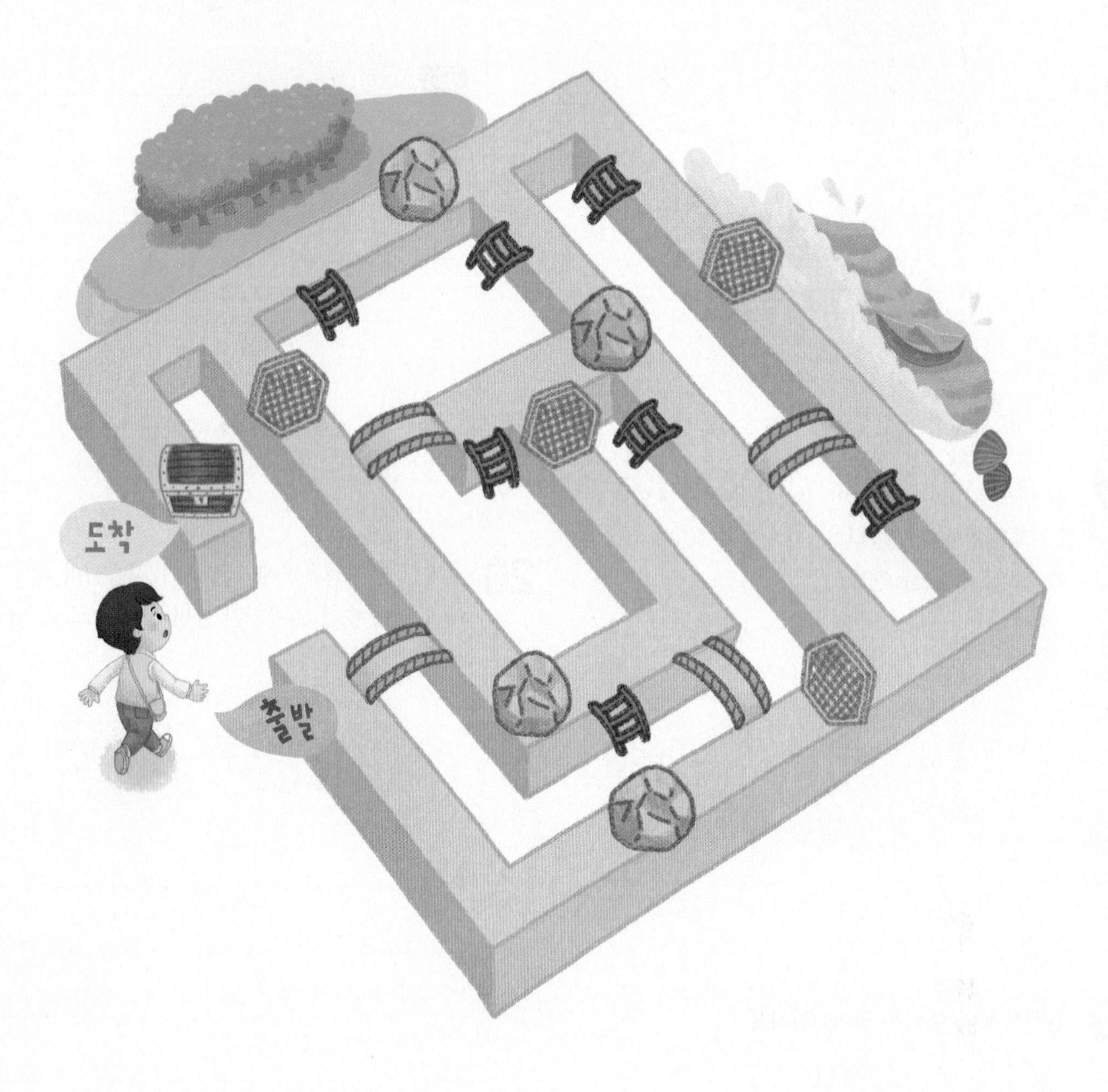

월등한 개념 수학

(초등수학 5-1)

계통으로 수학이 쉬워지는
새로운 개념기본서

스스로 학습책

1 자연수의 혼합 계산

1 덧셈, 뺄셈이 섞여 있는 식 계산하기

[1~2] □ 안에 알맞은 수를 써넣으세요.

1 $43+17-25=\square-25$
$=\square$

2 $64-(18+26)=64-\square$
$=\square$

[3~8] 계산해 보세요.

3 $34+19-26$

4 $41-27+19$

5 $36+28-45$

6 $72-(27+37)$

7 $16+(42-29)$

8 $40-(13+8)$

2 곱셈, 나눗셈이 섞여 있는 식 계산하기

[1~2] □ 안에 알맞은 수를 써넣으세요.

1 $40\div8\times5=\square\times5$
$=\square$

2 $15\times(18\div3)=15\times\square$
$=\square$

[3~8] 계산해 보세요.

3 $6\times12\div4$

4 $54\div6\times7$

5 $27\div9\times7$

6 $72\div(2\times6)$

7 $7\times(18\div3)$

8 $40\div(4\times5)$

정답과 해설 42쪽

3 덧셈, 뺄셈, 곱셈이 섞여 있는 식 계산하기

[1~2] □ 안에 알맞은 수를 써넣으세요.

1 $28-14+3\times4=28-14+\square$
$=\square+\square$
$=\square$

2 $7\times(15-9)+7=7\times\square+7$
$=\square+7$
$=\square$

[3~5] 보기 와 같이 계산 순서를 나타내고, 순서에 맞게 계산해 보세요.

보기

$26-(2+5)\times3=26-7\times3$
$=26-21$
$=5$

① ② ③

3 $30+12-4\times8$

4 $52-12\times4+6$

5 $15+(13-6)\times4$

[6~13] 계산해 보세요.

6 $6+3\times8-19$

7 $50-12\times3+7$

8 $34+19-4\times9$

9 $54-6\times5+8$

10 $27-15+11\times5$

11 $8+5\times(21-5)$

12 $54-(8+7)\times2$

13 $17+(30-18)\times4$

4 덧셈, 뺄셈, 나눗셈이 섞여 있는 식 계산하기

[1~2] □ 안에 알맞은 수를 써넣으세요.

1 $16-9+24\div4=16-9+\square$
$=\square+\square$
$=\square$

2 $36\div(12-8)+24=36\div\square+24$
$=\square+24$
$=\square$

[3~5] 보기 와 같이 계산 순서를 나타내고, 순서에 맞게 계산해 보세요.

보기

$35-40\div8+14=35-5+14$
$=30+14$
$=44$

① $40\div8$ ② $35-5$ ③ $30+14$

3 $32+8-15\div3$

4 $34-25\div5+7$

5 $60\div(20-5)+18$

[6~13] 계산해 보세요.

6 $26+64\div8-15$

7 $34-27\div3+6$

8 $8+37-45\div3$

9 $45-18+48\div4$

10 $21-(26+22)\div6$

11 $15+(64-8)\div4$

12 $(9+36)\div3-7$

13 $84\div4+16-8$

5 덧셈, 뺄셈, 곱셈, 나눗셈이 섞여 있는 식 계산하기

[1~2] □ 안에 알맞은 수를 써넣으세요.

1 $12+4\times9-28\div4=12+\square-28\div4$
$=12+\square-\square$
$=\square-\square$
$=\square$

2 $27\div(13-4)\times5+8=27\div\square\times5+8$
$=\square\times5+8$
$=\square+8$
$=\square$

[3~5] 보기 와 같이 계산 순서를 나타내고, 순서에 맞게 계산해 보세요.

보기

$30-9\times5\div3+7=30-45\div3+7$
$=30-15+7$
$=15+7$
$=22$

① 9×5 ② $\div3$ ③ $30-$ ④ $+7$

3 $25-7\times2+36\div6$

4 $40-32\div4\times3+5$

5 $60\div(8-3)+4\times7$

[6~13] 계산해 보세요.

6 $15+3\times6-56\div4$

7 $50-34+4\times18\div6$

8 $37-6\times5+48\div6$

9 $24+35\div7\times4-25$

10 $81\div(5+4)\times6-36$

11 $150\div5-2\times(8+6)$

12 $90\div(21-6)+4\times3$

13 $6\times(5+7)-63\div7$

스스로 개념 확인하기

① 덧셈, 뺄셈이 섞여 있는 식 계산하기

1 보기 와 같이 계산 순서를 나타내고, 순서에 맞게 계산해 보세요.

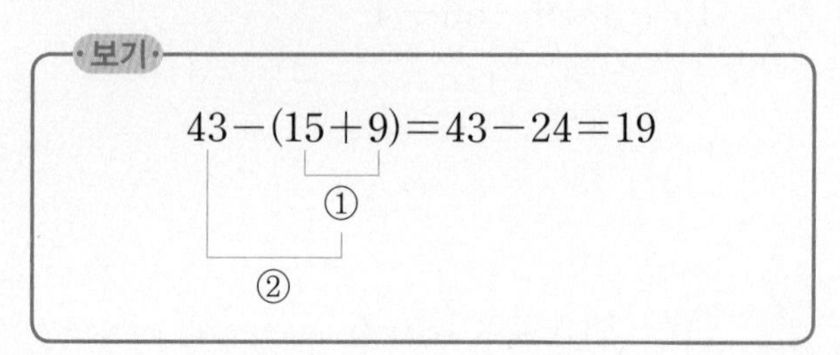

(1) $62-28+17$

(2) $34-(7+15)$

(3) $17+(20-8)$

2 다음을 계산하여 □ 안에 알맞은 수를 써넣으세요.

(1) $57+38=\square$

$57+8+30=\square$

$57+40-2=\square$

(2) $46-27=\square$

$46-20-7=\square$

$46-(20+7)=\square$

3 계산 결과가 다른 것을 찾아 기호를 써 보세요.

㉠	$47-15+23$	$47-(15+23)$
㉡	$64-36-13$	$64-(36+13)$
㉢	$43+38-24$	$43+(38-24)$

(　　　　　)

4 그림을 보고 ★을 구하는 식을 두 가지로 써 보세요.

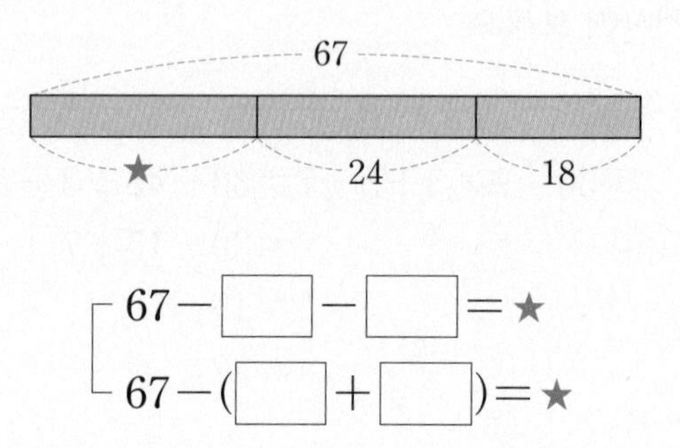

$67-\square-\square=$ ★

$67-(\square+\square)=$ ★

5 다음을 식으로 나타내고, 답을 구해 보세요.

23에서 7과 8의 합을 뺀 수

개념 학습책 9쪽

② 곱셈, 나눗셈이 섞여 있는 식 계산하기

정답과 해설 43쪽

1 보기 와 같이 계산 순서를 나타내고, 순서에 맞게 계산해 보세요.

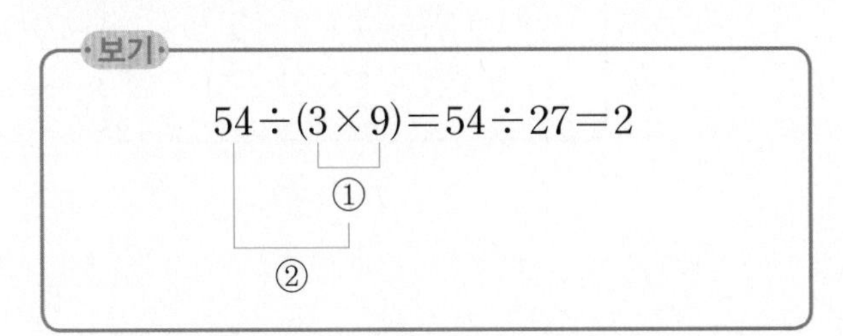

(1) $8\times7\div4$

(2) $72\div(4\times2)$

(3) $27\div9\times12$

2 다음을 계산하여 □ 안에 알맞은 수를 써넣으세요.

(1) $7\times18=\square$

$7\times3\times6=\square$

(2) $90\div15=\square$

$90\div3\div5=\square$

(3) $5\times24=\square$

$5\times4\times6=\square$

3 계산 결과가 같은 것을 모두 찾아 기호를 써 보세요.

㉠	$12\times3\times4$	$12\times(3\times4)$
㉡	$56\div4\times2$	$56\div(4\times2)$
㉢	$36\div4\div3$	$36\div(4\times3)$

( )

4 연필 1타에 연필이 12자루 들어 있습니다. 연필 3타를 9명에게 똑같이 나누어 주었을 때 한 사람은 연필을 몇 자루 가지게 되는지 하나의 식으로 나타내어 구해 보세요.

식 ________________

답 ________________

5 다음을 식으로 나타내고, 답을 구해 보세요.

7에 18을 3으로 나눈 몫을 곱한 수

식 ________________

답 ________________

개념 학습책 11쪽

③ 덧셈, 뺄셈, 곱셈이 섞여 있는 식 계산하기

1 가장 먼저 계산해야 하는 부분에 ○표 하세요.

(1) $8+7\times5-12$

(2) $6\times4-(8+2)$

2 보기와 같이 계산 순서를 나타내고, 순서에 맞게 계산해 보세요.

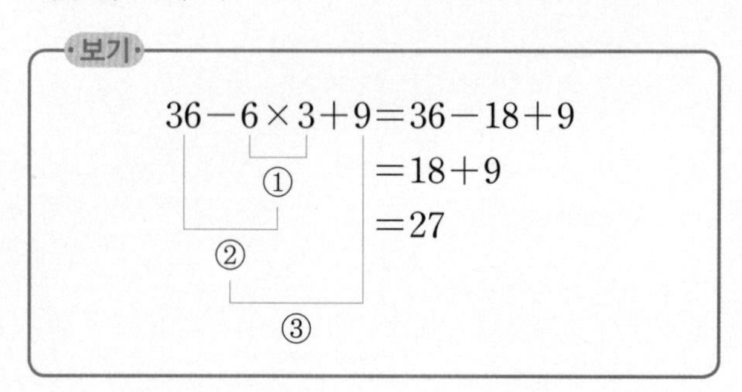

(1) $8\times(9-4)+14$

(2) $50-3\times(7+2)$

3 다음을 계산하여 □ 안에 알맞은 수를 써넣으세요.

(1) $15+36=$ □

$15+18\times2=$ □

$15+(20-2)\times2=$ □

(2) $18+9-8=$ □

$2\times9+9-8=$ □

$2\times9+9-2\times4=$ □

4 계산 결과가 더 큰 것을 찾아 기호를 써 보세요.

㉠ $27+4\times9-5$
㉡ $27+4\times(9-5)$

( )

5 계산해 보세요.

(1) $(8+9)\times6$

$8\times6+9\times6$

(2) $(23-7)\times4$

$23\times4-7\times4$

6 5000원으로 700원짜리 색연필과 500원짜리 연필을 각각 3자루씩 사고 남은 금액을 알아보려고 합니다. 물음에 답하세요.

(1) 색연필과 연필을 산 금액을 식으로 나타내어 보세요.

$(700+$ □ $)\times$ □

(2) 남은 금액은 얼마인지 하나의 식으로 나타내어 구해 보세요.

식 ____________________

답 ____________________

④ 덧셈, 뺄셈, 나눗셈이 섞여 있는 식 계산하기

정답과 해설 44쪽

1 가장 먼저 계산해야 하는 부분에 ◯표 하세요.

(1) $22+21\div3-16$

(2) $5+54\div(9-3)$

2 보기 와 같이 계산 순서를 나타내고, 순서에 맞게 계산해 보세요.

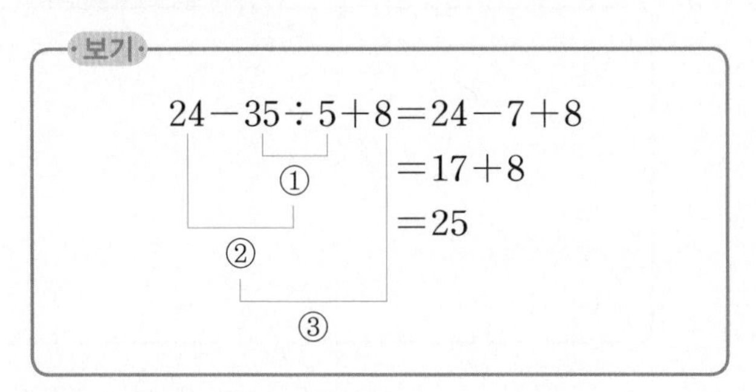

(1) $28\div(11-4)+34$

(2) $15-63\div7+5$

3 다음을 계산하여 □ 안에 알맞은 수를 써넣으세요.

(1) $18+15=$ □

$18+60\div4=$ □

$18+(10-5)\times3=$ □

(2) $18+17-5=$ □

$54\div3+17-5=$ □

$54\div3+17-10\div2=$ □

4 계산 결과가 더 큰 것을 찾아 기호를 써 보세요.

㉠ $54\div6-3+13$
㉡ $54\div(6-3)+13$

(　　　　　　　　)

5 계산해 보세요.

(1) $(24+16)\div4$

$24\div4+16\div4$

(2) $(18-6)\div3$

$18\div3-6\div3$

6 사과 21개는 7개씩 봉지에 담고, 감 18개는 3개씩 봉지에 담았을 때, 모두 몇 봉지가 되는지 알아보세요.

(1) 사과와 감은 각각 몇 봉지가 되는지 식으로 나타내어 보세요.

사과: $21\div$ □, 감: □ $\div$ □

(2) 모두 몇 봉지가 되는지 하나의 식으로 나타내어 구해 보세요.

식 ________________

답 ________________

⑤ 덧셈, 뺄셈, 곱셈, 나눗셈이 섞여 있는 식 계산하기

1 계산 순서에 맞게 □ 안에 번호를 써넣으세요.

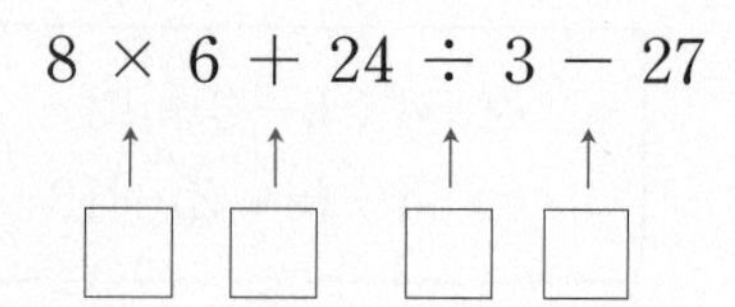

2 계산해 보세요.

(1) $32-12\times6\div9+4$

(2) $7\times4-80\div(10+6)$

3 계산 순서가 맞는 것을 모두 찾아 ○표 하세요.

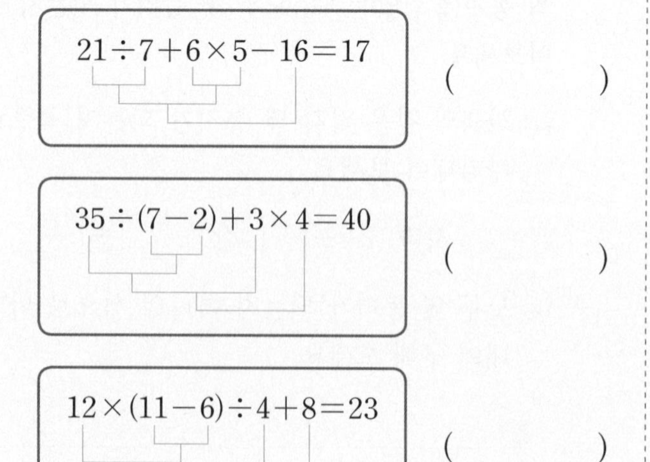

4 잘못 계산한 곳을 찾아 옳게 고쳐 계산해 보세요.

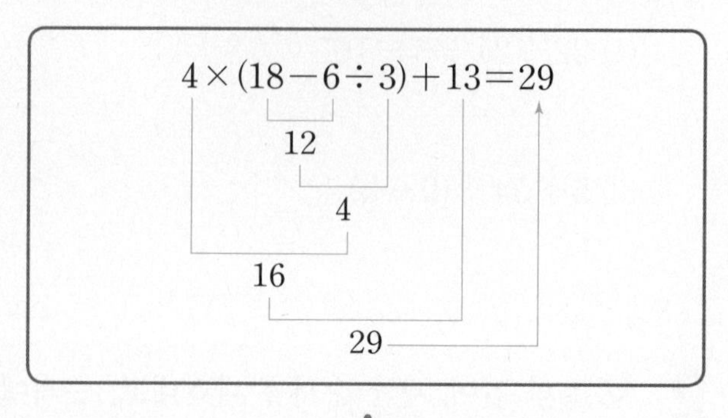

5 윤재는 한 봉지에 24개씩 들어 있는 사탕을 3봉지 사서 동생과 똑같이 나누어 가진 후 15개를 먹고 형에게 6개를 받았습니다. 윤재가 가지고 있는 사탕은 몇 개인지 알아보세요.

(1) 윤재가 산 사탕은 모두 몇 개인지 식으로 나타내어 보세요.

24 × □

(2) 동생과 나누어 가진 후 윤재의 사탕은 몇 개인지 식으로 나타내어 보세요.

24 × □ ÷ □

(3) 윤재가 가지고 있는 사탕은 몇 개인지 하나의 식으로 나타내어 구해 보세요.

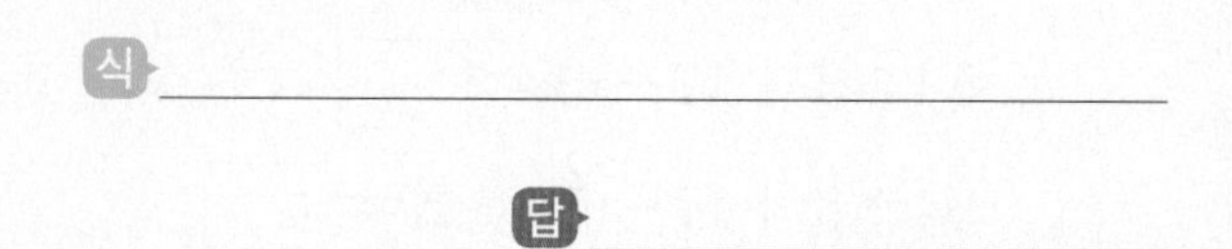

개념 학습책 17쪽

정답과 해설 45쪽

1단원

1 계산 순서에 맞게 기호를 써 보세요.

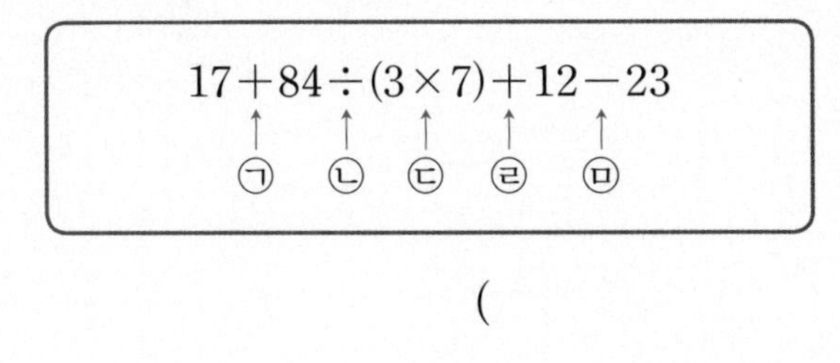

(   )

2 계산 결과가 같도록 □ 안에 알맞은 기호를 써넣으세요.

$51-(28+7)=51-28\square 7$

3 두 식을 하나의 식으로 나타내어 보세요.

(1)
$32-17=15$
$4\times 15+9\div 3=63$
➜ ____________________

(2)
$26\div 2=13$
$13\times 2-6=20$
➜ ____________________

4 □ 안에 알맞은 수를 써넣으세요.

(1) $(24-16)\times 3=24\times\square-16\times\square$

$=\square-\square$

$=\square$

(2) $6\times 54=6\times(\square+4)$

$=6\times\square+6\times 4$

$=\square+\square$

$=\square$

5 사탕은 200원, 젤리는 300원입니다. 다음을 구하는 식을 찾아 기호를 써 보세요.

㉠ $200\times 4+300\times 4$	㉡ $1000-(200+300)$
㉢ $300\times 4\div 200$	㉣ $200\times 4-300$
㉤ $1000\div(200+300)$	㉥ $1000\times(200+300)$

(1) 사탕 1개와 젤리 1개를 사고 1000원을 냈을 때 거스름돈

( )

(2) 사탕과 젤리를 4개씩 살 때 필요한 돈

( )

(3) 젤리 4개만큼의 금액으로 살 수 있는 사탕의 개수

( )

(4) 한 상자에 사탕 1개, 젤리 1개가 포장되어 있을 때, 1000원으로 살 수 있는 상자의 개수

( )

6 계산 결과에 맞게 □ 안에 알맞은 기호를 써넣으세요.

(1) $8\square 11\square 21=67$ (2) $24\square 18\square 6=27$

7 ㉠ 식의 □ 안에 알맞은 수를 써넣고, ㉡ 식을 ( )로 알맞게 묶어 보세요.

㉠ $8 + \square - 4 = 7$
㉡ $8 + 36 \div 6 \times 2 - 4 = 7$

8 □에 알맞은 수를 구하려고 합니다. 물음에 답하세요.

$14+(\square-6)\times3=38$

(1) 위 식에서 $(\square-6)\times3$을 ▲로 나타내고 ▲를 구해 보세요.

식 ____________ ▲=(　　　　　)

(2) $(\square-6)\times3=$▲에서 $\square-6$을 ●로 나타내고 ●를 구해 보세요.

식 ____________ ●=(　　　　　)

(3) □에 알맞은 수는 얼마인가요?

(　　　　　)

9 잡채 2인분을 만들려고 합니다. 10000원으로 필요한 재료를 사고 남은 돈은 얼마인지 하나의 식으로 나타내어 구해 보세요.

식 ____________

답 ____________

10 ●와 ▲는 〈보기〉와 같이 계산합니다. (9●5)▲4를 하나의 식으로 나타내어 계산해 보세요.

보기

가●나=(가−나)×나

가▲나=가÷나

식 ____________________

답 ____________________

[11~12] 무엇이든 넣으면 3배가 되는 항아리가 있습니다. 항아리에 넣기 전 세 가지 색 구슬 수의 합은 몇 개였는지 구하려고 합니다. 물음에 답하세요.

항아리에 넣기 전

빨간색 구슬	24개

항아리에 넣은 후

파란색 구슬	48개
노란색 구슬	45개

11 항아리에 넣은 후 구슬이 ●개가 되었다면 넣기 전에는 몇 개였는지 식으로 나타내어 보세요.

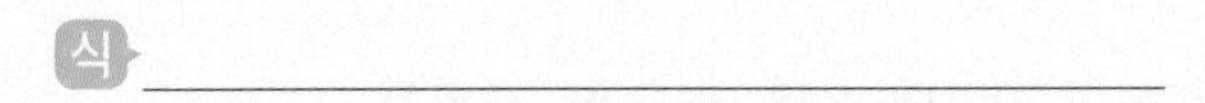

식 ____________________

서술형

12 항아리에 넣기 전 세 가지 색 구슬 수의 합은 몇 개인지 하나의 식으로 나타내어 구하려고 합니다. 풀이 과정을 쓰고, 답을 구해 보세요.

풀이 ____________________

답 ____________________

개념 학습책 21쪽

정답과 해설 46쪽

1 수 카드 2, 6, 9를 한 번씩 사용하여 아래와 같이 식을 만들려고 합니다. 계산 결과가 가장 클 때의 식을 쓰고, 계산 결과를 구해 보세요.

$12\times(\square-\square)\div\square$

식 ____________________

답 ____________________

2 ㉠●㉡=(㉠+㉡)÷(㉠−㉡)입니다. 다음을 계산해 보세요.

(8●4)●2

(   )

3 내 나이는 12살입니다. 아버지의 나이는 몇 살인지 하나의 식으로 나타내어 구해 보세요.

내 나이에서 5를 뺀 수에 6을 곱하고, 3을 더하면 아버지의 나이가 돼.

식 ____________________

답 ____________________

4 꽃병 4개에 장미 56송이를 똑같이 나누어 꽂은 후, 그중 3개의 꽃병에 튤립 18송이를 똑같이 나누어 꽂았습니다. 두 가지 꽃이 꽂힌 꽃병 1개에 꽂힌 꽃은 몇 송이인지 하나의 식으로 나타내어 구해 보세요.

식 ____________________

답 ____________________

5 식이 성립하도록 ■에 알맞은 수를 구해 보세요.

$32-8\times■\div4+7=27$

(   )

6 식이 성립하도록 (   )로 묶어 보세요.

$8\times6-3\times2+2=50$

개념 학습책 22~23쪽

학교시험대비 단원평가

점수	확인

1 □ 안에 알맞은 수를 써넣으세요.

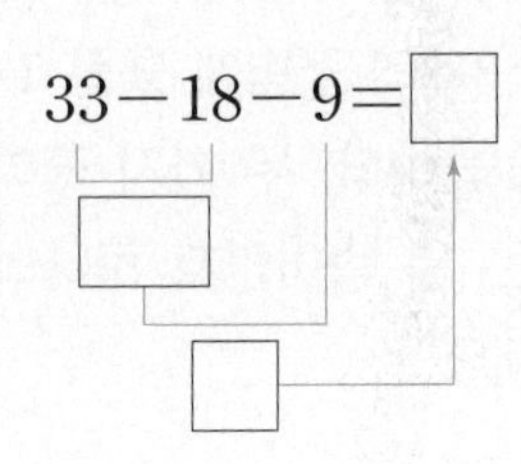

2 다음 식에서 가장 먼저 계산해야 하는 것을 찾아 기호를 써 보세요.

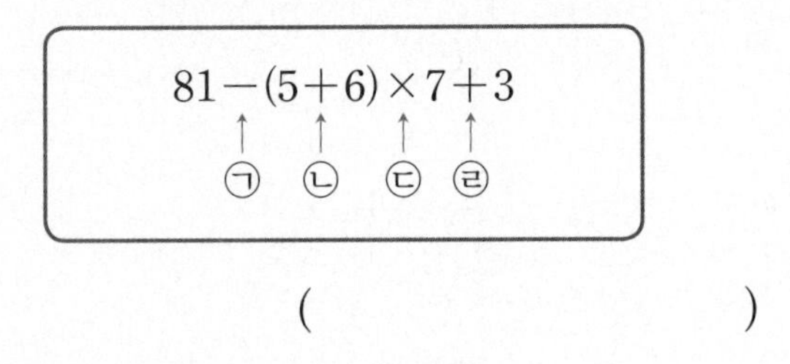

(　　　　　　)

3 □ 안에 알맞은 수를 써넣으세요.

$27+(15-9)\times4\div3=27+\square\times4\div3$

$=27+\square\div3$

$=27+\square$

$=\square$

4 다음 중 계산 결과가 서로 같은 것을 찾아 기호를 써 보세요.

㉠ $72\div6\times2$　㉡ $72\div6\div2$

㉢ $72\times6\div2$　㉣ $72\times2\div6$

(　　　　　　)

5 계산해 보세요.

(1) $(7-3)\times5+2$

(2) $42\div6+5\times4-17$

6 잘못 계산한 사람의 이름을 써 보세요.

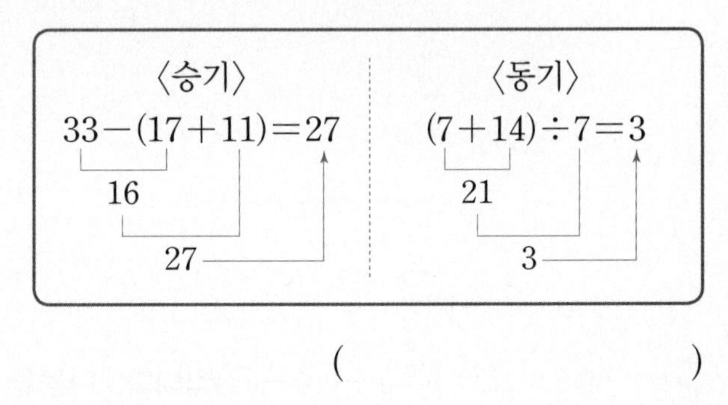

(　　　　　　)

7 다음을 식으로 나타내고 답을 구해 보세요.

18과 7의 곱을 14로 나눈 수

식 ____________________

답 ____________________

8 계산기를 다음과 같이 차례로 누르면 얼마가 나올까요?

3 × 7 − 1 4 + 9 − 3 =

(　　　　　　)

1 단원

9 계산 결과를 비교하여 ◯ 안에 >, =, <를 알맞게 써넣으세요.

$18-9\div3+6$ ◯ $(18-9)\div3+6$

10 두 식의 계산 결과의 합을 구해 보세요.

- $11\times4-26+7$
- $15-7+48\div6$

(　　　　　　)

11 두 식을 하나의 식으로 나타내어 보세요.

- $7+3=10$
- $10\div2=5$

식 ______________________

12 ㉠★㉡=(㉠+㉡)×㉡입니다. 다음을 계산해 보세요.

25★5

(　　　　　　)

13 북어 1쾌는 20마리입니다. 북어 2쾌를 봉지 5개에 나누어 담아서 냉장고에 넣으려고 합니다. 봉지 1개에 북어를 몇 마리씩 담아야 하는지 하나의 식으로 나타내어 구해 보세요.

식 ______________________

답 ____________

14 귤을 5개씩 3봉지 사서 3개를 먹고 나머지를 3봉지로 똑같이 나누어 1봉지를 냉장고에 넣었습니다. 냉장고에 넣은 귤은 몇 개인지 식으로 나타내어 구해 보세요.

식 ______________________

답 ____________

15 □ 안에 알맞은 수를 구해 보세요.

$81-36\div3\times\square+9=30$

(　　　　　　)

16 식에 ( )를 넣어서 서로 다른 두 값을 만들어 보세요.

$24 - 4 \div 2 + 2 = \square$

$24 - 4 \div 2 + 2 = \square$

17 같은 모양은 같은 수를 나타냅니다. ◆가 나타내는 수를 구해 보세요.

(2+7)×3−11=●

●÷2+5=■

(■+2)×●=◆

(   )

18 경환이는 2주일 중 4일은 쉬고 나머지 날은 매일 95번씩 줄넘기를 하였고, 은정이는 2주일 동안 쉬지 않고 매일 75번씩 줄넘기를 하였습니다. 누가 줄넘기를 몇 번 더 많이 했는지 하나의 식으로 나타내어 구해 보세요.

식 ______________________

답 ______________________

19 길이가 25 cm인 색 테이프 7장을 다음과 같이 3 cm씩 겹치게 이어 붙였습니다. 이어 붙인 색 테이프 전체의 길이는 몇 cm인지 풀이 과정을 쓰고, 답을 구해 보세요.

25 cm 25 cm 25 cm ......
3 cm 3 cm 3 cm

풀이 ______________________

답 ______________________

20 어떤 수에서 3을 빼고 6을 곱해야 하는데 잘못하여 6을 빼고 3을 곱해서 21이 되었습니다. 바르게 계산하면 얼마인지 풀이 과정을 쓰고, 답을 구해 보세요.

풀이 ______________________

답 ______________________

정답과 해설 48쪽

1 약수와 배수 알아보기

1 □ 안에 알맞은 수를 써넣고 12의 약수를 구해 보세요.

$12 \div \square = 12$	$12 \div \square = 6$
$12 \div \square = 4$	$12 \div \square = 3$
$12 \div \square = 2$	$12 \div \square = 1$

12의 약수 ➜ (　　　　　　　　　　)

2 6의 배수를 알아보려고 합니다. □ 안에 알맞은 수를 써넣으세요.

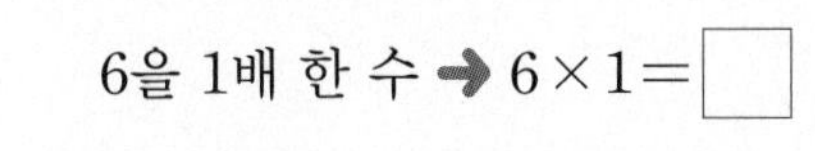

6을 1배 한 수 ➜ $6 \times 1 = \square$

6을 2배 한 수 ➜ $6 \times 2 = \square$

6을 3배 한 수 ➜ $6 \times 3 = \square$

⋮

6의 배수 ➜ □, □, □……

[3~4] 약수를 구해 보세요.

3 20의 약수 ➜ (　　　　　　　　　　)

4 34의 약수 ➜ (　　　　　　　　　　)

[5~6] 배수를 가장 작은 수부터 5개 써 보세요.

5 7의 배수 ➜ (　　　　　　　　　　)

6 14의 약수 ➜ (　　　　　　　　　　)

2 약수와 배수의 관계 알아보기

1 식을 보고 □ 안에 '약수'와 '배수'를 알맞게 써넣으세요.

$3 \times 5 = 15$

15는 3과 5의 □입니다.

3과 5는 15의 □입니다.

2 □ 안에 알맞은 수를 써넣으세요.

$1 \times 14 = 14$, $2 \times 7 = 14$

14는 □, □, 7, □의 배수입니다.

□, □, □, □은/는 14의 약수입니다.

[3~6] 두 수가 약수와 배수의 관계인 것에 ○표, 아닌 것에 ×표 하세요.

3 | 4 | 58 | (　　　　)

4 | 7 | 56 | (　　　　)

5 | 9 | 64 | (　　　　)

6 | 12 | 48 | (　　　　)

2 단원

3 공약수와 최대공약수 알아보기

1 8과 12의 공약수와 최대공약수를 구하려고 합니다. □ 안에 알맞은 수를 써넣으세요.

- 8의 약수: 1, 2, 4, 8
- 12의 약수: 1, 2, 3, 4, 6, 12

(1) 8과 12의 공약수는 □, □, □입니다.

(2) 8과 12의 최대공약수는 □입니다.

[2~5] 두 수의 공약수와 최대공약수를 구해 보세요.

2 (12, 10)

공약수 (　　　　　　　　)
최대공약수 (　　　　　　　　)

3 (15, 18)

공약수 (　　　　　　　　)
최대공약수 (　　　　　　　　)

4 (24, 30)

공약수 (　　　　　　　　)
최대공약수 (　　　　　　　　)

5 (40, 56)

공약수 (　　　　　　　　)
최대공약수 (　　　　　　　　)

4 최대공약수 구하는 방법 알아보기

1 곱셈식을 보고 18과 27의 최대공약수를 구해 보세요.

$18=2\times3\times3$　　　$27=3\times3\times3$

18과 27의 최대공약수: □×□=□

[2~6] 두 수의 최대공약수를 구해 보세요.

2) 35　28

(　　　　　　　　)

3) 27　36

(　　　　　　　　)

4) 42　54

(　　　　　　　　)

5) 18　36

(　　　　　　　　)

6) 66　88

(　　　　　　　　)

5 공배수와 최소공배수 알아보기

1 6과 8의 공배수와 최소공배수를 구하려고 합니다. □ 안에 알맞은 수를 써넣으세요.

• 6의 배수: 6, 12, 18, 24, 30, 36, 42, 48……
• 8의 배수: 8, 16, 24, 32, 40, 48……

(1) 6과 8의 공배수는 □, □……입니다.

(2) 6과 8의 최소공배수는 □입니다.

[2~6] 두 수의 공배수를 가장 작은 수부터 3개 쓰고, 최소공배수를 구해 보세요.

2 (3, 9)

공배수 (　　　　　　)
최소공배수 (　　　　　　)

3 (5, 4)

공배수 (　　　　　　)
최소공배수 (　　　　　　)

4 (18, 12)

공배수 (　　　　　　)
최소공배수 (　　　　　　)

5 (14, 21)

공배수 (　　　　　　)
최소공배수 (　　　　　　)

6 최소공배수 구하는 방법 알아보기

1 곱셈식을 보고 8과 12의 최소공배수를 구해 보세요.

$8=2\times2\times2$　　　$12=2\times2\times3$

8과 12의 최소공배수:

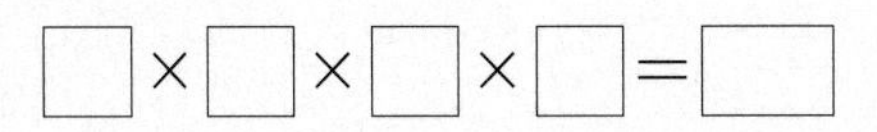

[2~6] 두 수의 최소공배수를 구해 보세요.

2) 12　10

(　　　　　　)

3) 20　25

(　　　　　　)

4) 24　36

(　　　　　　)

5) 40　16

(　　　　　　)

6) 32　48

(　　　　　　)

2 단원

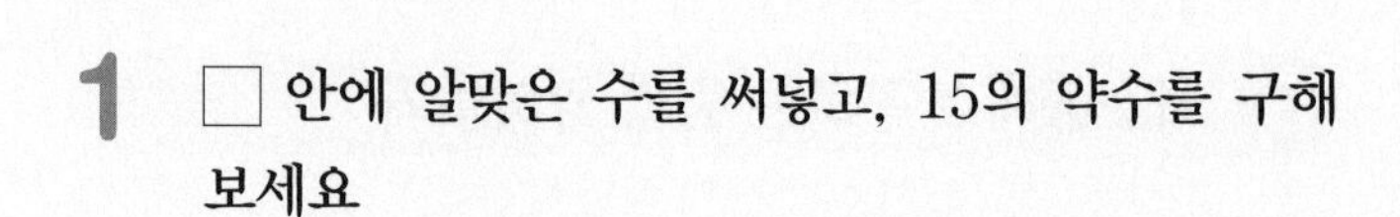

① 약수와 배수 알아보기

1 □ 안에 알맞은 수를 써넣고, 15의 약수를 구해 보세요.

$15 \div \square = 15$　　$15 \div \square = 5$

$15 \div \square = 3$　　$15 \div \square = 1$

15의 약수 ➜ (　　　　　　　　)

2 곱해서 10이 되는 두 수를 선으로 잇고, 10의 약수를 구해 보세요.

1　2　3　4　5　6　7　8　9　10

10의 약수 ➜ (　　　　　　　　)

3 28을 두 수의 곱으로 나타내고 28의 약수를 구해 보세요.

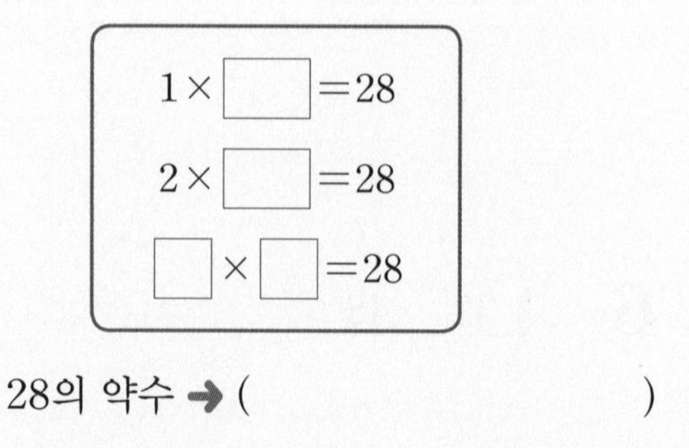

$1 \times \square = 28$

$2 \times \square = 28$

$\square \times \square = 28$

28의 약수 ➜ (　　　　　　　　)

4 배수를 가장 작은 수부터 5개 써 보세요.

(1) 8의 배수

(　　　　　　　　)

(2) 15의 배수

(　　　　　　　　)

5 수 배열표를 보고 6의 배수에는 ○표, 9의 배수에는 △표 하세요.

35	36	37	38	39	40	41
42	43	44	45	46	47	48
49	50	51	52	53	54	55
56	57	58	59	60	61	62

6 어떤 수의 배수를 가장 작은 수부터 차례로 쓴 것입니다. 10번째 수를 구해 보세요.

6, 12, 18, 24, 30……

(　　　　　　　　)

② 약수와 배수의 관계 알아보기

정답과 해설 48쪽

1 □ 안에 알맞은 말을 써넣으세요.

3과 8은 24의 □

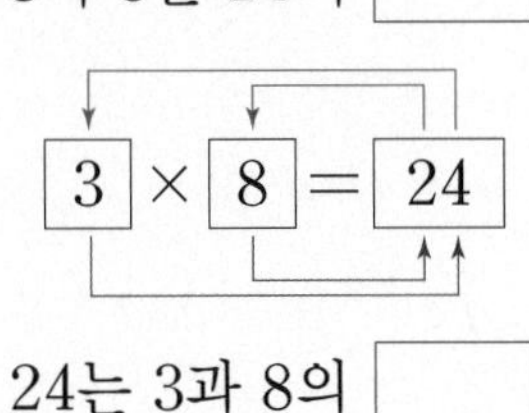

24는 3과 8의 □

2 식을 보고 □ 안에 알맞은 수를 써넣으세요.

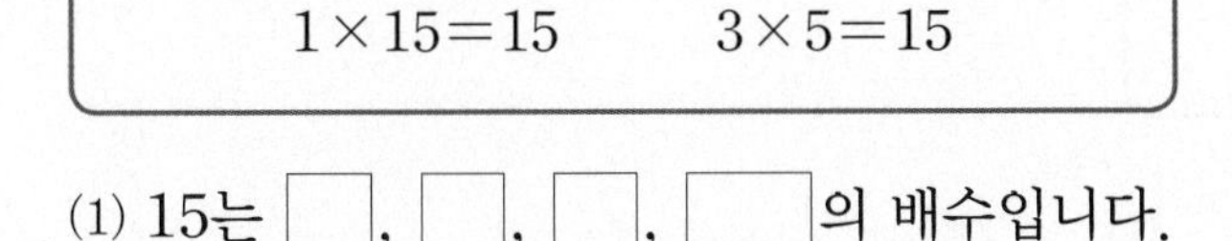

(1) 15는 □, □, □, □의 배수입니다.

(2) □, □, □, □은/는 15의 약수입니다.

3 20을 여러 수의 곱으로 나타내어 약수와 배수의 관계를 알아보려고 합니다. □ 안에 알맞은 수를 써넣으세요.

20=1×□	20=2×□
20=4×□	20=□×2×5

(1) 20은 □, □, □, □, □, □의 배수입니다.

(2) □, □, □, □, □, □은/는 20의 약수입니다.

4 54를 두 수의 곱으로 나타내고 약수와 배수의 관계를 써 보세요.

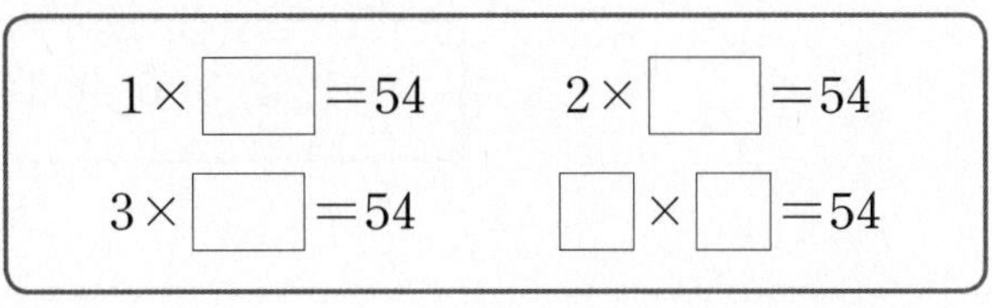

54는 ________________의 배수이고,

________________은/는 54의 약수입니다.

5 두 수가 약수와 배수의 관계가 되도록 만들려고 합니다. 빈칸에 들어갈 수 있는 수를 모두 고르세요. .... (　　　)

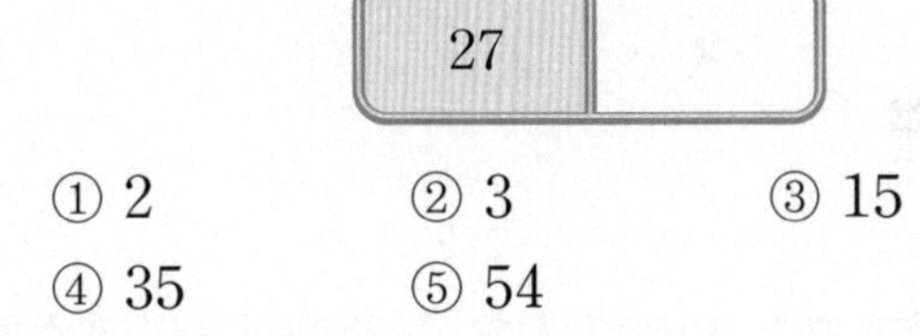

① 2　② 3　③ 15

④ 35　⑤ 54

6 두 수가 약수와 배수의 관계인 것을 모두 찾아 기호를 써 보세요.

㉠ (6, 15)	㉡ (11, 121)
㉢ (8, 60)	㉣ (7, 35)

(　　　　　　　　)

1 다음은 어떤 수의 약수를 모두 늘어놓은 것입니다. 어떤 수를 구해 보세요.

1, 2, 3, 6, 9, 18

( )

2 약수의 수가 가장 많은 수를 찾아 써 보세요.

51 25 37 20

( )

3 54보다 크고 90보다 작은 수 중에서 8의 배수를 모두 써 보세요.

( )

4 다음 관계를 식으로 나타낸 것입니다. □ 안에 알맞은 수를 써넣으세요.

6은 24의 약수이고
24는 6의 배수입니다.

$24 = \square \times \square$

2 단원

5 약수와 배수에 관한 설명 중 틀린 것을 찾아 기호를 써 보세요.

㉠ 1은 모든 수의 약수입니다.
㉡ 약수 중에서 가장 큰 수는 자기 자신입니다.
㉢ 배수 중에서 가장 작은 수는 1입니다.
㉣ 어떤 수의 배수는 무수히 많습니다.

( )

6 어떤 수의 배수를 가장 작은 수부터 차례로 쓴 것입니다. 15번째 수를 구해 보세요.

9, 18, 27, 36, 45……

( )

서술형

7 117이 9의 배수인 이유를 써 보세요.

이유 ______________________

____

개념 학습책 37쪽

③ 공약수와 최대공약수 알아보기

1 6의 약수도 되고 15의 약수도 되는 수에 ○표 하고, 두 수의 공약수와 최대공약수를 구해 보세요.

6의 약수: 1, 2, 3, 6
15의 약수: 1, 3, 5, 15

공약수 (　　　　　　　　)
최대공약수 (　　　　　　　　)

2 두 수의 약수를 각각 구하고, 공약수와 최대공약수를 구해 보세요.

24　　40

(1) 24의 약수
➜ (　　　　　　　　)

(2) 40의 약수
➜ (　　　　　　　　)

(3) 24와 40의 공약수
➜ (　　　　　　　　)

(4) 24와 40의 최대공약수
➜ (　　　　　　　　)

3 어떤 두 수의 최대공약수가 12일 때, 두 수의 공약수를 모두 구해 보세요.

(　　　　　　　　)

4 가로 1 cm, 세로 1 cm인 모눈이 그려진 직사각형 모양의 종이를 정사각형 모양으로 자른 것입니다. 물음에 답하세요.

(1) □ 안에 알맞은 수를 써넣으세요.

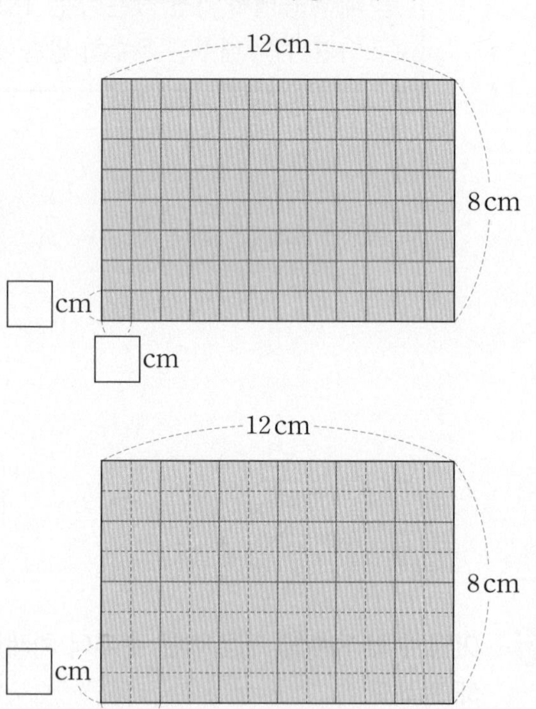

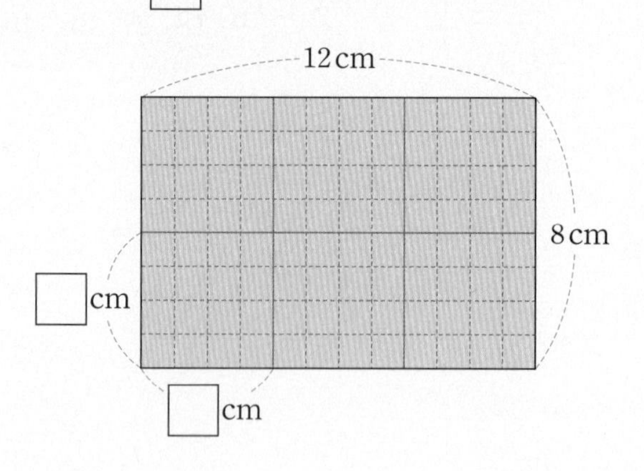

(2) 12와 8의 공약수와 최대공약수를 각각 써 보세요.

공약수 (　　　　　　　　)
최대공약수 (　　　　　　　　)

④ 최대공약수 구하는 방법 알아보기

정답과 해설 49쪽

1 18과 30의 최대공약수를 구하려고 합니다. 물음에 답하세요.

(1) 다음을 보고 18과 30을 각각 1이 아닌 가장 작은 약수들의 곱으로 나타내어 보세요.

```
2) 18   30
3)  9   15
    3    5
```

➜ $18=2\times\square\times\square$, $30=2\times\square\times\square$

(2) (1)에서 나타낸 곱셈식에서 공통인 약수의 곱을 써 보세요.

(　　　　　　)

(3) 18과 30의 최대공약수는 얼마인가요?

(　　　　　　)

2 28과 42를 두 수의 곱으로 나타낸 것입니다. 물음에 답하세요.

$28=1\times28$	$28=2\times14$
$42=1\times42$	$42=3\times14$

(1) 곱셈식에서 공통으로 들어 있는 수 중 가장 큰 수는 무엇인가요?

(　　　　　　)

(2) 28과 42의 최대공약수는 얼마인가요?

(　　　　　　)

3 수를 1이 아닌 가장 작은 약수들의 곱으로 나타낸 것입니다. 두 수의 최대공약수를 구해 보세요.

(1)
$12=2\times2\times3$
$54=2\times3\times3\times3$

(　　　　　　)

(2)
$20=2\times2\times5$
$32=2\times2\times2\times2\times2$

(　　　　　　)

4 24와 28의 최대공약수를 구하려고 합니다. □ 안에 알맞은 수를 써넣으세요.

```
2) 24   28
2) 12   14
    6    7
```

최대공약수: $\square\times\square=\square$

5 40과 24의 최대공약수를 구해 보세요.

```
 ) 40   24
```

40과 24의 최대공약수: ______

2 단원

개념 학습책 41쪽

5 공배수와 최소공배수 알아보기

1 4의 배수도 되고 6의 배수도 되는 수에 ○표 하고, 두 수의 공배수와 최소공배수를 구해 보세요.

4의 배수: 4, 8, 12, 16, 20, 24, 28……
6의 배수: 6, 12, 18, 24, 30……

공배수 (　　　　　　　　)
최소공배수 (　　　　　　　　)

2 두 수의 배수를 각각 구하고, 공배수와 최소공배수를 구해 보세요.

8　　10

(1) 8의 배수
➜ (　　　　　　　　)

(2) 10의 배수
➜ (　　　　　　　　)

(3) 8과 10의 공배수
➜ (　　　　　　　　)

(4) 8과 10의 최소공배수
➜ (　　　　　　　　)

3 어떤 두 수의 최소공배수가 36일 때, 두 수의 공배수를 가장 작은 수부터 3개 써 보세요.

(　　　　　　　　)

4 가로 3cm, 세로 5cm인 종이를 이어 붙여 정사각형을 만들었습니다. 물음에 답하세요.

(1) □ 안에 알맞은 수를 써넣으세요.

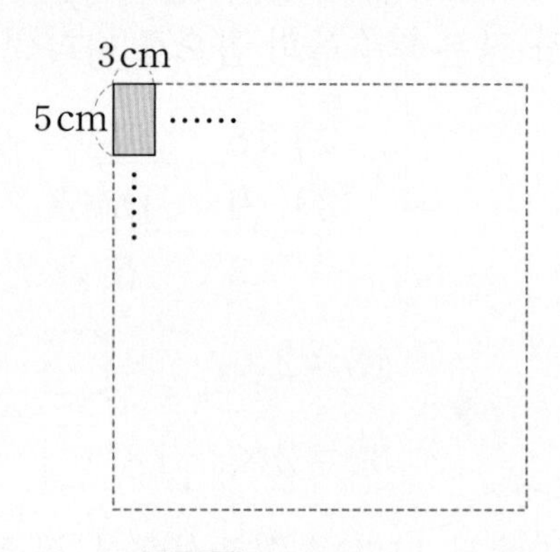

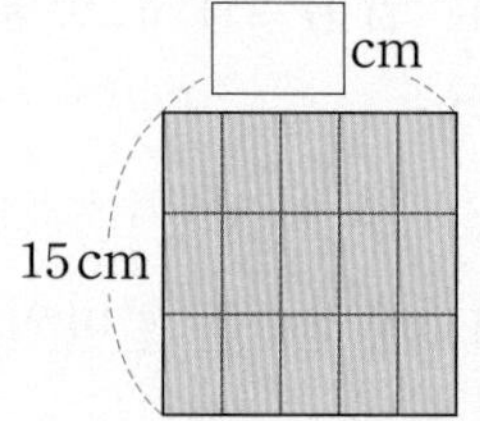

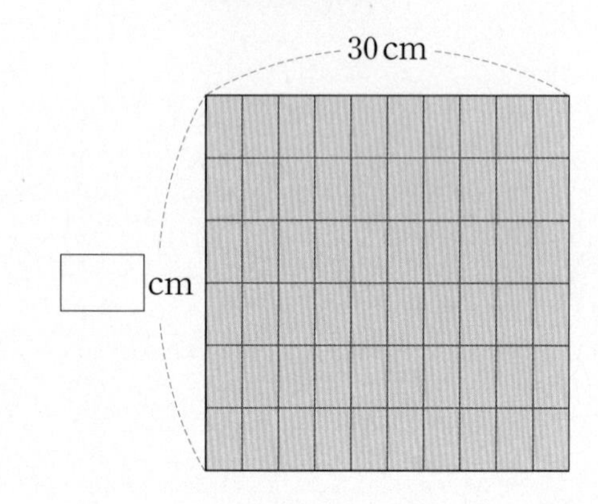

(2) 3과 5의 공배수와 최소공배수를 각각 써 보세요.

공배수 (　　　　　　　　)
최소공배수 (　　　　　　　　)

⑥ 최소공배수 구하는 방법 알아보기

정답과 해설 49쪽

1 27과 45의 최소공배수를 구하려고 합니다. 물음에 답하세요.

(1) 다음을 보고 27과 45를 각각 1이 아닌 가장 작은 약수들의 곱으로 나타내어 보세요.

3) 27　45
3) 9　15
　 3　5

➜ 27=3×□×□
　 45=3×□×□

(2) (1)에서 나타낸 곱셈식을 보고 최소공배수를 약수의 곱셈식으로 나타내어 보세요.

(　　　　　　　　)

(3) 27과 45의 최소공배수는 얼마인가요?

(　　　　　　　　)

2 18과 42를 여러 수의 곱으로 나타낸 곱셈식을 보고 물음에 답하세요.

18=1×18　18=2×9　18=2×3×3

42=1×42　42=2×21
42=3×14　42=2×3×7

(1) 18과 42의 최소공배수를 구하기 위한 여러 수의 곱셈식을 써 보세요.

18=□×□×□
42=□×□×□

(2) 18과 42의 최소공배수는 얼마인가요?

(　　　　　　　　)

3 수를 1이 아닌 가장 작은 약수들의 곱으로 나타낸 것입니다. 두 수의 최대공약수를 구해 보세요.

(1)
15=3×5
40=2×2×2×5

(　　　　　　　　)

(2)
30=2×3×5
45=3×3×5

(　　　　　　　　)

4 21과 18의 최소공배수를 구하려고 합니다. □ 안에 알맞은 수를 써넣으세요.

3) 21　18
　 7　6

최소공배수: □×□×□=□

5 60과 24의 최소공배수를 구해 보세요.

) 60　24

60과 24의 최소공배수: ______

개념 학습책 45쪽

스스로 실전문제 익히기

1 두 수를 1이 아닌 가장 작은 수의 곱으로 나타낸 것입니다. 최대공약수와 최소공배수를 구해 보세요.

$30=2\times3\times5$
$50=2\times5\times5$

최대공약수 (   )
최소공배수 (   )

2 15와 25의 공약수는 모두 몇 개인가요?

(   )

3 □ 안에 공통으로 들어갈 수 있는 수를 찾아 기호를 써 보세요.

- 3과 4는 □의 약수입니다.
- □은/는 3과 4의 배수입니다.

㉠ 20　㉡ 24　㉢ 30　㉣ 32

(   )

4 두 수의 최소공배수가 가장 큰 것을 찾아 기호를 써 보세요.

㉠ (22, 66)　㉡ (17, 68)　㉢ (27, 54)

(   )

개념 학습책 46쪽

5 20과 27을 1이 아닌 가장 작은 약수들의 곱으로 나타내었습니다. 두 수의 최대공약수를 구해 보세요.

$20=2\times2\times5$
$27=\qquad\quad 3\times3\times3$

(　　　　　　)

6 두 수의 공배수 중에서 100에 가장 가까운 수를 공배수로 갖는 두 수의 기호를 써 보세요.

㉠ (5, 6)　　㉡ (8, 10)　　㉢ (12, 16)

(　　　　　　)

서술형

7 삼촌의 나이는 몇 살인지 구하고, 그 이유를 설명하세요.

내 나이는 20보다 크고 30보다 작아. 또한 내 나이는 4의 배수이면서 7의 배수이기도 해.

답 ______________

이유 ______________________________

____

개념 학습책 47쪽

8 **대화를 읽고 잘못 말한 사람을 찾아보세요.**

20과 36의 공배수는 두 수로 나누었을 때 나누어떨어져.

20과 36의 공배수 중에서 가장 큰 수는 36이야.

20과 36의 공배수 중에서 가장 작은 수는 180이야.

민지

지원

희준

( )

9 **연필 15자루와 공책 18권을 최대한 많은 학생들에게 남김없이 똑같이 나누어 주려고 합니다. 물음에 답하세요.**

(1) □ 안에 알맞은 수를 써넣으세요.

연필	공책
	1권씩 18명
1자루씩 15명	2권씩 □명
3자루씩 □명	3권씩 □명
5자루씩 □명	6권씩 □명
15자루씩 □명	9권씩 □명
	18권씩 □명

(2) (1)에서 연필과 공책을 나누어 줄 수 있는 사람 수가 같은 경우는 몇 명인가요?

( )

(3) 15와 18의 최대공약수를 구하고 □ 안에 알맞은 수를 써넣으세요.

최대공약수 ( )

➜ 조건에 맞게 연필과 공책을 나누어 줄 수 있는 학생 수는 15와 18의 최대공약수인 □명입니다.

10 **가로가 8 cm, 세로가 10 cm인 종이를 이어 붙여 가장 작은 정사각형을 만들려고 합니다. 물음에 답하세요.**

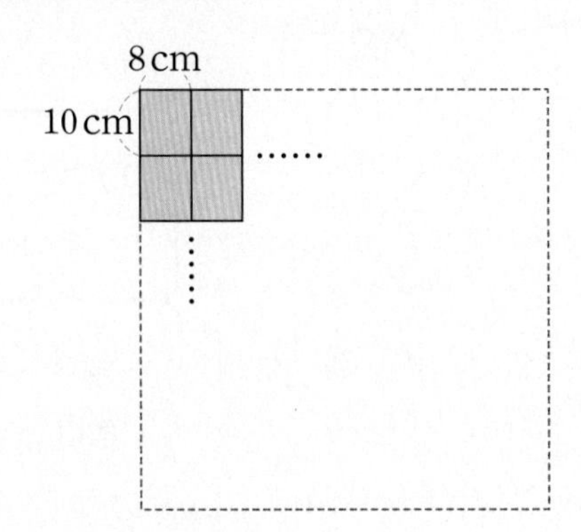

(1) 빈칸에 알맞은 수를 써넣으세요.

가로(cm)	8	16					
세로(cm)	10						

(2) (1)에서 가로와 세로의 길이가 같은 경우는 몇 cm인가요?

(　　　　　　)

(3) 8과 10의 최소공배수를 구하고 □ 안에 알맞은 수를 써넣으세요.

최소공배수 (　　　　　　)

➜ 조건에 맞게 정사각형을 만들 때, 만든 정사각형의 한 변의 길이는 8과 10의 최소공배수인 □ cm입니다.

11 **준후는 날짜가 4의 배수인 날, 서현이는 6의 배수인 날마다 수영장에 갑니다. 5월 한 달 동안 준후와 서현이가 함께 수영장에 가는 날은 모두 며칠인가요?**

(　　　　　　)

개념 학습책 49쪽

정답과 해설 50쪽

1 조건에 알맞은 수를 구해 보세요.

- 15와 6의 공배수
- 50보다 크고 70보다 작은 수

(　　　　　　　　　　)

2 연필 16자루와 볼펜 24자루를 최대한 많은 학생에게 남김없이 똑같이 나누어 주려고 할 때, 한 학생이 연필과 볼펜을 몇 자루씩 받을 수 있을까요?

연필 (　　　　　　　　　　)
볼펜 (　　　　　　　　　　)

3 가로가 $10\,\text{cm}$, 세로가 $16\,\text{cm}$인 직사각형 모양의 색종이를 겹치지 않게 빈틈없이 늘어놓아 가장 작은 정사각형을 만들려고 합니다. 색종이는 모두 몇 장 필요할까요?

(　　　　　　　　　　)

4 어떤 두 수 ■와 ●의 최소공배수가 72일 때, □ 안에 알맞은 수를 써넣고 ■와 ●의 값을 구해 보세요.

6) ■	●
4	□

■ (　　　　　　　　　　)
● (　　　　　　　　　　)

5 27과 35를 어떤 수로 나누면 나머지가 모두 3입니다. 어떤 수를 모두 구해 보세요.

(　　　　　　　　　　)

6 12로 나누어도 나누어떨어지고 18로 나누어도 나누어떨어지는 수 중에서 가장 작은 세 자리 수를 구해 보세요.

(　　　　　　　　　　)

개념 학습책 50~51쪽

학교시험대비 단원평가

점수	확인

1 □ 안에 알맞은 수를 써넣고 21의 약수를 구해 보세요.

$21 \div \square = 21$　　$21 \div \square = 7$

$21 \div \square = 3$　　$21 \div \square = 1$

21의 약수 ➜ ______________

2 6의 배수를 가장 작은 수부터 차례로 5개 써 보세요.

(　　　　　　　　　　)

3 식을 보고 □ 안에 알맞은 수를 써넣으세요.

$1 \times 8 = 8$　　$2 \times 4 = 8$

(1) 8은 □, □, □, □의 배수입니다.

(2) □, □, □, □은/는 8의 약수입니다.

4 17의 배수를 모두 찾아 써 보세요.

34　67　85　104　134

(　　　　　　　　　　)

5 약수의 수가 가장 많은 수는 어느 것인가요? ………… (　　　)

① 4　② 8　③ 18
④ 19　⑤ 21

6 28을 어떤 수로 나누었을 때, 나누어떨어지게 하는 수를 모두 구해 보세요.

(　　　　　　　　　　)

7 두 수가 약수와 배수의 관계가 아닌 것은 어느 것인가요? ………… (　　　)

① (9, 45)　② (33, 11)　③ (13, 52)
④ (23, 92)　⑤ (72, 19)

2 단원

8 두 수를 가장 작은 수의 곱으로 나타낸 것입니다. 최대공약수와 최소공배수를 구해 보세요.

$3\times3\times3$ $2\times3\times3\times5$

최대공약수 ( )
최소공배수 ( )

9 24의 약수도 되고 36의 약수도 되는 수를 모두 찾아 써 보세요.

1 3 5 8 12 15

( )

10 45와 36의 최대공약수와 최소공배수를 구해 보세요.

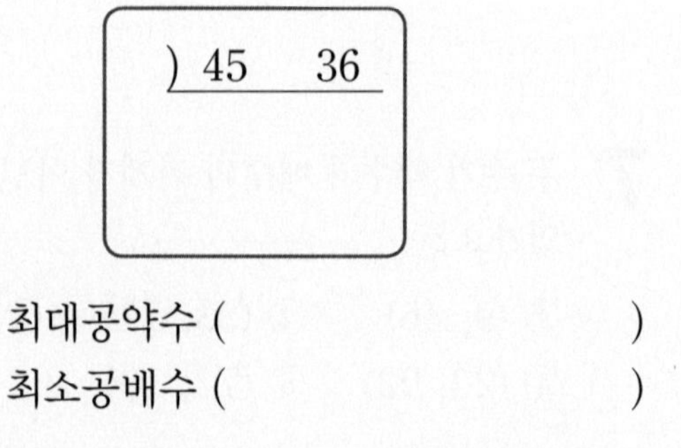

최대공약수 ( )
최소공배수 ( )

11 어떤 두 수의 최대공약수가 21일 때 이 두 수의 공약수는 모두 몇 개인가요?

( )

12 어떤 두 수의 최소공배수가 33일 때 이 두 수의 공배수 중에서 가장 큰 두 자리 수를 구해 보세요.

( )

13 9와 15의 공배수 중에서 100에 가장 가까운 수를 구해 보세요.

( )

14 어떤 수의 배수를 가장 작은 수부터 차례로 썼더니 21번째 수가 189였습니다. 어떤 수를 구해 보세요.

( )

서술형

15 왼쪽 수가 오른쪽 수의 배수일 때, □ 안에 들어갈 수 있는 수를 모두 구해 보세요.

(27, □)

( )

16 45와 60을 어떤 수로 나누면 모두 나누어떨어집니다. 어떤 수가 될 수 있는 자연수를 모두 구해 보세요.

( )

17 어떤 두 수 21과 ●의 최소공배수가 105일 때, ●와 ▲의 값을 구해 보세요.

3) 21 ●
　　■ ▲

● ( )
▲ ( )

18 도서관에 진우는 6일마다, 혜원이는 8일마다 갑니다. 오늘 두 사람이 도서관에서 만났다면 다음번에 두 사람이 도서관에서 만나는 날은 며칠 뒤인가요?

( )

19 50보다 작은 7의 배수는 모두 몇 개인지 풀이 과정을 쓰고, 답을 구해 보세요.

풀이

답

20 가로가 30 cm, 세로가 36 cm인 직사각형 모양의 도화지를 크기가 같은 정사각형 모양으로 남는 부분없이 자르려고 합니다. 가장 큰 정사각형 모양으로 자르려면 한 변을 몇 cm로 하면 되는지 풀이 과정을 쓰고, 답을 구해 보세요.

풀이

답

1 대응 관계를 식으로 나타내기

[1~5] 표를 보고 □ 안에 알맞은 수를 써넣으세요.

1

★	7	8	9	10	11	……
●	2	3	4	5	6	……

★은 ●보다 □ 큽니다.

2

▲	4	5	6	7	8	……
●	2	3	4	5	6	……

●는 ▲보다 □ 작습니다.

3

■	3	4	5	6	7	……
●	9	12	15	18	21	……

●는 ■의 □ 배입니다.

4

★	1	2	3	4	5	……
●	5	10	15	20	25	……

★은 ●를 □로 나눈 몫입니다.

5

▲	4	5	6	7	……
■	12	13	14	15	……

■는 ▲보다 □ 큽니다.

[6~10] 표를 보고 ▲와 ■ 사이의 대응 관계를 식으로 나타내어 보세요.

6

▲	5	6	7	8	9	……
■	10	12	14	16	18	……

식 ____________________

7

▲	4	5	6	7	8	……
■	16	20	24	28	32	……

식 ____________________

8

▲	6	12	18	24	30	……
■	1	2	3	4	5	……

식 ____________________

9

▲	6	7	8	9	10	……
■	12	13	14	15	16	……

식 ____________________

10

▲	7	8	9	10	11	……
■	4	5	6	7	8	……

식 ____________________

1 두 양 사이의 관계 알아보기

정답과 해설 52쪽

1 꽃병의 수와 꽃의 수 사이에는 어떤 대응 관계가 있는지 알아보려고 합니다. 표를 완성하고, □ 안에 알맞은 수를 써넣으세요.

   ......

꽃병의 수(개)	1	2	3	4	5	......
꽃의 수(송이)	2					......

꽃의 수는 꽃병의 수의 □배입니다.

꽃병의 수가 1씩 커질수록 꽃의 수는 □씩 커집니다.

2 사각형의 수와 변의 수 사이에는 어떤 대응 관계가 있는지 알아보려고 합니다. 표를 완성하고, □ 안에 알맞은 수를 써넣으세요.

□ □ □ □ □ ......

사각형의 수(개)	1	2	3	4	5	......
변의 수(개)	4	8	12			......

➜ 변의 수는 사각형의 수의 □배입니다.

[3~6] 도형의 배열을 보고 물음에 답하세요.

3 다음에 이어질 알맞은 모양을 그려 보세요.

➜

4 사각형의 수와 원의 수 사이의 관계를 생각하며 □ 안에 알맞은 수를 써넣으세요.

- 사각형이 8개일 때 필요한 원의 수는 □개입니다.
- 사각형이 16개일 때 필요한 원의 수는 □개입니다.

5 원이 25개일 때, 사각형은 몇 개 필요할까요?

( )

6 사각형의 수와 원의 수 사이의 대응 관계를 써 보세요.

관계 ____________________

3 단원

개념 학습책 61쪽

[1~3] 사탕이 한 상자에 7개씩 들어 있습니다. 상자의 수와 사탕의 수 사이에는 어떤 대응 관계가 있는지 알아보려고 합니다. 물음에 답하세요.

1 상자의 수와 사탕의 수 사이의 대응 관계를 표를 이용하여 알아보세요.

상자의 수(개)	사탕의 수(개)
1	7
2	
3	
4	
5	
⋮	⋮

2 상자의 수와 사탕의 수 사이의 대응 관계를 식으로 나타내려고 합니다. 알맞은 카드를 골라 나열해 보세요.

상자의 수 | 사탕의 수

＋ | − | × | ÷ | ＝

4 | 5 | 6 | 7 | 8

3 상자의 수를 ●, 사탕의 수를 ■라고 할 때, 두 양 사이의 대응 관계를 식으로 나타내어 보세요.

식 ______

[4~6] 그림과 같이 종이테이프를 잘랐습니다. 종이테이프를 자른 횟수와 종이테이프 조각의 수 사이의 대응 관계를 알아보려고 합니다. 물음에 답하세요.

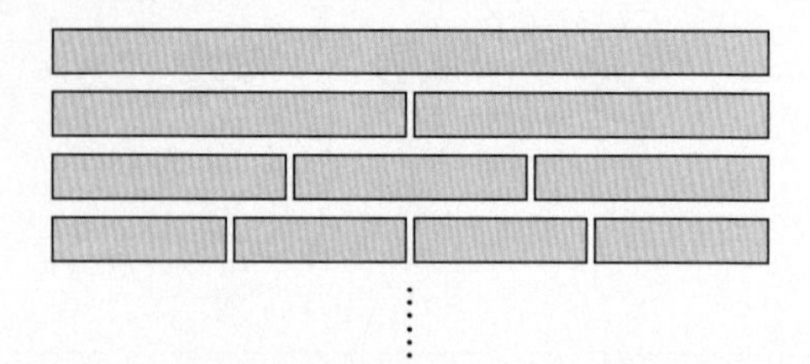

4 종이테이프를 자른 횟수와 종이테이프 조각의 수 사이의 대응 관계를 표를 이용하여 알아보세요.

자른 횟수(번)	1	2	3	4	5	……
종이테이프 조각의 수(개)	2	3				……

5 종이테이프를 자른 횟수와 종이테이프 조각의 수 사이의 대응 관계를 써 보세요.

관계 ______

6 종이테이프를 자른 횟수를 ●, 종이테이프 조각의 수를 ■라고 할 때, 두 양 사이의 대응 관계를 식으로 나타내어 보세요.

식 ______

7 현우가 만든 드론은 1초에 8 m를 비행합니다. 드론이 비행하는 시간과 비행하는 거리 사이의 대응 관계를 기호를 사용하여 식으로 나타내어 보세요.

비행하는 시간: □

비행하는 거리: □ → □

개념 학습책 63쪽

스스로 개념 확인하기

③ 생활 속에서 대응 관계를 찾아 식으로 나타내기

정답과 해설 52쪽

[1~2] 주변에서 볼 수 있는 대응 관계를 찾아보려고 합니다. 물음에 답하세요.

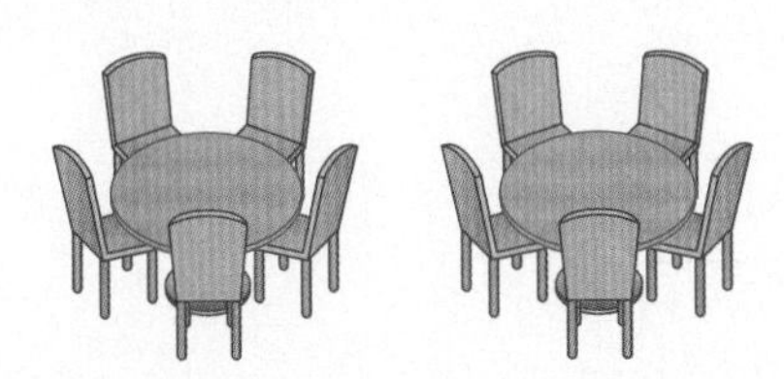

1 그림에서 서로 관계가 있는 두 양을 찾아 대응 관계를 써 보세요.

서로 관계가 있는 두 양	

관계 ______________________

2 위에서 찾은 대응 관계를 식으로 나타내어 보세요.

탁자의 수를 □, 의자의 수를 □(이)라고 하면 대응 관계는 □ 입니다.

[3~4] 원우는 장난감 블록을 이용해 자동차를 만들고 있습니다. 자동차 1대에는 바퀴가 4개 필요합니다. 물음에 답하세요.

3 자동차의 수와 자동차 바퀴의 수 사이의 대응 관계를 표를 이용하여 알아보세요.

자동차의 수(대)	1		3	4	5	……
바퀴의 수(개)	4	8				……

4 자동차의 수를 ●, 자동차 바퀴의 수를 ■라고 할 때, ●와 ■ 사이의 대응 관계를 식으로 나타내어 보세요.

식 ______________________

[5~8] 극장에 있는 의자를 보고 물음에 답하세요.

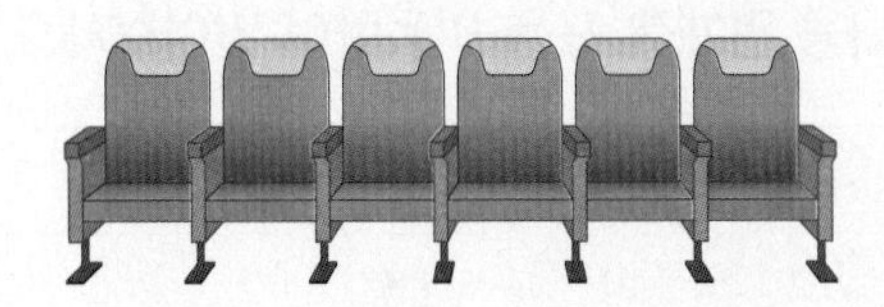

5 의자가 3개일 때 팔걸이의 수를 구해 보세요.

( )

6 의자의 수와 팔걸이의 수 사이에는 어떤 대응 관계가 있는지 표를 이용하여 알아보세요.

의자의 수(개)	1	2	3	4	5	……
팔걸이의 수(개)	2	3				……

7 의자의 수를 ●, 팔걸이의 수를 ▲라고 할 때, ●와 ▲ 사이의 대응 관계를 식으로 나타내어 보세요.

식 ______________________

8 팔걸이가 15개일 때 의자의 수를 구해 보세요.

( )

3 단원

개념 학습책 65쪽

1 올해 민수는 12살이고, 형은 18살입니다. 민수의 나이와 형의 나이 사이의 대응 관계를 표를 이용하여 알아보세요.

민수의 나이(살)	12	13	14			……
형의 나이(살)	18			21	22	……

2 육각형의 수와 꼭짓점의 수 사이의 대응 관계를 나타낸 표입니다. 표를 완성하고, 육각형의 수와 꼭짓점의 수 사이에는 어떤 대응 관계가 있는지 써 보세요.

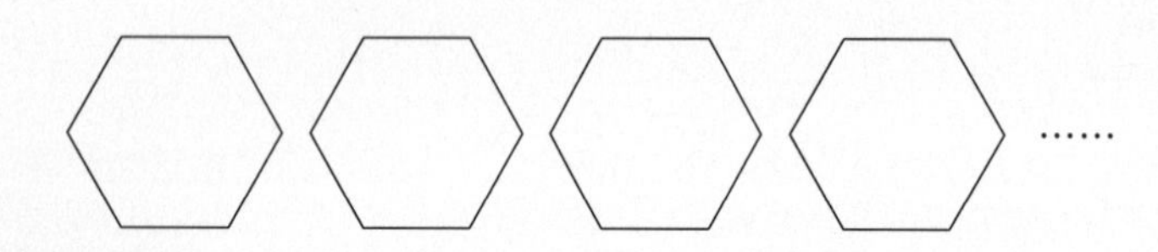

육각형의 수(개)	1	2	3	4	5	……
꼭짓점의 수(개)						……

관계 ____________________

3 선주네 세면기의 수도꼭지를 열면 1분에 물이 10 L가 나옵니다. 수도꼭지를 열어 사용한 시간과 나온 물의 양 사이에는 어떤 대응 관계가 있는지 알아보려고 합니다. 물음에 답하세요.

(1) 수도꼭지 사용 시간과 나온 물의 양 사이의 대응 관계를 표를 이용하여 알아보세요.

수도꼭지 사용 시간(분)	1	2	3	4	5	……
나온 물의 양(L)	10	20				……

(2) 수도꼭지 사용 시간을 ●(분)라고 할 때, 나온 물의 양을 기호로 나타내고, 수도꼭지 사용 시간과 나온 물의 양 사이의 대응 관계를 기호를 사용하여 식으로 나타내어 보세요.

나온 물의 양 ____________________ L

식 ____________________

개념 학습책 66쪽

정답과 해설 53쪽

4 공책 14권을 두 사람이 모두 나누어 가지려고 합니다. 선희가 갖는 공책의 수와 찬우가 갖는 공책의 수 사이의 대응 관계를 표를 이용하여 알아보고, 식으로 나타내어 보세요.

선희의 공책 수(권)	1	2		8		……
찬우의 공책 수(권)			9		4	……

식

[5~6] 귤이 한 봉지에 8개씩 들어 있습니다. 물음에 답하세요.

……

5 귤 봉지의 수와 귤의 수 사이의 대응 관계를 기호를 사용하여 식으로 나타내어 보세요.

식

서술형

6 귤 봉지의 수와 귤의 수 사이의 대응 관계를 잘못 말한 사람은 누구인지 쓰고 잘못 말한 이유를 설명해 보세요.

> 연우: 귤 봉지의 수를 ▲, 귤의 수를 ■라고 하면 대응 관계는 ■÷8=▲로 나타낼 수도 있어.
> 태인: 귤 봉지의 수는 귤 수의 8배야.
> 지호: 대응 관계를 알면 귤 봉지의 수가 클 때도 귤의 수를 쉽게 알 수 있어.

이름

이유

개념 학습책 67쪽

7 모양 조각과 수 카드를 이용하여 대응 관계를 만들었습니다. 두 양 사이의 대응 관계를 식으로 나타내어 보세요.

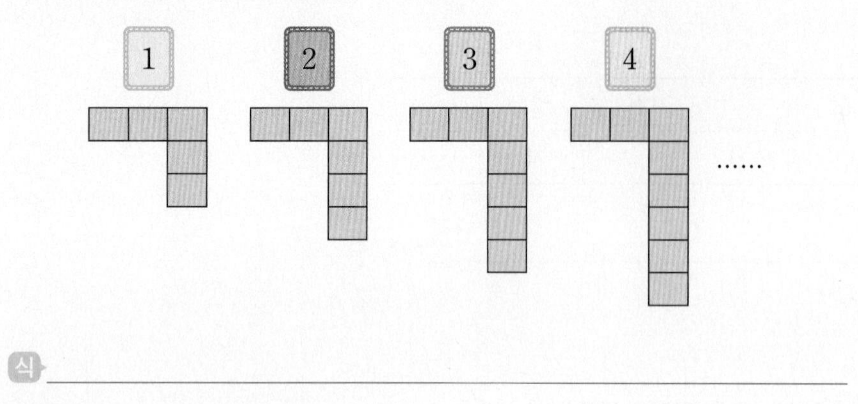

식 ____________________

[8~10] 1개에 2500원인 도넛이 있습니다. 팔린 도넛의 수와 판매 금액 사이의 대응 관계를 알아보려고 합니다. 물음에 답하세요.

8 팔린 도넛의 수와 판매 금액 사이의 대응 관계를 표를 이용하여 알아보세요.

팔린 도넛의 수(개)	1	2	3	4	5	……
판매 금액(원)	2500	5000				……

9 팔린 도넛의 수가 30개일 때, 판매 금액은 얼마인지 구해 보세요.

( )

10 판매 금액이 55000원일 때, 팔린 도넛은 몇 개인지 구해 보세요.

( )

서술형

11 민지는 2011년에 9살이었습니다. 2018년에 민지는 몇 살이 되는지 풀이 과정을 쓰고, 답을 구해 보세요.

풀이 ______________________

____

____

답 ______________________

[12~14] 진우가 4라고 말하면 인서는 13이라고 답하고, 진우가 5라고 말하면 인서는 14라고 답합니다. 물음에 답하세요.

12 진우가 말한 수와 인서가 답한 수 사이의 대응 관계를 표를 이용하여 알아보세요.

진우가 말한 수	4	5	6		11	……
인서가 답한 수	13	14		17		……

13 진우가 말한 수를 ●, 인서가 답한 수를 ▲라고 할 때, ●와 ▲ 사이의 대응 관계를 식으로 나타내어 보세요.

식 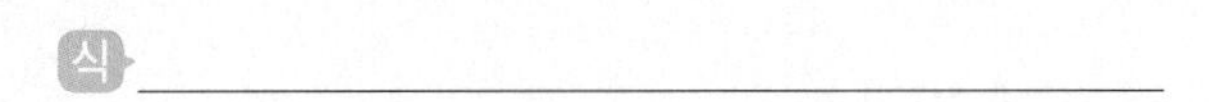

14 인서가 34라고 답했다면 진우는 몇이라고 말했는지 구해 보세요.

(　　　　　　　　)

개념 학습책 69쪽

정답과 해설 54쪽

1 구슬을 규칙적으로 늘어놓았습니다. 순서와 구슬의 수 사이의 대응 관계를 식으로 나타내고, 여섯째에 놓일 구슬은 몇 개인지 구해 보세요.

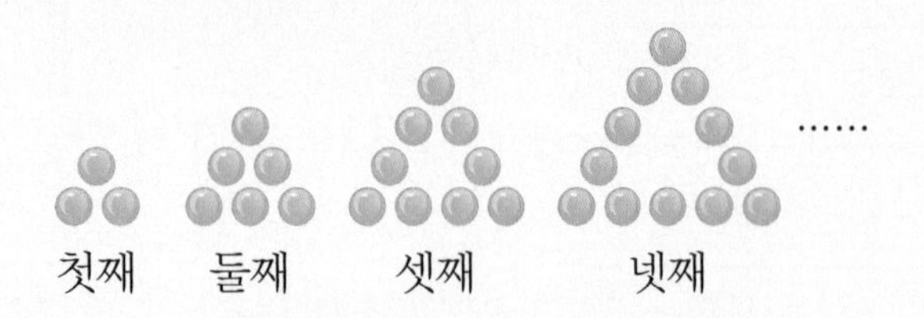

첫째 둘째 셋째 넷째

식 ____________________

____

( )

2 표를 보고 ●와 ■ 사이의 대응 관계를 식으로 나타내어 보세요.

●	1	2	3	4	5	……
■	7	12	17	22	27	……

식 ____________________

3 성냥개비로 다음과 같이 정오각형을 만들었습니다. 물음에 답하세요.

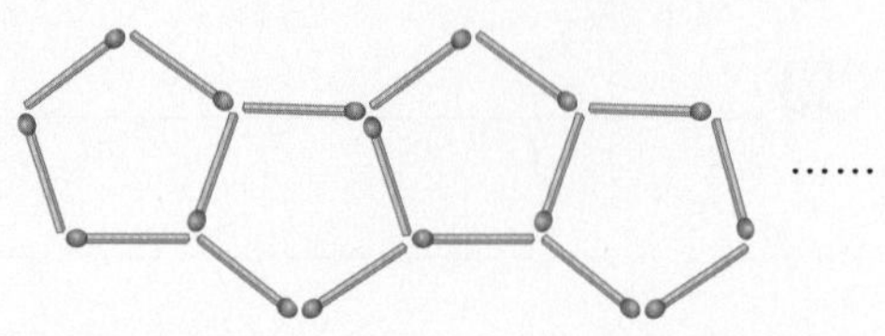

(1) 정오각형의 수를 ●, 성냥개비의 수를 ▲라고 할 때, ●와 ▲ 사이의 대응 관계를 식으로 나타내어 보세요.

식 ____________________

(2) 성냥개비 37개로 만들 수 있는 정오각형은 몇 개일까요?

( )

4 마름모의 각 변을 2등분 하여 작은 마름모를 만들고 있습니다. 여섯째 마름모에서 만들어지는 가장 작은 마름모는 모두 몇 개일까요?

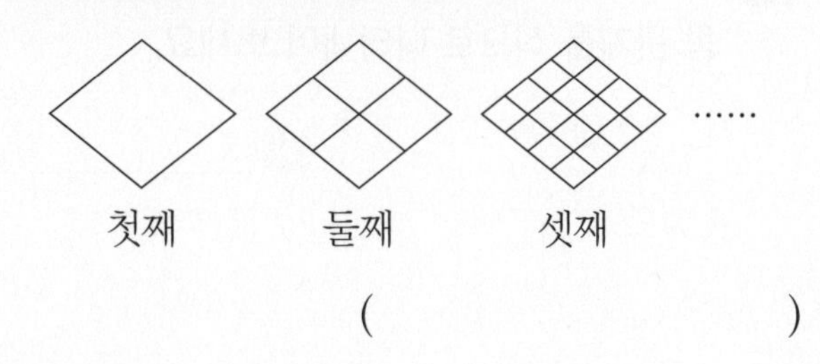

첫째 둘째 셋째

( )

개념 학습책 70~71쪽

학교시험대비 단원평가

점수	확인

[1~2] 도형의 배열을 보고 물음에 답하세요.

1 다음에 이어질 알맞은 모양을 그려 보세요.

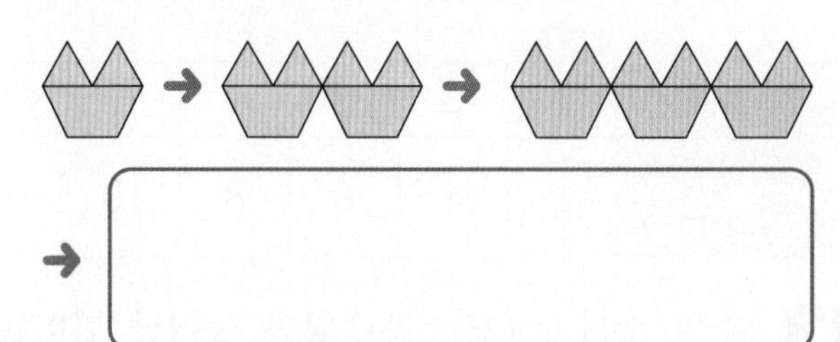

2 사각형의 수와 삼각형의 수 사이의 관계를 생각하며 □ 안에 알맞은 수를 써넣으세요.

사각형이 10개일 때 필요한 삼각형의 수는 □개, 사각형이 20개일 때 필요한 삼각형의 수는 □개입니다.

[3~4] 자동차 1대에 사람이 6명 탈 수 있습니다. 물음에 답하세요.

3 자동차의 수와 탈 수 있는 사람의 수 사이의 대응 관계를 표를 이용하여 알아보세요.

자동차의 수(대)	1	2	3	4	……
탈 수 있는 사람의 수(명)	6	12			……

4 탈 수 있는 사람의 수는 자동차의 수의 몇 배인가요?

(　　　　　　)

[5~6] 연희의 나이는 12살이고, 언니의 나이는 14살입니다. 물음에 답하세요.

5 연희의 나이와 언니의 나이 사이의 대응 관계를 표를 이용하여 알아보세요.

연희의 나이(살)	12	13	14	15	……
언니의 나이(살)	14				……

6 연희의 나이와 언니의 나이 사이의 대응 관계를 써 보세요.

관계 ______________________

[7~8] 달리기를 한 시간과 소모된 열량 사이의 대응 관계를 알아보려고 합니다. 물음에 답하세요.

7 달리기를 한 시간(분)과 소모된 열량(킬로칼로리) 사이의 대응 관계를 표를 이용하여 알아보세요.

시간(분)	1	2	5	10		……
열량(킬로칼로리)	10	20			600	……

8 달리기를 한 시간을 ●(분)라고 할 때 소모된 열량(킬로칼로리)을 기호로 나타내고, 달리기를 한 시간과 소모된 열량 사이의 대응 관계를 기호를 사용하여 식으로 나타내어 보세요.

소모된 열량 ______________ 킬로칼로리

식 ______________________

9 피자 한 조각에 들어 있는 소금은 3g입니다. 서로 대응하는 두 양을 찾아 각각 기호로 나타내고, 대응 관계를 식으로 나타내어 보세요.

서로 대응하는 두 양			
피자 조각의 수	기호	소금의 양	기호

식 ____________________

[10~11] 두 수 사이에 어떤 대응 관계가 있는지 알아보려고 합니다. 물음에 답하세요.

■	1	2	3	4	5	6		……
▲	4	8		16	20		28	……

10 빈칸에 알맞은 수를 써넣으세요.

11 ■와 ▲ 사이의 대응 관계를 식으로 나타내어 보세요.

식 ____________________

12 팔각형의 수와 변의 수 사이의 대응 관계를 2가지 방법으로 써 보세요.

방법 1 ____________________

방법 2 ____________________

[13~15] 용수철의 늘어난 길이를 재어 보는 실험을 하였습니다. 추의 수에 따라 용수철의 늘어난 길이를 조사하여 나타낸 표입니다. 물음에 답하세요.

추의 수(개)	1	2	3	4	5	……
늘어난 길이 (cm)	2	4	6	8	10	……

13 추의 수를 ■(개), 용수철의 늘어난 길이를 ●(cm)라고 할 때, ■와 ● 사이의 대응 관계를 식으로 나타내어 보세요.

식 ____________________

14 대응 관계를 나타낸 식에 대해 민지의 말이 옳은지 틀린지 쓰고, 그렇게 생각한 이유를 써 보세요.

추의 수와 용수철의 늘어난 길이 사이의 관계는 항상 일정해.

답 ____________________

이유 ____________________

15 추를 몇 개 매달았더니 용수철이 늘어난 길이가 18 cm였습니다. 추를 몇 개 매달았을까요?

(　　　　　　)

정답과 해설 55쪽

서술형

16 대응 관계를 나타낸 식을 보고 식에 알맞은 상황을 만들어 보세요.

▲+3=■

상황 ______________________

____

[17~18] 성냥개비로 다음과 같이 삼각형을 만들었습니다. 물음에 답하세요.

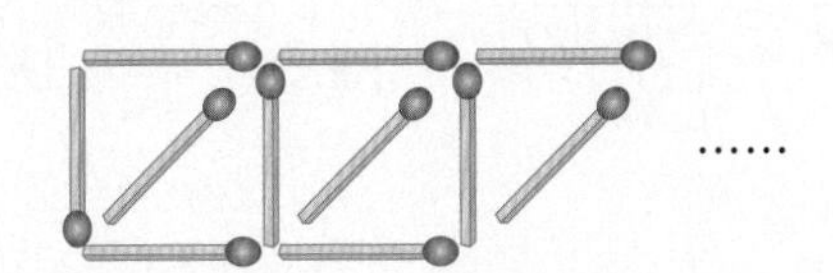

17 삼각형의 수를 ●, 성냥개비의 수를 ▲라고 할 때, ●와 ▲ 사이의 대응 관계를 식으로 나타내어 보세요.

식 ______________________

18 성냥개비 15개로 만들 수 있는 삼각형은 몇 개일까요?

(　　　　　　　　)

19 모양 조각과 수 카드를 이용하여 대응 관계를 만들었습니다. 수 카드가 5일 때 사각형은 몇 개인지 풀이 과정을 쓰고, 답을 구해 보세요.

1　　2　　3

……

풀이 ______________________

____

____

____

답 ______________

20 30쪽짜리 문제집이 있습니다. 하루에 문제집을 3쪽씩 풀 때, 문제집을 7일을 풀었다면 남은 문제집 쪽수는 몇 쪽인지 풀이 과정을 쓰고, 답을 구해 보세요.

풀이 ______________________

____

____

____

답 ______________

3 단원

4 약분과 통분

1 크기가 같은 분수 알아보기 (1)

[1~2] $\frac{1}{4}$과 $\frac{2}{8}$의 크기를 비교하려고 합니다. 물음에 답하세요.

1 분수만큼 색칠하세요.

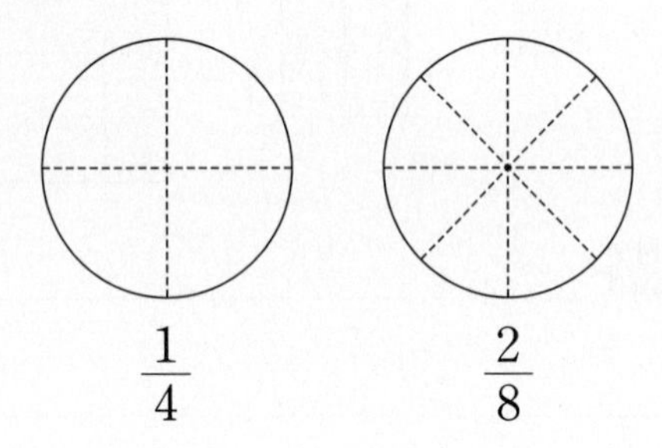

$\frac{1}{4}$ $\frac{2}{8}$

2 $\frac{1}{4}$과 $\frac{2}{8}$의 크기는 같을까요, 다를까요?

( )

[3~4] 그림을 보고 □ 안에 알맞은 수를 써넣으세요.

3

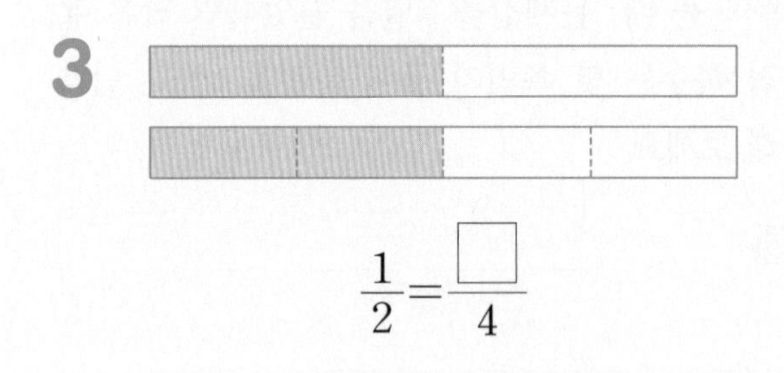

$$\frac{1}{2}=\frac{\square}{4}$$

4

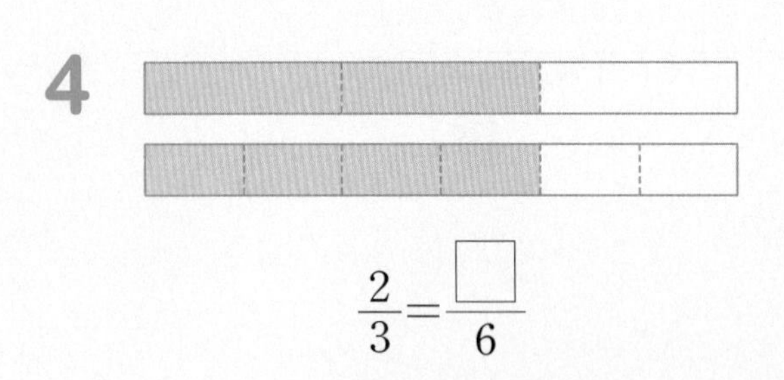

$$\frac{2}{3}=\frac{\square}{6}$$

2 크기가 같은 분수 알아보기 (2)

[1~2] 크기가 같은 분수가 되도록 □ 안에 알맞은 수를 써넣으세요.

1

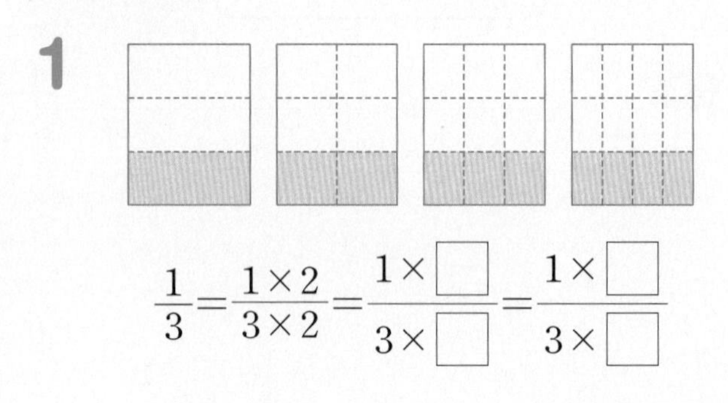

$$\frac{1}{3}=\frac{1\times 2}{3\times 2}=\frac{1\times\square}{3\times\square}=\frac{1\times\square}{3\times\square}$$

2

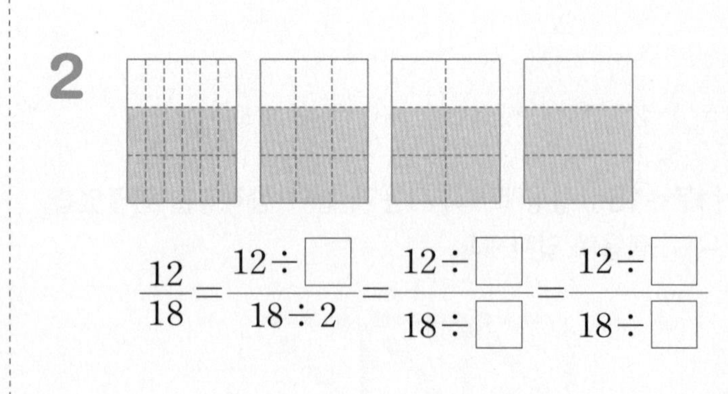

$$\frac{12}{18}=\frac{12\div\square}{18\div 2}=\frac{12\div\square}{18\div\square}=\frac{12\div\square}{18\div\square}$$

[3~6] □ 안에 알맞은 수를 써넣으세요.

3 $\frac{3}{5}=\frac{\square}{15}=\frac{\square}{30}$

4 $\frac{4}{9}=\frac{\square}{18}=\frac{16}{\square}$

5 $\frac{42}{48}=\frac{\square}{24}=\frac{14}{\square}$

6 $\frac{27}{54}=\frac{\square}{18}=\frac{\square}{6}$

정답과 해설 56쪽

3 분수를 간단하게 나타내기

[1~4] 분수를 기약분수로 나타내려고 합니다. □ 안에 알맞은 수를 써넣으세요.

1 $\frac{12}{16}=\frac{12\div\square}{16\div4}=\frac{\square}{4}$

2 $\frac{9}{24}=\frac{9\div3}{24\div\square}=\frac{3}{\square}$

3 $\frac{16}{30}=\frac{16\div2}{30\div\square}=\frac{8}{\square}$

4 $\frac{10}{45}=\frac{10\div5}{45\div\square}=\frac{2}{\square}$

[5~9] 기약분수로 나타내어 보세요.

5 $\frac{28}{63}$

6 $\frac{8}{18}$

7 $\frac{24}{36}$

8 $\frac{20}{36}$

9 $\frac{12}{42}$

4 분모가 같은 분수로 나타내기

[1~4] 두 분모의 곱을 공통분모로 하여 통분해 보세요.

1 $\left(\frac{6}{7}, \frac{2}{5}\right)$ → (,)

2 $\left(\frac{3}{10}, \frac{1}{4}\right)$ → (,)

3 $\left(\frac{2}{3}, \frac{7}{15}\right)$ → (,)

4 $\left(\frac{5}{8}, \frac{7}{12}\right)$ → (,)

[5~9] 두 분모의 최소공배수를 공통분모로 하여 통분해 보세요.

5 $\left(\frac{5}{6}, \frac{5}{12}\right)$ → (,)

6 $\left(\frac{3}{5}, \frac{9}{10}\right)$ → (,)

7 $\left(\frac{4}{9}, \frac{5}{12}\right)$ → (,)

8 $\left(\frac{4}{15}, \frac{3}{40}\right)$ → (,)

9 $\left(\frac{7}{12}, \frac{6}{20}\right)$ → (,)

5 분수의 크기 비교하기

[1~2] 두 분수를 통분하여 크기를 비교하려고 합니다. 빈 곳에 알맞게 써넣으세요.

1 $\left(\frac{5}{18}, \frac{2}{3}\right) \rightarrow \left(\frac{\square}{18}, \frac{\square}{18}\right)$

$\rightarrow \frac{5}{18} \bigcirc \frac{2}{3}$

2 $\left(\frac{2}{5}, \frac{3}{8}\right) \rightarrow \left(\frac{\square}{40}, \frac{\square}{40}\right)$

$\rightarrow \frac{2}{5} \bigcirc \frac{3}{8}$

[3~7] 분수의 크기를 비교하여 ◯ 안에 >, =, <를 알맞게 써넣으세요.

3 $\frac{7}{16} \bigcirc \frac{5}{12}$

4 $\frac{1}{3} \bigcirc \frac{5}{8}$

5 $\frac{5}{36} \bigcirc \frac{1}{18}$

6 $\frac{5}{7} \bigcirc \frac{5}{12}$

7 $\frac{10}{21} \bigcirc \frac{9}{14}$

8 세 분수 $\frac{3}{4}$, $\frac{5}{6}$, $\frac{1}{7}$의 크기를 비교하려고 합니다. 빈 곳에 알맞게 써넣으세요.

$\left(\frac{3}{4}, \frac{5}{6}\right) \rightarrow \left(\frac{\square}{12}, \frac{\square}{12}\right)$

$\rightarrow \frac{3}{4} \bigcirc \frac{5}{6}$

$\left(\frac{5}{6}, \frac{1}{7}\right) \rightarrow \left(\frac{\square}{42}, \frac{\square}{42}\right)$

$\rightarrow \frac{5}{6} \bigcirc \frac{1}{7}$

$\left(\frac{3}{4}, \frac{1}{7}\right) \rightarrow \left(\frac{\square}{28}, \frac{\square}{28}\right)$

$\rightarrow \frac{3}{4} \bigcirc \frac{1}{7}$

따라서 크기가 큰 분수부터 차례로 쓰면

$\square$, $\square$, $\square$입니다.

[9~12] 가장 큰 분수에 ◯표 하세요.

9 $\left(\frac{3}{5}, \frac{4}{7}, \frac{7}{10}\right)$

10 $\left(\frac{2}{5}, \frac{3}{10}, \frac{1}{2}\right)$

11 $\left(\frac{4}{7}, \frac{7}{8}, \frac{11}{12}\right)$

12 $\left(\frac{3}{4}, \frac{7}{9}, \frac{5}{6}\right)$

정답과 해설 56쪽

6 분수와 소수의 크기 비교하기

[1~3] 분수를 분모가 10, 100인 분수로 고치고, 소수로 나타내어 보세요.

1 $\frac{1}{2}=\frac{1\times\square}{2\times\square}=\frac{\square}{\square}=\square$

2 $\frac{2}{5}=\frac{2\times\square}{5\times\square}=\frac{\square}{\square}=\square$

3 $\frac{3}{4}=\frac{3\times\square}{4\times\square}=\frac{\square}{\square}=\square$

[4~5] $\frac{6}{20}$과 $\frac{21}{30}$의 크기를 비교하려고 합니다. 물음에 답하세요.

4 두 분수를 약분하여 크기를 비교해 보세요.

$\left(\frac{6}{20}, \frac{21}{30}\right) \rightarrow \left(\frac{\square}{\square}, \frac{\square}{\square}\right)$

$\rightarrow \frac{\square}{10} \bigcirc \frac{\square}{10}$

$\rightarrow \frac{6}{20} \bigcirc \frac{21}{30}$

5 두 분수를 소수로 고쳐서 비교해 보세요.

$\left(\frac{6}{20}, \frac{21}{30}\right) \rightarrow \left(\frac{\square}{10}, \frac{\square}{10}\right)$

$\rightarrow (\square, \square)$

$\rightarrow \square \bigcirc \square$

$\rightarrow \frac{6}{20} \bigcirc \frac{21}{30}$

[6~7] $\frac{4}{5}$와 0.9의 크기를 비교하려고 합니다. 물음에 답하세요.

6 분수를 소수로 나타내어 비교해 보세요.

$\left(\frac{4}{5}, 0.9\right) \rightarrow \left(\frac{\square}{10}, 0.9\right)$

$\rightarrow (\square, 0.9)$

$\rightarrow \frac{4}{5} \bigcirc 0.9$

7 소수를 분수로 나타내어 비교해 보세요.

$\left(\frac{4}{5}, 0.9\right) \rightarrow \left(\frac{4}{5}, \frac{\square}{10}\right)$

$\rightarrow \left(\frac{\square}{10}, \frac{\square}{10}\right)$

$\rightarrow \frac{4}{5} \bigcirc 0.9$

[8~11] 두 수의 크기를 비교하여 ◯ 안에 >, <를 알맞게 써넣으세요.

8 $\frac{7}{10} \bigcirc 0.8$

9 $0.4 \bigcirc \frac{1}{4}$

10 $2\frac{1}{5} \bigcirc 2.5$

11 $1.6 \bigcirc 1\frac{3}{4}$

4 단원

1 크기가 같은 분수 알아보기(1)

1 그림을 보고 □ 안에 알맞은 수를 써넣으세요.

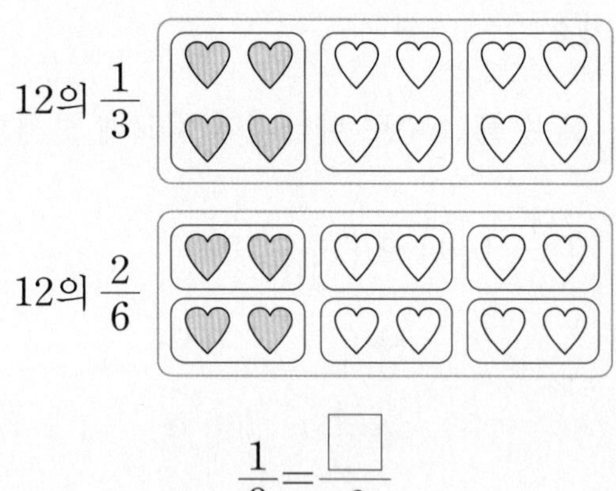

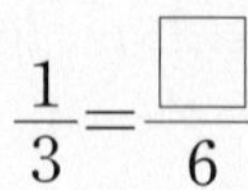

$\frac{1}{3}=\frac{\square}{6}$

2 그림을 보고 □ 안에 알맞은 수를 써넣으세요.

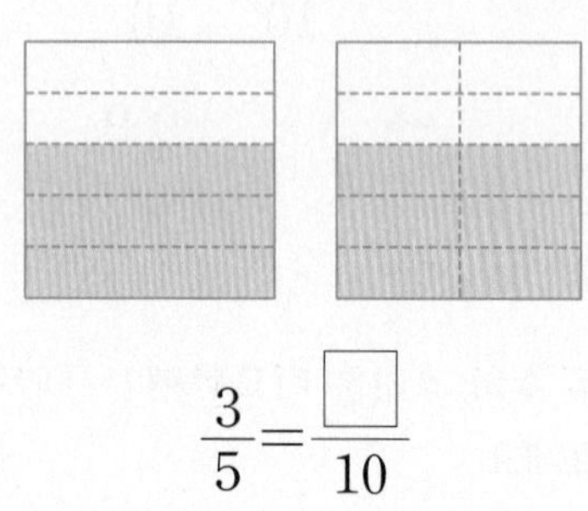

$\frac{3}{5}=\frac{\square}{10}$

3 그림에 $\frac{1}{2}$과 크기가 같도록 아래부터 색칠하고, □ 안에 알맞은 수를 써넣으세요.

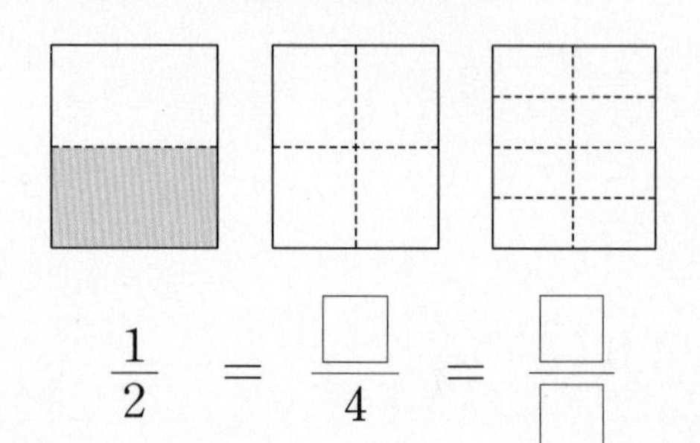

$\frac{1}{2}=\frac{\square}{4}=\frac{\square}{\square}$

4 분수만큼 색칠하고, 크기가 같은 분수에 ○표 하세요.

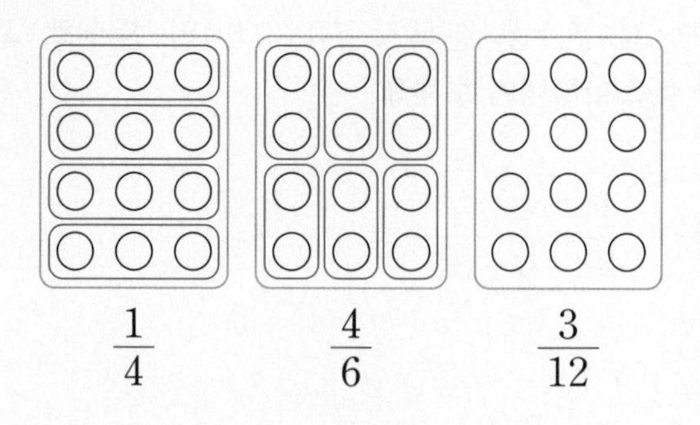

$\frac{1}{4}$ $\frac{4}{6}$ $\frac{3}{12}$

5 $\frac{2}{7}$와 크기가 같은 분수를 모두 찾아 기호를 써 보세요.

㉠ $\frac{6}{21}$ ㉡ $\frac{4}{14}$ ㉢ $\frac{6}{9}$

( )

6 현우는 피자를 똑같이 8조각으로 나누어 한 조각을 먹었습니다. 진희는 같은 크기의 피자를 16조각으로 나누었다면 몇 조각을 먹어야 현우가 먹은 양과 같아지는지 그림에 색칠하고 답을 구해 보세요.

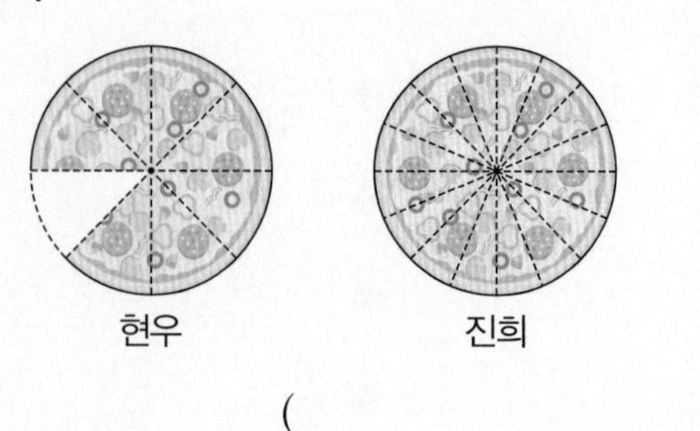

( )

개념 학습책 81쪽

② 크기가 같은 분수 알아보기 (2)

정답과 해설 56쪽

1 ㉠에 알맞은 수를 구해 보세요.

$$\frac{30}{48}=\frac{30\div ㉠}{48\div \square}=\frac{5}{8}$$

(　　　　　　　)

2 □ 안에 알맞은 수를 써넣으세요.

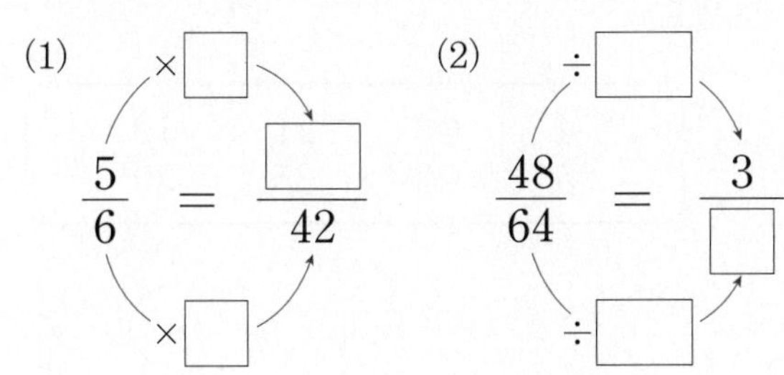

3 $\frac{5}{9}$와 크기가 같은 분수 중에서 분모가 45인 분수를 구해 보세요.

(　　　　　　　)

4 □ 안에 알맞은 수를 써넣어 크기가 같은 분수를 만들어 보세요.

(1) $\frac{2}{3}=\frac{\square}{6}=\frac{6}{\square}=\frac{\square}{12}$

(2) $\frac{12}{36}=\frac{\square}{18}=\frac{3}{\square}=\frac{\square}{3}$

(3) $\frac{24}{40}=\frac{12}{\square}=\frac{\square}{10}=\frac{3}{\square}$

5 크기가 같은 분수를 3개씩 만들어 보세요.

(1) $\frac{4}{7}$ ➜ (　　　　　　　)

(2) $\frac{7}{9}$ ➜ (　　　　　　　)

6 왼쪽 분수와 크기가 같은 분수를 모두 찾아 ○표 하세요.

(1) $\frac{1}{5}$　|　$\frac{3}{7}$　$\frac{2}{10}$　$\frac{5}{15}$　$\frac{4}{20}$

(2) $\frac{5}{6}$　|　$\frac{8}{9}$　$\frac{10}{12}$　$\frac{15}{18}$　$\frac{20}{30}$

개념 학습책 83쪽

1 분수를 약분하려고 합니다. □ 안에 알맞은 수를 써넣으세요.

(1) $\frac{10}{25}=\frac{10\div 5}{25\div \square}=\frac{\square}{\square}$

(2) $\frac{64}{72}=\frac{64\div 8}{72\div \square}=\frac{\square}{\square}$

(3) $\frac{22}{99}=\frac{22\div \square}{99\div 11}=\frac{\square}{\square}$

2 □ 안에 알맞은 수를 써넣어 $\frac{16}{40}$을 간단하게 나타내어 보세요.

$\frac{16}{40}=\frac{16\div \square}{40\div 2}=\square$

$\frac{16}{40}=\frac{16\div 4}{40\div \square}=\square$

3 $\frac{48}{72}$을 약분한 수가 아닌 것을 찾아 써 보세요.

$\frac{6}{9}$ $\frac{8}{12}$ $\frac{24}{36}$ $\frac{4}{6}$ $\frac{18}{24}$

( )

4 기약분수로 나타내어 보세요.

(1) $\frac{30}{48}$ ➜ ( )

(2) $\frac{18}{27}$ ➜ ( )

5 기약분수가 아닌 것을 찾아 기약분수로 나타내어 보세요.

$\frac{4}{5}$ $\frac{13}{23}$ $\frac{21}{35}$ $\frac{19}{30}$

( )

6 $\frac{18}{45}$을 약분하려고 합니다. 1을 제외하고 분모와 분자를 나눌 수 있는 수를 모두 써 보세요.

( )

7 분모가 8인 진분수 중에서 기약분수를 모두 써 보세요.

( )

개념 학습책 85쪽

정답과 해설 57쪽

1 그림을 보고 크기가 같은 분수가 되도록 □ 안에 알맞은 수를 써넣으세요.

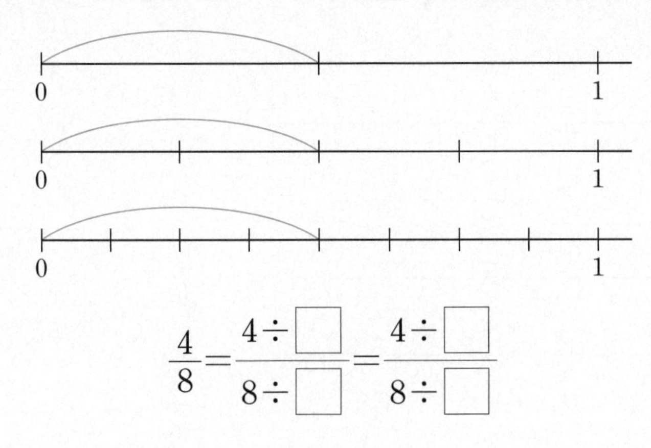

$$\frac{4}{8}=\frac{4\div\square}{8\div\square}=\frac{4\div\square}{8\div\square}$$

2 $\frac{20}{48}$과 크기가 같은 분수를 모두 찾아 써 보세요.

$\frac{10}{24}$ $\frac{8}{26}$ $\frac{5}{12}$ $\frac{18}{45}$ $\frac{40}{96}$

(　　　　　　　　)

3 어떤 분수를 약분하였더니 $\frac{2}{3}$가 되었습니다. 어떤 분수가 될 수 있는 수를 3개 써 보세요.

(　　　　　　　　)

4 단원

개념 학습책 86쪽

서술형

4 $\frac{4}{9}$와 $\frac{20}{45}$은 크기가 같습니다. 그 이유를 2가지 방법으로 설명해 보세요.

방법 1 ______________________________

____

방법 2 ______________________________

____

5 $\frac{7}{8}$과 크기가 같은 분수 중에서 분모가 10보다 크고 40보다 작은 분수는 모두 몇 개인가요?

(　　　　　　　　)

6 분모가 9인 진분수 중에서 기약분수는 모두 몇 개인가요?

(　　　　　　　　)

7 분자가 18인 진분수 중에서 약분하면 $\frac{6}{7}$이 되는 분수를 구해 보세요.

(　　　　　　　　)

정답과 해설 58쪽

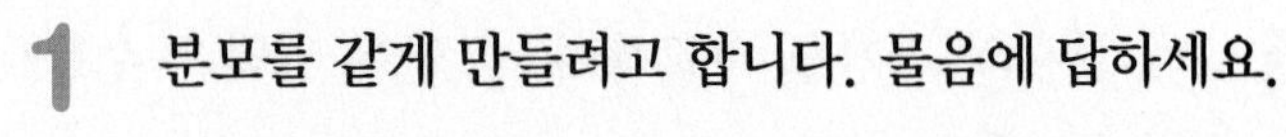

1 분모를 같게 만들려고 합니다. 물음에 답하세요.

(1) 그림을 이용하여 분모를 같게 만들어 보세요.

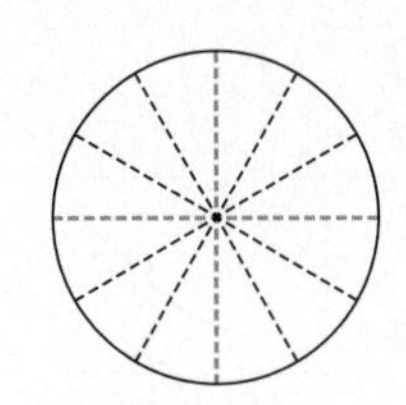

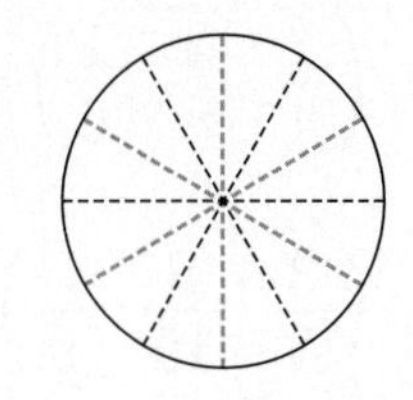

$\frac{3}{4}=\frac{\square}{12}$　　$\frac{1}{6}=\frac{\square}{12}$

(2) $\frac{3}{4}$과 $\frac{1}{6}$의 분모와 분자에 각각 같은 수를 곱하여 분모를 같게 만들어 보세요.

$\frac{3}{4}=\frac{3\times\square}{4\times\square}=\frac{\square}{12}$, $\frac{1}{6}=\frac{1\times\square}{6\times\square}=\frac{\square}{12}$

2 $\frac{3}{4}$과 $\frac{4}{13}$를 분모의 곱을 공통분모로 하여 통분하려고 합니다. □ 안에 알맞은 수를 써넣으세요.

$\frac{3}{4}=\frac{3\times\square}{4\times\square}=\frac{\square}{\square}$

$\frac{4}{13}=\frac{4\times\square}{13\times\square}=\frac{\square}{\square}$

➜ $\left(\frac{\square}{\square}, \frac{\square}{\square}\right)$

3 $\frac{2}{9}$와 $\frac{5}{12}$를 통분하려고 합니다. 공통분모가 될 수 있는 수를 가장 작은 수부터 차례로 3개 써 보세요.

(　　　　　　　　　　)

4 두 분수를 통분할 때 공통분모로 알맞은 수를 찾아 선으로 이어 보세요.

$\frac{1}{6}, \frac{5}{8}$ •　　　　• 36

$\frac{5}{12}, \frac{7}{30}$ •　　　　• 24

　　　　　　　　　• 60

5 두 분모의 곱을 공통분모로 하여 통분해 보세요.

(1) $\left(\frac{4}{5}, \frac{1}{6}\right)$ ➜ (　　　　,　　　　)

(2) $\left(\frac{2}{3}, \frac{5}{8}\right)$ ➜ (　　　　,　　　　)

6 두 분모의 최소공배수를 공통분모로 하여 통분해 보세요.

(1) $\left(\frac{11}{15}, \frac{13}{20}\right)$ ➜ (　　　　,　　　　)

(2) $\left(\frac{7}{12}, \frac{9}{16}\right)$ ➜ (　　　　,　　　　)

4 단원

개념 학습책 89쪽

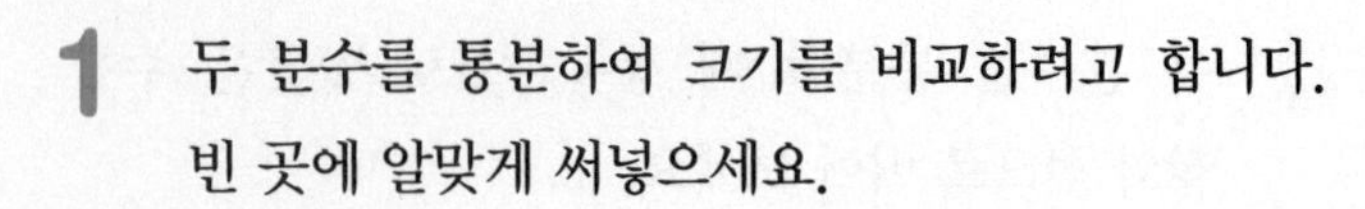

5 분수의 크기 비교하기

1 두 분수를 통분하여 크기를 비교하려고 합니다. 빈 곳에 알맞게 써넣으세요.

(1) $\left(\frac{2}{5}, \frac{3}{8}\right) \rightarrow \left(\frac{\square}{40}, \frac{\square}{40}\right)$

$\rightarrow \frac{2}{5} \bigcirc \frac{3}{8}$

(2) $\left(\frac{4}{7}, \frac{2}{9}\right) \rightarrow \left(\frac{\square}{63}, \frac{\square}{63}\right)$

$\rightarrow \frac{4}{7} \bigcirc \frac{2}{9}$

2 세 분수 $\frac{2}{3}$, $\frac{5}{6}$, $\frac{3}{4}$의 크기를 비교하려고 합니다. 빈 곳에 알맞게 써넣으세요.

$\left(\frac{2}{3}, \frac{5}{6}\right) \rightarrow \left(\frac{\square}{6}, \frac{\square}{6}\right) \rightarrow \frac{2}{3} \bigcirc \frac{5}{6}$

$\left(\frac{2}{3}, \frac{3}{4}\right) \rightarrow \left(\frac{\square}{12}, \frac{\square}{12}\right) \rightarrow \frac{2}{3} \bigcirc \frac{3}{4}$

$\left(\frac{5}{6}, \frac{3}{4}\right) \rightarrow \left(\frac{\square}{12}, \frac{\square}{12}\right) \rightarrow \frac{5}{6} \bigcirc \frac{3}{4}$

→ 가장 작은 분수는 □ 입니다.

3 분수의 크기를 비교하여 ○ 안에 $>$, $=$, $<$를 알맞게 써넣으세요.

(1) $\frac{5}{6} \bigcirc \frac{7}{8}$　　(2) $\frac{5}{7} \bigcirc \frac{7}{10}$

4 세 분수의 크기를 비교하여 □ 안에 알맞은 수를 써넣으세요.

(1) $\left(\frac{1}{4}, \frac{3}{8}, \frac{1}{6}\right) \rightarrow \square < \square < \square$

(2) $\left(\frac{3}{5}, \frac{8}{15}, \frac{5}{9}\right) \rightarrow \square < \square < \square$

5 크기를 잘못 비교한 것을 찾아 기호를 써 보세요.

㉠ $\frac{7}{8} < \frac{23}{24}$　　㉡ $\frac{9}{14} < \frac{13}{21}$

(　　　　　　)

6 도토리를 은채는 $1\frac{3}{4}$ kg, 민찬이는 $1\frac{3}{5}$ kg 주웠습니다. 더 많이 주운 사람은 누구일까요?

(　　　　　　)

6 분수와 소수의 크기 비교하기

정답과 해설 59쪽

1 분수를 분모가 10, 100, 1000인 분수로 고치고, 소수로 나타내어 보세요.

(1) $\frac{1}{5}=\frac{1\times2}{5\times\square}=\frac{\square}{\square}=\square$

(2) $\frac{11}{20}=\frac{11\times\square}{20\times5}=\frac{\square}{\square}=\square$

(3) $\frac{5}{8}=\frac{5\times\square}{8\times\square}=\frac{\square}{\square}=\square$

2 0.5와 $\frac{3}{5}$의 크기를 비교하려고 합니다. 물음에 답하세요.

(1) 분수를 소수로 나타내어 크기를 비교해 보세요.

$\left(0.5, \frac{3}{5}\right) \rightarrow \left(0.5, \frac{\square}{10}\right)$

$\rightarrow (\square, \square)$

$\rightarrow \square \bigcirc \square$

$\rightarrow 0.5 \bigcirc \frac{3}{5}$

(2) 소수를 분수로 나타내어 크기를 비교해 보세요.

$\left(0.5, \frac{3}{5}\right) \rightarrow \left(\frac{\square}{10}, \frac{3}{5}\right)$

$\rightarrow \left(\frac{\square}{10}, \frac{\square}{10}\right)$

$\rightarrow 0.5 \bigcirc \frac{3}{5}$

3 분수를 소수로 나타내어 크기를 비교해 보세요.

(1) $1.8 \bigcirc 1\frac{4}{5}=\square$

(2) $0.5 \bigcirc \frac{7}{8}=\square$

4 두 수의 크기를 비교하여 ◯ 안에 >, =, <를 알맞게 써넣으세요.

(1) $\frac{2}{5} \bigcirc 0.7$

(2) $2\frac{1}{20} \bigcirc 2.5$

(3) $0.84 \bigcirc \frac{3}{4}$

5 가장 작은 수를 써 보세요.

4.78	$4\frac{3}{5}$	$4\frac{13}{25}$

(   )

개념 학습책 93쪽

1 $\frac{5}{12}$와 $\frac{8}{15}$을 통분하려고 합니다. 공통분모가 될 수 있는 수 중에서 200에 가장 가까운 수로 두 분수를 통분해 보세요.

( )

2 $\frac{7}{20}$보다 크고 $\frac{6}{15}$보다 작은 분수 중에서 분모가 60인 분수를 모두 써 보세요.

( )

3 다음 중 바르게 설명한 것을 모두 찾아 기호를 써 보세요.

> ㉠ $\frac{5}{6}$와 $\frac{9}{10}$ 중 더 큰 분수는 $\frac{9}{10}$입니다.
> ㉡ 분모의 크기가 같을 때는 분자의 크기가 작은 분수가 더 큰 분수입니다.
> ㉢ 분모가 다른 분수는 분모와 분자에 0이 아닌 수를 곱하거나 나누어서 통분한 다음 크기를 비교합니다.

( )

4 주어진 분수를 작은 분수부터 차례로 쓰고 알맞은 말에 ○표 하세요.

> $\frac{1}{2}$ $\frac{2}{3}$ $\frac{3}{4}$ $\frac{4}{5}$

____

➜ 분모와 분자의 차가 같은 분수는 분모가 (클수록 , 작을수록) 작은 분수입니다.

5 두 분수의 크기를 비교하여 더 큰 분수를 위의 □ 안에 써넣으세요.

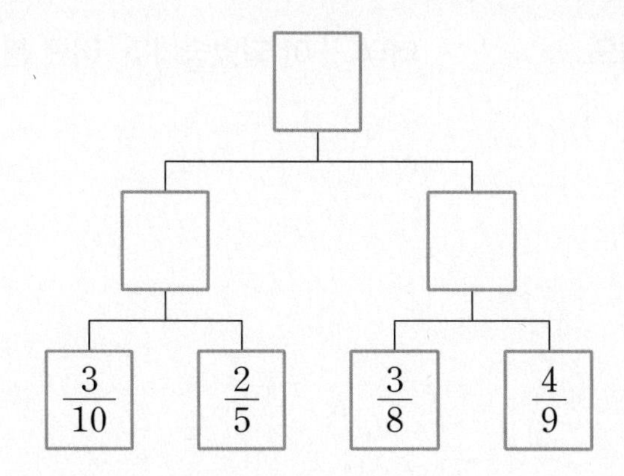

6 수호네 집에서 도서관, 병원, 학교까지의 거리는 각각 $0.6\ \mathrm{km}$, $\frac{17}{20}\ \mathrm{km}$, $\frac{2}{5}\ \mathrm{km}$입니다. 수호네 집에서 가장 가까운 곳은 어디인가요?

(　　　　　　　　　　)

7 $\frac{5}{8}$는 $\frac{1}{56}$이 몇 개 모인 수와 같은가요?

(　　　　　　　　　　)

개념 학습책 95쪽

정답과 해설 60쪽

1 어떤 두 기약분수를 통분하였더니 $\left(\frac{8}{32}, \frac{12}{32}\right)$가 되었습니다. 통분하기 전의 두 분수를 구해 보세요.

( )

2 두 분수를 통분하려고 합니다. 공통분모가 될 수 있는 수 중에서 150보다 작은 수는 모두 몇 개인가요?

$$\left(\frac{11}{12}, \frac{7}{18}\right)$$

( )

3 다음 중 $\frac{5}{6}$에 가장 가까운 분수를 찾아 쓰세요.

$\frac{1}{2}$ $\frac{1}{3}$ $\frac{2}{3}$

( )

4 어떤 분수의 분모에 4를 더하고 3으로 약분하였더니 $\frac{3}{7}$이 되었습니다. 어떤 분수를 구해 보세요.

( )

5 $\frac{2}{3}$와 크기가 같은 분수 중에서 분모와 분자의 합이 25인 분수를 써 보세요.

( )

6 □ 안에 들어갈 수 있는 가장 큰 자연수를 구해 보세요.

$$\frac{7}{12} > \frac{\square}{10}$$

( )

개념 학습책 96~97쪽

학교시험대비 단원평가

점수	확인

1 그림을 보고 □ 안에 알맞은 수를 써넣으세요.

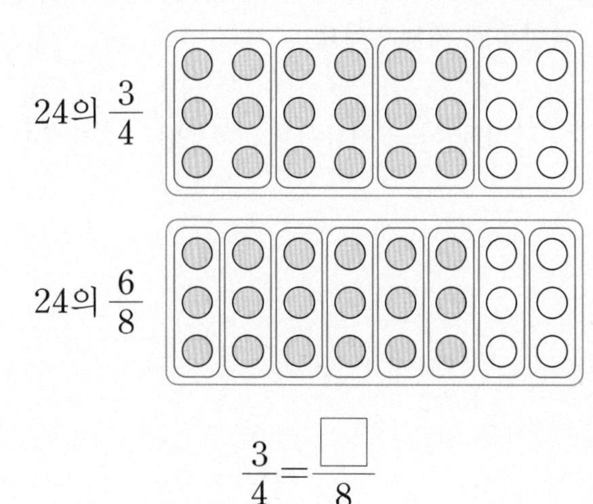

$$\frac{3}{4}=\frac{\square}{8}$$

2 □ 안에 알맞은 수를 써넣으세요.

$$\frac{2}{5}=\frac{\square}{15}=\frac{8}{\square}=\frac{\square}{30}=\cdots\cdots$$

3 □ 안에 알맞은 수를 써넣으세요.

$$\frac{24}{32}=\frac{24\div\square}{32\div\square}=\frac{3}{\square}$$

4 두 분모의 곱을 공통분모로 하여 통분해 보세요.

$$\left(\frac{2}{3}, \frac{4}{13}\right) \rightarrow \left(\frac{\square}{\square}, \frac{\square}{\square}\right)$$

5 두 분모의 최소공배수를 공통분모로 하여 통분해 보세요.

$$\left(\frac{4}{9}, \frac{13}{24}\right) \rightarrow \left(\frac{\square}{\square}, \frac{\square}{\square}\right)$$

6 기약분수로 나타내어 보세요.

(1) $\frac{42}{48}$ → (　　　　　　)

(2) $\frac{44}{56}$ → (　　　　　　)

7 $\frac{25}{75}$와 크기가 같은 분수를 모두 찾아 ○표 하세요.

$\frac{5}{15}$　　$\frac{2}{5}$　　$\frac{2}{10}$　　$\frac{1}{3}$

8 $\frac{5}{6}$와 크기가 같은 분수를 3개 만들어 보세요.

(　　　　　　　　　　)

4 단원

9 기약분수는 모두 몇 개인가요?

$\frac{6}{9}$ $\frac{9}{11}$ $\frac{13}{36}$ $\frac{4}{8}$ $\frac{14}{42}$

( )

10 $\frac{21}{28}$을 약분하였더니 $\frac{3}{4}$이 되었습니다. 분모와 분자를 각각 어떤 수로 나눈 것일까요?

( )

11 오른쪽 분수는 진분수이면서 기약분수입니다. □ 안에 들어갈 수 있는 자연수를 모두 구해 보세요.

$\frac{\square}{8}$

( )

12 크기가 같은 분수끼리 짝 지은 것을 모두 고르세요. ....( )

① $\left(\frac{4}{9}, \frac{12}{24}\right)$ ② $\left(\frac{2}{5}, \frac{16}{40}\right)$

③ $\left(\frac{4}{12}, \frac{2}{3}\right)$ ④ $\left(\frac{16}{32}, \frac{3}{8}\right)$

⑤ $\left(\frac{8}{20}, \frac{2}{5}\right)$

13 분수의 크기를 비교하여 ◯ 안에 >, =, <를 알맞게 써넣으세요.

(1) $\frac{8}{15}$ ◯ $\frac{7}{10}$ (2) $\frac{17}{28}$ ◯ $\frac{9}{14}$

14 왼쪽의 두 분수를 통분하였더니 오른쪽과 같이 되었습니다. □ 안에 알맞은 수를 써넣으세요.

$\left(\frac{3}{\square}, \frac{\square}{9}\right) \rightarrow \left(\frac{27}{\square}, \frac{20}{36}\right)$

15 두 분수의 크기를 비교하여 더 큰 분수를 위의 □ 안에 써넣으세요.

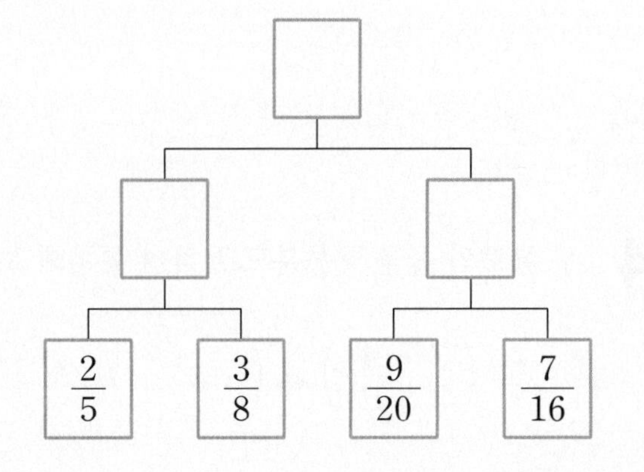

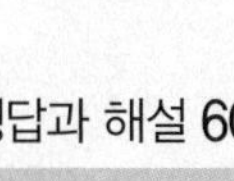

서술형

16 분수와 소수의 크기를 비교하여 가장 큰 수를 써 보세요.

$\frac{11}{20}$ 0.5 $\frac{5}{8}$ $\frac{7}{10}$

( )

17 $\frac{1}{6}$과 $\frac{4}{9}$ 사이에 있는 분수 중에서 분모가 18인 분수를 모두 써 보세요.

( )

18 □ 안에 들어갈 수 있는 가장 작은 자연수를 구해 보세요.

$\frac{9}{14} < \frac{□}{6}$

( )

19 정희는 $\frac{5}{6}$시간, 연우는 $\frac{7}{12}$시간, 민지는 $\frac{3}{5}$시간 동안 컴퓨터 게임을 하였습니다. 컴퓨터 게임을 가장 많이 한 사람은 누구인지 풀이 과정을 쓰고, 답을 구해 보세요.

풀이 ____________________

답 __________

20 어떤 분수의 분모에서 3을 빼고 4로 약분하였더니 $\frac{3}{8}$이 되었습니다. 어떤 분수는 얼마인지 풀이 과정을 쓰고, 답을 구해 보세요.

풀이 ____________________

답 __________

4 단원

5 분수의 덧셈과 뺄셈

1 분모가 다른 분수의 덧셈 계산하기(1)

[1~2] □ 안에 알맞은 수를 써넣으세요.

1 $\frac{1}{3}+\frac{2}{5}=\frac{1\times\square}{3\times\square}+\frac{2\times\square}{5\times\square}$

$=\frac{\square}{15}+\frac{\square}{15}=\frac{\square}{15}$

2 $\frac{3}{4}+\frac{1}{6}=\frac{3\times\square}{4\times\square}+\frac{1\times\square}{6\times\square}$

$=\frac{\square}{12}+\frac{\square}{12}=\frac{\square}{12}$

[3~8] 계산해 보세요.

3 $\frac{2}{5}+\frac{4}{7}$

4 $\frac{3}{8}+\frac{1}{4}$

5 $\frac{1}{6}+\frac{4}{9}$

6 $\frac{3}{5}+\frac{4}{15}$

7 $\frac{3}{10}+\frac{1}{6}$

8 $\frac{5}{12}+\frac{3}{8}$

2 분모가 다른 분수의 덧셈 계산하기(2)

[1~2] □ 안에 알맞은 수를 써넣으세요.

1 $\frac{1}{2}+\frac{5}{6}=\frac{1\times\square}{2\times\square}+\frac{5\times\square}{6\times\square}$

$=\frac{\square}{12}+\frac{\square}{12}=\frac{\square}{12}=\frac{\square}{3}=\square$

2 $\frac{5}{8}+\frac{7}{12}=\frac{5\times\square}{8\times\square}+\frac{7\times\square}{12\times\square}$

$=\frac{\square}{24}+\frac{\square}{24}=\frac{\square}{24}=\square$

[3~8] 계산해 보세요.

3 $\frac{2}{3}+\frac{4}{5}$

4 $\frac{1}{2}+\frac{3}{4}$

5 $\frac{5}{6}+\frac{7}{9}$

6 $\frac{11}{12}+\frac{3}{8}$

7 $\frac{3}{10}+\frac{3}{4}$

8 $\frac{8}{15}+\frac{7}{9}$

정답과 해설 62쪽

3 분모가 다른 분수의 덧셈 계산하기(3)

[1~2] □ 안에 알맞은 수를 써넣으세요.

1 $1\frac{2}{3}+1\frac{1}{5}=\square\frac{\square}{15}+\square\frac{\square}{15}$

$=\square\frac{\square}{15}$

2 $2\frac{3}{4}+1\frac{5}{6}=\square\frac{\square}{12}+\square\frac{\square}{12}$

$=\square\frac{\square}{12}=\square\frac{\square}{12}$

[3~6] 보기 와 같이 계산해 보세요.

보기

$1\frac{1}{3}+2\frac{1}{4}=\frac{4}{3}+\frac{9}{4}=\frac{16}{12}+\frac{27}{12}=\frac{43}{12}=3\frac{7}{12}$

3 $2\frac{1}{4}+3\frac{1}{2}$ ______________

4 $3\frac{1}{5}+4\frac{1}{3}$ ______________

5 $5\frac{2}{5}+1\frac{7}{8}$ ______________

6 $3\frac{5}{6}+3\frac{3}{4}$ ______________

[7~15] 계산해 보세요.

7 $1\frac{2}{5}+2\frac{1}{3}$

8 $2\frac{1}{6}+1\frac{1}{4}$

9 $3\frac{1}{2}+1\frac{5}{8}$

10 $4\frac{2}{7}+2\frac{2}{3}$

11 $2\frac{3}{5}+2\frac{5}{6}$

12 $3\frac{7}{12}+2\frac{5}{8}$

13 $5\frac{3}{4}+1\frac{7}{10}$

14 $2\frac{7}{15}+3\frac{8}{9}$

15 $1\frac{9}{14}+2\frac{13}{21}$

4 분모가 다른 분수의 뺄셈 계산하기(1)

[1~2] □ 안에 알맞은 수를 써넣으세요.

1 $\frac{2}{3}-\frac{3}{8}=\frac{2\times\square}{3\times\square}-\frac{3\times\square}{8\times\square}$

$=\frac{\square}{24}-\frac{\square}{24}=\frac{\square}{24}$

2 $\frac{3}{4}-\frac{1}{6}=\frac{3\times\square}{4\times\square}-\frac{1\times\square}{6\times\square}$

$=\frac{\square}{12}-\frac{\square}{12}=\frac{\square}{12}$

[3~8] 계산해 보세요.

3 $\frac{7}{8}-\frac{3}{5}$

4 $\frac{5}{6}-\frac{7}{9}$

5 $\frac{3}{5}-\frac{3}{10}$

6 $\frac{7}{10}-\frac{4}{15}$

7 $\frac{7}{12}-\frac{3}{8}$

8 $\frac{8}{9}-\frac{5}{18}$

5 분모가 다른 분수의 뺄셈 계산하기(2)

[1~2] □ 안에 알맞은 수를 써넣으세요.

1 $3\frac{2}{3}-1\frac{1}{4}=\square\frac{\square}{12}-\square\frac{\square}{12}$

$=\square\frac{\square}{12}$

2 $2\frac{3}{4}-1\frac{2}{5}=\square\frac{\square}{20}-\square\frac{\square}{20}$

$=\square\frac{\square}{20}$

[3~8] 계산해 보세요.

3 $3\frac{2}{3}-1\frac{1}{5}$

4 $4\frac{1}{2}-3\frac{3}{8}$

5 $2\frac{5}{6}-1\frac{4}{9}$

6 $3\frac{11}{12}-1\frac{3}{8}$

7 $5\frac{3}{10}-2\frac{1}{6}$

8 $4\frac{4}{5}-1\frac{2}{9}$

정답과 해설 62쪽

6 분모가 다른 분수의 뺄셈 계산하기(3)

[1~2] □ 안에 알맞은 수를 써넣으세요.

1 $2\frac{1}{6}-1\frac{3}{4}=\square\frac{\square}{12}-\square\frac{\square}{12}$

$=\square\frac{\square}{12}-\square\frac{\square}{12}$

$=\frac{\square}{12}$

2 $3\frac{2}{3}-1\frac{5}{6}=\frac{\square}{3}-\frac{\square}{6}$

$=\frac{\square}{6}-\frac{\square}{6}$

$=\frac{\square}{6}=\square\frac{\square}{6}$

[3~6] 보기 와 같이 계산해 보세요.

보기

$3\frac{2}{5}-1\frac{3}{4}=3\frac{8}{20}-1\frac{15}{20}=2\frac{28}{20}-1\frac{15}{20}=1\frac{13}{20}$

3 $2\frac{3}{8}-1\frac{1}{2}$ ____________________

4 $3\frac{1}{3}-1\frac{5}{9}$ ____________________

5 $5\frac{1}{6}-2\frac{7}{9}$ ____________________

6 $4\frac{5}{8}-2\frac{3}{4}$ ____________________

[7~15] 계산해 보세요.

7 $3\frac{2}{5}-2\frac{2}{3}$

8 $4\frac{1}{6}-1\frac{1}{4}$

9 $3\frac{1}{2}-1\frac{5}{6}$

10 $4\frac{2}{7}-2\frac{3}{4}$

11 $3\frac{2}{9}-1\frac{5}{6}$

12 $3\frac{7}{20}-1\frac{4}{5}$

13 $5\frac{3}{4}-1\frac{11}{12}$

14 $5\frac{7}{15}-3\frac{7}{9}$

15 $3\frac{4}{7}-1\frac{17}{21}$

5 단원

1 분모가 다른 분수의 덧셈 계산하기(1)

1 다음을 보고 계산해 보세요.

$\frac{2}{3}=\frac{4}{6}=\frac{6}{9}=\frac{8}{12}=\frac{10}{15}=\cdots\cdots$

$\frac{1}{4}=\frac{2}{8}=\frac{3}{12}=\frac{4}{16}=\frac{5}{20}=\cdots\cdots$

$\frac{2}{3}+\frac{1}{4}$ ______________________

2 □ 안에 알맞은 수를 써넣으세요.

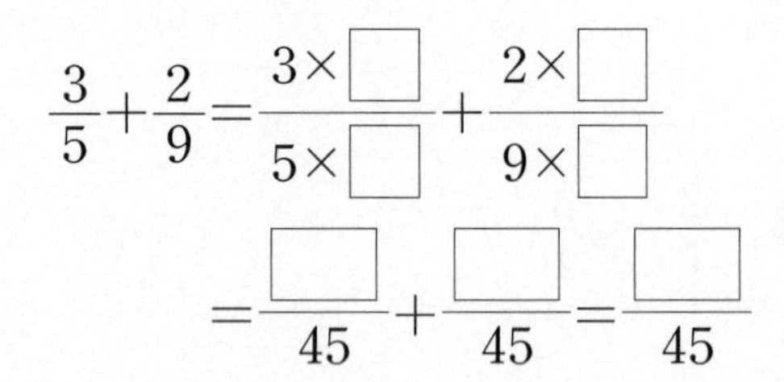

$\frac{3}{5}+\frac{2}{9}=\frac{3\times\square}{5\times\square}+\frac{2\times\square}{9\times\square}$

$=\frac{\square}{45}+\frac{\square}{45}=\frac{\square}{45}$

3 보기 와 같이 계산해 보세요.

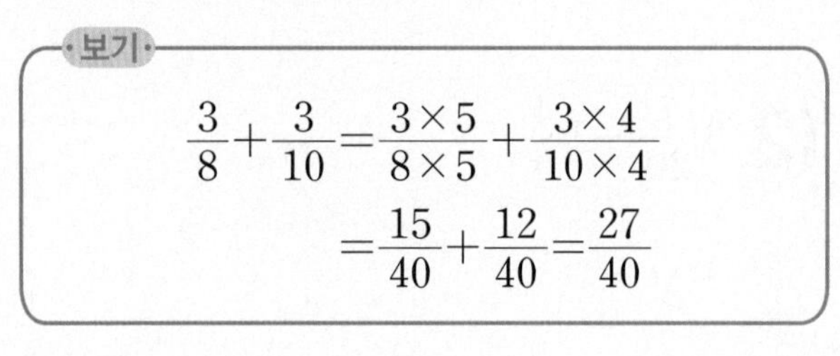

보기

$\frac{3}{8}+\frac{3}{10}=\frac{3\times5}{8\times5}+\frac{3\times4}{10\times4}$

$=\frac{15}{40}+\frac{12}{40}=\frac{27}{40}$

$\frac{1}{6}+\frac{4}{15}$ ______________________

____

4 □ 안에 알맞은 수를 써넣으세요.

$\frac{2}{9}+\frac{1}{3}=\frac{\square}{9}+\frac{\square}{9}=\frac{\square}{9}$

5 계산해 보세요.

(1) $\frac{1}{3}+\frac{1}{4}$

$\frac{1}{5}+\frac{1}{6}$

$\frac{1}{7}+\frac{1}{8}$

(2) $\frac{1}{7}+\frac{1}{9}$

$\frac{1}{7}+\frac{2}{9}$

$\frac{1}{7}+\frac{3}{9}$

6 계산 결과가 더 큰 것의 기호를 써 보세요.

㉠ $\frac{3}{8}+\frac{1}{3}$ ㉡ $\frac{1}{6}+\frac{3}{4}$

(　　　　　　)

7 다음 중 계산 결과가 다른 것을 찾아 기호를 써 보세요.

㉠ $\frac{5}{9}+\frac{1}{4}$ ㉡ $\frac{7}{12}+\frac{2}{9}$

㉢ $\frac{1}{6}+\frac{17}{36}$ ㉣ $\frac{11}{18}+\frac{7}{36}$

(　　　　　　)

8 바르게 계산한 사람의 이름을 써 보세요.

윤서: $\frac{1}{5}+\frac{4}{15}=\frac{7}{15}$

재희: $\frac{1}{4}+\frac{3}{7}=\frac{4}{11}$

(　　　　　　)

개념 학습책 107쪽

② 분모가 다른 분수의 덧셈 계산하기(2)

정답과 해설 63쪽

1 □ 안에 알맞은 수를 써넣으세요.

$$\frac{3}{4}+\frac{4}{5}=\frac{3\times\square}{4\times\square}+\frac{4\times\square}{5\times\square}$$
$$=\frac{\square}{20}+\frac{\square}{20}$$
$$=\frac{\square}{20}=\square\frac{\square}{20}$$

2 $\frac{5}{8}+\frac{5}{6}$를 두 가지 방법으로 통분하여 계산해 보세요.

방법 1 분모의 곱으로 통분하기

방법 2 분모의 최소공배수로 통분하기

3 □ 안에 알맞은 수를 써넣으세요.

(1) $\frac{5}{7}+\frac{2}{3}=\frac{\square}{21}+\frac{\square}{21}$
$=\frac{\square}{21}=\square$

(2) $\frac{11}{12}+\frac{1}{4}=\frac{\square}{12}+\frac{\square}{12}$
$=\frac{\square}{12}=\frac{\square}{6}=\square$

4 계산해 보세요.

(1) $\frac{4}{5}+\frac{4}{9}$
$\frac{4}{5}+\frac{5}{9}$

(2) $\frac{5}{6}+\frac{3}{7}$
$\frac{5}{6}+\frac{4}{7}$

5 처음 잘못 계산한 부분을 찾아 ○표 하고, 옳게 고쳐 계산해 보세요.

$$\frac{1}{2}+\frac{4}{7}=\frac{1\times4}{2\times7}+\frac{4\times2}{7\times2}=\frac{4}{14}+\frac{8}{14}$$
$$=\frac{12}{14}$$

$\frac{1}{2}+\frac{4}{7}$

6 합이 더 큰 것에 색칠하세요.

(1)

$\frac{1}{5}+\frac{5}{6}$	$\frac{1}{4}+\frac{5}{6}$

(2)

$\frac{2}{3}+\frac{7}{8}$	$\frac{2}{3}+\frac{8}{9}$

5 단원

개념 학습책 109쪽

❸ 분모가 다른 분수의 덧셈 계산하기(3)

1 □ 안에 알맞은 수를 써넣으세요.

(1)

$$1\frac{4}{5}=1+\frac{\square}{15}$$
$$+)\ 2\frac{2}{3}=2+\frac{\square}{15}$$
$$1\frac{4}{5}+2\frac{2}{3}=3+\frac{\square}{15}=\square$$

(2)

$$2\frac{3}{7}=2+\frac{\square}{28}$$
$$+)\ 1\frac{3}{4}=1+\frac{\square}{28}$$
$$2\frac{3}{7}+1\frac{3}{4}=3+\frac{\square}{28}=\square$$

2 □ 안에 알맞은 수를 써넣으세요.

$$2\frac{1}{3}+4\frac{5}{6}=\frac{\square}{3}+\frac{\square}{6}$$
$$=\frac{\square}{6}+\frac{\square}{6}=\frac{\square}{6}=\square$$

3 $12\frac{5}{8}+24\frac{3}{4}$을 계산하려고 합니다. 누구의 방법이 더 간단할까요?

자연수는 자연수끼리, 분수는 분수끼리 계산할 거야.

지은

난 대분수를 가분수로 고쳐서 계산할 거야.

선우

(　　　　　　　)

4 계산해 보세요.

(1) $\frac{5}{9}+\frac{1}{2}$

$1\frac{5}{9}+\frac{1}{2}$

$1\frac{5}{9}+1\frac{1}{2}$

(2) $\frac{3}{4}+\frac{7}{10}$

$1\frac{3}{4}+1\frac{7}{10}$

$2\frac{3}{4}+2\frac{7}{10}$

5 다음 중 계산 결과가 다른 것을 찾아 기호를 써 보세요.

㉠ $1\frac{4}{5}+2\frac{1}{3}$	㉡ $\frac{9}{5}+\frac{7}{3}$
㉢ $1+2+\frac{4}{5}+\frac{1}{3}$	㉣ $\frac{14}{5}+2\frac{1}{3}$

(　　　　　　　)

6 계산 결과가 3보다 크고 4보다 작은 것의 기호를 써 보세요.

㉠ $1\frac{3}{8}+1\frac{4}{5}$　　㉡ $1\frac{3}{8}+3\frac{4}{5}$

(　　　　　　　)

개념 학습책 111쪽

정답과 해설 64쪽

1 계산 결과가 1보다 큰 것을 모두 찾아 기호를 써 보세요.

㉠ $\frac{4}{15}+\frac{1}{5}$　　㉡ $\frac{7}{10}+\frac{2}{3}$

㉢ $\frac{7}{20}+\frac{1}{4}$　　㉣ $\frac{4}{5}+\frac{3}{10}$

(　　　　　　　　)

2 □ 안에 알맞은 수를 써넣으세요.

(1) $\frac{\square}{6}+\frac{\square}{7}=\frac{7}{42}+\frac{24}{42}=\frac{31}{42}$

(2) $1\frac{\square}{15}+3\frac{\square}{10}=1\frac{16}{30}+3\frac{21}{30}=4\frac{37}{30}=5\frac{7}{30}$

3 덧셈을 하여 □ 안에 알맞은 분수를 써넣고, ㉠에 들어갈 수 있는 가장 작은 자연수를 구해 보세요.

$2\frac{2}{5}+1\frac{1}{4}=\square$

$2\frac{2}{5}+1\frac{1}{4}<$ ㉠

(　　　　　　　　)

4 희철이 어머니는 지난주에 식용유를 $\frac{5}{12}$ L 사용했고 이번 주에 $\frac{7}{18}$ L 사용했습니다. 희철이 어머니가 2주 동안 사용한 식용유는 모두 몇 L인가요?

(　　　　　　　　)

5 단원

개념 학습책 112쪽

5 두 가지 색을 각각 칸을 똑같게 나누어 칠한 것입니다. 색칠한 부분을 분수로 나타내어 보세요.

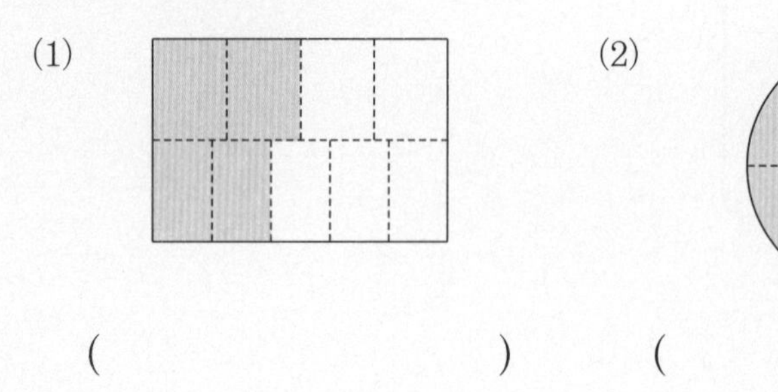

(1) (　　　　　　　　) (2) (　　　　　　　　)

6 준우네 집에서 극장에 가려면 우체국을 지나야 합니다. 준우는 집에서 극장까지의 거리가 $2\,\mathrm{km}$가 안 되면 걸어서 가고 $2\,\mathrm{km}$가 넘으면 자전거를 타고 가려고 합니다. 물음에 답하세요.

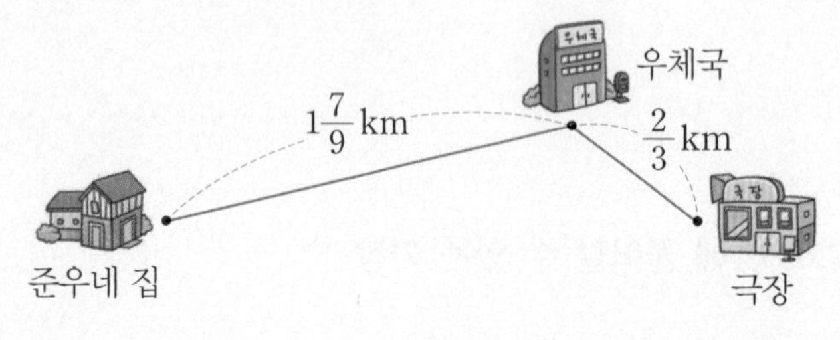

(1) 덧셈을 하여 ◯ 안에 >, =, <를 알맞게 써넣으세요.

$$1\frac{7}{9}+\frac{2}{3} \bigcirc 2$$

(2) 준우가 극장에 가는 방법을 써 보세요.

____

7 윤우는 수학 숙제를 $\frac{3}{4}$시간 동안 하고, 영어 숙제를 1시간 20분 동안 했습니다. 윤우가 숙제를 한 시간은 모두 몇 시간인가요?

(　　　　　　　　)

개념 학습책 113쪽

4 분모가 다른 분수의 뺄셈 계산하기(1)

정답과 해설 64쪽

1 다음을 보고 계산해 보세요.

$\frac{3}{5}=\frac{6}{10}=\frac{9}{15}=\frac{12}{20}=\frac{15}{25}=\frac{18}{30}=\frac{21}{35}=\cdots\cdots$

$\frac{2}{7}=\frac{4}{14}=\frac{6}{21}=\frac{8}{28}=\frac{10}{35}=\frac{12}{42}=\cdots\cdots$

$\frac{3}{5}-\frac{2}{7}$ ______________________

2 □ 안에 알맞은 수를 써넣으세요.

$\frac{3}{4}-\frac{2}{5}=\frac{3\times\square}{4\times\square}-\frac{2\times\square}{5\times\square}$

$=\frac{\square}{20}-\frac{\square}{20}=\frac{\square}{20}$

3 분모의 최소공배수를 공통분모로 하여 통분한 후 계산해 보세요.

$\frac{5}{6}-\frac{3}{8}$ ______________________

____

4 □ 안에 알맞은 수를 써넣으세요.

$\frac{6}{7}-\frac{3}{4}=\frac{\square}{28}-\frac{\square}{28}=\frac{\square}{28}$

5 계산해 보세요.

(1) $\frac{1}{3}-\frac{1}{9}$

$\frac{1}{4}-\frac{1}{9}$

$\frac{1}{5}-\frac{1}{9}$

(2) $\frac{9}{11}-\frac{1}{5}$

$\frac{9}{11}-\frac{2}{5}$

$\frac{9}{11}-\frac{3}{5}$

6 계산 결과가 더 큰 것의 기호를 써 보세요.

㉠ $\frac{3}{4}-\frac{2}{5}$　㉡ $\frac{7}{12}-\frac{2}{5}$

(　　　　　　　)

7 다음 중 계산 결과가 다른 것을 찾아 기호를 써 보세요.

㉠ $\frac{7}{9}-\frac{3}{4}$　㉡ $\frac{28}{36}-\frac{27}{36}$

㉢ $\frac{21}{36}-\frac{18}{36}$　㉣ $\frac{56}{72}-\frac{54}{72}$

(　　　　　　　)

5 단원

개념 학습책 115쪽

5 분모가 다른 분수의 뺄셈 계산하기(2)

1 □ 안에 알맞은 수를 써넣으세요.

$$2\frac{3}{4}-\frac{2}{5}=2\frac{3\times\square}{4\times\square}-\frac{2\times\square}{5\times\square}$$
$$=1\frac{\square}{20}-\frac{\square}{20}$$
$$=\square\frac{\square}{20}$$

2 $2\frac{7}{8}-1\frac{2}{3}$를 두 가지 방법으로 계산해 보세요.

방법 1 자연수끼리, 분수끼리 빼기

방법 2 가분수로 나타내어 빼기

3 계산해 보세요.

(1) $4\frac{1}{2}-\frac{2}{5}$

$4\frac{1}{2}-1\frac{2}{5}$

$4\frac{1}{2}-2\frac{2}{5}$

(2) $1\frac{5}{6}-\frac{4}{7}$

$2\frac{5}{6}-1\frac{4}{7}$

$3\frac{5}{6}-2\frac{4}{7}$

4 처음 잘못 계산한 부분을 찾아 ○표 하고, 옳게 고쳐 계산해 보세요.

$$2\frac{5}{7}-1\frac{1}{4}=\frac{19}{7}-\frac{5}{4}=\frac{38}{28}-\frac{35}{28}=\frac{3}{28}$$

$2\frac{5}{7}-1\frac{1}{4}$ ______

5 계산 결과를 비교하여 ○ 안에 >, =, <를 알맞게 써넣으세요.

(1) $4\frac{4}{7}-1\frac{3}{8}$ ○ $3\frac{4}{7}-\frac{3}{8}$

(2) $2\frac{7}{9}-1\frac{2}{3}$ ○ $2\frac{7}{9}-1\frac{7}{15}$

6 바르게 계산한 사람의 이름을 써 보세요.

윤영: $1\frac{2}{3}-\frac{4}{9}=1\frac{2}{9}$

주호: $2\frac{3}{4}-1\frac{2}{3}=1\frac{5}{12}$

(　　　　　)

개념 학습책 117쪽

⑥ 분모가 다른 분수의 뺄셈 계산하기(3)

정답과 해설 65쪽

1 □ 안에 알맞은 수를 써넣으세요.

$$4\frac{2}{5}=4+\frac{\square}{15}=3+\frac{\square}{15}$$

$$-)\ 1\frac{2}{3}= \qquad 1+\frac{\square}{15}$$

$$4\frac{2}{5}-1\frac{2}{3}= \qquad 2+\frac{\square}{15}$$

$$=\square$$

2 □ 안에 알맞은 수를 써넣으세요.

$$4\frac{2}{5}-2\frac{2}{3}=\frac{\square}{5}-\frac{\square}{3}$$

$$=\frac{\square}{15}-\frac{\square}{15}$$

$$=\frac{\square}{15}=\square$$

3 대분수를 가분수로 나타내어 계산하기 편리한 식의 기호를 써 보세요.

㉠ $3\frac{3}{8}-1\frac{4}{5}$　　㉡ $23\frac{3}{5}-19\frac{5}{6}$

(　　　　　　)

4 계산해 보세요.

(1) $3\frac{1}{8}-\frac{3}{4}$

$3\frac{1}{8}-1\frac{3}{4}$

$3\frac{1}{8}-2\frac{3}{4}$

(2) $4\frac{1}{6}-2\frac{11}{15}$

$3\frac{1}{6}-1\frac{11}{15}$

$2\frac{1}{6}-\frac{11}{15}$

5 다음 중 계산 결과가 다른 것을 찾아 기호를 써 보세요.

㉠ $3\frac{1}{4}-1\frac{5}{6}$　　㉡ $3\frac{3}{12}-1\frac{10}{12}$

㉢ $\frac{13}{4}-\frac{11}{6}$　　㉣ $4\frac{1}{4}-\frac{5}{6}$

(　　　　　　)

6 계산 결과가 3보다 작은 것의 기호를 써 보세요.

㉠ $5\frac{3}{8}-2\frac{4}{5}$　　㉡ $5\frac{4}{5}-2\frac{3}{7}$

(　　　　　　)

5 단원

개념 학습책 119쪽

1 계산 결과가 2보다 크고 3보다 작은 것을 찾아 기호를 써 보세요.

㉠ $4\frac{3}{5}-2\frac{3}{4}$　　㉡ $5\frac{5}{7}-2\frac{3}{8}$

㉢ $3\frac{1}{6}-1\frac{4}{9}$　　㉣ $4\frac{5}{8}-2\frac{3}{5}$

(　　　　　　　　)

2 □ 안에 알맞은 수를 써넣으세요.

(1) $\frac{\square}{12}-\frac{\square}{8}=\frac{14}{24}-\frac{9}{24}=\frac{5}{24}$

(2) $\square\frac{\square}{9}-\square\frac{\square}{6}=\frac{22}{9}-\frac{11}{6}=\frac{11}{18}$

3 뺄셈을 하여 □ 안에 알맞은 분수를 써넣고, ㉠에 들어갈 수 있는 가장 큰 자연수를 구해 보세요.

$7\frac{2}{5}-3\frac{13}{20}=\square$

$7\frac{2}{5}-3\frac{13}{20}>3\frac{㉠}{4}$

(　　　　　　　　)

4 재훈이네 집에서 할머니 댁까지의 거리는 $\frac{6}{7}$ km입니다. 재훈이는 집에서 출발하여 지금까지 $\frac{3}{5}$ km를 걸어서 할머니 댁에 가고 있습니다. 할머니 댁에 도착하려면 앞으로 몇 km를 더 걸어야 하나요?

(　　　　　　　　)

5 재희네 집에서 도서관으로 가는 길은 다음과 같이 2가지가 있습니다. 더 먼 길은 어느 길이고 몇 km 더 먼지 구해 보세요.

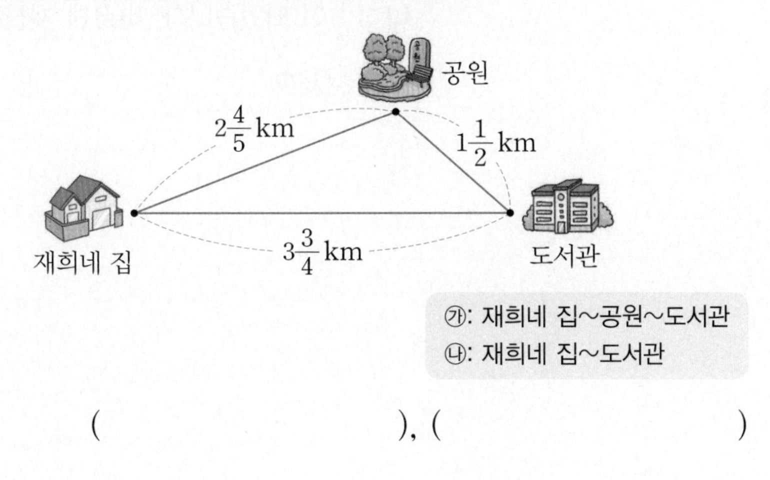

( ), ( )

6 사다리를 타고 내려가며 계산한 결과를 아래 빈칸에 써넣으세요.

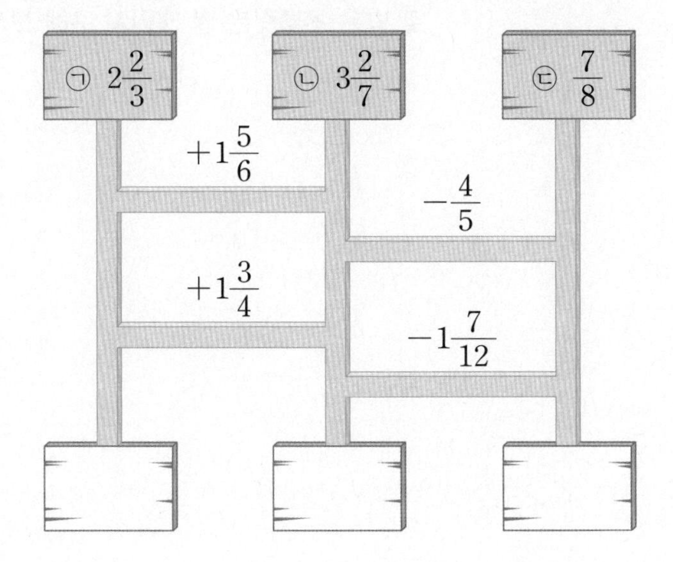

정답과 해설 66쪽

1 수 카드 4장 중에서 3장을 골라 만들 수 있는 가장 큰 대분수와 가장 작은 대분수를 만들어 두 수의 합을 구해 보세요.

2 7 3 8

(　　　　　　　　)

2 □ 안에 알맞은 수를 구해 보세요.

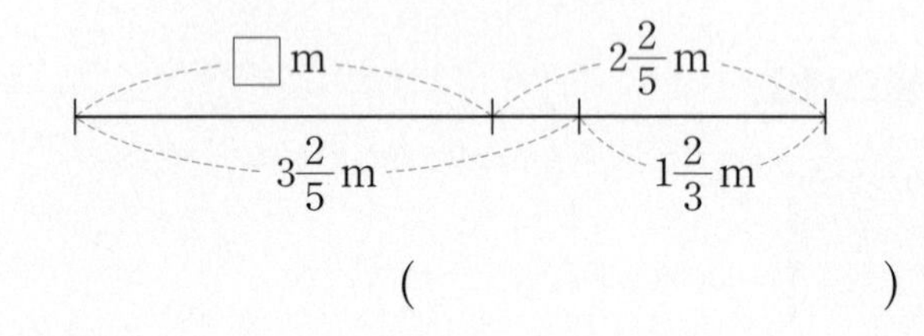

(　　　　　　　　)

3 □ 안에 알맞은 수를 구해 보세요.

$$1\frac{16}{33}-\frac{\square}{11}=\frac{2}{3}$$

(　　　　　　　　)

4 어떤 수에 $1\frac{2}{5}$를 더해야 할 것을 잘못하여 뺐더니 $3\frac{1}{6}$이 되었습니다. 바르게 계산하면 얼마인지 구해 보세요.

(　　　　　　　　)

5 경진이는 선물로 받은 초콜릿을 어제 전체의 $\frac{1}{6}$을 먹고, 오늘 전체의 $\frac{1}{4}$을 먹었습니다. 경진이가 어제와 오늘 먹은 초콜릿이 모두 15개라면 선물로 받은 초콜릿은 몇 개인지 구해 보세요.

(　　　　　　　　)

6 하루에 서연이는 $\frac{1}{8}$만큼, 진수는 $\frac{1}{10}$만큼 일을 할 수 있습니다. 두 사람이 같이 일하기 시작하여 3일이 지났습니다. 일을 끝내려면 적어도 며칠이 더 걸릴까요?

(　　　　　　　　)

학교시험대비 단원평가

점수	확인

1 □ 안에 알맞은 수를 써넣으세요.

$$\frac{5}{12}+\frac{1}{8}=\frac{5\times\square}{12\times\square}+\frac{1\times\square}{8\times\square}$$
$$=\frac{\square}{24}+\frac{\square}{24}$$
$$=\square$$

2 관계있는 것끼리 이어 보세요.

$\frac{5}{6}+\frac{1}{3}$ •	• $1\frac{1}{18}$
$\frac{2}{9}+\frac{1}{2}$ •	• $\frac{13}{18}$
$\frac{2}{3}+\frac{7}{18}$ •	• $1\frac{1}{6}$

3 계산 과정 중에서 처음 잘못된 곳을 찾아 기호를 써 보세요.

$$2\frac{3}{4}+1\frac{7}{12}=\frac{11}{4}+\frac{19}{12} \quad \cdots\cdots ㉠$$
$$=\frac{22}{12}+\frac{19}{12} \quad \cdots\cdots ㉡$$
$$=\frac{41}{12} \quad \cdots\cdots ㉢$$
$$=3\frac{5}{12} \quad \cdots\cdots ㉣$$

(　　　　　　　　)

4 계산해 보세요.

(1) $2\frac{5}{6}-1\frac{1}{4}$

(2) $4\frac{3}{7}-2\frac{1}{3}$

5 두 수의 차를 구해 보세요.

$\frac{11}{12}$　　$\frac{7}{10}$

(　　　　　　　　)

6 가장 큰 분수와 가장 작은 분수의 합을 구해 보세요.

$\frac{1}{4}$　　$\frac{5}{6}$　　$\frac{3}{8}$

(　　　　　　　　)

7 두 구슬의 무게의 차는 몇 g인가요?

$6\frac{5}{7}$ g

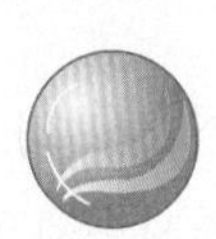

$4\frac{1}{3}$ g

(　　　　　　　　)

5 단원

8 직사각형 모양 꽃밭의 가로와 세로의 합은 몇 m인가요?

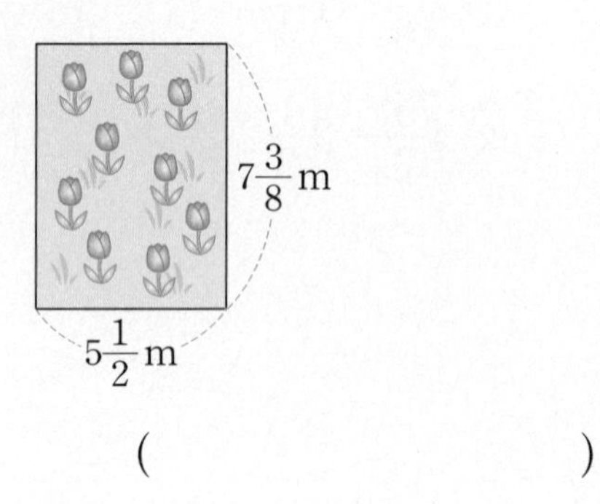

( )

9 빈칸에 알맞은 수를 써넣으세요.

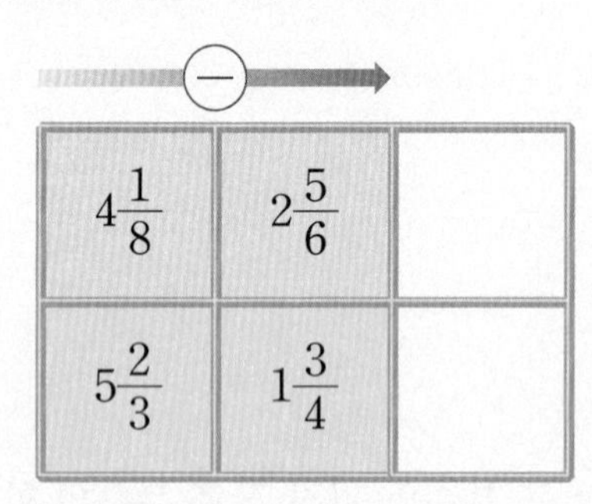

10 □ 안에 알맞은 수를 구해 보세요.

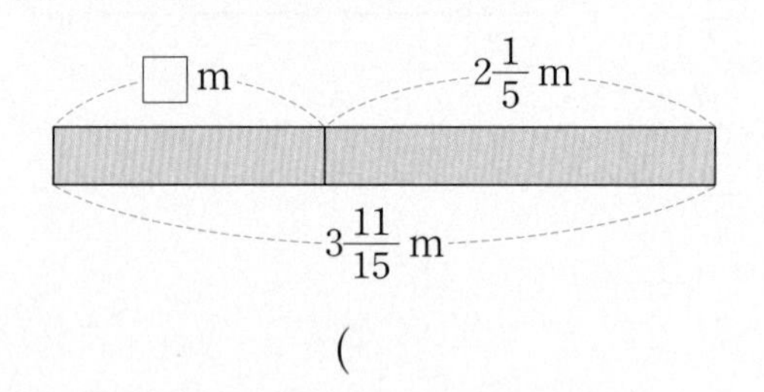

( )

11 계산 결과를 비교하여 ○ 안에 >, =, <를 알맞게 써넣으세요.

$3\frac{3}{10}-1\frac{3}{4}$ ○ $1\frac{2}{5}+1\frac{1}{4}$

12 정우는 리본을 $3\frac{2}{9}$ m 가지고 있고, 현지는 $1\frac{8}{15}$ m 가지고 있습니다. 정우는 현지보다 리본을 몇 m 더 가지고 있나요?

( )

13 □ 안에 알맞은 수를 써넣으세요.

$$6\frac{1}{4}-\square=2\frac{5}{6}$$

14 어떤 수에 $2\frac{5}{6}$를 더해야 할 것을 잘못하여 뺐더니 $1\frac{3}{8}$이 되었습니다. 어떤 수는 얼마인가요?

( )

15 계산 결과가 큰 것부터 차례로 기호를 써 보세요.

㉠ $\frac{4}{7}-\frac{1}{6}$　　㉡ $\frac{11}{14}-\frac{1}{3}$

㉢ $1\frac{2}{3}-\frac{6}{7}$　　㉣ $2\frac{5}{6}-1\frac{3}{7}$

( )

서술형

16 수 카드를 한 번씩 모두 사용하여 가장 큰 대분수와 가장 작은 대분수를 만들어 두 수의 합을 구해 보세요.

( )

17 □ 안에 들어갈 수 있는 자연수 중에서 가장 큰 수를 구해 보세요.

$$2\frac{4}{15}-\frac{9}{10}>1\frac{\square}{30}$$

( )

18 무게가 같은 멜론 3개를 담은 상자의 무게를 재어 보니 $6\frac{1}{6}$ kg이었습니다. 이 상자에서 멜론 1개를 덜어 낸 다음 무게를 재어 보니 $4\frac{7}{18}$ kg이었습니다. 빈 상자의 무게는 몇 kg인가요?

( )

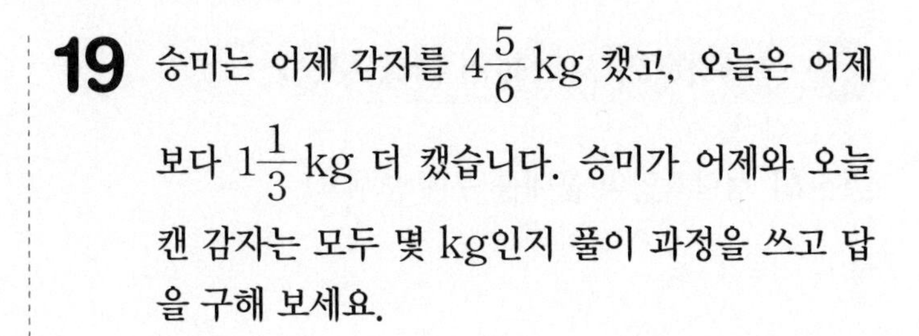

19 승미는 어제 감자를 $4\frac{5}{6}$ kg 캤고, 오늘은 어제보다 $1\frac{1}{3}$ kg 더 캤습니다. 승미가 어제와 오늘 캔 감자는 모두 몇 kg인지 풀이 과정을 쓰고 답을 구해 보세요.

풀이

답

20 삼각형의 세 변의 길이의 합이 $8\frac{7}{18}$ cm일 때 □ 안에 알맞은 수는 얼마인지 풀이 과정을 쓰고, 답을 구해 보세요.

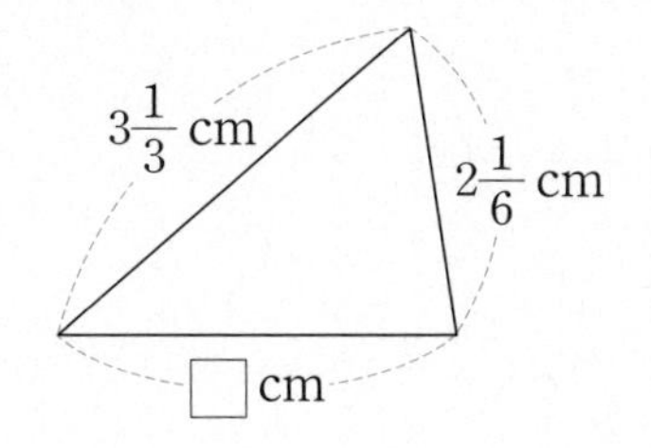

풀이

답

6 다각형의 둘레와 넓이

1 정다각형과 사각형의 둘레 구하기

[1~4] 정다각형의 둘레를 구해 보세요.

1

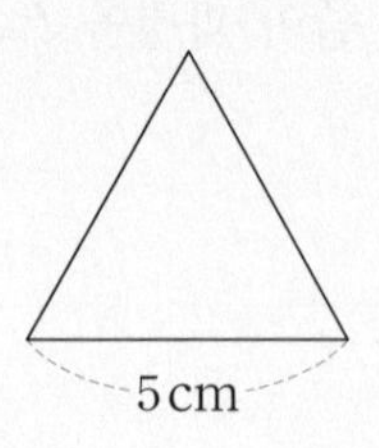

(　　　　　　　　　　)

2

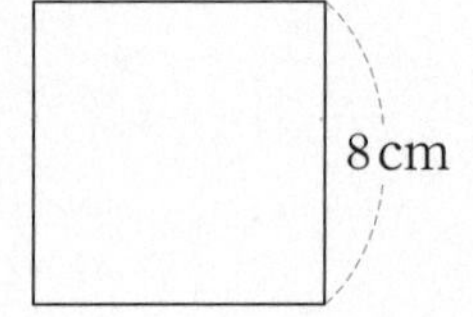

(　　　　　　　　　　)

3

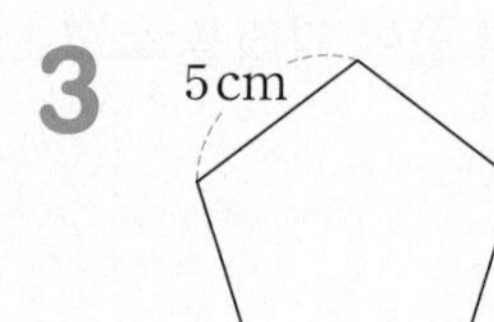

(　　　　　　　　　　)

4

4cm

(　　　　　　　　　　)

[5~6] 직사각형의 둘레를 구해 보세요.

5

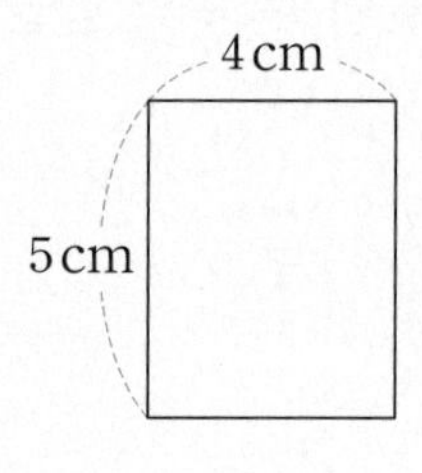

(　　　　　　　　　　)

6

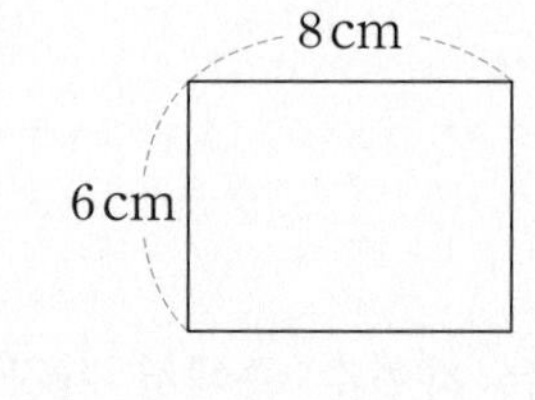

(　　　　　　　　　　)

[7~8] 평행사변형과 마름모의 둘레를 구해 보세요.

7

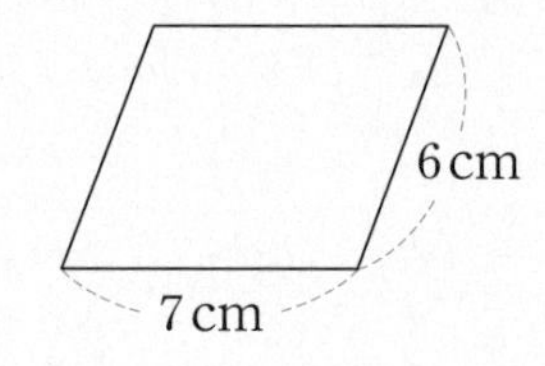

(　　　　　　　　　　)

8

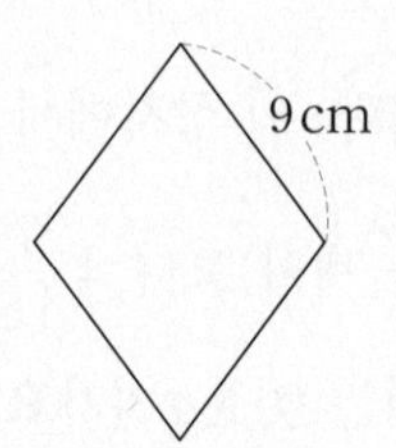

(　　　　　　　　　　)

정답과 해설 68쪽

2 직사각형/평행사변형의 넓이 구하기

[1~4] 직사각형의 넓이를 구해 보세요.

1

7 cm
8 cm

(   )

2

10 cm
5 cm

(   )

3

8 m
6 m

(   )

4

12 m
7 m

(   )

[5~8] 평행사변형의 넓이를 구해 보세요.

5

11 cm
6 cm

(   )

6

9 m
8 m

(   )

7

5 cm
8 cm

(   )

8

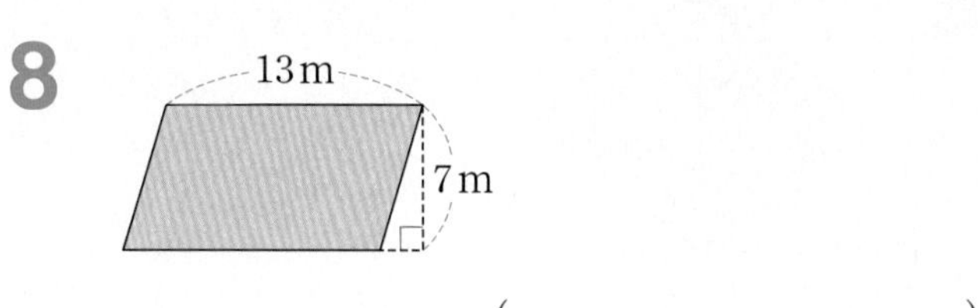

(   )

3 삼각형/마름모/사다리꼴의 넓이 구하기

[1~3] 삼각형의 넓이를 구해 보세요.

1

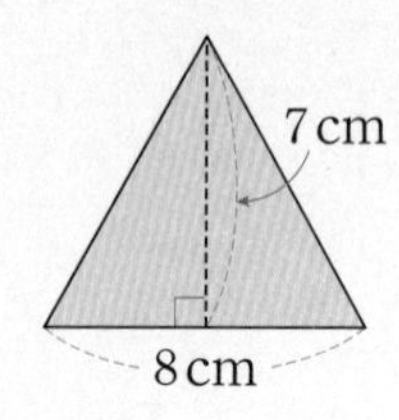

(　　　　　　　　)

2

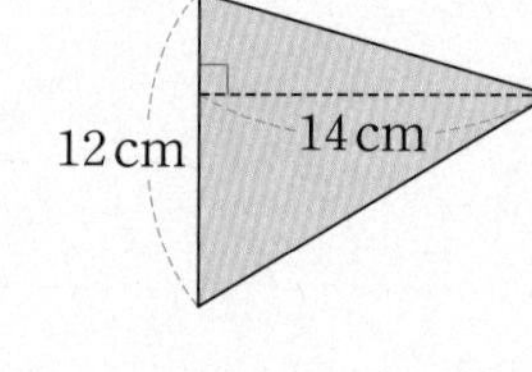

(　　　　　　　　)

3

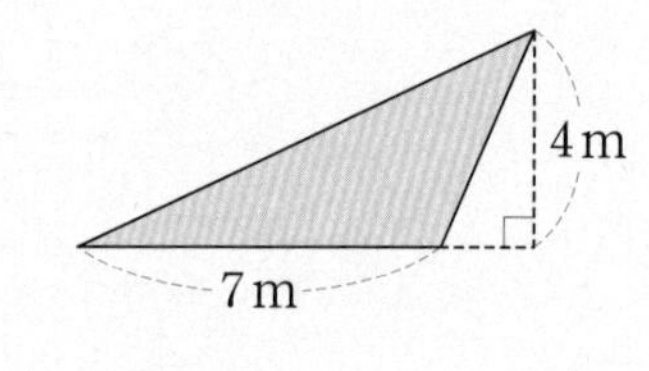

(　　　　　　　　)

[4~6] 마름모의 넓이를 구해 보세요.

4

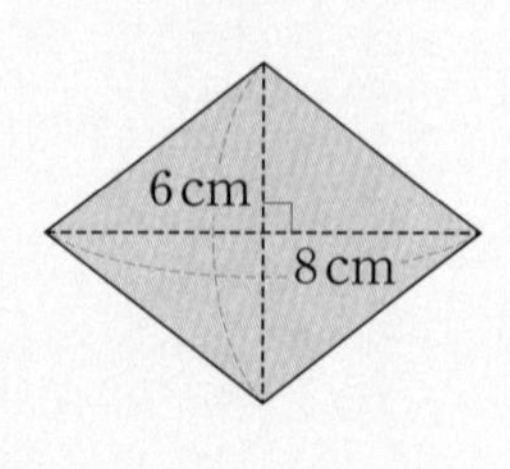

(　　　　　　　　)

5

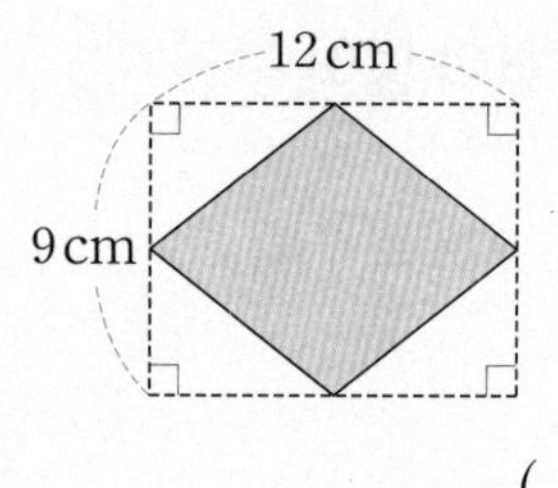

(　　　　　　　　)

6

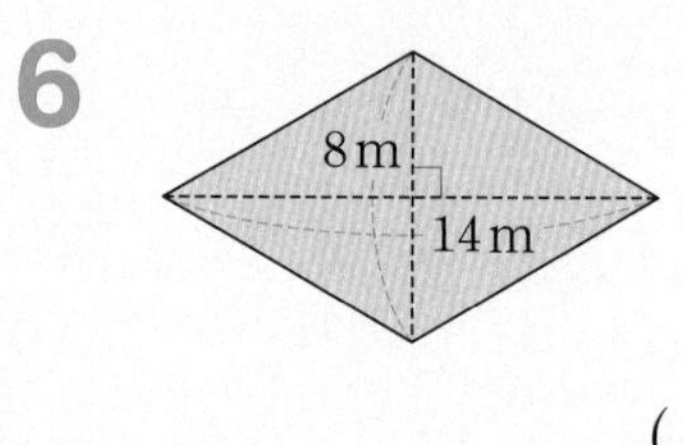

(　　　　　　　　)

[7~8] 사다리꼴의 넓이를 구해 보세요.

7

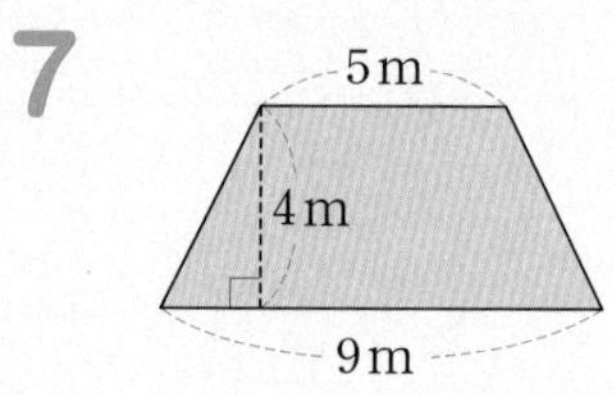

(　　　　　　　　)

8

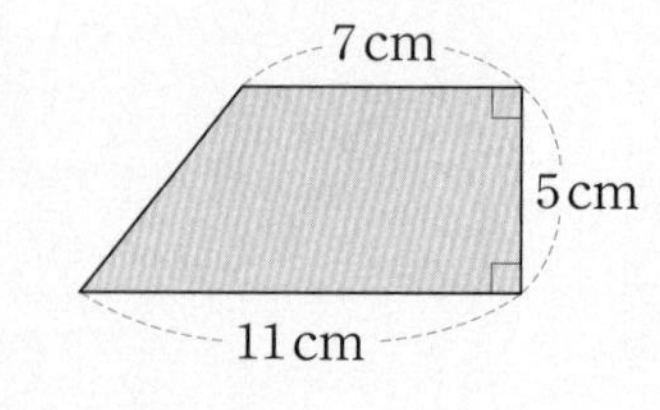

(　　　　　　　　)

① 정다각형과 사각형의 둘레 구하기

정답과 해설 68쪽

1 정다각형의 둘레를 구해 보세요.

(1)

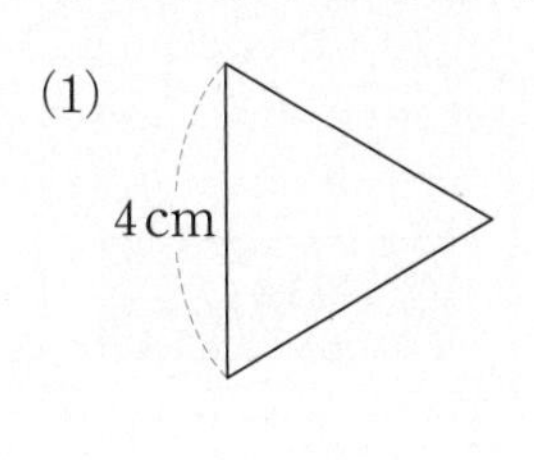

(　　　　　　　　　　)

(2)

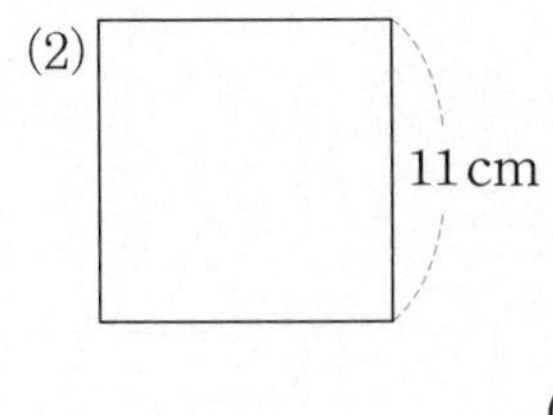

(　　　　　　　　　　)

2 평행사변형의 둘레를 구해 보세요.

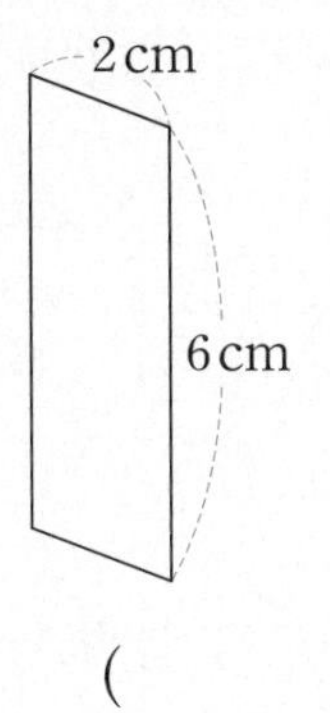

(　　　　　　　　　　)

3 가로가 10 cm, 세로가 9 cm인 직사각형의 둘레는 몇 cm인가요?

(　　　　　　　　　　)

4 마름모 모양의 조각보의 둘레는 몇 cm인가요?

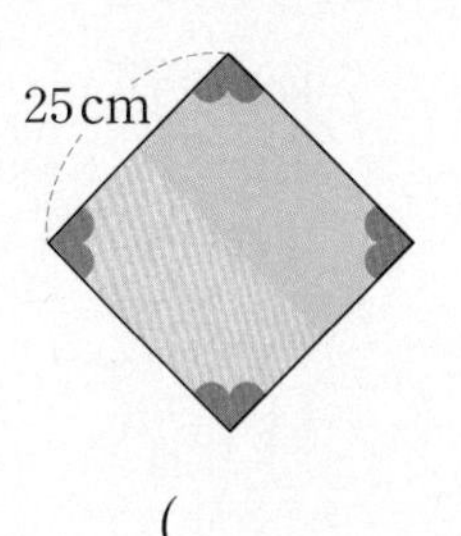

(　　　　　　　　　　)

5 둘레가 56 cm인 정사각형이 있습니다. 이 정사각형의 한 변의 길이는 몇 cm인가요?

(　　　　　　　　　　)

6 직사각형의 둘레가 32 cm일 때, 가로는 몇 cm인가요?

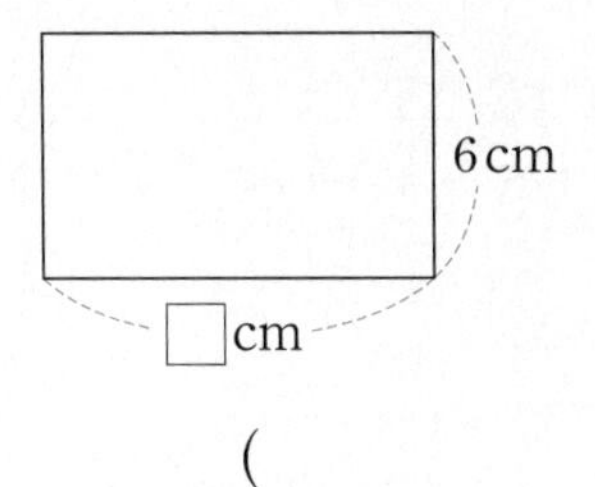

(　　　　　　　　　　)

1 도형의 넓이는 $1\,\text{cm}^2$가 몇 번 들어가나요?

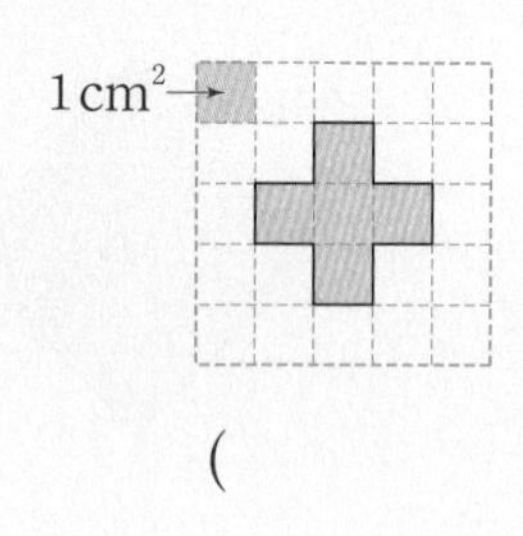

(   )

2 도형의 넓이는 몇 cm^2인지 구해 보세요.

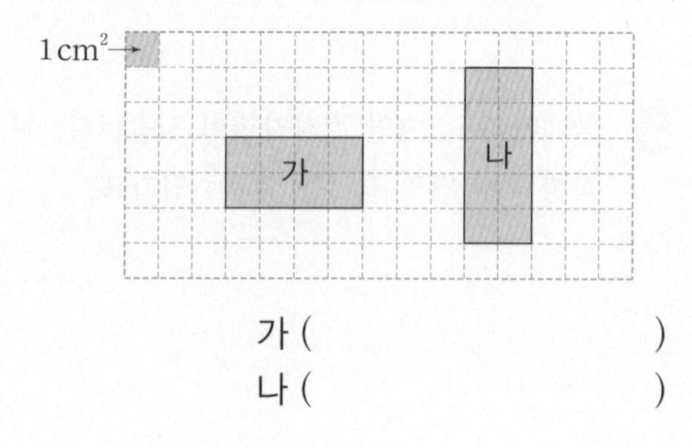

가 (   )

나 (   )

3 넓이가 $16\,\text{cm}^2$인 모양이 다른 도형을 2개 그려 보세요.

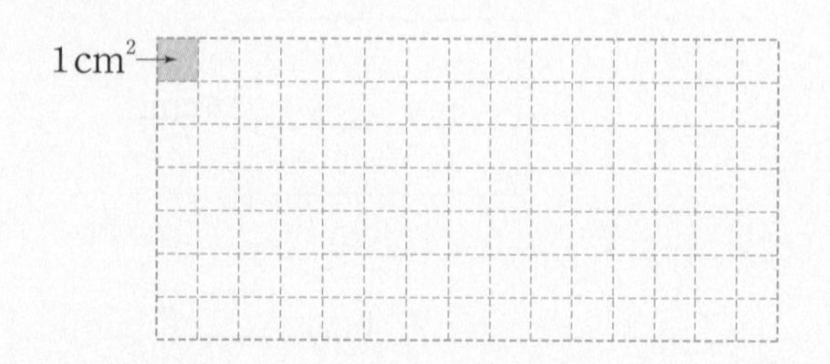

4 두 도형 중 넓이가 더 넓은 것의 기호를 써 보세요.

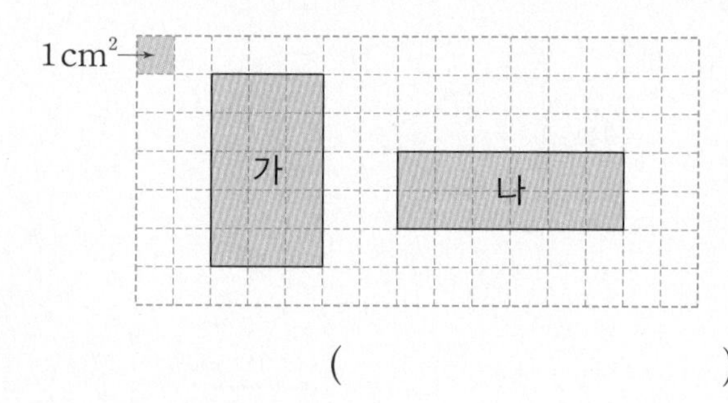

(   )

5 조각 맞추기 놀이를 하고 있습니다. 로 채워진 부분의 넓이는 몇 cm^2인가요?

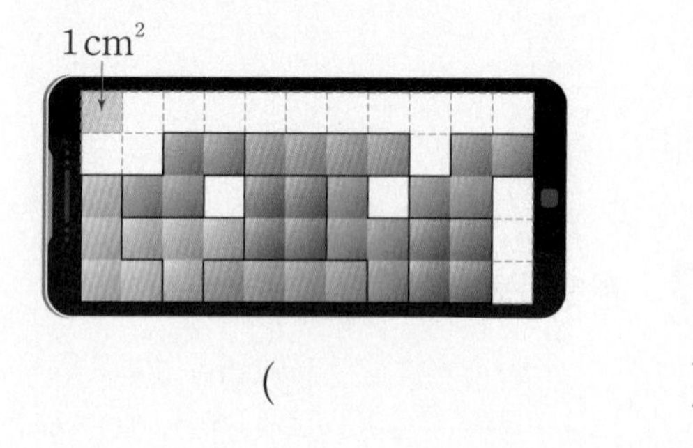

(   )

6 넓이를 $1\,\text{cm}^2$씩 늘려가며 도형을 규칙에 따라 그리고 있습니다. 빈칸에 알맞은 도형을 그려 보세요.

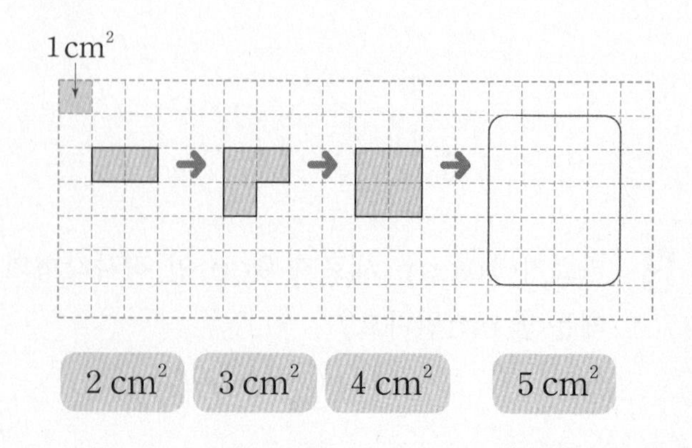

스스로 개념 확인하기

③ 직사각형의 넓이 구하기

정답과 해설 68쪽

1 직사각형의 넓이를 구해 보세요.

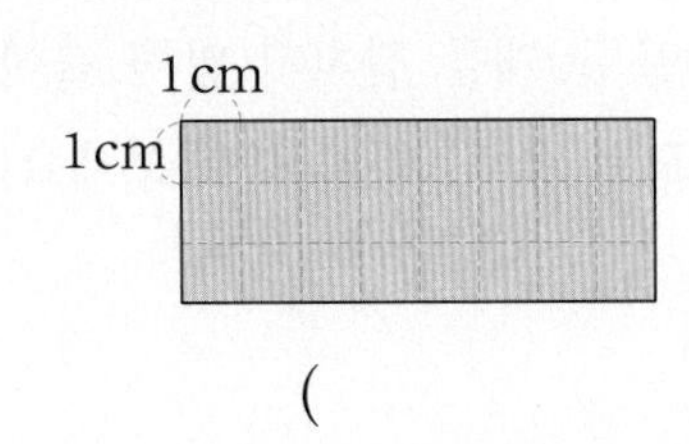

(   )

2 직사각형의 넓이는 몇 cm^2 인지 구해 보세요.

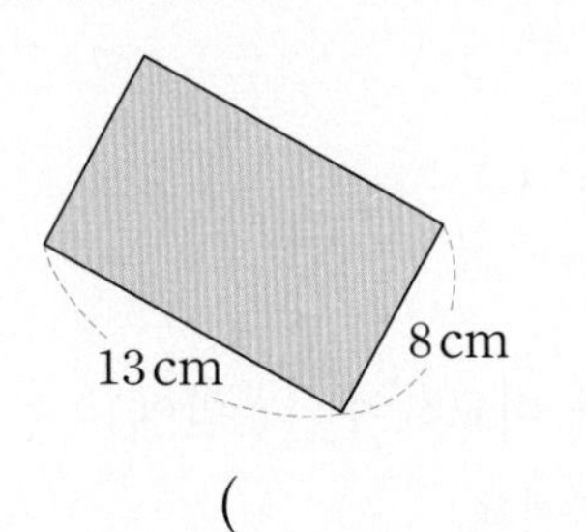

(   )

3 정사각형의 넓이는 몇 cm^2 인지 구해 보세요.

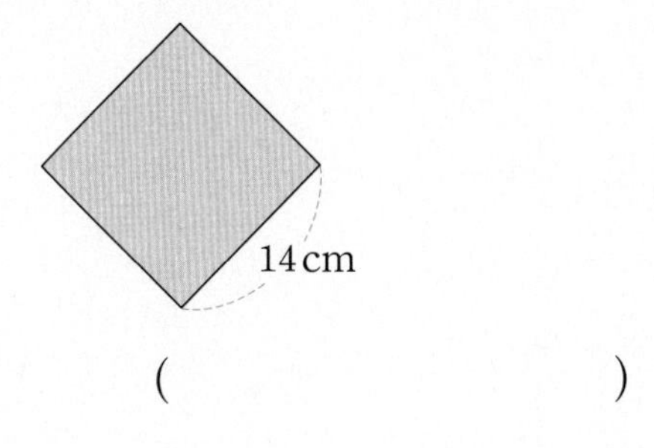

(   )

4 가로가 30 cm, 세로가 20 cm인 직사각형 모양의 쟁반이 있습니다. 이 쟁반의 넓이는 몇 cm^2인가요?

식 ______________________

답 ______________________

5 직사각형의 넓이가 126 cm^2이고 세로가 14 cm일 때, 가로는 몇 cm인가요?

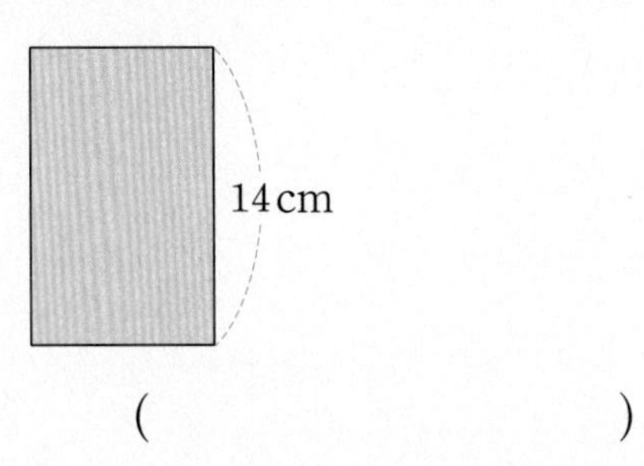

(   )

6 가로가 16 cm인 직사각형의 넓이가 176 cm^2입니다. 직사각형의 세로는 몇 cm인가요?

(   )

7 연주가 직사각형의 넓이를 구하고 있습니다. 연주의 풀이에서 잘못된 곳을 찾아 밑줄을 긋고 바르게 고쳐 보세요.

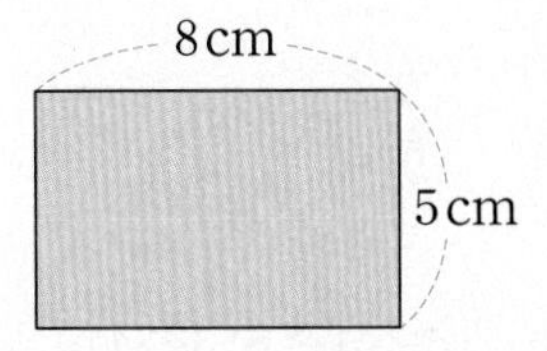

직사각형의 넓이는 (가로) × (세로)를 계산하면 돼. 그러니까 8 × 8 × 5 × 5로 구하면 돼.

바르게 고치기 ______________________

____

개념 학습책 137쪽

4 $1\,cm^2$ 보다 더 큰 넓이의 단위 알아보기

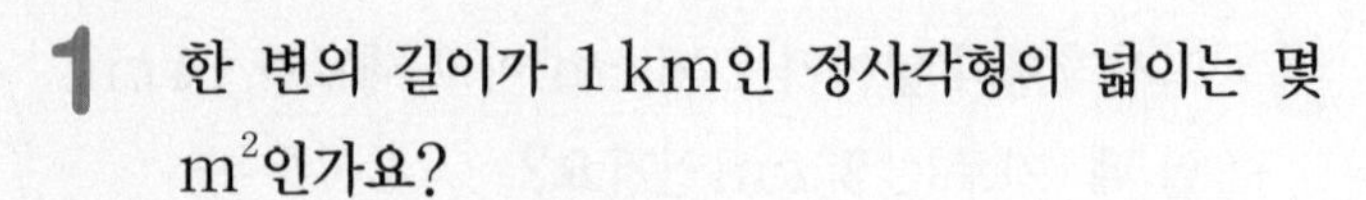

1 한 변의 길이가 $1\,km$인 정사각형의 넓이는 몇 m^2인가요?

(　　　　　　　　　　)

2 □ 안에 알맞은 수를 써넣으세요.

(1) $400000\,cm^2 = \square\,m^2$

(2) $7\,km^2 = \square\,m^2$

(3) $50000000\,m^2 = \square\,km^2$

(4) $60\,m^2 = \square\,cm^2$

3 직사각형 모양 텃밭의 넓이는 몇 m^2인가요?

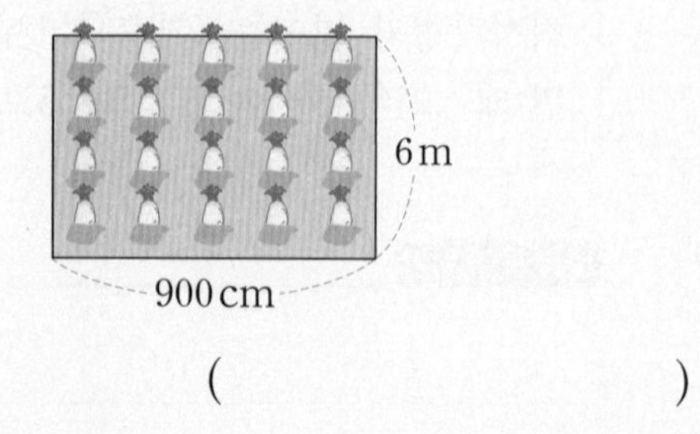

(　　　　　　　　　　)

4 화장실 타일 하나의 넓이는 $1000\,cm^2$ 입니다. 이 타일 50개를 겹치지 않게 붙여 놓으면 그 넓이는 모두 몇 m^2인지 구해 보세요.

(　　　　　　　　　　)

5 크기를 비교하여 ○ 안에 $>$, $=$, $<$를 알맞게 써넣으세요.

$300000\,m^2$ ○ $3\,km^2$

6 넓이를 나타낼 때 알맞은 단위를 찾아 선으로 이어 보세요.

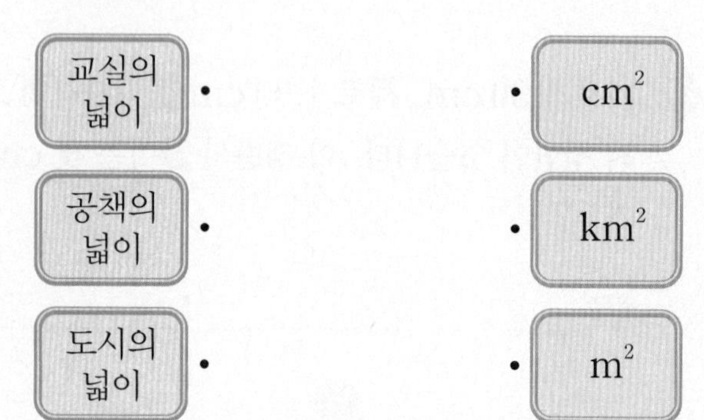

개념 학습책 139쪽

정답과 해설 69쪽

1 크기가 같은 정사각형 2개를 이어 붙여서 만든 직사각형의 둘레가 72 cm입니다. 이 직사각형의 세로는 몇 cm인가요?

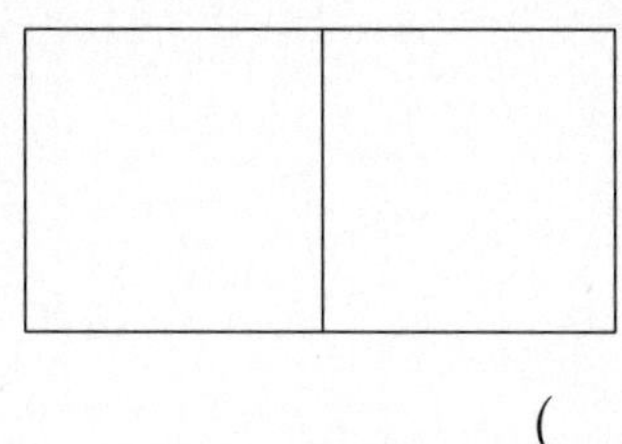

( )

2 두 정다각형 ㉠과 ㉡ 중에서 어느 도형의 둘레가 몇 cm 더 긴가요?

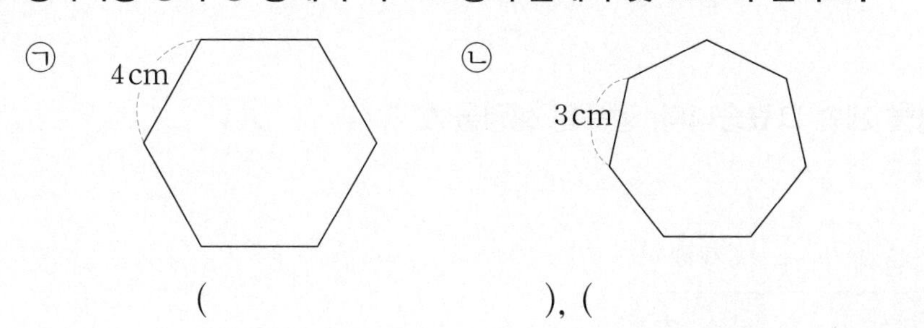

( ), ( )

3 □ 안에 알맞은 단위를 써넣으세요.

(1) $800000\ \text{cm}^2 = 80$ □　　(2) $5400000\ \text{m}^2 = 5.4$ □

4 직사각형 가와 정사각형 나의 넓이가 같습니다. 정사각형의 한 변의 길이는 몇 cm인가요?

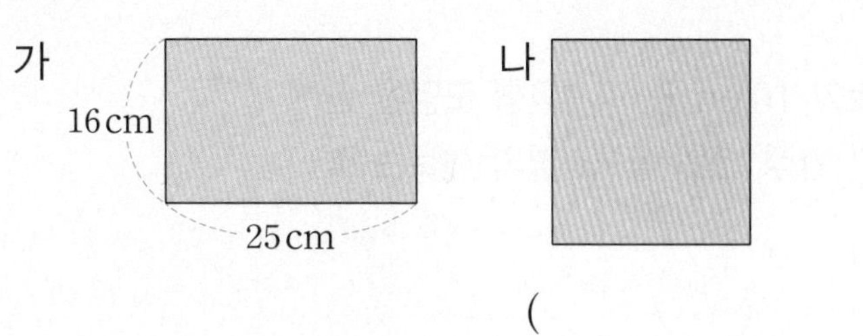

( )

개념 학습책 140쪽

5 가로가 800 cm, 세로가 650 cm인 직사각형 모양의 꽃밭이 있습니다. 이 꽃밭의 넓이는 몇 m^2인지 구해 보세요.

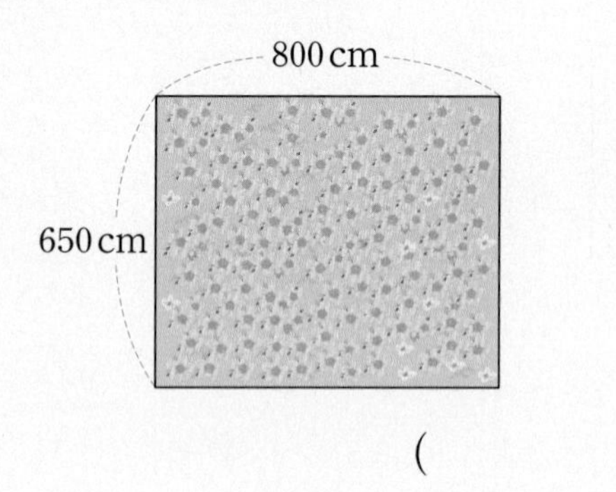

(　　　　　　　　)

6 그림과 같은 규칙에 따라 직사각형을 계속 그렸습니다. 잘못된 설명을 찾아 기호를 쓰고 바르게 고쳐 보세요.

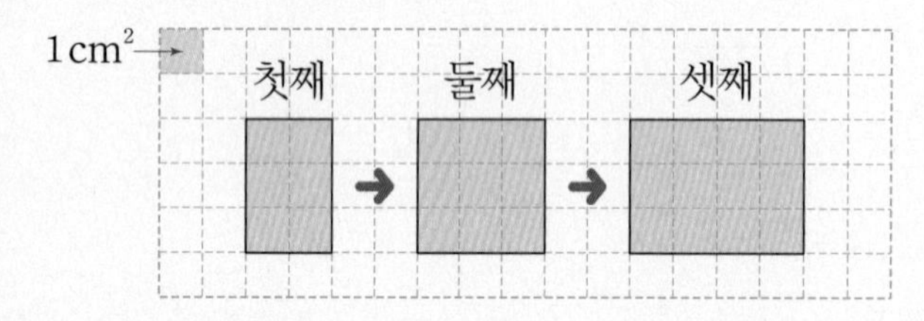

㉠ 세로는 계속 같은 길이인 직사각형을 그리게 됩니다.
㉡ 넷째 직사각형의 넓이는 15 cm^2입니다.
㉢ 가로가 1 cm 커지면 넓이도 1 cm^2만큼 커집니다.

(　　　　　　　　)

바르게 고치기 ______________________

7 길이가 52 cm인 철사를 사용하여 가로가 10 cm인 직사각형 모양을 만들려고 합니다. 직사각형 중에서 넓이가 가장 넓은 직사각형의 세로는 몇 cm인가요?

(　　　　　　　　)

개념 학습책 141쪽

5 평행사변형의 넓이 구하기

정답과 해설 69쪽

1 평행사변형의 넓이는 몇 cm^2인가요?

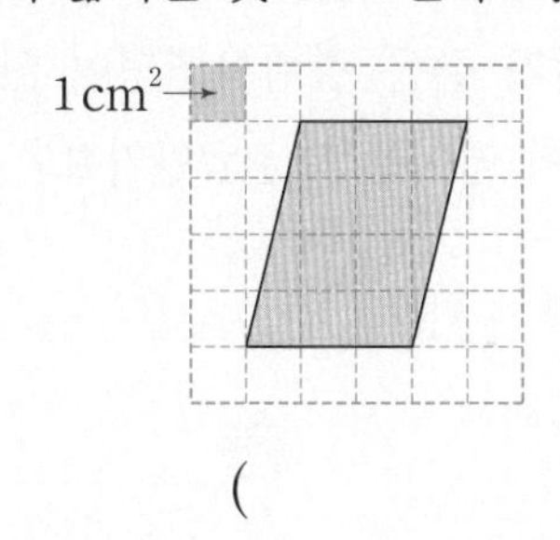

( )

2 평행사변형의 넓이를 구해 보세요.

(1)

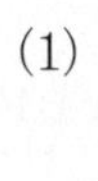

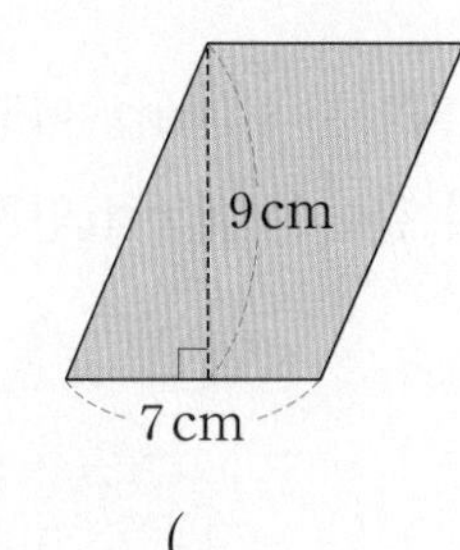

( )

(2)

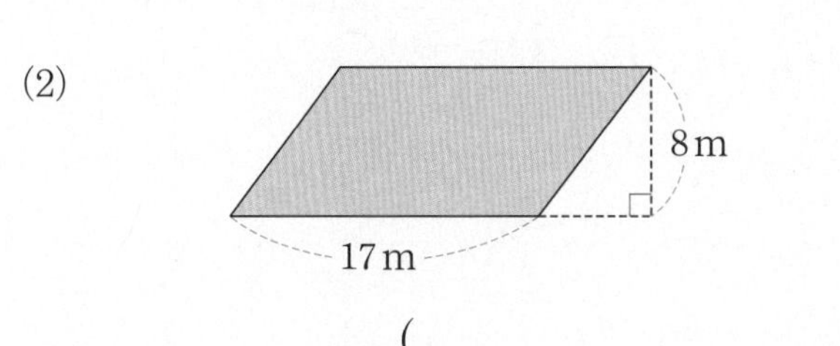

( )

3 밑변의 길이가 8 m일 때, 평행사변형의 높이는 몇 m인가요?

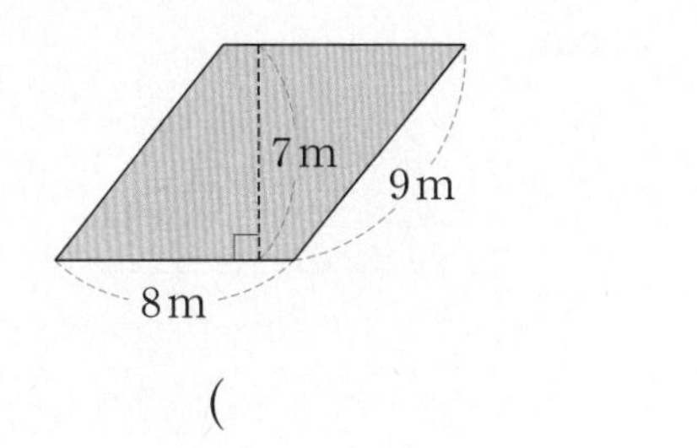

( )

4 넓이가 다른 평행사변형을 찾아 기호를 쓰고 그 이유를 쓰세요.

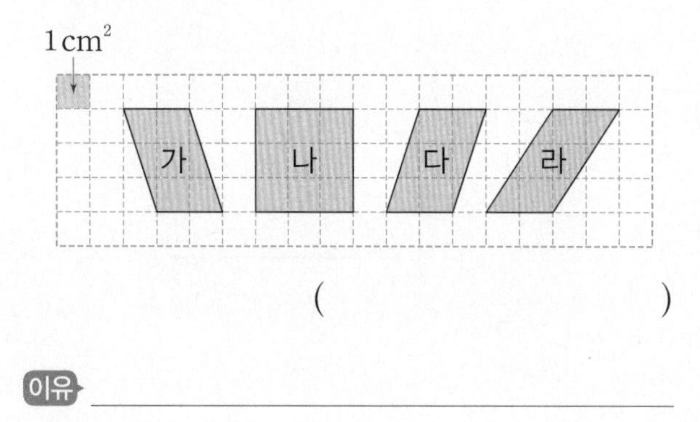

( )

이유 ____________________

5 평행사변형의 넓이가 368 cm^2일 때, 높이를 구해 보세요.

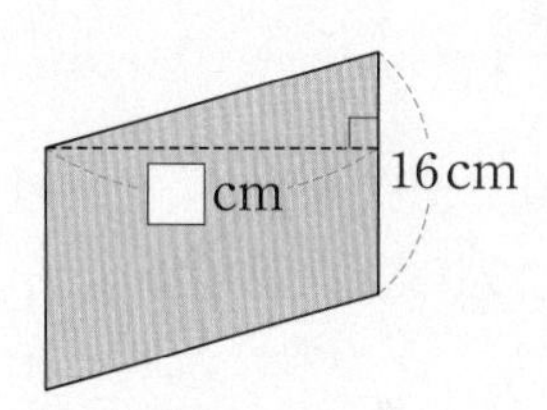

(높이)=(평행사변형의 넓이)÷(밑변의 길이)

$= \square \div 16 = \square$ (cm)

6 밑변의 길이가 8 cm, 높이가 13 cm인 평행사변형 모양의 종이가 있습니다. 이 종이의 넓이는 몇 cm^2인가요?

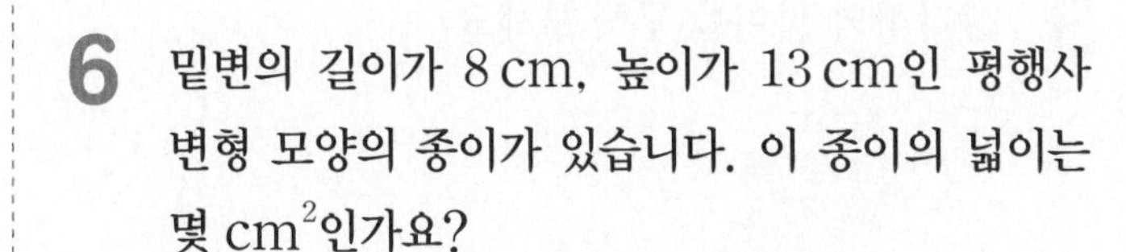

식 ____________________

답 

7 □ 안에 알맞은 수를 써넣으세요.

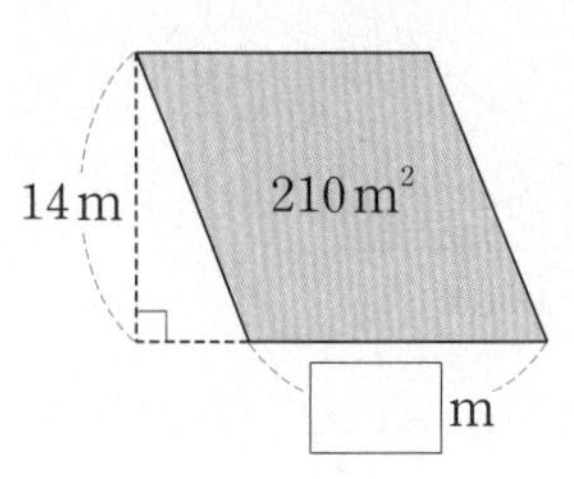

6 단원

개념 학습책 143쪽

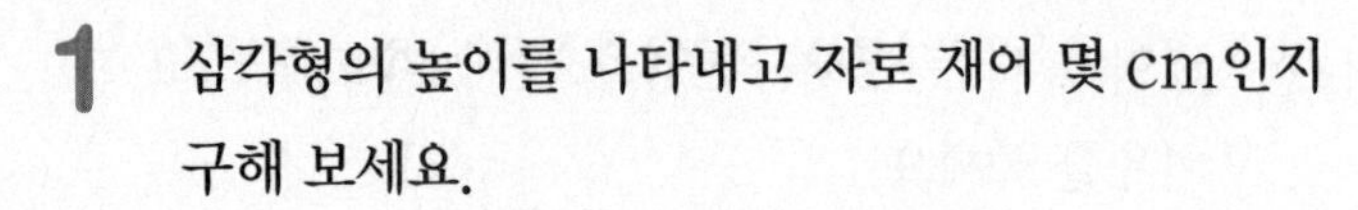

6 삼각형의 넓이 구하기

1 삼각형의 높이를 나타내고 자로 재어 몇 cm인지 구해 보세요.

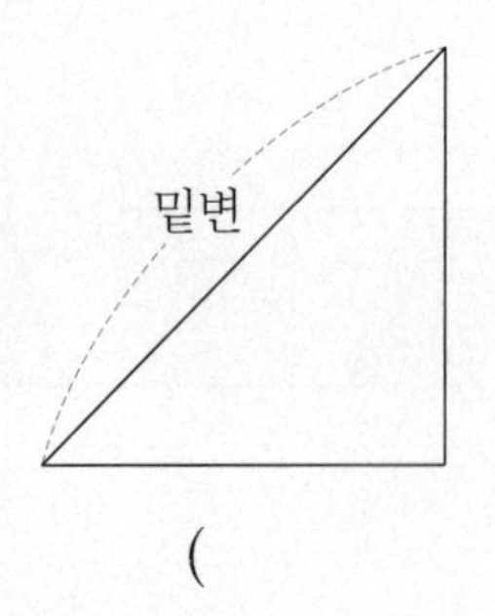

(　　　　　　　　　　)

2 주어진 삼각형과 넓이가 같은 평행사변형을 1개 그려 보세요.

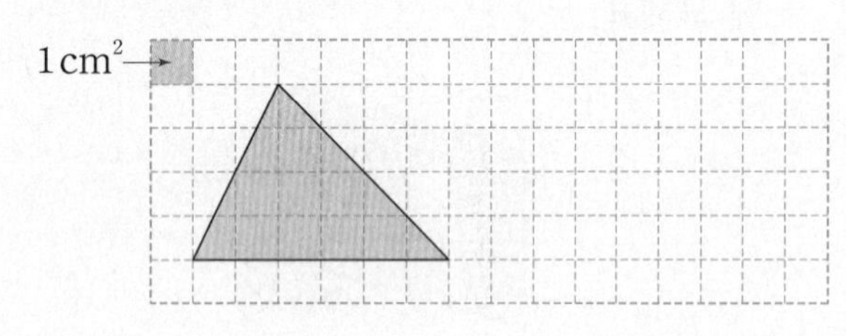

3 삼각형의 넓이를 구해 보세요.

(1)

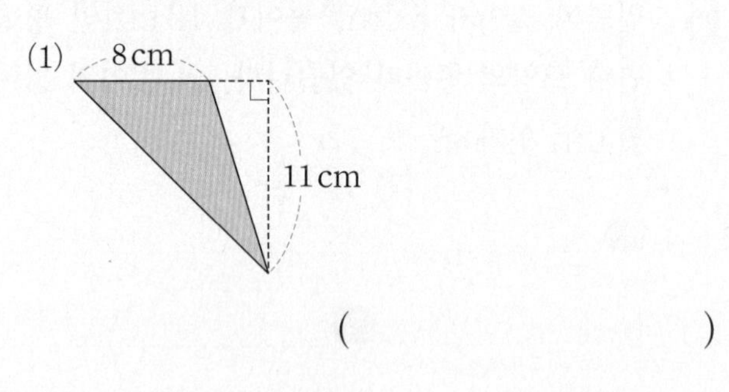

(　　　　　　　　　　)

(2)

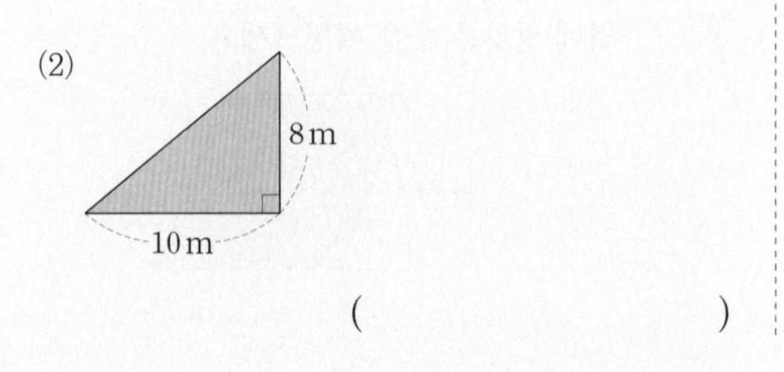

(　　　　　　　　　　)

4 밑변의 길이가 12 m이고 높이가 9 m인 삼각형과 넓이가 같은 평행사변형이 있습니다. 이 평행사변형의 넓이는 몇 m^2인가요?

식 ______________________

답 ______________

5 삼각형의 넓이는 54 cm^2이고 높이는 9 cm입니다. 밑변의 길이는 몇 cm인지 구해 보세요.

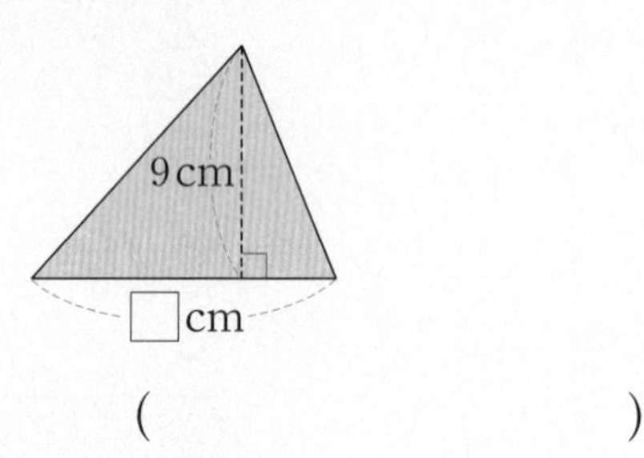

(　　　　　　　　　　)

6 다음 중 넓이가 다른 삼각형을 찾아 기호를 써 보세요.

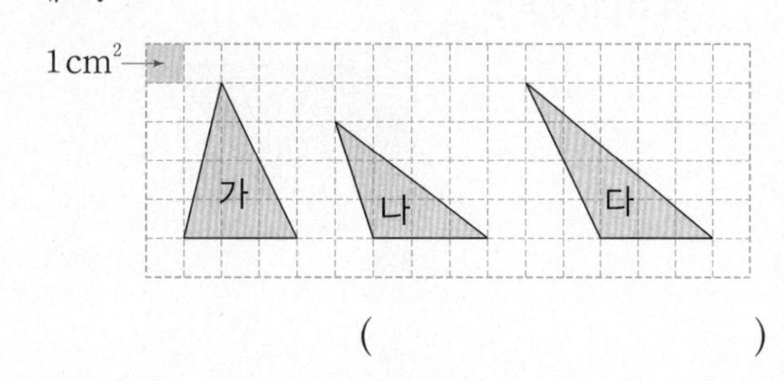

(　　　　　　　　　　)

개념 학습책 145쪽

7 마름모의 넓이 구하기

정답과 해설 70쪽

1 마름모를 모양과 크기가 같은 삼각형으로 잘라서 평행사변형을 만들었습니다. □ 안에 알맞은 수를 써넣으세요.

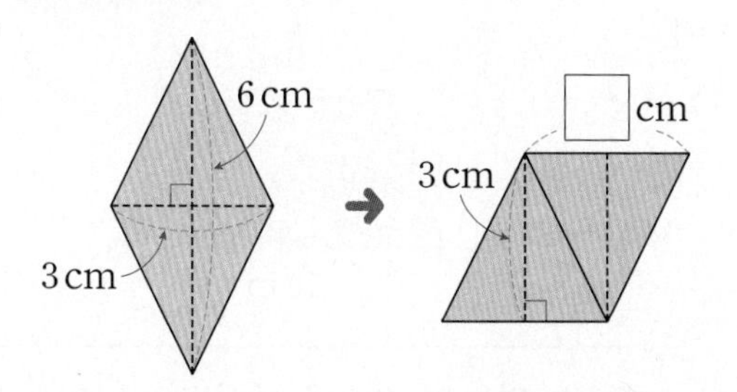

2 색칠한 부분의 넓이가 $17\,cm^2$일 때, 마름모의 넓이는 몇 cm^2인가요?

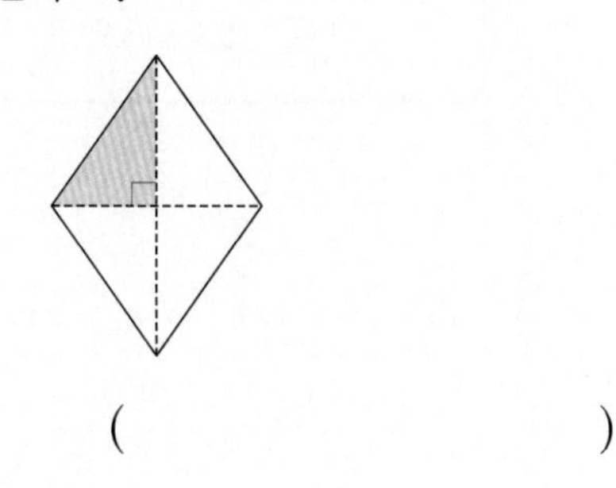

( )

3 마름모의 넓이를 구해 보세요.

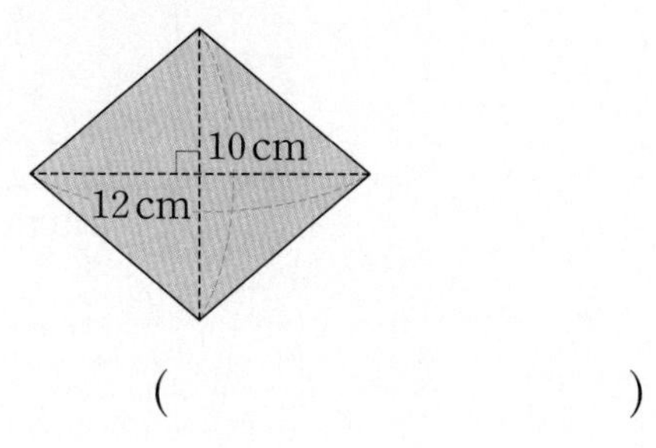

( )

4 지름이 30 cm인 원 안에 가장 큰 마름모를 그렸습니다. 이 마름모의 넓이는 몇 cm^2인가요?

식 ______

답 ______

5 마름모의 넓이는 $33\,m^2$입니다. □ 안에 알맞은 수를 구해 보세요.

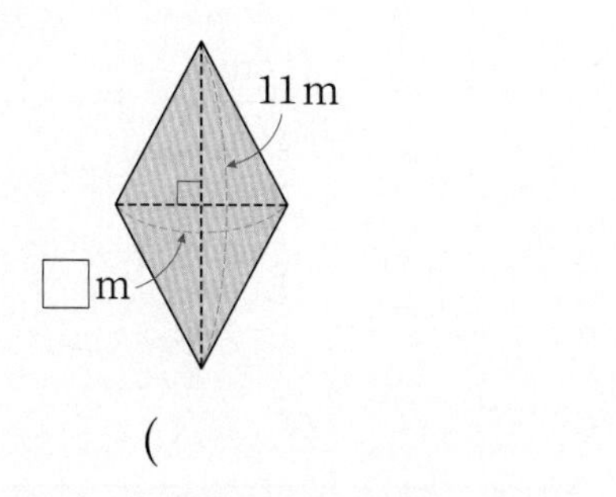

( )

6 주어진 마름모와 넓이가 같고 모양이 다른 마름모를 1개 그려 보세요.

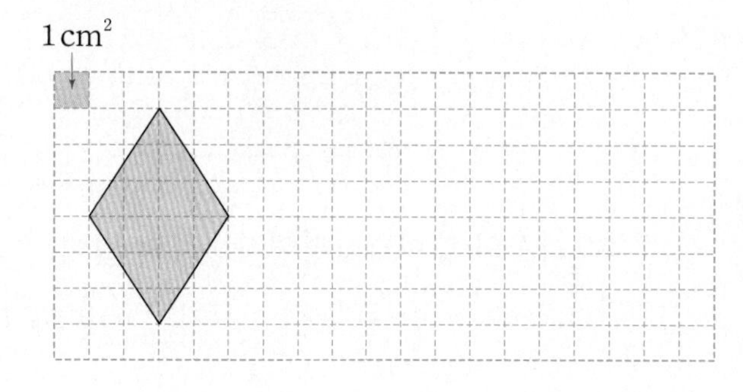

7 한 변의 길이가 20 m인 정사각형 안에 네 변의 가운데를 이어 그린 마름모의 넓이는 몇 m^2인가요?

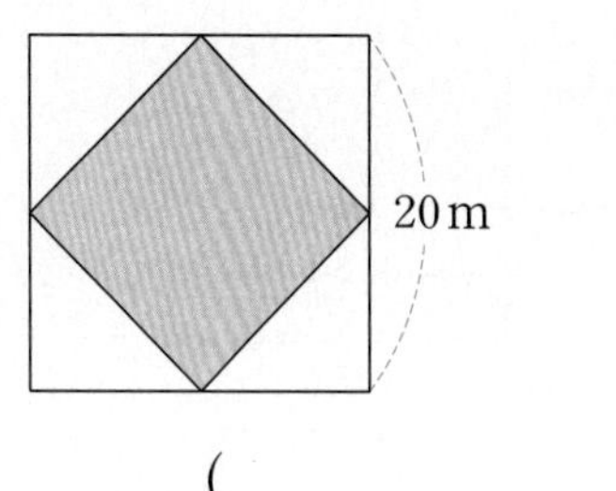

( )

6 단원

개념 학습책 147쪽

8 사다리꼴의 넓이 구하기

1 사다리꼴의 아랫변과 높이는 각각 몇 cm인가요?

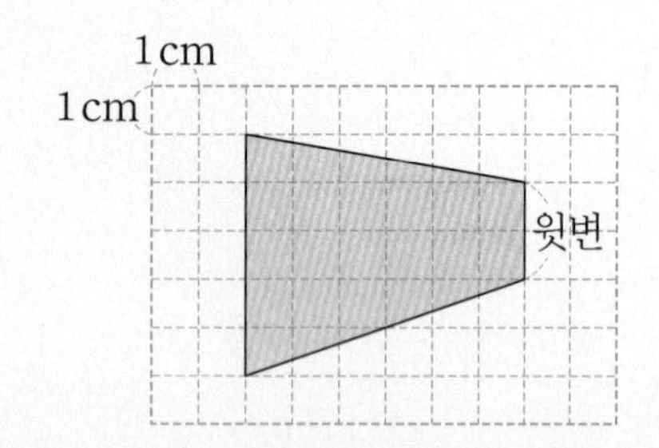

윗변 (cm)	아랫변 (cm)	높이 (cm)
2		

2 사다리꼴을 평행사변형으로 바꾸어 넓이를 구하는 과정입니다. □ 안에 알맞은 수를 써넣으세요.

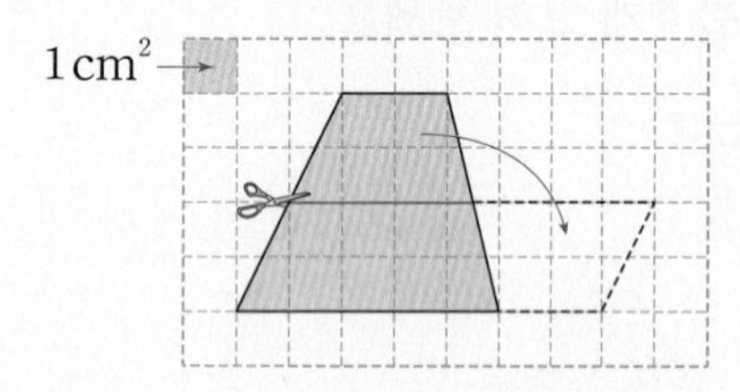

(사다리꼴의 넓이)=(평행사변형의 넓이)

$=7\times\square=\square\,(cm^2)$

3 사다리꼴의 넓이를 구해 보세요.

(1)

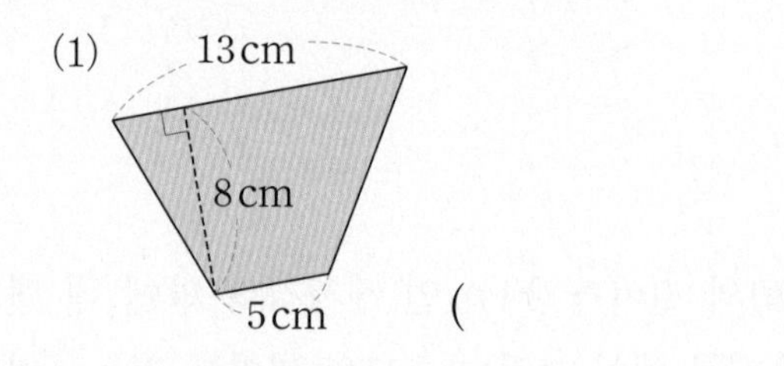

(   )

(2)

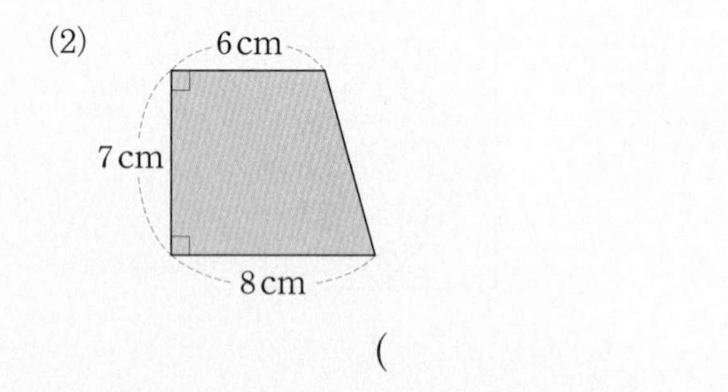

(   )

4 사다리꼴 모양의 땅의 넓이를 구하는 방법을 이야기하고 있습니다. 바르게 말한 사람은 누구인가요?

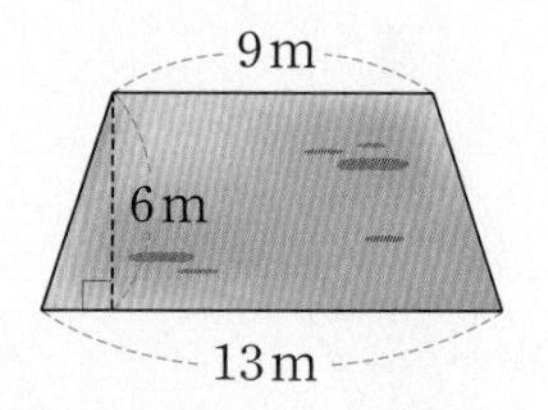

정민: 윗변의 길이와 아랫변의 길이의 합은 22 m, 높이가 6 m이니까 넓이는 $22\times6\div2$로 구하면 돼.

선희: 나는 삼각형 2개로 나누어 넓이를 구할 거야. 하나는 9×6, 나머지 하나는 13×6으로 구하면 돼.

(   )

5 넓이가 $95\,cm^2$인 사다리꼴입니다. 높이는 몇 cm인가요?

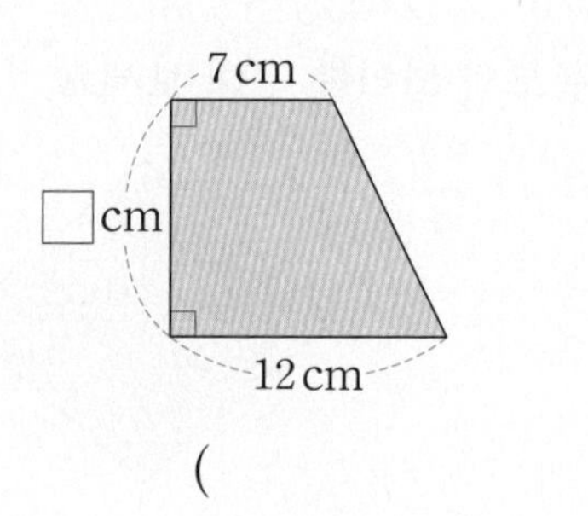

(   )

6 윗변의 길이가 15 m, 아랫변의 길이가 20 m인 사다리꼴 모양의 놀이터가 있습니다. 윗변과 아랫변 사이의 거리가 14 m일 때 놀이터의 넓이는 몇 m^2인가요?

(   )

개념 학습책 149쪽

정답과 해설 70쪽

1 넓이가 $8\ cm^2$인 평행사변형을 서로 다른 모양으로 2개 그려 보세요.

2 삼각형과 평행사변형의 넓이가 같습니다. 평행사변형의 높이는 몇 m인지 구해 보세요.

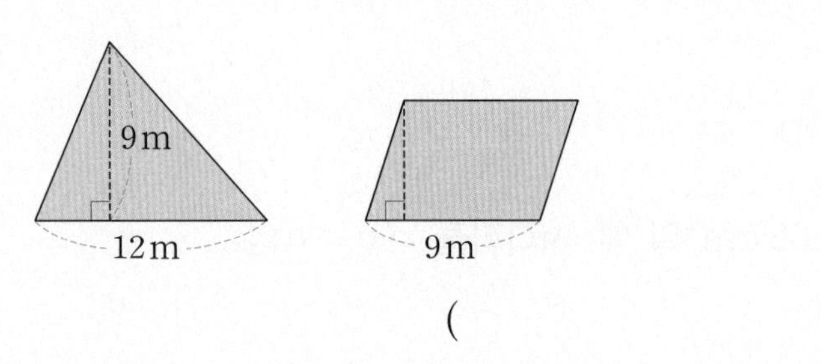

( )

3 마름모의 넓이는 $52\ cm^2$입니다. □ 안에 알맞은 수를 써넣으세요.

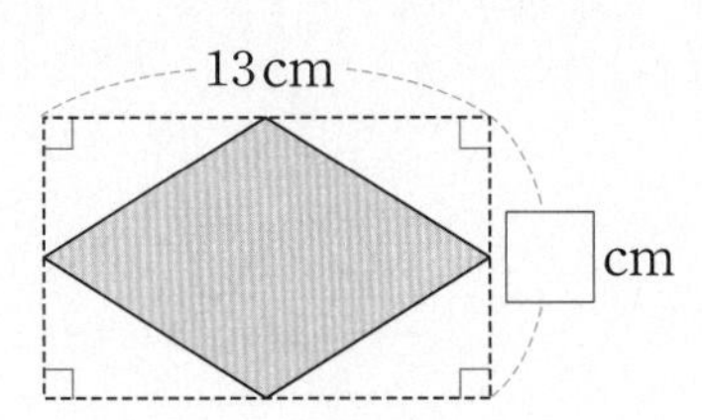

4 오른쪽 마름모의 넓이가 $64\ m^2$일 때, □ 안에 알맞은 수를 구해 보세요.

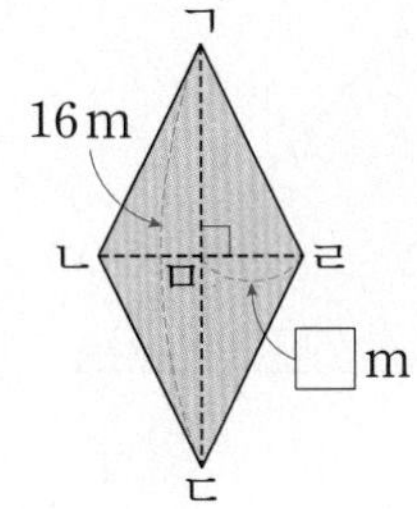

( )

6 단원

개념 학습책 150쪽

5 직선 ㄱㄴ과 직선 ㄷㄹ은 평행합니다. 직사각형 가의 넓이가 $384\ cm^2$일 때, 평행사변형 나의 넓이는 몇 cm^2인가요?

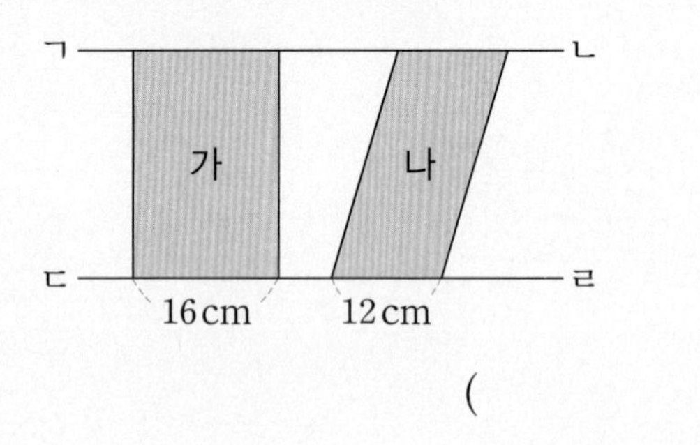

(　　　　　　　　　)

6 도형에서 삼각형 ㄱㄴㅁ의 넓이가 $32\ cm^2$일 때, 사다리꼴 ㄱㅁㄷㄹ의 넓이는 몇 cm^2인가요?

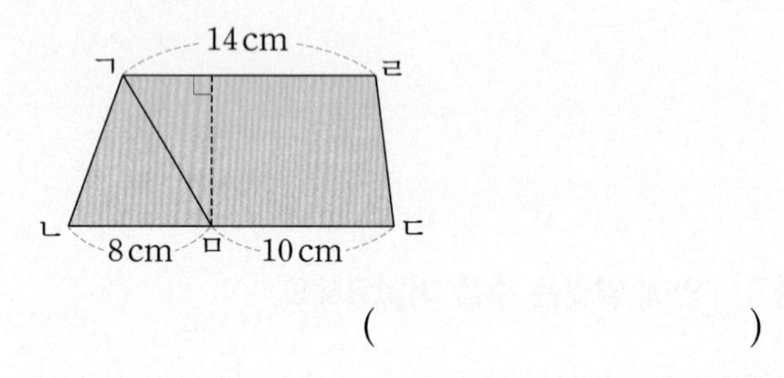

(　　　　　　　　　)

7 다각형의 넓이는 몇 cm^2인가요?

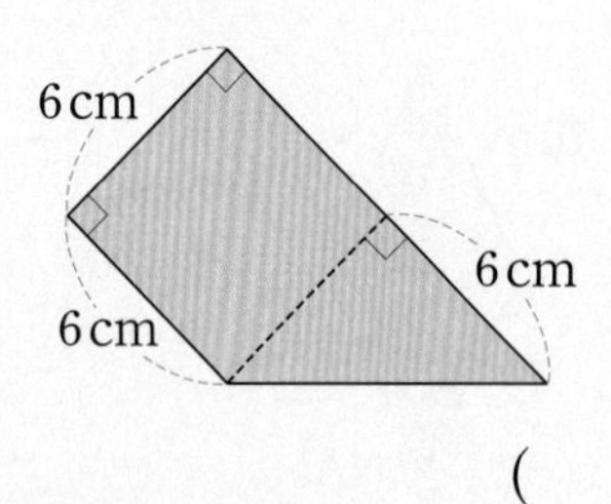

(　　　　　　　　　)

정답과 해설 71쪽

1 넓이가 같은 도형을 찾아 기호를 써 보세요.

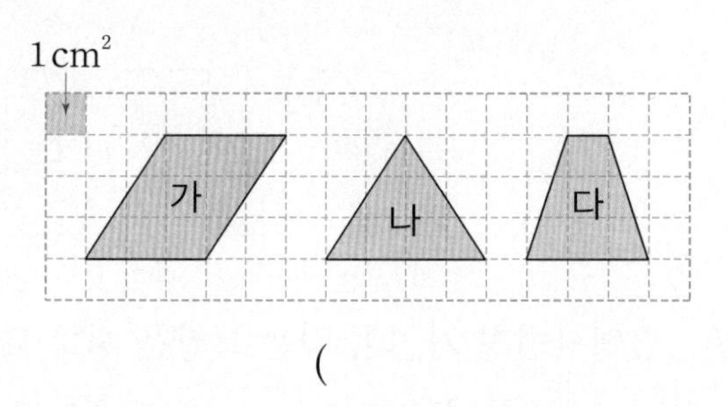

( )

2 둘레가 44 cm인 정사각형의 넓이는 몇 cm^2인지 구해 보세요.

( )

3 도형의 넓이는 몇 cm^2인지 구해 보세요.

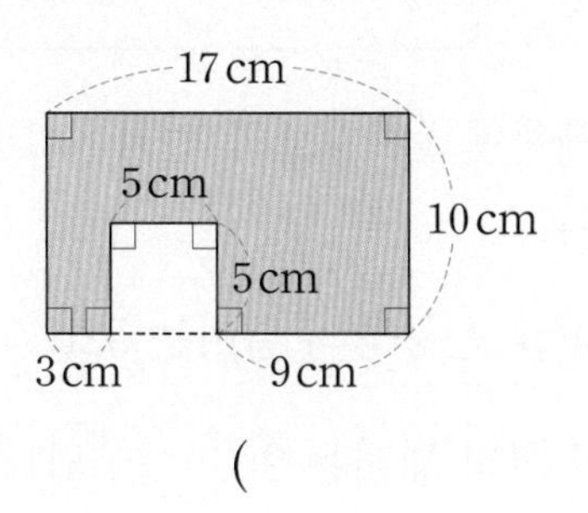

( )

4 주어진 사다리꼴과 넓이가 같은 사다리꼴을 1개 그려 보세요.

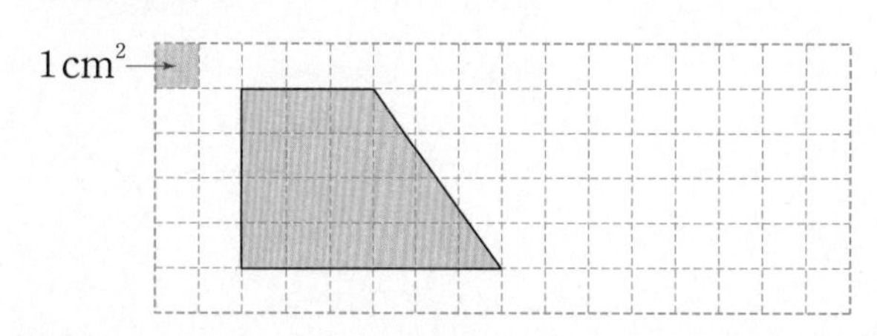

5 □ 안에 알맞은 수를 구해 보세요.

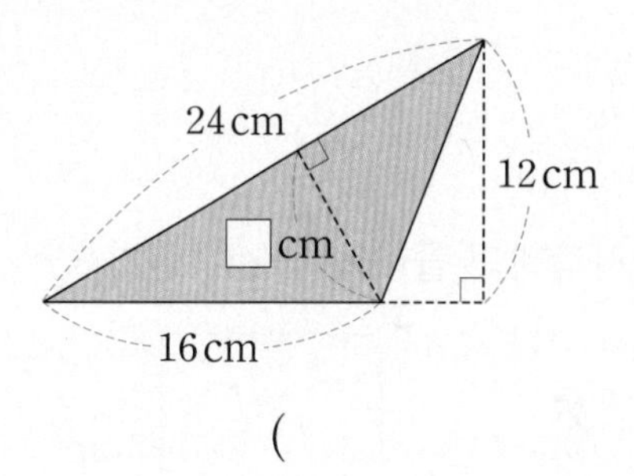

( )

6 사각형 ㄱㄴㄷㄹ이 평행사변형일 때, 사다리꼴 ㄱㄴㅁㅂ의 넓이는 몇 cm^2인지 구해 보세요.

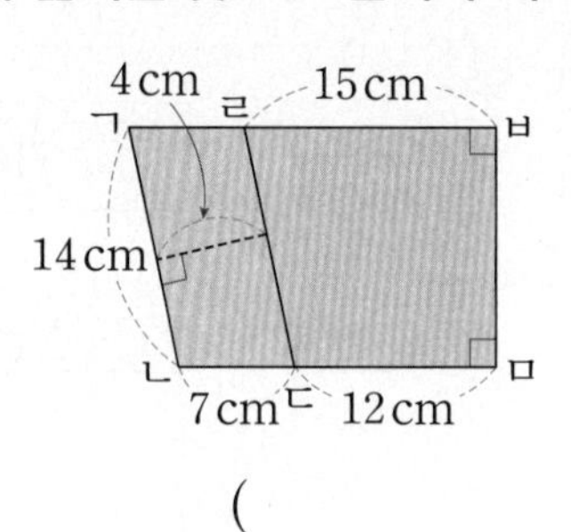

( )

6 단원

개념 학습책 152~153쪽

학교시험대비 단원평가

점수	확인

1 평행사변형의 높이를 찾아 표시해 보세요.

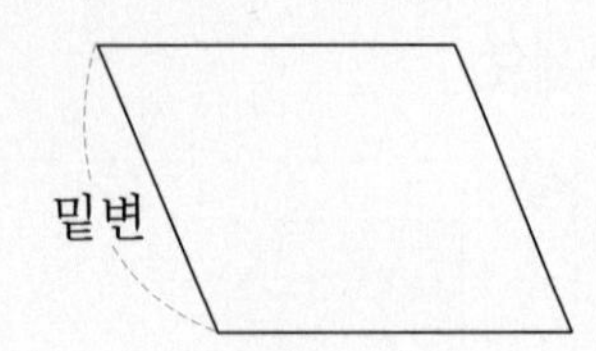

2 □ 안에 알맞은 수를 써넣으세요.

(1) $54000000\ m^2=$ □ km^2

(2) $2.4\ m^2=$ □ cm^2

3 정사각형의 둘레는 몇 cm인가요?

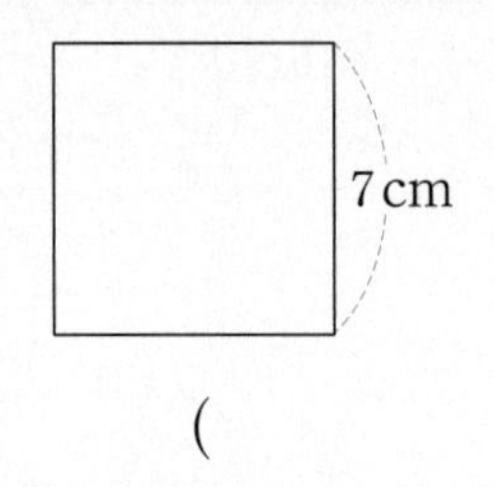

( )

4 그림을 보고 도형의 넓이가 가장 넓은 것을 찾아 기호를 써 보세요.

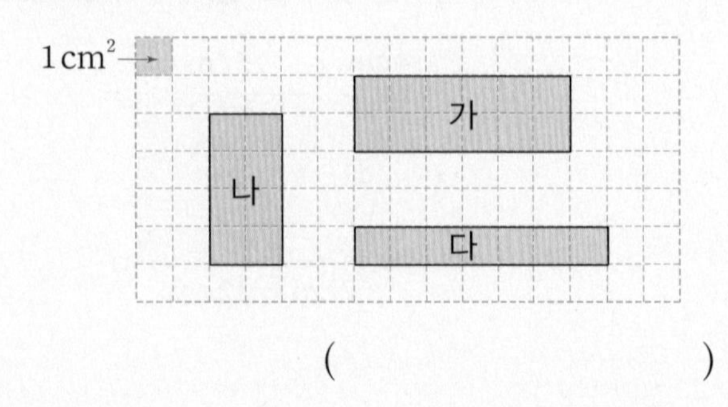

( )

5 □ 안에 알맞은 말을 써넣으세요.

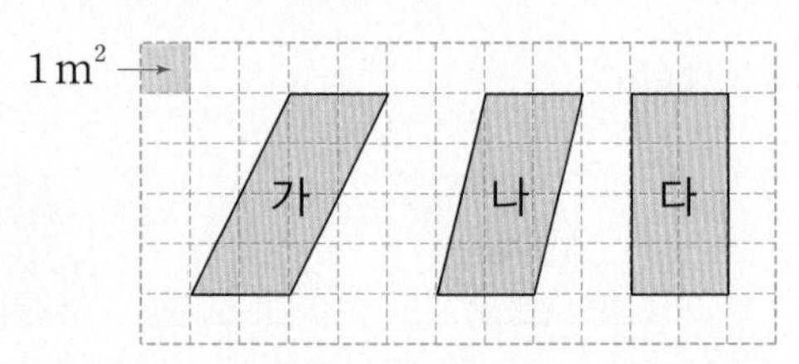

평행사변형 가, 나, 다는 모양은 서로 다르지만 □의 길이가 같고 □가 같으므로 넓이가 모두 같습니다.

6 정오각형의 둘레가 35 cm일 때, 한 변의 길이를 구해 보세요.

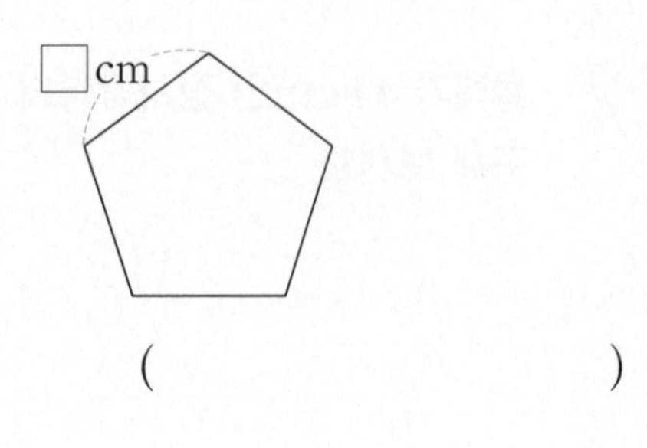

( )

7 보기 에서 알맞은 단위를 골라 □ 안에 써넣으세요.

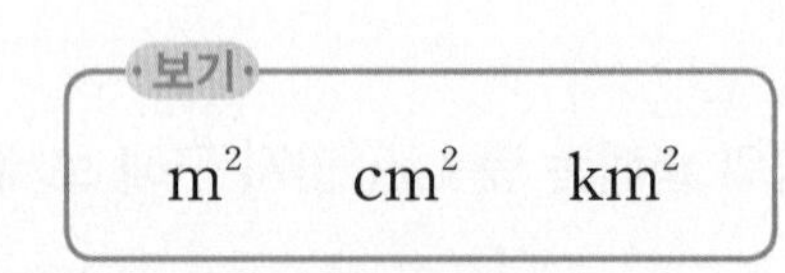

(1) 제주특별자치도의 면적은 1849 □ 입니다.

(2) 학교 운동장의 넓이는 520 □ 입니다.

(3) 수첩의 넓이는 90 □ 입니다.

8 직사각형의 넓이는 몇 m^2인지 구해 보세요.

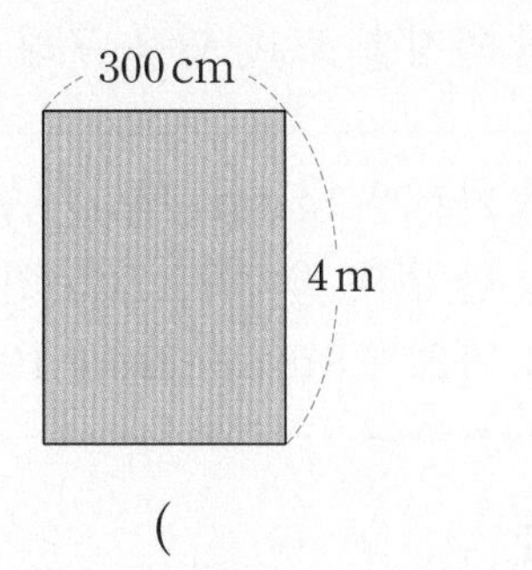

(　　　　　　　　　　)

9 크기를 비교하여 ◯ 안에 $>$, $=$, $<$를 알맞게 써넣으세요.

(1) $80000\ cm^2$ ◯ $8\ m^2$

(2) $700000\ m^2$ ◯ $7\ km^2$

10 직사각형의 둘레가 36 cm일 때, 세로는 몇 cm인가요?

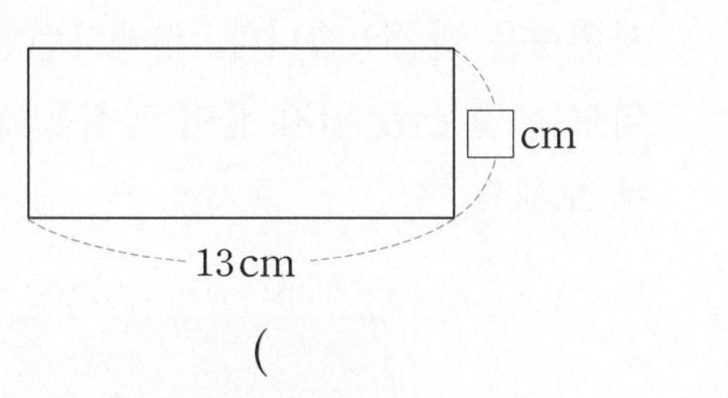

(　　　　　　　　　　)

11 사다리꼴의 넓이는 몇 cm^2인가요?

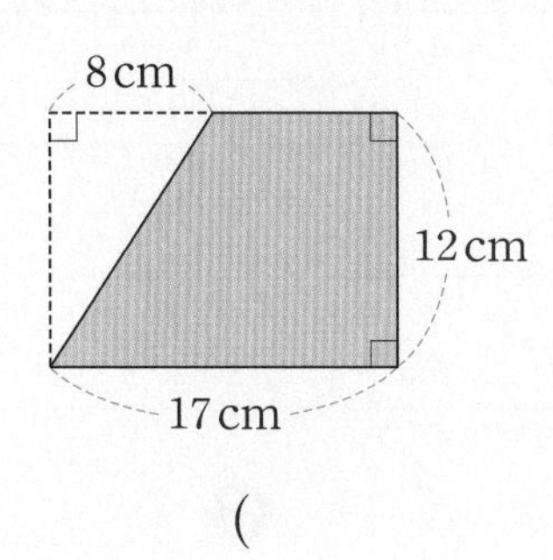

(　　　　　　　　　　)

12 둘레가 36 cm인 정사각형의 넓이는 몇 cm^2인가요?

(　　　　　　　　　　)

13 지호네 학교에는 가로가 3 m, 세로가 2 m인 대형 태극기가 걸려 있습니다. 태극기의 넓이는 몇 cm^2인가요?

(　　　　　　　　　　)

14 삼각형의 넓이가 $56\ cm^2$일 때, □ 안에 알맞은 수를 써넣으세요.

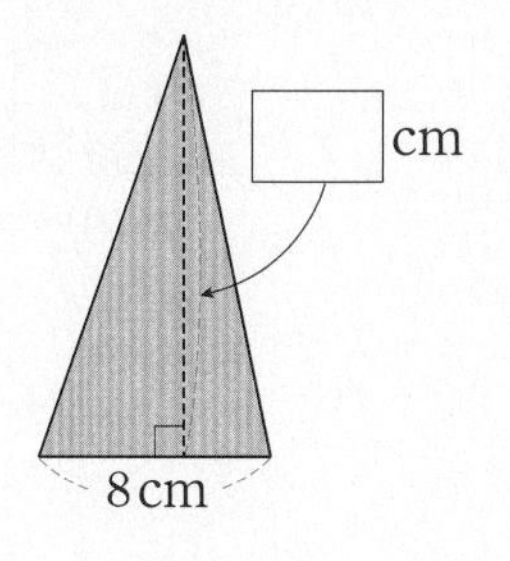

15 마름모의 넓이가 $108\ cm^2$일 때, □ 안에 알맞은 수를 써넣으세요.

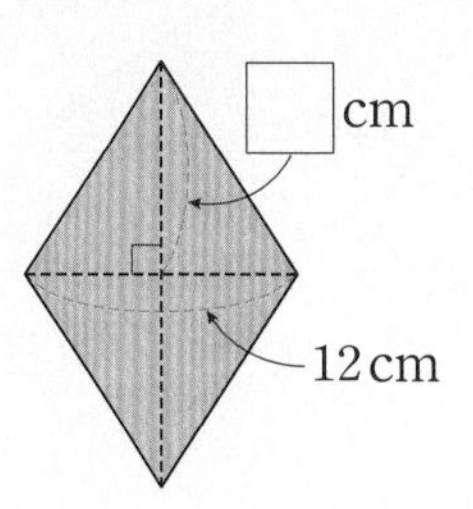

6 단원

서술형

16 반지름이 5 cm인 원 안에 가장 큰 마름모를 그린 것입니다. 이 마름모의 넓이는 몇 cm^2인가요?

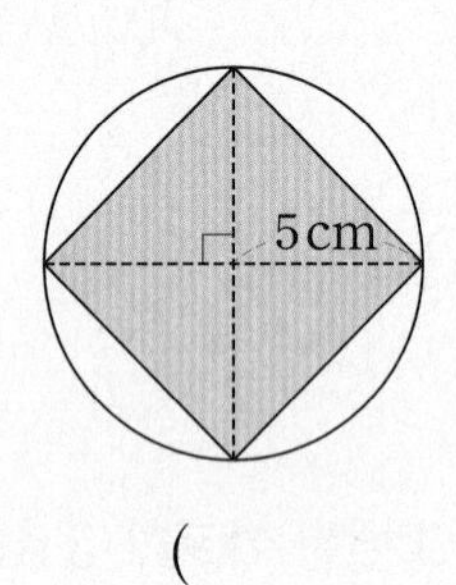

( )

17 도형의 넓이는 몇 cm^2인지 구해 보세요.

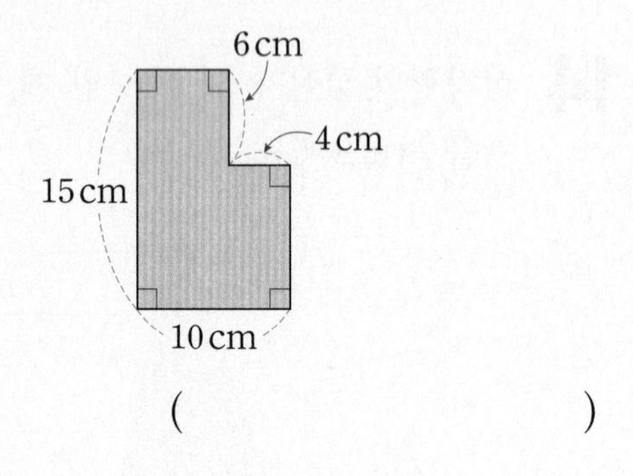

( )

18 도형의 넓이는 몇 cm^2인가요?

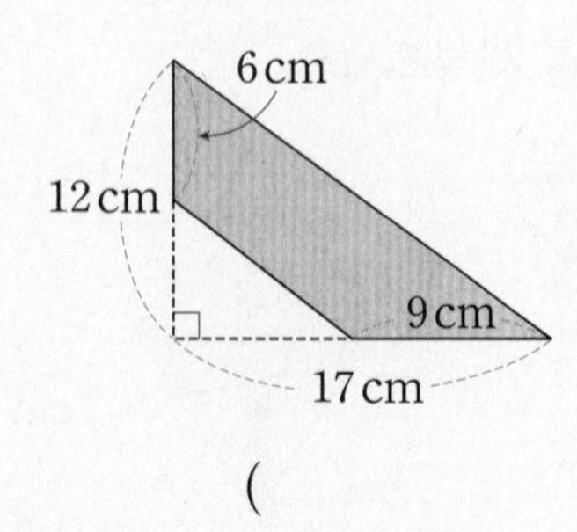

( )

19 둘레가 긴 것부터 차례로 기호를 쓰려고 합니다. 풀이 과정을 쓰고, 답을 구해 보세요.

㉠ 가로가 14 cm, 세로가 9 cm인 직사각형
㉡ 한 변의 길이가 12 cm인 정사각형
㉢ 가로가 8 cm, 세로가 13 cm인 직사각형

풀이

답

20 똑같은 사다리꼴 2개를 겹치지 않게 붙여서 평행사변형을 만들었습니다. 평행사변형 ㄱㄴㅁㅂ의 넓이는 몇 cm^2인지 풀이 과정을 쓰고, 답을 구해 보세요.

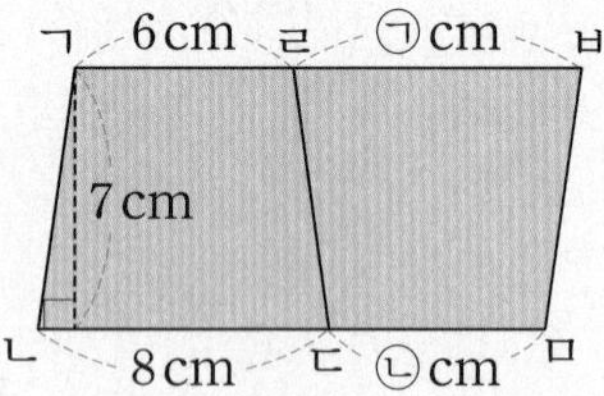

풀이

답